KB120076

열왕기상 강해설교

열왕기상

윤 석 희

기독교개혁신보사

지은이 | 윤석희

저자는 전통적인 유교와 불교 그리고 샤머니즘이 혼합된 시골 집안에서 태어났으나 어릴 때부터 4km떨어진 교회를 다녔다. 이 일로 집안에서 온갖 고통을 당했지만 오히려 모든 가족들을 전도해서 교회로 인도할 정도로 신앙과 열심을 가지고 있었다.

1980년 4월 20일 현재 담임하고 있는 천성교회를 개척, 오직 '하나님의 영광을 위하여' 그리고 '개혁교회를 세우겠다' 는 생각으로 지금까지 목회에 전념해 오고 있다. "어떤 한 가지 방법론에 집착하는 것보다 목회자는 기본적인 것이 갖추어져 있어야 하며 목회는 종합예술과 같다"는 신념을 지금까지 잃지 않고 있다.

총신대(B.A.)와 합동신학대학원대학교(M.Div.)를 거쳐 Birmingham 신학대학원(D.Min.)에서 수학했다.

대한예수교장로회(합신) 총회장과 한국장로교총연합회 대표회장, 기독교개혁신보사 사장, 합동신학대학원대학교 이사를 역임했으며, 현재, 천성교회 담임목사로 교단과 교계를 위해 봉사하고 있다.

저서

- 창세기 강해 『창세기』(2008년, 서울: 기독교개혁신보사)
- 출애굽기 강해 『출애굽기』(2008년, 서울: 기독교개혁신보사)
- 민수기 강해 『민수기』(2009년, 서울: 기독교개혁신보사)
- 신명기 강해 『신명기』(2010년, 서울: 기독교개혁신보사)
- 여호수아 강해 『여호수아』(2012년, 서울: 기독교개혁신보사)
- 사사기 강해 『사사기』(2012년, 서울: 기독교개혁신보사)
- 사무엘상 강해 『사무엘상』(2015년, 서울: 기독교개혁신보사)
- 사무엘하 강해 『사무엘하』(2016년, 서울: 기독교개혁신보사)
- 마태복음 강해Ⅰ 『왕과 백성 그리고 하나님 나라』(2004년, 서울: 기독교개혁신보사)
- 마태복음 강해Ⅱ 『교회와 하나님 나라』(2005년, 서울: 기독교개혁신보사)
- 마가복음 강해 『마가복음』(2017년, 서울: 기독교개혁신보사)
- 누가복음 강해 『누가복음』(2011년, 서울: 기독교개혁신보사)
- 요한복음 강해 『요한복음』(2013년, 서울: 기독교개혁신보사)
- 사도행전 강해 『성령께서 인도하신 초대교회 역사』(2005년, 서울: 기독교개혁신보사)
- 로마서 강해 『로마서』(2014년, 서울: 기독교개혁신보사)
- 고린도전후서 강해 『하나님의 교회』(2006년, 서울: 기독교개혁신보사)
- 에베소서 강해 『에베소서』(2007년, 서울: 기독교개혁신보사)
- 공동서신 강해 『하늘가는 나그네』(2005년, 서울: 기독교개혁신보사)
- 요한계시록 강해 『그리스도의 재림과 하나님의 나라』(2004년, 서울: 기독교개혁신보사)
- 윤석희목사 사진집 『길에서 길을 만나다』(2012년, 서울: 기독교개혁신보사)
  저자는 시공간 앞에서 자신을 내려놓는 마음으로 사진을 대한다. 그래서 저자의 사진집에서는 눈이 시리도록 아프게 하는 서정적인 이야기들이 고스란히 드러난다. 이것은 창조주 하나님 앞에서 살아가는 목회자만이 가지는 또하나의 삶의 고백일 것이다.

열왕기상 강해설교

열왕기상

강해설교
열왕기상

윤석희 지음

초판 인쇄	2017년 12월 18일
초판 발행	2017년 12월 29일
발행처	기독교개혁신보사출판부
발행인	황인곤
등록번호	제1-2489호
등록일자	1999년 5월 7일
주간	송영찬
편집	신명기
디자인	최성실

서울시 종로구 연지동 136-56 한국기독교연합회관 502호
전화 02-747-3600(대표) 팩스 02-747-3601
rpress@rpress.or.kr
www.rpress.or.kr

저작권자 ⓒ 윤석희

값은 표지에 있습니다.
ISBN 978-89-97241-28-6 03990

열왕기상 강해설교

열왕기상

기독교개혁신보사

머리말

날씨가 차갑다. 아직 추수감사절도 지나지 않았는데 추위가 걱정이다. 내 자신도 몸의 열기가 예전만 못한 것이 문제이지만, 넉넉하지 않은 성도들의 기나긴 겨울나기에 걱정이 이만저만이 아니다. 인생의 황혼기는 너무나 쓸쓸하고 외롭다는데 … 더 큰 문제는 신앙의 열기까지 식고 있다.

책의 제목을 보면 사무엘상·하, 열왕기상·하, 역대상·하는 두 권의 책이 아니라 한 권의 책이다. 그리고 열왕기서의 제목은 '왕들'이란 뜻이다. 주전 2세기경에 헬라어 구약역본인 70인역(셉투던트)에서는 상·하로 구분하였다. 때로는 사무엘상·하를 1, 2권으로, 열왕기상·하를 3, 4권으로 부르기도 하였다. 한국교회는 70인역을 따라 상·하로 구분한 것이다.

열왕기상의 수신자는 누구일까? 바벨론에 포로로 잡혀가 생활하고 있던 북이스라엘과 남유다의 백성들을 일차적인 독자로 보고 있다. 물론 내용을 볼 때 솔로몬 시대부터 남북의 분열 왕국 전반기까지의 신정 왕국 이스라엘의 역사를 비판적 시각에서 회고하고 있는 것이다.

열왕기상의 전체적인 내용을 살펴보면 솔로몬시대에서 시작하여 남북 왕조의 분열, 남북왕조가 몰락할 때까지의 역사를 여러 왕을 중심으로 기록하였다. 상권은 다윗의 후계자요, 통일왕국의 마지막 왕인 솔로몬의 행적부터 북이스라엘 제8대 왕 아하시야의 통치에 이르기까지 주전 970년-840년경까지 130년의 역사를 기록하고 있다.

사무엘서와 열왕기서는 저자의 기록하는 관점이 같을 뿐만 아니라 연대도 연결되어 있다. 사무엘서는 사사시대 말기로부터 다윗시대까지의 역사를 기록하고, 열왕기서는 다윗을 이은 솔로몬시대로부터 남북 이스라엘 왕조가 멸망당할 때까지의 역사를 기록하고 있다.

열왕기서는 선지자적 관점(prophetic point of view)을 가지고 B.C. 722년 북이스라엘이 앗수르에 의해 멸망당하고, B.C. 586년 남유다가 바벨론에 의해 멸망당한 상황에서 선민 이스라엘로 하여금 과거 자신의 죄악을 회고하고 반성하도록 기록했다. 반면 역대기서는 제사장적 관점(priest point of view)을 가지고 하나님은 택한 백성에 대하여 잘못을 하면 징계를 하시지만 회개하면 회복시켜 주는 분이심을 알게 한다. 포로에서 귀환한 백성이 여호와 중심적인 신앙에 근거하여 새로운 역사를 창조하도록 이스라엘의 역사를 회고하며 기록한다.

열왕기상의 중심 주제는 무엇인가? 이스라엘은 왕을 중심으로 하여 하나님께 순종할 때 평안과 축복과 영광이 있다.

1) 이것은 솔로몬의 삶을 통해서 교훈을 받게 된다. 솔로몬이 하나님의 지혜를 구할 때 성전건축과 영화를 얻게 되었다. 하나님께서 솔로몬에게 전무후무한 큰 복을 내리셨다.

2) 열왕기서는 신명기 사관적 관점에서의 이스라엘 왕정시대의 역사를 기록한다. 신명기 사관적 관점이란, 역사의 주관자이신 하나님께 순종할 때 평화와 복을 누리게 되고 불순종할 때 저주를 받게 된다는 사상이다.

3) 죄악이 무엇인가? 죄에 대한 관념이나 개념을 여러 가지로 정리할 수 있지만 무엇보다도 하나님과의 단절을 가리킨다. 하나님과의 단절은 이웃과 자신이 분열되게 만든다. 이스라엘도 남북이 분열되었다. 예수 그리스도는 하나님과 사람, 사람과 사람을 화목하게 하셨다.

4) 모든 권세의 근원자는 하나님이시다. 솔로몬은 다윗의 열 번째 아들이다. 그것도 우리아를 죽이고 밧세바를 빼앗았을 때 태어난 아들이다. 세속적인 관점에서 말하자면 왕이 될 자격이 없는 사람이었다. 그러나 다윗의 왕권을 승계한 사람은 아도니야가 아니라 솔로몬이었다.

5) 하나님은 분열왕국 속에서도 선지자들을 통하여 신실하게 책망하셨다. 하나님께로 돌아오도록 권고하셨다. 회개를 촉구하셨다. 그러나 이스라엘이나 열왕들은 회개하지 않았다.

6) 하나님은 사랑해서 책망하시지만 이스라엘은 끝까지 거절했다. 그래도 택한 이스라엘을 끝까지 사랑하신 분은 하나님이시다. 왜냐하면 남은 자가 있기 때문이다.

열왕기상에 나타난 예수 그리스도의 모습을 생각해 보자. 신·구약 성경이 다른 시대의 역사를 가지고 있고 또 다른 주제를 다루기도 하지만, 그래도 예수 그리스도에 대한 책이다. 예수 그리스도의 구속적인 관심(구속사)을 두고 기록하고 있다.

평화의 왕은 솔로몬이다. 다윗은 승리와 정복의 왕이다. 솔로몬은 평화와 번영의 왕이다. 이것은 장래 평화의 왕 메시야가 세울 왕국을 가리키고 있다. 평강과 영광의 상징이다. 예수 그리스도는 참 지혜자이시다. 영원히 하나님을 영화롭게 하는 왕이시다.

본서의 특징은 1) 하나님의 성전 건축과 성전 예배로 성전 중심적인 삶과 세속적인 삶을 비교하고 있다. 2) 왕국의 분열과 쇠퇴는 우상숭배가 주된 원인이었다. 3) 우상숭배는 죄악과 인간을 타락시키는 결과를 가져온다. 4) 여호와 신앙이 인간에게 행복과 평화와 축복을 가져다 준다는 것을 가르치고 있다.

열왕기상의 강해집을 내면서 부끄러움도 많지만 교회 강단에서 선포된 하나님의 말씀이기에 가치가 있다. 늘 설교를 경청하는 성도님들께 감사를 드린다. 그리고 기도와 물질로 후원하는 천성교회 출판위원회와 교정위원들에게 감사를 드린다.

이 책이 출간되기까지 편집에 수고한 송영찬 목사님과 교정에 헌신한 라진옥 집사님께 고마운 마음을 전하고, 늘 건강을 챙겨주는 아내에게 감사를 전한다.

2017년 11월 15일
천성교회 복지관에서
윤 석 희

목 차

머리말 / 7

●서론●

●제1부●
통일왕국시대

● 제2부 ●
분열왕국시대

서론

열왕기상 서론

책의 제목을 봅시다. 사무엘상·하, 열왕기상·하, 역대상·하는 두 권의 책이 아니라 한 권의 책입니다. 그리고 열왕기서의 제목은 '왕들'이란 뜻입니다. 주전 2세기경에 헬라어 구약역본인 70인역(셉투딘트)에서는 상·하로 구분하였습니다. 때로는 사무엘상·하를 1, 2권으로, 열왕기상·하를 3, 4권으로 부르기도 하였습니다. 한국교회는 70인역을 따라 상·하로 구분하였습니다.

저자는 제1차 바벨론 포로 귀환 이전의 바벨론에 거주했던 익명의 편집자로 보고 있습니다. 혹자는 예레미야로 봅니다. 기록연대는 B.C. 586년 예루살렘 멸망 이후로부터 제1차 바벨론 포로 귀환이 이루어진 B.C. 537년 사이의 어느 시기로 추정합니다. 특히 열왕기하 25장 27-30절에서 여호야긴의 석방 기록이 있는 것을 볼 때 B.C. 561-537년 사이로 추정합니다.

열왕기상의 수신자는 누구일까? 바벨론에 포로로 잡혀가 생활하고 있던 이스라엘 백성들을 일차적인 독자로 보고 있습니다. 물론 내용을 볼 때 솔로몬 시대부터 남북의 분열 왕국 전반기까지의 신정왕국 이스라엘의 역사를 비판적 시각에서 회고하고 있습니다.

열왕기상의 전체적인 내용을 살펴보면 솔로몬시대에서 시작하여 남북왕조의 분열, 남북왕조가 몰락할 때까지의 역사를 여러 왕을 중심으로 하여 기록했습니다. 상권은 다윗의 후계자요, 통일왕국의 마지막 왕인 솔로몬의 행적부터 북이스라엘 제8대 왕 아하시야의 통치에 이르는 주전 970년-840년경까지 130년의 역사를 기록하고 있습니다.

사무엘서와 열왕기서는 저자의 기록하는 관점이 같을 뿐만 아니라 연대도 연결되어 있습니다. 사무엘서는 사사시대 말기로부터 다윗시대까지의 역사를 기록하고, 열왕기서는 다윗을 이은 솔로몬시대로부터 남북 이스라엘 왕조가 멸망당할 때까지의 역사를 기록하고 있습니다.

열왕기서는 선지자적 관점(prophetic point of view)을 가지고 B.C. 722년 북이스라엘이 앗수르에 의해 멸망당하고, B.C. 586년 남유다가 바벨론에 의해 멸망당한 상황에서 선민 이스라엘로 하여금 과거 자신의 죄악을 회고하고 반성하도록 기록했습니다. 반면 역대기서는 제사장적 관점(priest point of view)을 가지고 하나님은 택한 백성에 대하여 잘못한 경우에는 징계하시지만 회개하면 회복시켜 주는 분이심을 알게 합니다. 포로에서 귀환한 백성이 여호와 중심적인 신앙에 근거하여 새로운 역사를 창조하도록 이스라엘의 역사를 회고하며 기록하고 있습니다.

그래서 역대기에서는 선민의 영속성을 강조하는 측면에서 다윗의 언약을 열왕기서보다 강조합니다. 또한 여호와 신앙을 강조하기 위한 방편으로 성전 제사제도를 강조합니다.

열왕기서 전체를 둘로 나누어 본다면 통일 왕국시대와 분열 왕국시대로 구분할 수 있습니다. 1-11장까지는 솔로몬이 하나님의 선택과 축복으로 하나님의 성전을 건축하고, 지혜와 위엄과 영화를 만방에 떨친 내용이 기록됩니다. 그러나 솔로몬의 말년은 우상숭배로 인해 나라가 둘로 분열됩니다.

12-22장까지는 르호보암의 강압적인 정책과 여로보암에 의한 북부 지방의 반란으로 인해 통일왕국이 분열되고 우상숭배로 말미암아 타락하게 됩니다. 남유다 제3대 왕 아사와 제4대 왕 여호사밧을 제외하고는 모두 하나님의 뜻을 어겨서 심판의 대상이 되었습니다. 특히 16-29장까지는 신본주의적인 왕정체제를 인본주의적인 체제로 변질시킨 대표인 아합 왕과 이에 대해 엘리야 선지자가 하나님의 뜻을 선포하는 내용으로 일관됩니다.

그러면 열왕기상의 중심 주제는 무엇인가? 이스라엘은 왕을 중심으로 하여 하나님께 순종할 때 평안과 축복과 영광이 있습니다.

1) 이것은 솔로몬의 삶을 통해서 교훈을 받게 됩니다. 솔로몬이 하나님의 지혜를 구할 때 성전건축과 영화를 얻게 되었습니다. 하나님께서 솔로몬에게 전무후무한 큰 복을 내리셨습니다. 인간적인 생각(지혜)으로 외교, 정치에 성공한 것 같이 보이지만 결과는 실패하였습니다. 이것은 오직 지혜와 복은 하나님이 근원자라는 것을 시사하고 있습니다.

그러므로 하나님을 우선시하고 하나님 중심적인 신앙생활을 해야 합니다. 솔로몬은 왕으로서 통치 사역을 시작하기 전에 일천 번제를 하나님께 드렸습니다. 하나님께서 무엇을 원하느냐고 물었을 때 부귀영화가 아니라 하나님의 백성을 잘 다스릴 수 있는 지혜를 구했습니다. 그러므로 성도는 하나님의 나라와 영광을 먼저 구해야 합니다. 그리하면 하나님께서 모든 것을 채워주실 줄로 믿습니다.

하나님은 지혜의 근원자이십니다. 솔로몬의 지혜는 하나님께로부터 나온 것입니다. 지혜의 근원자가 하나님이심을 믿는다면, 후히 주시고 꾸짖지 않으시는 하나님께 구해서 영광을 누릴 수 있기를 바랍니다.

2) 열왕기서는 신명기 사관적 관점에서 이스라엘의 왕정시대의 역

사를 기록합니다. 신명기 사관적 관점이란, 역사의 주관자이신 하나님
께 순종할 때 평화와 복을 누리게 되고 불순종할 때 저주를 받게 된다
는 사상입니다.

솔로몬의 번영이나 르호보암시대의 왕국의 분열, 남북 왕조의 번영
과 재앙, 앗수르에 의한 북이스라엘의 멸망, 바벨론에 의한 남유다의
멸망 등은 모두 하나님께 불순종할 때 일어난 일들이었습니다. 현재 포
로생활을 하고 있는 상황에서 불행의 원인을 말해 줌으로써 하나님께
돌아가도록 유도하고 하나님의 은혜와 복을 받도록 가르치고 있는 것
입니다.

3) 죄악이 무엇인가? 죄에 대한 관념이나 개념을 여러 가지로 정리
할 수 있지만 무엇보다도 하나님과의 단절을 가리킵니다. 하나님과의
단절이 이웃과 자신을 분열하게 만듭니다. 이스라엘도 남북이 분열되
었습니다. 예수 그리스도는 하나님과 사람, 사람과 사람을 화목하게 하
셨습니다. 화평이시기 때문입니다.

솔로몬이 성전을 건축했을 때 얼마나 영광스러웠습니까? 그동안은
이동식 성막이었는데 이제는 안정적이고 평화를 유지할 수 있는 거룩
한 성전이 지어졌습니다. 새로운 시대가 열리게 되었습니다. 그러나 세
상에 존재하는 것은 완전하지 못합니다. 불완전합니다. 손으로 지은 것
은 한계가 있습니다. 성전의 실체인 그리스도를 중심으로 만들어진 신
약 교회와 궁극적으로 하나님과 백성들이 영원히 함께 거하게 될 천국
의 모형에 지나지 않습니다.

솔로몬이 일천 번제도 드리고 지혜도 얻고 성전도 건축하여 영광스
러운 왕이 되었지만, 그후에는 타락하여 우상을 숭배함으로써 하나님
의 심판을 받고 나라가 분열되었습니다. 그러므로 인간은 완전하지 못
합니다. 인간은 그리스도의 보혈과 성령의 새롭게 하시는 은혜가 필요
한 존재입니다.

4) 모든 권세의 근원자는 하나님이십니다. 솔로몬은 다윗의 열 번째 아들입니다. 그것도 우리아를 죽이고 밧세바를 빼앗았을 때 태어난 아들입니다. 세속적인 관점에서 말하자면 왕이 될 자격이 없는 사람이었습니다. 그러나 아도니야는 다윗의 장자로서 체용이 준수하고 강력한 지도자인 요압과 아비아달의 지지를 받고 있었습니다. 그러나 다윗의 왕권을 승계한 사람은 아도니야가 아니라 솔로몬이었습니다.

아도니야가 왕이 되고 싶어하지만 하나님께서 허락하지 않으셨습니다. 솔로몬이 다윗의 계승자가 됩니다. 이것은 사무엘하 7장 12-13절에 "네 수한이 차서 네 조상들과 함께 누울 때에 내가 네 몸에서 날 네 씨를 네 뒤에 세워 그의 나라를 견고하게 하리라 그는 내 이름을 위하여 집을 건축할 것이요 나는 그의 나라 왕위를 영원히 견고하게 하리라"라고 했습니다. 하나님께서 다윗과의 언약을 세우셨습니다.

세상의 모든 권세는 하나님께로부터 나온 것입니다. 로마서 13장 1절에 "각 사람은 위에 있는 권세들에게 복종하라 권세는 하나님으로부터 나지 않음이 없나니 모든 권세는 다 하나님께서 정하신 바라"라고 했습니다.

5) 하나님은 분열왕국 속에서도 선지자들을 통하여 신실하게 책망하셨습니다. 하나님께로 돌아오도록 권고하셨습니다. 회개를 촉구하셨습니다. 그러나 이스라엘이나 열왕들은 회개하지 않았습니다.

하나님의 예언은 그대로 성취되었습니다. 솔로몬의 왕위 계승 사건이나 성전을 건축하는 일, 왕국의 분열이나 패망 등 모두 다 하나님의 예언이 있었고 그대로 이루어진 사실임을 기록하고 있습니다. 하나님은 살아 계시며, 하나님은 역사와 만물의 주관자가 되십니다. 지금도 재림에 대한 예언이나 구원에 대한 말씀들이 그대로 이루어지고 있습니다.

6) 하나님은 사랑해서 책망하시지만 이스라엘은 끝까지 거절했습니다. 그래도 택한 이스라엘을 끝까지 사랑하신 분은 하나님이십니다. 왜냐하면 남은 자가 있기 때문입니다. 아합의 치세에서도 오바댜가 하나님을 경외했습니다. 오바댜를 통하여 남은 자 칠천 명을 보호하셨습니다. 그러므로 당장은 소망이 없어 보이더라도 하나님만 바라보는 믿음 생활을 해야 합니다.

열왕기상에 나타난 예수 그리스도의 모습을 생각해 봅시다. 신·구약성경이 다른 시대의 역사를 가지고 있고 또 다른 주제를 다루기도 하지만, 그래도 예수 그리스도에 대한 책입니다. 예수 그리스도의 구속적인 관심(구속사)을 두고 기록하고 있기 때문입니다.

1) 평화의 왕, 솔로몬입니다. 다윗은 승리와 정복의 왕입니다. 솔로몬은 평화와 번영의 왕입니다. 이것은 장래 평화의 왕 메시야가 세울 왕국을 가리키고 있습니다. 평강과 영광의 상징입니다. 솔로몬은 초기 사역에 있어서 지혜자로 영광과 번영이 있었습니다. 그런데 솔로몬의 후기 사역에는 우상을 숭배하였습니다. 그러나 예수 그리스도는 참 지혜자이십니다. 영원히 하나님을 영화롭게 하셨습니다. 변함없이 영원토록 하나님의 영광을 드러내셨습니다.

2) 고난받는 정의의 사자는 엘리야 선지자입니다. 엘리야는 광야에서 살았습니다. 고뇌하는 사람, 쫓기는 사람이었습니다. 왕궁이나 도시의 거짓과 폭력으로 백성을 착취하는 인물이 아니었습니다.

하나님의 정의를 드러내고, 착취와 일락을 일삼는 사람들을 향하여 하나님의 심판을 선언하였습니다. 마치 신약의 세례요한을 연상하게 합니다. 현실의 죄악을 지적하며, 회개를 촉구하였습니다. 새로운 나라, 새로운 시대가 도래할 것을 바라보았습니다. 엘리야는 세례요한과 사역이 비슷하였습니다.

참고로 핵심적인 구절은 9장 4-5절과 11장 11절입니다. "네가 만일 네 아버지 다윗이 행함 같이 마음을 온전히 하고 바르게 하여 내 앞에서 행하며 내가 네게 명령한 대로 온갖 일에 순종하여 내 법도와 율례를 지키면 내가 네 아버지 다윗에게 말하기를 이스라엘의 왕위에 오를 사람이 네게서 끊어지지 아니하리라 한 대로 네 이스라엘의 왕위를 영원히 견고하게 하려니와", "여호와께서 솔로몬에게 말씀하시되 네게 이러한 일이 있었고 또 네가 내 언약과 내가 네게 명령한 법도를 지키지 아니하였으니 내가 반드시 이 나라를 네게서 빼앗아 네 신하에게 주리라".

본서의 특징은 1) 하나님의 성전 건축과 성전 예배로 성전 중심적인 삶과 세속적인 삶을 비교하고 있습니다. 2) 왕국의 분열과 쇠퇴는 우상숭배가 주된 원인이었습니다. 3) 우상숭배는 큰 죄악으로 인간을 타락시키는 결과를 가져옵니다. 4) 여호와 신앙이 인간에게 행복과 평화와 축복을 가져다 준다는 것을 가르치고 있습니다.

제1부
통일왕국시대

열왕기상 1 − 11장

제1강
열왕기상 1장 1-4절

다윗의 노쇠

열왕기서는 사무엘서의 기록을 전제로 기록되었습니다. 사무엘서는 마지막 사사 사무엘의 탄생으로부터 시작하여 사사시대에서 왕정시대로 이양되는 과정 속에서 사람이 원하여 세운 초대 왕 사울의 통치와 하나님이 세운 다윗 왕의 치세를 통해 이스라엘이 신정국가(신정왕국체제)의 기틀을 확립한 내용을 다루었습니다.

열왕기상은 사무엘하의 마지막 부분과 연계해서 다윗 왕의 이야기로부터 시작하고 있습니다. 다윗 왕이 역사의 뒤안길로 사라지고 새 역사의 중심적인 인물인 솔로몬이 왕위를 계승하는 과정을 보여주는데, 이것이 사무엘서와 열왕기서의 연결 고리입니다.

그래서 오늘 말씀은 열왕기서의 도입 부분이자 아도니야의 반란과 솔로몬의 왕위 계승 사건의 배경으로, 다윗이 국사를 돌볼 수 없을 만큼 노쇠하여 아비삭을 맞아들인 것을 보여주고 있습니다.

사무엘상·하에서는 사무엘의 통치로부터 다윗의 통치 말년까지 이스라엘 역사 가운데 나타난 하나님의 섭리를 살펴보았습니다. 열왕기상에서는 다윗의 임종과 솔로몬의 왕위 승계 그리고 이스라엘과 유다의 멸망에 이르는 400여 년 동안의 시간을 살펴보면서 역사를 주관하시는 하나님의 섭리를 알아보게 됩니다.

1. 다윗 왕의 노쇠

다윗 왕이 나이가 많아 늙었습니다. 이불을 덮어도 몸이 따뜻하지 않았습니다. 이불을 덮어도 따뜻하지 않은 것은 매우 연로하며 급속도로 기력이 쇠하기 시작한 것을 말해 줍니다. 옷을 입고 또 입어도, 이불을 덮어도 따뜻하지 않았습니다. 스스로 몸을 가누지 못하는 상황이었습니다. 더군다나 성적인 욕구를 느끼지 않는 상태까지를 말합니다.

가는 세월 앞에 장사가 있습니까? 다윗도 가는 세월을 이기지 못했습니다. 동녀를 통하여 몸을 따뜻하게 하지 않으면 안 되는 상황이었습니다. 얼마 뒤에는 한줌의 흙으로 돌아가게 되는 상황이었습니다. 이 공식에서 제외될 사람이 있습니까? 여기에 인간의 유한성이 있습니다. 무능함을 고백하게 됩니다. 그러므로 무한하신 하나님만을 바라보게 만들고, 영원하신 예수 그리스도만을 의지하게 만듭니다.

'나 젊어 보았다. 너 늙어 보았냐?' 어떤 늙은 장로의 말은 우리로 하여금 숙연하게 만듭니다. 모세의 기도도 생각해 봅시다. "주께서 사람을 티끌로 돌아가게 하시고 말씀하시기를 너희 인생들은 돌아가라 하셨사오니 주의 목전에는 천 년이 지나간 어제 같으며 밤의 한 순간 같을 뿐임이니이다 … 우리의 연수가 칠십이요 강건하면 팔십이라도 그 연수의 자랑은 수고와 슬픔뿐이요 신속히 가니 우리가 날아가나이다"(시90:3-10)라고 했습니다.

사무엘하 24장에 나타난 대로 아라우나의 타작마당에서 이스라엘 백성을 위하여 단을 쌓고 중보자의 역할을 감당했던 다윗 왕이 더 이상 왕으로서의 역할을 감당할 수 없는 상태였습니다. 신정국가의 왕으로서의 기틀을 마련했던 다윗 왕, 성전 지을 땅도 준비하고, 잃었던 법궤도 되찾아오고, 주변 국가도 다 토벌했던 다윗이지만 아무 낙이 없다고 말하는 곤고한 날이 다가오기 시작했습니다.

하나님은 무한하시지만 인간은 유한한 존재입니다. 인간은 무한한 존재가 아닙니다. 다윗 왕은 이스라엘 역사에서 최고의 왕이었지만 어쩔 수 없는 사람입니다. 골리앗을 때려눕힌 정말 위대한 하나님의 사람이지만, 그리고 전쟁을 할 때마다 승승장구했던 용맹스러운 사람으로서 하나님을 정말 사랑한 사람이지만, 지금은 흘러가는 세월 앞에 나약하고 힘 없는 사람일 뿐입니다.

다윗 왕은 분열되었던 이스라엘을 통일하고 주변 국가를 정복하여 아브라함과 이삭과 야곱에게 언약을 세웠던 하나님의 언약을 그대로 성취한 왕이었습니다. 사무엘하 22장 30절에 "내가 주를 의뢰하고 적진으로 달리며 내 하나님을 의지하고 성벽을 뛰어넘나이다"라고 했습니다. 다윗은 정말 그렇게 했던 인물입니다.

사도 바울은 부활 신앙을 소유한 우리에게 무엇을 부탁했습니까? "그러므로 내 사랑하는 형제들아 견실하며 흔들리지 말고 항상 주의 일에 더욱 힘쓰는 자들이 되라 이는 너희 수고가 주 안에서 헛되지 않은 줄 앎이라"라고 했습니다. 형제들이여! 견실하며 흔들리지 말고 항상 하나님의 일에 힘쓰는 자들이 되라. 하나님의 선한 일을 잘 감당하는 성도가 됩시다. 기회가 있습니다. 때가 있습니다. 시간이 쉽게 지나갑니다.

2. 수넴 여인 아비삭

다윗을 사랑했던 신하들은 다윗의 원기를 회복할 수 있는 길을 모색하고 있었습니다. 다윗 왕에게 허락을 요청했습니다. 국정 운영을 위해서도 요청을 했습니다. 왕정시대에서 왕의 몸이 불편하다면 신하들의 근심과 걱정이 이만저만이 아니었을 것입니다.

다윗 왕의 신하들이 왕을 위하여 젊은 처녀 하나를 구했습니다. 수넴 여인 아비삭입니다. 다윗 왕을 모시게 할 뜻으로 그렇게 했습니다. 그러나 그렇게 좋은 방법은 아닙니다. 젊은 여인이 곁에 있다고 늙은 사람이 젊어집니까? 식어버린 몸이 따뜻해집니까? 잃어버린 시간을 되돌릴 수 있을까요?

신하들이 지혜롭지 못한 처신을 했다고 생각됩니다. 차라리 후계자, 솔로몬이 뒤를 이을 왕임을 미리 선포하도록 유도했다든가 아니면 하루 속히 솔로몬에게 왕권을 위임했다면 여러가지 부작용을 미리 막았을 것입니다. 결국 아도니야의 반란이 일어나게 되었습니다.

다윗의 통치 말년에 일어난 아도니야의 반란과 솔로몬의 즉위 사건의 배경을 설명함으로써 다윗이 국사를 돌보지 못할 만큼 노쇠하였음을 나타냅니다. 그 증거로 동녀 수넴 여자 아비삭을 다윗 왕의 수종자로 맞이하게 되었습니다. 신하들은 아름다운 동녀를 구하기 위하여 이스라엘 전국을 누볐습니다. 마침내 수넴에서 아비삭을 구해 왔습니다. 아비삭은 아름다운 여인이었습니다.

2절에 '왕의 품에 누워' 라고 말한 것은 다양한 의미가 있습니다. '잠자기 위해 눕다, 성교를 위해 눕다' 로 번역할 수 있지만 여기서는 어머니가 양육과 보호를 위해 아기를 품에 안거나 자기 양을 돌보는 목자가 세심한 배려를 위하여 품에 안는 것을 가리킵니다. 왕의 몸을 따뜻하게 하기 위하여 품에 안기는 것을 말합니다. 다윗 왕을 봉양하는 일, 건강을 돌보는 일, 심지어 성적인 회복도 유도했던 것으로 보입니다. 이것은 당시 의학적인 한 형태였습니다.

다윗은 30세에 왕위에 올라 헤브론에서 7년, 예루살렘에서 33년을 통치했습니다. 다윗이 통일 이스라엘을 이루었지만 임종을 앞둔 상황이었습니다. 다윗은 하나님의 마음에 합한 사람입니다. 솔로몬을 후계자로 내정한 상황입니다. 그런데 공식적인 선언이 없자 아도니야가 자청하여 왕이 되려고 했습니다.

고대사회에서는 종종 있는 일입니다. 그러나 하나님이 이스라엘 역사를 이끌어 가셨습니다. 11-12절을 보면 "나단이 솔로몬의 어머니 밧세바에게 말하여 이르되 학깃의 아들 아도니야가 왕이 되었음을 듣지 못하였나이까 우리 주 다윗은 알지 못하시나이다 이제 내게 당신의 생명과 당신의 아들 솔로몬의 생명을 구할 계책을 말하도록 허락하소서". 나이로 보나 여러 가지 정황으로 볼 때 솔로몬을 왕으로 지정하는 것에 어려움이 있었습니다. 그러나 아도니야가 스스로 왕됨을 자청하도록 하여 나단 선지자가 솔로몬을 왕위에 올리도록 역사하신 분은 하나님이셨습니다. 모든 역사는 하나님이 주관하십니다. 그리고 참된 성공은 하나님의 뜻과 말씀에 순종하는 삶에 달려 있습니다.

3. 아비삭의 수종

신하들은 이스라엘 전 지역을 다니면서 동녀를 구했습니다. 이렇게 노력한 것으로 보아 다윗의 건강 상태가 국가적인 위기의 수준이었음을 알 수 있습니다. 결혼하지 않은 처녀 한 사람을 구했습니다. 수넴 여인 아비삭입니다. 아비삭은 아름다웠습니다. 예쁜 여인이었습니다. 외모만이 아니라 지혜로운 여인이었습니다.

신하들은 빨리 찾아냈고 신속하게 다윗 왕에게 인도했습니다. 시골에서 왕궁으로 데리고 왔습니다. 수넴이 어디입니까? 서수리아에서 가장 높은 곳으로 일 년 내내 눈이 덮인 헬몬산 아래 이스르엘 평지에 위치해 있는 잇사갈 족속에게 속한 성읍 지역입니다.

엘리사가 이곳에 사는 한 과부의 아들을 살려준 일이 있습니다. 아비삭은 '나의 아버지는 방랑자, 나의 아버지는 실수하는 사람'이라는 뜻입니다. 신하들은 아비삭이 다윗 왕의 원기를 회복해 주기를 바랐으나 별 소득이 없었습니다. 나중에 아도니야가 아비삭을 취하려고 하여 솔로몬에 의해서 죽임을 당하게 됩니다.

수넴 여자 아비삭은 다윗 왕에게 수종들며 봉양했습니다. 아비삭은 매우 아름답고 매력적인 여인이었으며, 젊은 여인이었습니다. 그러나 다윗 왕은 아비삭과 동침하지 않았습니다. 이것을 기록한 이유가 무엇일까요? 두 가지로 해석됩니다.

다윗 왕이 노쇠하였다는 증거입니다. 또 다른 이유는 다윗 왕은 경건했던 인물입니다. 물론 우리아를 죽이고 밧세바를 빼앗았을 때 고생을 많이 했습니다. 다윗 왕은 이전의 젊었을 때와는 달리 아주 성숙한 성도가 되었습니다. 젊었을 때는 우리아를 죽이고 밧세바를 빼앗았지만 죽을 때까지 아비삭을 건드리지 않는 것을 보면 주님을 닮은 성숙한 성도의 모습으로 발전한 것이라고 말할 수 있습니다.

히브리인들은 성관계를 통하여 아는 것을 '안다'고 표현했습니다. 다윗과 아비삭은 성관계가 없었습니다. 왕은 결코 아비삭을 성관계를 통해서 알지 않았습니다. 성숙한 그리스도인의 아름다운 덕을 노래하고 있습니다. 이 정도로 성숙한 다윗 왕이라면 아도니야의 왕위 찬탈을 막을 수 있고 솔로몬이 왕위를 계승하도록 선포할 수 있습니다.

성도의 진정한 안식은 하나님의 품이지 여인의 품이 아닙니다. 물론 일시적인 안식과 세상에서의 안식도 필요합니다. 부정할 수 없어요. 그러나 영원한 품은 하나님의 품입니다. 주의 친절한 팔에 안기는 복이 임하기를 바랍니다.

예수님은 마태복음 11장 28-30절에서 "수고하고 무거운 짐 진 자들아 다 내게로 오라 내가 너희를 쉬게 하리라 나는 마음이 온유하고 겸손하니 나의 멍에를 메고 내게 배우라 그리하면 너희 마음이 쉼을 얻으리니 이는 내 멍에는 쉽고 내 짐은 가벼움이라"라고 했습니다.

요한복음 14장 27절에 "평안을 너희에게 끼치노니 곧 나의 평안을 너희에게 주노라 내가 너희에게 주는 것은 세상이 주는 것과 같지 아니하니라 너희는 마음에 근심하지도 말고 두려워하지도 말라"라고 했습니다. 주님만 사랑하여 주님이 주시는 평안으로 충만합시다.

제2강
열왕기상 1장 5-10절

아도니야의 모반

신정국가의 왕 다윗도 가는 세월 앞에 어떻게 할 수 없었습니다. 나이가 많아 늙었습니다. 젊었을 때는 골리앗도 무찌르고 하나님의 성전을 지을 땅도 준비하고, 빼앗겼던 법궤도 되찾아오고, 주변국가도 다토벌했지만 이제는 국정 운영을 할 수 없는 상황이 되었습니다. 이 후에 무슨 일이 벌어졌을까요?

1. 아도니야와 왕권

아도니야의 모반이 발생했습니다. 아도니야는 '여호와는 주' 라는 신앙적인 이름이었습니다. 아마도 다윗이 하나님의 절대 주권을 생각하면서 이름을 지어준 것으로 보입니다. 그러나 아도니야의 삶을 보면 하나님의 주권을 인정하지 않다가 멸망당한 사람입니다.

아도니야는 학깃의 소생으로 다윗의 넷째 아들이고 스스로 왕이 되려는 야심을 가졌던 사람입니다. 학깃은 '춤추는 자, 축제' 라는 뜻입니다. 다윗의 첫째 아들 암논은 이복 동생 다말을 강간했다가 압살롬에게 암살당했고, 둘째 아들 길르압은 별다른 행적을 찾아볼 수 없는 사람이

었으며, 셋째 아들 압살롬은 다윗을 반역했다가 요압 장군에게 죽임을
당했습니다. 헤브론에서 태어난 넷째 아들 아도니야는 왕위에 오를 만
한 사람이었습니다.

5절에 '그 때에'라는 말은 새로운 사건의 시작을 알리는 말입니다.
사람들이 인과법칙을 말하듯 인과관계를 나타내는 말로 다윗이 국정
운영의 어려움을 겪고 있을 때 아무도 후계자 문제를 해결하지 않았기
에 다른 일들이 발생하게 되었다는 의미입니다.

아도니야는 스스로 자기를 높여서 내가 왕이 되리라고 생각했던 인
물입니다. 다윗을 비롯하여 국가의 운영을 책임지고 있는 사람들이 어
떤 조치를 취하지 않을 때 빚어진 결과입니다. 하나님의 뜻은 이미 밝
혀진 상태였습니다. 하나님의 뜻은 솔로몬이 다윗의 왕위를 잇는 것이
었습니다. 그럼에도 불구하고 아도니야는 신적 소명이나 부르심보다는
자기의 생각을 앞세운 나머지 모반을 꿈꾸게 되었던 것입니다.

스스로 높이는 것은 스스로를 들어올리는 것을 말합니다. 교만과 오
만이라는 말로 표현할 수 있습니다. 장자로서의 권리와 다른 사람보다
외모가 뛰어난 것 때문에 스스로를 들어올리는 결과를 가져오게 되었
습니다. 그 결과 아도니야는 병거와 기병과 호위병 오십 명을 준비했습
니다.

그러나 신정국가, 신정왕국에서 왕을 세우는 일은 하나님의 권한입
니다. 사람은 외모를 보고 지지를 하지만 하나님은 중심을 보시는 분
이십니다. 아도니야는 "내가 왕이 되리라"라고 생각했습니다. 아도니
야는 하나님의 뜻보다는 자기의 생각을 앞세우고, 하나님의 주권보다
는 자기의 주장을 앞세우다가 멸망한 사람입니다. 하나님의 섭리보다
는 자기의 강력한 의지가 있었습니다. 여기에 인간의 어리석음이 보입
니다.

병거나 기병 그리고 호위병을 오십 명이나 준비했습니다. 이 수는
왕이 행차할 때의 규모입니다. 압살롬이 다윗을 반역할 때도 이와 같은

수를 동원했고 아도니야도 예외가 아니었습니다.

다윗 시대에 병거나 기병 그리고 호위병을 구하기가 쉬운 것이 아니었습니다. 그 시대적인 상황을 고려할 때 매우 뛰어난 첨단 부대를 이끌고 있었습니다. 아도니야는 자신의 신병을 보호하고 위용을 떨치기 위해서 그런 수단을 동원했던 것입니다.

그러나 "여호와께서 집을 세우지 아니하시면 세우는 자의 수고가 헛되며 여호와께서 성을 지키지 아니하시면 파수꾼의 깨어 있음이 헛되도다"(시127:1)라고 했습니다. 하나님께서 여러분을 실족하지 않게 지켜주시기를 바랍니다. 졸지도 않으시고 주무시지도 않으시면서 낮의 해와 밤의 달도 해치 못하도록 지켜주시는 은혜가 임하기를 바랍니다.

2. 아도니야의 신상

아도니야는 압살롬 다음에 태어난 자로서 체용이 매우 준수했던 인물입니다. 용모가 심히 준수했습니다. 암논도 죽었고 압살롬도 죽었고 또 둘째 형인 길르압은 일찍 죽었거나 무능력했기 때문에 아도니야는 서열상 왕위에 오를 만한 인물이었습니다.

저자가 압살롬을 거론하면서 아도니야를 언급한 것은 압살롬이 다윗 왕을 반역하듯 아도니야도 반역할 수 있는 인물임을 밝히고 있는 것입니다. 아도니야는 두세 번이나 강조하듯 준수한 사람이었습니다. 다른 사람들보다 선이 확실했습니다. 훌륭한 외관을 가진 사람이었습니다. 신체적인 아름다움뿐만 아니라 도덕적인 선도 확실했던 인물입니다. 다른 왕자들과 비교해볼 때 매우 잘생긴 사람이었습니다.

그런데 아도니야의 외적인 것만 강조하고 내적인 것은 말하지 않는 것으로 보아 왕의 자격은 없는 사람이었습니다. 백성들이 볼 때 외모가 잘 생기면 호감은 갖게 됩니다. 그러나 하나님의 나라, 신정국가의 통치자, 신정왕국의 통치자에게 중요한 것은 중심 마음이었습니다. 하나님이 함께하는 사람인가? 하나님이 어떻게 보시는가?

다윗을 생각해 봅시다. 외모가 준수하고 무용도 출중했고, 구변도 갖춘 사람이었습니다. 더욱 중요한 것은 하나님의 마음에 맞는 사람이었다는 점입니다. 마음에 합한 사람입니다. 이것이 가장 중요합니다. 그러나 아도니야는 이점이 부족했습니다. 교회 일꾼은 항상 하나님의 마음에 들어야 합니다. 그래야 역사가 일어납니다. 사람을 바꿀 수 있습니다.

다윗 왕은 아도니야에게 "네가 어찌하여 그리 하였느냐?"라는 말로 꾸짖거나 섭섭한 말을 한번도 한 적이 없었습니다. 감정적인 슬픔과 육체적인 고통이나 괴로움을 안겨준 적이 없었습니다. 아도니야가 잘못한 일이 없어서 한번도 책망하지 않았을까요? 그렇지는 않았을 것입니다. 다윗 왕은 늘 아도니야를 감쌌습니다. 그것이 사랑의 방법인 줄로 생각했습니다.

그러나 하나님의 말씀을 들어봅시다. 히브리서 12장 6-8절에 "주께서 그 사랑하시는 자를 징계하시고 그가 받아들이시는 아들마다 채찍질하심이라 … 징계는 다 받는 것이거늘 너희에게 없으면 사생자요 친아들이 아니니라"라고 했습니다.

다윗의 그릇된 사랑이 아도니야의 생애를 망치게 되었습니다. 다윗이 책망하지 않은 까닭에 그는 교만해졌습니다. 결국 모반을 일으켰다가 죽임을 당했습니다. 이게 진정한 사랑일까요? 요즈음은 책망하기도 어려운 세상입니다. 무조건 감싸주기를 원하는 세상입니다. 정말 잘못된 사랑이 만연한 상황입니다.

다윗은 위대한 왕이요 군사전략가요 음악가요 시인이지만 한 가정의 아버지로서는 부족한 면이 있었습니다. 여러분은 자녀를 믿음으로 성장시키는 좋은 아버지가 되기를 바랍니다. 하나님의 절대 주권을 믿고 사는 하나님의 사람으로 자녀들을 양육하기를 바랍니다.

3. 아도니야의 왕위 찬탈

아도니야가 다윗 왕의 노쇠를 틈타 요압 장군과 종교 지도자 아비아달을 중심으로 모의한 다음 스스로 왕임을 자처했습니다. 보수 세력과 반란 세력을 결집시켰습니다.

아도니야는 1) 다윗의 네 번째 아들이지만 살아 있는 아들 중에 최연장자로 아마도 자기 자신이 제일이라고 생각한 것 같습니다. 왕위를 계승할 수 있는 최적임자로 생각했던 것이지요.

2) 6절에 어려서부터 다윗이 섭섭하지 않게 감싸준 것에 대하여 다윗의 총애를 받고 있다고 착각했던 것입니다. 사람은 항상 이렇게 자기중심적인 생각을 잘 합니다. 하나님의 뜻을 묻는 것이 무엇보다 중요합니다.

3) 7절에 요압과 아비아달의 지지를 받자 교만해졌습니다. 실권 있는 사람들이 주변에 있을 때 사람들은 착각을 잘 합니다. 이런 연유로 압살롬처럼 자기를 위한 사조직을 만들고, 모반의 장소까지 미리 정했습니다.

그러나 왕을 세우고 폐하는 일이 하나님의 절대 주권임을 몰랐을까? 역대상 29장 12절에 "부와 귀가 주께로 말미암고 또 주는 만물의 주재가 되사 손에 권세와 능력이 있사오니 모든 사람을 크게 하심과 강하게 하심이 주의 손에 있나이다"라고 다윗은 고백했습니다.

겸손은 존귀의 길잡이(잠15:33)이지만 교만은 패망의 선봉입니다(잠16:18). 아도니야의 계획은 수포로 돌아갔습니다. 솔로몬을 통하여 하나님이 신정국가를 이끌어 가기를 원하셨던 섭리가 있었기 때문입니다.

솔로몬은 다윗의 예언대로 왕이 됩니다. 역대상 29장 22-25절에 "이 날에 무리가 크게 기뻐하여 여호와 앞에서 먹으며 마셨더라 무리가 다윗의 아들 솔로몬을 다시 왕으로 삼아 기름을 부어 여호와께 돌려 주권자가 되게 하고 사독에게도 기름을 부어 제사장이 되게 하니라 솔로몬이 여호와께서 주신 왕위에 앉아 아버지 다윗을 이어 왕이 되어 형통하니 온 이스라엘이 그의 명령에 순종하며 모든 방백과 용사와 다윗 왕의 여러 아들들이 솔로몬 왕에게 복종하니 여호와께서 솔로몬을 모든 이스라엘의 목전에서 심히 크게 하시고 또 왕의 위엄을 그에게 주사 그전 이스라엘 모든 왕보다 뛰어나게 하셨더라"라고 했습니다.

우리는 교훈을 받아야 합니다. 하나님의 뜻을 방해하려는 인간의 어떠한 계획도 결코 성공할 수 없습니다. 또 하나님만이 역사의 주관자이십니다. 시편 103편 19절에 "여호와께서 그의 보좌를 하늘에 세우시고 그의 왕권으로 만유를 다스리시도다"라고 했습니다. 하나님의 뜻을 거스려 교만히 행하는 자는 항상 패망해 왔습니다. 그것이 세계의 역사요 한국의 역사입니다. 세속사나 교회 역사나 다 마찬가지입니다.

요압은 다윗의 조카로, 군사로서 탁월한 능력이 있는 자였습니다. 시온 산성의 여부스 사람을 쳤으며, 에돔 남자도 죽이고, 암몬과 수리아 연합군도 물리친 장수였습니다. 압살롬의 반역과 세바의 반역도 진압합니다. 그러나 자신의 이익을 위하여 아브넬과 아마사를 살해합니다. 요압은 솔로몬보다 아도니야의 편에 서는 것이 자기에게 좋다고 생각하여 모반에 가담한 것으로 보입니다.

아비아달은 사울이 아히멜렉과 가족을 다 죽일 때 에봇을 가지고 다윗에게 도망했던 인물입니다. 다윗이 왕위에 올랐을 때 아비아달은 사독과 함께 제사장 사역을 감당했습니다. 훗날 솔로몬이 왕이 될 것을 알지 못하여 하나님의 뜻을 묻지 않고 아도니야 편에 섰다가 파면당하여 시골로 내려간 사람입니다.

아도니야의 모반에 제사장 사독, 여호야다의 아들 브나야 장관, 선지자 나단과 시므이와 레이를 비롯한 다윗 왕에게 속한 용사들은 반란 사건에 가담하지 않았습니다. 아도니야와 같이 하지 않았습니다. 왜 그랬을까? 전통적인 세습보다는 하나님 나라, 신정국가의 왕은 신적 선택에 의해서 세워져야 한다는 신본주의적인 생각이 있던 사람들이기 때문입니다.

사독은 아론의 셋째 아들 엘르아살의 후손 아히둡의 아들로, 레위 지파의 용사로서 다윗 왕이 헤브론에 있을 때 통치권을 주러 간 사람들 중의 한 사람이었습니다. 다윗이 압살롬의 반역으로 도피할 때 아비아 달과 함께 여호와의 궤를 맡았던 제사장입니다.

브나야는 다윗의 30명의 맹장들 가운데 한 사람이었고, 그렛과 블 렛 사람을 관할하는 시위대 장관이었습니다. 압살롬이 반역할 때도 충 실하게 다윗을 따랐던 세 용사 중의 한 사람입니다. 브나야는 솔로몬이 왕위에 오를 때도 도왔던 인물입니다. 훗날 반역자 아도니야나 요압, 시므이를 숙청하고 요압 대신 군대장관이 된 사람입니다.

나단은 다윗시대의 선지자로 하나님의 언약의 말씀을 전하고 책망 도 하면서 솔로몬이 왕이 될 것을 알고 있었기 때문에 잘 협력했던 인 물입니다. 여러분도 하나님의 말씀을 배우고 익혀서 잘 협력하는 성도 가 됩시다.

4. 왕위 즉위식

아도니야가 성벽 밖 에느로겔 근처에 있는 소헬렛 바위 곁에서 양과 소와 살찐 송아지를 잡아 제물을 삼았으며, 자신이 왕으로 등극했음을 알리는 축제로서의 제사, 왕위 즉위를 알리는 제사를 드렸습니다. 아마 도 참석자들은 아도니야 왕 만세를 외쳤을 것입니다. 신성한 제사 제도 를 이용하여 정치적인 목적을 이루려는 아도니야의 속내는 어이없는 행동입니다.

아도니야의 망령된 행동은 아버지 다윗을 무시하는 처사이면서 이 스라엘 왕국의 왕을 세우는 하나님을 거역하는 행동이었습니다. 이런 행동은 용서받을 수 없는 죄악이 되었습니다.

아도니야는 자신의 모든 동생, 손 아래 왕자들과 자기편에 가담한 유다 지파 소속의 다윗 왕의 신하들을 다 초대했습니다. 그러나 선지자 나단과 브나야와 용사들과 자기 동생 솔로몬은 초대하지 않았습니다. 신정국가라는 사실을 잊으면 아도니야가 왕이 되는 것이 맞지만 하나님의 뜻, 하나님이 세우신다는 것을 생각한다면 솔로몬이 왕이 되는 것이 맞는 상황입니다. 솔로몬은 하나님을 사랑하여 일천 번제를 드릴 정도였고, 백성을 다스릴 지혜를 구할 정도였으며, 하나님의 사랑을 입은 사람이었습니다. 왕으로서 자질과 성품이 충분했던 인물입니다.

제3강
열왕기상 1장 11-31절

솔로몬의 왕위 계승

다윗 왕이 늙어서 국정 운영을 잘못하고 있을 때 다윗의 넷째 아들 아도니야가 왕위를 찬탈하려고 반란을 일으켰습니다. 이러한 반란이 있을 때 나단 선지자와 밧세바 그리고 다윗 왕은 어떤 노력을 했을까요? 아도니야가 왕위에 오를 수 있었을까요 아니면 솔로몬이 왕위에 오를 수 있었을까요? 그러기에 인본주의가 아니라 신본주의여야 합니다. 사람의 생각보다 하나님의 뜻을 따라야 합니다.

1. 나단과 밧세바

나단 선지자가 솔로몬의 어머니 밧세바에게 긴급한 보고를 하기 위하여 방문했습니다. 무엇이 그렇게 긴급한 상황입니까? "학깃의 아들 아도니야가 왕이 되었음을 듣지 못하였나이까?" 나단 선지자는 다윗 왕에게 보고하기 이전에 밧세바를 찾아갔습니다.

왜 밧세바를 먼저 찾았을까? 솔로몬의 어머니요, 왕비로서 왕실 출입이 자유롭고, 더군다나 다윗이 솔로몬이 왕위를 잇도록 하겠다고 밧세바에게 맹세를 했기 때문입니다. 무엇보다도 다윗의 마음을 움직일 수 있는 최적의 사람이었기 때문입니다.

다윗 왕은 아도니야가 왕이 되었음을 알지 못했습니다. 밧세바는 자신은 물론 솔로몬의 생명이 걱정되었습니다. 그래서 나단에게 "당신의 생명과 당신의 아들 솔로몬의 생명을 구할 계책을 말하도록 허락하소서"라고 요구했습니다. 물론 나단 선지자도 아도니야의 왕위 찬탈을 막고 솔로몬으로 하여금 왕위를 계승하려는 하나님의 뜻을 이루기 위하여 목숨을 걸고 밧세바를 찾아간 것입니다. 만약 아도니야 편에서 나단의 행동을 알게 된다면 목숨을 잃게 될 것입니다.

나단 선지자는 선지자다운 선지자입니다. 아도니야 편에 서도 자기의 생명에는 아무런 지장이 없는 사람이지만 솔로몬을 왕으로 세우는 것이 하나님의 뜻임을 알고 있기 때문에 아도니야가 왕위 즉위식을 거행할 때 밧세바를 찾아가서 충정어린 조언을 하고 있는 것입니다. 이것이 영적인 사람이요 분별력 있는 사람의 모습입니다.

나단의 계책이 무엇입니까? 아도니야가 왕이 되었다고 하지만 실행하지 못하도록 나단이 대책을 제안했습니다. 계책이 무엇입니까? "내 주 왕이여 전에 왕이 여종에게 맹세하여 이르시기를 네 아들 솔로몬이 반드시 나를 이어 왕이 되어 내 왕위에 앉으리라 하지 아니하셨나이까 그런데 아도니야가 무슨 이유로 왕이 되었나이까?"라고 따져 물으라고 가르쳐 주었습니다. 다윗 왕이 과거에 약속한 것, 맹세한 것을 상기시켜야 한다는 주장입니다. 아도니야의 불법성, 아도니야의 부도덕성을 지적하는 나단 선지자입니다.

밧세바가 다윗 왕에게 그렇게 말하고 있으면 나단도 뒤따라 들어가 밧세바의 말을 두둔하겠다는 것입니다. "당신이 거기서 왕과 말씀하실 때에 나도 뒤이어 들어가서 당신의 말씀을 확증하리이다"라고 고백했습니다. 밧세바의 말에 힘을 실어주겠다는 약속입니다. 나단 선지자는 하나님의 뜻에 순종할 뿐만 아니라 밧세바로 하여금 다윗의 마음을 움직여서 관철시키는 아주 세심하고 한 치의 오차도 없는 방법을 사용했습니다.

하나님의 사람들은 기도해야 합니다. 나단 선지자처럼 하나님의 뜻을 생각하는 사람들은 기도해야 합니다. 기도하면 하나님께서 우리의 마음과 생각을 지켜주십니다. 그리고 미리 준비하셔서 좋은 결과가 있게 하실 줄로 믿습니다. 빌립보서 4장 6-7절에 말씀하신 바와 같이 기도하고 간구하면 마음과 생각을 지켜주십니다. 겟세마네 동산에서의 예수님처럼 하나님의 뜻을 간구해야 합니다.

2. 밧세바와 다윗 왕

밧세바는 하나님의 사람 나단이 조언해 준 대로 왕실로 찾아가 다윗 왕을 알현했습니다. 나단의 계획을 지체하지 않고 실행에 옮긴 것을 보게 됩니다. 이 행동은 자신과 솔로몬의 생명의 위협을 느낀 것은 사실이지만 자신과 아들의 문제만이 아니라 하나님의 나라, 국가적인 위기 상황에서 벗어나는 유일한 길이었습니다. 밧세바는 연약한 여인이지만 에스더가 목숨을 걸고 유대인을 구하고, 아벨성의 한 지혜로운 여인이 요압과 담판한 것과 같은 용단이었습니다. 하나님은 이렇게 연약한 사람을 사용하십니다.

약한 자를 들어 강한 자를 부끄럽게 하고 없는 자를 들어 있는 자를 부끄럽게 하시는 하나님이십니다.

다윗 왕은 매우 늙어서 수넴 여자 아비삭이 시중을 들고 있었습니다. 다윗은 국정을 운영하지 못할 정도로 노쇠하였습니다. 다윗도 후계자 문제에 대해서 생각하고 있었을 것입니다. 아비삭의 돌봄과 섬김 속에서 하루 하루를 지내고 있는 상황이었습니다.

밧세바는 몸을 굽혀 왕에게 절을 했습니다. 밧세바의 이런 행동은 왕에 대한 예의는 물론이고 사적인 욕심에서 온 것이 아님을 밝히고 있는 처신입니다. 왕비가 왕에게 절하는 것은 고대 근동의 궁중 예법이었습니다. 아주 지혜롭고 예절에 어긋나지 않는 행동이었습니다.

다윗 왕은 무슨 일로 왔는지를 물었습니다. "어찌 됨이냐?" 무슨 일로 왔느냐? 너에게 무슨 일이 있느냐? 무엇을 원하느냐? 다윗은 갑작스러운 밧세바의 방문에 밧세바가 간청이 있음을 직감하였을 것입니다.

밧세바가 다윗 왕께서 전에 솔로몬이 자신의 왕위를 계승할 것이라고 나에게 맹세하셨는데 아도니야가 왕이 되었어도 왕은 그 사실조차도 모르고 있다고 지적했습니다. 밧세바가 자신을 계집종 혹은 여종이라고 표현했습니다. '당신의 여자 노예'라는 뜻입니다. 다윗을 '내 주여 … 왕'이라고 높였습니다. 자신은 낮추고 상대는 높였습니다.

밧세바는 하나님과 사람 앞에서 신정왕국 이스라엘의 운명에 중요한 결정을 할 사람이 바로 다윗 자신임을 밝히고 있는 것입니다. 그리고 여호와의 이름으로 맹세한 것을 지키라는 촉구의 의미도 있습니다. 솔로몬이 왕이 되는 것은 불변이 아닙니까? 그런 의미입니다. 언약이나 약속 그리고 서약한 것에 충실해야 합니다.

'아도니야가 왕이 되었어도 왕은 모르고 있지 않습니까?' 다윗을 대신하여 아도니야가 왕위에 올랐다고 강조했습니다. '왕은 그것도 모르고 계시지 않습니까?' 아도니야가 스스로 왕이 되었다는 것과 몰래 왕이 되려고 하여 중대한 모반죄를 범했다고 말했습니다. 그러므로 솔로몬이 속히 왕이 되어야 한다는 주장입니다.

아도니야가 수소와 살찐 송아지와 양을 많이 잡아 짐승으로 제사를 드리고 왕위에 즉위하면서 왕자들과 제사장 아비아달과 군장 요압을 초청하였으나 솔로몬은 청하지 아니하였다고 고했습니다. 아도니야의 구체적인 행동을 지적했습니다.

그러면서 온 이스라엘 백성들은 다윗 왕께서 누구를 왕위 계승자로 선포할 것인지 주목하며 기다리고 있는 중이라고 말했습니다. "내 주 왕이여 온 이스라엘이 왕에게 다 주목하고 누가 내 주 왕을 이어 그 왕위에 앉을지를 공포하시기를 기다리나이다".

만약 다윗 왕이 왕위 계승자를 직접 지명하여 선포하지 않는다면 왕이 조상들과 함께 잘 때에 자신과 솔로몬은 역적으로 몰리게 될 것이라고 탄원했습니다. 밧세바와 솔로몬은 윤리적인 죄인이라기보다는 정치적인 죄인이 될 것입니다. 아도니야가 반란으로 정권을 잡는다면 더군다나 정적들을 처단할 것입니다.

밧세바는 다윗 왕의 결단을 촉구했습니다. 다윗 왕만이 신정국가의 왕으로서 솔로몬이 왕위를 계승하도록 할 수 있습니다. 그렇게 해야만 정당성이 인정되고 아도니야가 반역자가 되기 때문입니다.

3. 나단의 지적

나단 선지자는 밧세바가 다윗 왕과 말하고 있을 때 약속대로 들어갔습니다. 어떤 사람이 '선지자 나단이 여기 있나이다' 라고 보고했습니다. 나단 선지자도 왕 앞으로 나가서 얼굴을 땅에 대고 엎드려 절을 했습니다. 충성과 존경의 표시였습니다.

나단 선지자는 무엇을 질문했습니까? 다윗 왕께서 아도니야가 왕이 되는 것을 허락했느냐고 물었습니다. 아도니야가 수소와 살찐 송아지와 양을 많이 잡고 왕의 모든 아들과 군사령관들과 제사장 아비아달을 청하였는데 그들이 아도니야 앞에서 먹고 마시며 '아도니야 왕은 만세수를 하옵소서' 라고 외치고 있는 상황을 보고했습니다.

그러므로 아도니야가 왕으로 즉위하는 것이 부당하다는 것을 나단 선지자는 강력하게 지적했습니다. 다윗 왕께서 아도니야를 왕으로 직접 지명했는지를 역질문하면서 부당성을 주장했습니다. 나단은 사적인 이익보다는 하나님의 뜻이 올바로 이행되기를 원하는 마음이었습니다. 고린도전서 4장 19-20절에 하나님의 뜻이면 오갈 수 있습니다. 야고보서 4장 15절에 하나님의 뜻이면 부하고 승리할 수 있습니다.

다윗은 나단 선지자의 방문을 기쁨으로 맞이했습니다. 나단은 다윗으로 하여금 회개와 회복의 길로 인도했던 자였기 때문에 나라가 어려울 때 나단의 조언은 다윗에게 결정적인 결과를 가져오게 되었습니다.

아도니야가 측근들을 초청하여 짐승을 잡아 즉위 제사와 잔치를 벌이자 그들이 아도니야 왕 만세를 불렀지만 아도니야가 나단과 사독과 브나야와 솔로몬은 초청하지 않았다고 고했습니다. 이것이 다윗 자신의 지시였는지를 묻고 있습니다. 다윗 왕이 자기 자신 나단에게도 말하지 않은 것이라고 지적하면서 아도니야가 왕으로 즉위하는 것은 부당하다고 지적하였습니다. 결국 솔로몬을 왕으로 빨리 등극시키게 되는 것이었습니다.

4. 다윗의 재가

밧세바와 나단 선지자의 충절어린 보고에 대하여 다윗 왕은 어떤 반응을 보였는가?

다윗 왕이 밧세바 왕비를 불렀습니다. 밧세바가 왕 앞으로 나아와 섰습니다. 다윗 왕이 지금까지 자신의 생명을 모든 환난에서 구원하신 여호와의 사심으로 맹세했습니다. "내 생명을 모든 환난에서 구하신 여호와께서 살아 계심을 두고 맹세하노라". 울부짖는 사자같이 큰 소리로 외쳤습니다. 전쟁터의 용사처럼 외쳤습니다. 노쇠한 모습은 보이지 않고 건장한 청년처럼 말했습니다. 다윗의 강한 신념과 의지가 보였습니다.

다윗이 전에 이스라엘의 하나님 여호와를 가리키며 맹세한 것을 오늘 실행하겠다고 선언했습니다. 솔로몬을 왕위 계승자로 삼겠다는 것이지요. "네 아들 솔로몬이 반드시 나를 이어 왕이 되고 나를 대신하여 내 왕위에 앉으리라 하였으니 내가 오늘 그대로 행하리라". 밧세바는 다윗 왕에게 절을 하면서 왕의 만세수를 기원했습니다.

호사다마입니다. 좋은 일을 앞두고 항상 문제가 발생합니다. 때로는 사탄의 역사를 경험하게 됩니다. 예수님의 구속 사역에는 더욱 더 그랬습니다. 어떤 일을 증거로 들 수 있을까요?

마태복음 2장에 보면 헤롯 왕이 예수님을 죽이려고 노력했습니다. 그래서 두 살 아래의 어린아이들을 다 죽였습니다. 마태복음 4장에서는 사탄이 예수님에게 세 가지 시험을 했습니다. 어찌하든지 메시야로서의 예수님을 넘어뜨리기 위한 수단과 방법이었습니다.

마태복음 16장 16-25절의 내용도 봅시다. 사도 베드로가 하나님의 일보다 사람의 일을 생각하다가 예수님을 넘어뜨리려고 했습니다. 이것도 시험은 시험이었습니다.

마태복음 27장 38-44절에서는 여러 사람들이 시험했습니다. 대제사장이나 강도들, 지나가는 자들까지 구원자라며 십자가에서 내려오라고 말했습니다. 이런 말들이 모두 다 시험이었습니다. 그러나 다윗이 아도니야의 모반에서 승리하듯 예수 그리스도께서 사탄으로부터 승리했습니다. "세상을 이기는 승리는 이것이니 우리의 믿음이니라"(요일 5:4).

제4강
열왕기상 1장 32-40절

솔로몬의 즉위식

다윗 왕이 노쇠하여 국정 운영을 잘 감당하지 못할 때 하나님의 뜻보다 인간적인 생각, 혈통적으로 유리한 자가 왕위 계통을 이어가려고 계책을 꾸미게 되었습니다. 아도니야가 왕이 되려는 음모 속에서 송아지를 잡고 양을 잡아 제사를 드리는 상황이었습니다. 왕위 찬탈 사건을 벌이고 있었습니다.

나단 선지자의 충언으로 밧세바는 다윗 왕을 알현하게 되었고 나단의 도움으로 다윗 왕은 굳은 결심을 하게 되었습니다. 결국 하나님과의 맹세, 사람과의 약속을 지키게 되었습니다. 무슨 내용입니까? 어떻게 약속을 지켰습니까?

1. 다윗의 명령

다윗은 솔로몬을 왕으로 세우게 되었습니다. 제사장 사독과 선지자 나단과 여호야다의 아들 브나야를 불렀습니다. 이를테면 아도니야의 왕위 찬탈 사건에 개입하지 않은 사람들로, 정계와 종교계 그리고 군부의 대표자들을 불렀습니다. 다윗 왕의 결단력과 실천하는 삶을 보여주고 있습니다.

다윗 왕은 선지자와 대제사장, 군부의 대표자들에게 명령을 내렸습니다. 솔로몬을 기혼 샘으로 데리고 가서 기름을 부어 합법적인 왕으로 세우라는 명령이었습니다. 이 사건은 새로운 국면으로 접어들게 되는 일입니다.

제사장 사독은 솔로몬에게 기름을 부어 하나님께서 인정한 왕은 솔로몬인 것을 드러내고, 나단 선지자는 하나님의 뜻 가운데서 솔로몬이 신정국가의 왕이 된 것을 선포하며, 왕궁 수비대의 직무를 맡았던 브나야는 솔로몬의 신변을 보호하는 사람이 되었습니다. 솔로몬이 다윗을 이어 이스라엘의 왕이 된 것은 주전 971년 경의 일입니다.

다윗 왕은 세 사람에게 자신의 신하들을 데리고 솔로몬을 자기 노새에 태워 기혼으로 인도하여 가라고 명령했습니다. 다른 사람들이 타던 노새와는 다른 암노새로 보이는데, 다윗의 것을 솔로몬이 탔다는 것은 왕의 후계자가 솔로몬임을 알리는 뜻도 담겨져 있는 것입니다.

솔로몬은 모든 백성이 보는 가운데서 다윗의 노새를 타고 기혼으로 내려가서 사독에게 기름 부음을 받습니다. 기혼은 예루살렘 근방의 유일한 샘입니다. 사람들이 많이 모여 살았으며 거리가 가까워서 즉위 장소로 신속하고 널리 알릴 수 있는 곳이었습니다.

제사장 사독과 선지자 나단은 다윗의 명령을 따라 솔로몬에게 기름을 부어 왕으로 세우라는 명령을 순종하게 됩니다. 아도니야는 소와 양은 많이 잡았으나 기름을 부었다는 내용이 없습니다. 그러나 다윗은 신하들에게 솔로몬에게 기름을 부으라고 지시를 했습니다. 기름을 붓는 것은 하나님께서 부르셨고 구별시켰다는 종교적인 의미가 담겨진 행동입니다. 다윗은 솔로몬을 하나님이 선택하시고 왕으로 불렀음을 확신하고 있었습니다.

신하들은 양각 나팔을 불며 솔로몬 왕에게 만세를 부르고 솔로몬을 따라 올라오라고 명령했습니다. 양각 나팔은 양의 뿔로 만든 나팔로,

음악 연주용보다는 신호의 용도로 사용되었습니다. 속죄일의 선포나 경고용으로 사용되었습니다. 솔로몬이 올라와서 왕위를 계승할 것이라고 선언할 때도 양각 나팔을 불었습니다.

다윗은 솔로몬으로 하여금 이스라엘과 유다의 주권자가 되게 하기로 작정했음을 천명했습니다. 솔로몬이 자신의 후계자임을 널리 알렸습니다. 이스라엘과 유다의 주권자라고 밝히는 이유가 무엇인가? 압살롬의 반역에서나 아도니야의 왕위 찬탈 사건을 연구해 보면 남과 북의 갈등이 잔존하고 있는 상황이었습니다. 다윗 왕이 처음에는 유다만을 통치하다가 나중에 이스라엘까지 통치하게 되었으나 사람들 사이에 약간의 내분이 있었음을 말해 주고 있습니다.

우리는 예수 그리스도 안에서 하나입니다. 믿음도 하나이고 세례도 하나이며 주도 한 분이십니다. 둘일 수 없고 하나입니다. 하나님도 한 분이시고 성령도 한 분이십니다.

2. 브나야의 화답

여호야다의 아들 브나야가 왕께 대답하기를 왕의 말은 지당한 것으로 왕의 하나님 여호와께서도 그렇게 말씀하시기를 원한다고 화답했습니다. 마치 맹수가 부르짖는 것처럼 또는 전쟁에서 용사가 큰 소리를 지르는 것처럼 대답했습니다. 경호대장의 대답입니다. 무장으로서 크게 대답한 것이지요.

36절입니다. "여호야다의 아들 브나야가 왕께 대답하여 이르되 아멘 내 주 왕의 하나님 여호와께서도 이렇게 말씀하시기를 원하오며". 다윗 왕의 명령에 대한 브나야의 반응입니다. 감동을 받은 사람의 대답은 '아멘'입니다.

또 여호와께서 다윗 왕과 함께하셨던 것처럼 솔로몬과도 함께하셔서 다윗의 왕위보다 더 크게 하시기를 원한다고 축원했습니다. 이것은 지지하고 동조한다는 뜻입니다. 37절의 내용입니다. "또 여호와께서 내 주 왕과 함께 계심 같이 솔로몬과 함께 계셔서 그의 왕위를 내 주 다 윗 왕의 왕위보다 더 크게 하시기를 원하나이다"라고 했습니다.

다윗의 말에 대한 브나야의 대답을 다시 한번 더 봅시다. 36-37절 에 "여호야다의 아들 브나야가 왕께 대답하여 이르되 아멘 내 주 왕의 하나님 여호와께서도 이렇게 말씀하시기를 원하오며 또 여호와께서 내 주 왕과 함께 계심 같이 솔로몬과 함께 계셔서 그의 왕위를 내 주 다윗 왕의 왕위보다 더 크게 하시기를 원하나이다"라고 했습니다.

브나야는 솔로몬으로 하여금 이스라엘과 유다의 주권자가 되게 하 겠다는 다윗의 말에 대하여 '아멘'으로 화답했습니다. 다윗보다 솔로 몬의 왕위가 더욱 빛날 것을 말했습니다. 브나야의 말은 다윗이나 솔로 몬에게 환심을 사기 위한 것이 아니었습니다. 경건한 신앙인의 고백이 었습니다. 다윗과의 언약을 기억하고 하는 말이었습니다. 사무엘하 7 장 13절을 기억하고 고백한 말입니다. 다윗의 왕위가 솔로몬에 의해서 견고하게 될 것을, 훗날에는 예수 그리스도에 의해서 세워질 것을 고백 했습니다. 이 말은 그대로 이루어졌습니다. 전무후무한 번영과 복이 뒤 따라왔습니다.

열왕기상 3장 13절에 "내가 또 네가 구하지 아니한 부귀와 영광도 네게 주노니 네 평생에 왕들 중에 너와 같은 자가 없을 것이라"라고 했 습니다. 솔로몬이 지혜를 구했을 때 부귀영화와 재물과 건강과 일반은 총까지 쏟아부어 주신 하나님이십니다.

역대하 9장 22-28절에 "솔로몬 왕의 재산과 지혜가 천하의 모든 왕 들보다 큰지라 천하의 열왕이 하나님께서 솔로몬의 마음에 주신 지혜 를 들으며 그의 얼굴을 보기 원하여 각기 예물을 가지고 왔으니 곧 은 그릇과 금 그릇과 의복과 갑옷과 향품과 말과 노새라 해마다 정한 수가 있었더라 … 왕이 예루살렘에서 은을 돌같이 흔하게 하고 백향목을 평 지의 뽕나무 같이 많게 하였더라 솔로몬을 위하여 애굽과 각국에서 말들을 가져왔더라"라고 했습니다.

지금도 하나님의 뜻이 땅에서도 이루어지기를 바라는 모든 성도들에게 꼭 필요한 신앙고백입니다. 아멘. 그리고 우리는 다른 사람들을 축복해야 합니다. 또 하나님의 뜻대로 이루어질 때 감사하며 다른 사람에게 유익을 주어야 합니다. 맡은 직분을 충성스럽게 감당해야 합니다. 브나야는 말로만 대답한 것이 아니라 충성심이 뛰어난 인물이었습니다. 다윗의 통치 기간이나 솔로몬 시대에 아주 충성했던 인물입니다.

3. 솔로몬의 즉위식

제사장 사독과 선지자 나단, 여호야다의 아들 브나야, 그렛 사람과 블렛 사람들이 솔로몬을 다윗 왕의 노새에 태우고 기혼으로 갔습니다. 그렛 사람과 블렛 사람에 대한 해석이 두 가지입니다. 그렛 사람은 그레데 사람으로, 블렛 사람은 블레셋 족속으로 이해하는 사람들이 있고, 또 그렛 사람은 사형 집행관, 블렛 사람은 보발꾼을 가리키는 것으로 이해하는 경우입니다. 그러나 첫 번째 경우가 더 지지를 받습니다.

이들은 압살롬과 세바의 반역 때도 변하지 않고 충성한 사람들입니다. 다윗 왕에게 든든한 지원군이었습니다. 이들은 브나야의 지휘 아래 있었던 용사들로 봅니다.

사독이 성막 가운데서 기름 뿔을 가져다가 솔로몬에게 부었습니다. 제사장 사독이 기름을 부었기 때문에 신정왕국, 신정국가에 합법적인 왕이 되었습니다. 기름은 사람이나 물건을 거룩하게 구별할 때 사용하는 관유였습니다. 관유는 몰약이나 창포, 계피나 감람유 등의 향품으로 사용되는 최고의 원료들로 제조된 향품이었습니다. 기름은 언약궤가 있는 성막 안에 비치되어 있었습니다. 성막 안에서 기름을 가져다가 솔로몬에게 부은 것은 하나님의 대리적인 통치자가 솔로몬이며, 신적 권위가 있음을 의미합니다. 솔로몬의 왕위 즉위식에서는 기름 붓는 것이 중요한 핵심이었습니다.

신하들이 양각 나팔을 불고 백성들은 솔로몬 왕 만세를 불렀습니다. 이스라엘 백성들은 솔로몬을 열렬히 환영했습니다. 솔로몬이 왕이 되어 예루살렘으로 올라올 때 백성들은 즐거워하며 피리를 불었습니다. 솔로몬 왕은 자타가 공인하는 왕이 되었습니다. 모든 백성이 솔로몬 왕을 따라 올라오며 피리를 불면서 크게 즐거워하였습니다. 세상이 떠나갈 지경이었습니다. 환호하는 소리로 인하여 땅이 진동했습니다. 백성들은 춤과 노래, 그리고 열광적으로 환호했습니다.

잠시 잠깐 아도니야의 반란으로 혼란스러웠던 백성들이 안정을 되찾게 되었습니다. 그렇습니다. 하나님의 나라는 성령의 역사로 세워지는 나라입니다. 화려한 것보다 성령의 충만함이 중요합니다. 하나님의 나라는 말에 있지 않고 성령의 능력에 의해서 세워집니다.

사무엘하 7장 12-16절에서 약속한 나라의 부와 영광이 따라오기 시작했습니다. "네 수한이 차서 네 조상들과 함께 누울 때에 내가 네 몸에서 날 네 씨를 네 뒤에 세워 그의 나라를 견고하게 하리라 그는 내 이름을 위하여 집을 건축할 것이요 나는 그의 나라 왕위를 영원히 견고하게 하리라 나는 그에게 아버지가 되고 그는 내게 아들이 되리니 그가 만일 죄를 범하면 내가 사람의 매와 인생의 채찍으로 징계하려니와 … 네 집과 네 나라가 내 앞에서 영원히 보전되고 네 왕위가 영원히 견고하리라 하셨다 하라".

역사가 사람의 생각대로 되는 것 같아도 하나님의 뜻대로 되는 것입니다. 마태복음 10장 29절에 "참새 두 마리가 한 앗사리온에 팔리지 않느냐 그러나 너희 아버지께서 허락하지 아니하시면 그 하나도 땅에 떨어지지 아니하리라"라고 했습니다.

개인적인 삶도 그렇고 복음을 위하여 사는 사람에게도 같은 원리가 적용됩니다. 고린도전서 4장 19-20절에 "주께서 허락하시면 내가 너희에게 속히 나아가서 교만한 자들의 말이 아니라 오직 그 능력을 알아보겠으니 하나님의 나라는 말에 있지 아니하고 오직 능력에 있음이라" 라고 했습니다. 사람이며 교회, 그리고 역사가 모두 하나님의 절대 주권 아래 놓여져 있습니다.

제5강
열왕기상 1장 41-53절

아도니야에 대한 솔로몬의 관용

참과 거짓이 존재하는 세상에서 참되고 진실되게 사는 것이 쉽지 않지만 그래도 행복한 일입니다. 세상 사람들과는 달리 기독교인은 정직하게 말하고 살기 때문에 손해가 많은 것 같아도 결국은 예수 안에서 승리하는 사람입니다.

우리 모두 영적인 분별력을 가져서 진실을 추구하고 영원한 것을 사모하는 성도가 됩시다. 이스라엘의 역사를 연구해 보면서 하나님 중심, 성경 중심, 교회 중심일 때 가장 지혜롭고 보람된 삶을 살 수 있음을 발견합시다.

1. 아도니야와 일당들

아도니야는 다윗 왕이 노쇠하자 독자적으로 왕의 즉위식을 거행했습니다. 요압 장군과 아비아달 제사장 그리고 왕자들과 다윗의 여러 신하들이 가담했습니다. 요즘 말로 하면 줄서기를 하는 것이지요.

아도니야와 일당들이 왕위 찬탈을 꿈꾸며 송아지를 잡고 양을 잡아 맛있는 식사를 마치고 있을 때입니다. 서열상 잘 된 일로 생각하며 식사하는 데 열중하여 많이 먹고 마신 상황이었습니다. 나단이 밧세바를 만났고 밧세바가 다윗을 만났으며, 다윗이 솔로몬을 왕위로 세울 때까지 잔치를 베풀었으니 얼마나 많은 시간이 흘렀습니까? 많은 시간 동안 하나님을 경외한 것도 아니고, 기도를 한 것도 아닙니다. 먹고 마시는 데 정신을 쏟았습니다.

마침내 그들이 솔로몬이 왕이 된 사실을 알게 되었습니다. 이스라엘 백성들의 환호성 소리가 들렸기 때문입니다. 아도니야가 왕이 되려는 왕위 즉위식에 참석했던 자들은 솔로몬이 왕이 되자 실패자가 되었습니다. 단순한 실패자가 아니라 반역자가 되는 것이 군주체제의 흐름입니다. 이것은 단순한 반역이 아니라 하나님의 뜻을 거스르는 행동이었습니다.

다윗 왕을 중심으로 모든 백성들은 솔로몬이 왕이 되었을 때 즐거워하고 기뻐했습니다. 다윗과 백성들이 아주 흡족해 했다는 소식을 듣고 그들은 부랴부랴 흩어졌고, 아도니야는 제단의 뿔을 잡음으로써 겨우 생명을 구걸하는 상황이 빚어졌습니다.

요압은 양각 나팔소리, 뿔나팔 소리와 함께 온 백성들의 노래소리를 듣고 성중에 사람을 보내어 무슨 소리인지를 알아보게 하였습니다. 아마도 압살롬이 반역할 때의 뿔나팔 소리를 요압이 기억해 냈던 것으로 보입니다. "어찌하여 성읍 중에서 소리가 요란하냐?" 솔로몬이 왕이 되어 다윗 왕은 물론이고 제사장 사독과 선지자 나단, 군대장관 브나야를 비롯하여 이스라엘 백성들이 즐거워하는 소리였습니다.

그렇습니다. 장차 있을 그리스도의 재림 때를 연상해 봅시다. 재림 때에 어떤 현상이 일어날까요? 한 나라에 두 왕은 존재할 수 없습니다. 어느 쪽인가 실패하고 맙니다. 인간 왕과 하나님의 뜻대로 된 왕이 있습니다. 인간 왕은 거짓된 왕입니다. 하나님의 뜻대로 세워진 왕이 진정한 왕입니다. 우리는 예수 그리스도가 만왕의 왕이심을 믿습니다.

아도니야는 자기가 왕이 되려는 사람이었습니다. 솔로몬은 하나님이 세운 왕이었습니다. 다윗 왕을 비롯하여 제사장 사독과 나단 선지자와 이스라엘 백성들이 인정하는 왕이었습니다. 인간 왕을 추종하던 자들은 반역자가 됩니다. 모반자입니다. 이것이 아주 중요한 판가름입니다. 한 번의 선택이 영원을 좌우합니다. 그래서 잘 믿고 잘 따라야 합니다. 왕이라고 다 영원한 왕인가요?

세상의 권세 잡은 왕이 있습니다. 공중의 권세 잡은 왕은 사탄입니다. 악령입니다. 마귀입니다. 하나님의 언약 속에서 영원한 왕은 예수 그리스도이십니다. 예수님은 나의 왕, 여러분의 왕, 교회의 왕이십니다. 줄서기를 해야 한다면 예수를 좇는 자가 됩시다. 편을 갈라야 한다면 예수 그리스도 편에 서는 성도가 됩시다.

세상에는 항상 두 세력간의 갈등이 존재합니다. 나는 누구를 섬길 것인가? 생명과 하늘의 영광을 바라보면서 만왕의 왕을 섬기고 순종하며 사는 것이 행복입니다.

2. 요나단의 전달

요압이 군대장관으로서 아도니야의 왕위 찬탈팀에 소속되어 성 안에서 크게 떠드는 소리에 대하여 알아보라고 지시했습니다. "어찌하여 성읍 중에서 소리가 요란하냐?" 때마침 제사장 아비아달의 아들 요나단이 왔습니다.

아도니야가 요나단을 맞으며 좋은 소식을 기대했습니다. "들어오라 너는 용사라 아름다운 소식을 가져오는도다". 용사라는 말은 '용맹, 힘, 진실, 능력'으로 번역할 수 있으나 다른 역본들은 '요긴한 인물, 정직한 사람'이라고 번역했습니다. 아도니야는 요나단을 통하여 좋은 소식을 기대했지만 요나단은 솔로몬이 왕이 된 사실을 자세히 보고해 주었습니다. 암울한 소식이었습니다.

"과연 우리 주 다윗 왕이 솔로몬을 왕으로 삼으셨나이다". 다윗 왕이 솔로몬을 왕으로 삼으셨다는 것이었습니다. 과연이란 '오히려, 천만에, 그러나 … 아닙니다'. 요나단에게 정반대로 솔로몬이 합법적인 왕이 되고 당신은 반역자가 되었음을 알려주고 있습니다.

다윗 왕이 제사장 사독과 선지자 나단과 군대장관 브나야, 그렛 사람과 블렛 사람들을 솔로몬과 함께 기혼으로 보내셨는데 다윗 왕의 노새에 솔로몬을 태우고 기혼으로 가서 솔로몬에게 기름을 부어 왕으로 세웠다는 보고였습니다. "기혼에서 기름을 부어 왕으로 삼고". 이것이 중요한 일입니다. 아도니야는 먹는 데 힘을 썼다면 솔로몬은 기름을 붓는 데 신경을 썼습니다. 다윗 왕의 명령이 있었고, 신하들이 왕의 명령에 따라 솔로몬을 합법적으로 세웠다는 것입니다. 이것은 하나님의 약속이었습니다. 왕의 명령이었습니다. 그러므로 합법적이었습니다.

모든 무리가 기혼에서 예루살렘으로 올라오면서 즐거워하는데 성읍이 진동했다는 보고입니다. 아도니야 일당이 들은 소리가 바로 그 소리라고 증거해 주었습니다. "당신들에게 들린 소리가 이것이라". 열광적인 환호 소리를 당신들이 들으셨나이다. 다윗 왕도 기뻐하고 신하들도 기뻐하며 온 백성들도 기뻐했다는 보고였습니다. 하나님의 뜻은 그렇습니다. 모든 사람이 기뻐하고 즐거워하는 것입니다.

솔로몬이 왕의 보좌에 앉자 다윗 왕의 신하들이 와서 다윗에게 축하하기를 솔로몬을 다윗보다 더 위대하게 하기를 원하면서 축원했다는 것이지요. "왕의 하나님이 솔로몬의 이름을 왕의 이름보다 더 아름답게 하시고 그의 왕위를 왕의 위보다 크게 하시기를 원하나이다". 이 보고는 결정적이었습니다. 실제로 권력을 가진 자로서 솔로몬이 왕좌에 앉게 되었고 다스리기 시작했다고 보고했습니다.

신하들은 솔로몬이 다윗 왕보다 더 영광스럽고 위대한 왕이 되기를 축원했습니다. 하나님 앞에서 선하고 의로운 통치자가 되기를 소원하고, 하나님께서 솔로몬 왕을 선대하기를 원했습니다. 하나님께서 왕을 선대할 때 이스라엘 백성들은 더 부귀영화를 누릴 수 있기 때문입니다.

　그러자 다윗 왕이 침상에서 몸을 굽히고 "이스라엘의 하나님 여호와를 찬송하리로다 여호와께서 오늘 내 왕위에 앉을 자를 주사 내 눈으로 보게 하셨도다". 다윗 왕이 여호와께서 자신의 왕위에 앉을 자를 자기가 목도할 수 있게 하신 것에 대해 찬양을 올렸다고 보고했습니다. 세속적인 역사를 보면 형제나 부자간에도 피비린내 나는 암투가 있는데 다윗은 하나님을 찬양하면서 왕권을 이양하고 있습니다. 이것은 하나님 나라의 영광스러운 모습을 보여주고 있는 것이지요. 하나님의 뜻대로 솔로몬이 왕으로 세워졌기 때문입니다. 사무엘하 7장의 다윗과의 언약이 성취되는 과정이기 때문에 더욱 찬양으로 영광을 돌렸습니다.

3. 아도니야와 일당들의 행동

　아도니야와 함께 하던 사람들은 다 놀라서 각기 갈 길로 갔습니다. 두려움 때문에 즉각적인 행동을 취했습니다. 아도니야도 두려움이 생겼습니다. 솔로몬이 왕이 되었을 때 자기의 생명의 위협을 느끼게 되었습니다. 이념이나 신념으로 모여진 단체가 아니라 이권 때문에 모여진 단체이기 때문에 흩어진 것입니다.

　예레미야 17장 5-8절에 "여호와께서 이와 같이 말씀하시니라 무릇 사람을 믿으며 육신으로 그의 힘을 삼고 마음이 여호와에게서 떠난 그 사람은 저주를 받을 것이라 그는 사막의 떨기나무 같아서 좋은 일이 오는 것을 보지 못하고 광야 간조한 곳, 건건한 땅, 사람이 살지 않는 땅에 살리라 그러나 무릇 여호와를 의지하며 여호와를 의뢰하는 그 사람은 복을 받을 것이라 그는 물 가에 심어진 나무가 그 뿌리를 강변에 뻗치고 더위가 올지라도 두려워하지 아니하며 그 잎이 청청하며 가무는 해에도 걱정이 없고 결실이 그치지 아니함 같으리라"라고 했습니다.

　우리 교회는 하나님을 믿기 때문에 모인 단체입니다. 하나님을 가까이 하는 사람들의 공통체입니다. 가무는 해에도 걱정이 없습니다. 능력이 많으신 하나님께서 우리의 왕이시기 때문입니다.

아도니야는 무슨 행동을 취했을까요? 다른 사람들은 두려운 나머지 집으로 돌아갔는데 아도니야도 집으로 갔을까요? 아닙니다. 아도니야는 하나님의 성막에 있는 제단 뿔을 붙잡고 솔로몬 왕의 관용을 구했습니다. 지체하지 않은 행동으로 신속하게 제단 뿔을 잡았습니다.

제단 뿔을 왜 잡습니까? 자기의 목숨을 건질 수 있다는 확신 때문입니다. 제단 뿔은 번제단의 네 귀퉁이에 있는 뾰죽한 부분을 가리킵니다. 싯딤나무에 놋을 씌워서 만들었습니다. 실수로 사람을 죽인 자가 도피성으로 도피하여 목숨을 건지는 것같이 죄인이 뿔을 잡으면 죽음을 면할 수 있었습니다. 이스라엘 민족은 제단 뿔이 하나님의 힘과 능력을 상징하고 희생 제물의 피가 뿌려지는 곳으로, 하나님과 인간의 연합을 생각했습니다. 죄인이 제단 뿔을 잡는 것은 하나님의 능력과 힘으로 구원받기를 원하기 때문입니다.

아도니야의 이런 행동을 어떤 사람이 솔로몬 왕에게 보고했습니다. 그러면서 죽이지 않기로 맹세하기를 원했습니다. "솔로몬 왕이 오늘 칼로 자기 종을 죽이지 않겠다고 내게 맹세하기를 원한다"라고 보고했습니다.

솔로몬 왕은 아도니야의 행동과 말에 대하여 조건부 허락을 했습니다. 무슨 조건입니까? 앞으로 선한 일을 행하는 사람이 된다면 머리카락 하나도 상하지 않을 것이나 악한 것이 보이면 죽이겠다는 조건이었습니다. "그가 만일 선한 사람일진대 그의 머리털 하나도 땅에 떨어지지 아니하려니와 그에게 악한 것이 보이면 죽으리라".

선을 행하면 살 것이고 악을 행하면 죽을 것입니다. 조건부의 생명 연장입니다. 솔로몬 왕은 지혜의 왕입니다. 솔로몬은 악한 인간이 악을 행할 수밖에 없기 때문에 악을 행할 때 처형하기로 하고 지금 왕이 된 시점에서는 죽이지 않았습니다. 하나님의 뜻대로 된 왕이 승리합니다. 예수 그리스도는 사탄을 정복하신 만왕의 왕이십니다.

솔로몬 왕은 사람을 보내어 아도니야를 제단에서 끌어내게 했습니다. 아도니야가 솔로몬 왕에게 나아와 절했을 때 네 집으로 가라고 말했습니다. 솔로몬은 지혜의 왕입니다. 형제에 대해 용서도 하고, 부모를 지극하게 위하는 마음도 있고, 그리고 하나님의 뜻대로 순종했습니다.

제6강
열왕기상 2장 1-12절

다윗과 솔로몬

사람들에 의해서 세워진 사울 왕은 이스라엘 나라나 자신에게도 큰 영광이 없었습니다. 악신까지 역사해서 나라를 혼란스럽게 했던 왕입니다. 다윗은 여러 면에서 뛰어난 왕입니다. 하나님께서 세우신 왕으로서 성전 지을 준비도 갖추고, 언약궤도 되찾아 왔으며, 변방 국가와 전쟁을 하여 승리한 왕이었습니다.

그러던 다윗 왕이 늙어 국정운영을 제대로 하지 못할 때 아도니야가 반역을 일으켰습니다. 다윗 왕과 나단 선지자 그리고 밧세바와 브나야 군대장관의 노력으로 솔로몬이 왕이 되었습니다. 솔로몬에게 이양된 왕위가 더욱 공고하고 견고해졌습니다.

1. 다윗의 유언

솔로몬을 향한 다윗의 유언이 무엇인가? 다윗 왕이 죽을 날이 임박했을 때 솔로몬에게 명령한 내용입니다. 그 내용이 무엇입니까?

하나님과의 관계에 있어서 다윗의 유언을 요약해 보면 다음과 같습니다. "내가 이제 세상 모든 사람이 가는 길로 가게 되었노니 너는 힘써 대장부가 되고"라고 말했습니다. 힘써 대장부가 되라. 용감하고 강하며 영향력이 있는 남자가 되라. 강하고 담대한 남자가 되라. 이런 말은 신정왕국을 통치하는 원리를 제공해 줍니다. 하나님 나라의 일꾼들은 대장부들입니다. 이것이 첫 번째 유언의 내용입니다.

다윗의 통치를 배우며 성장했지만 경험이 없는 솔로몬에게 그렇게 부탁한 것은 좋은 결과를 가져왔습니다. 솔로몬도 자신을 가리켜 '작은 아이'라고 표현했기 때문이고, 지혜를 간구하는 결정적인 요인이 되었을 것입니다. 모세가 여호수아에게 부탁한 신명기 31장 6절의 말씀과 비슷합니다. "너희는 강하고 담대하라 두려워하지 말라 그들 앞에서 떨지 말라 이는 네 하나님 여호와 그가 너와 함께 가시며 결코 너를 떠나지 아니하시며 버리지 아니하실 것임이라"라고 했습니다. 모세나 다윗이 말하고 있는 것은 하나님이 함께하는 사람으로서의 강하고 담대함이었습니다.

두 번째로 "네 하나님 여호와의 명령을 지켜 그 길로 행하여 그 법률과 계명과 율례와 증거를 모세의 율법에 기록된 대로 지키라 그리하면 네가 무엇을 하든지 어디로 가든지 형통할지라"라고 했습니다. 하나님의 명령을 지켜 준행하라. 이것은 솔로몬이 하나님 앞에서 갖추어야 할 신앙의 도리를 전해 주고 있습니다. 하나님의 명령을 따르는 자가 되라.

하나님으로부터 위임받은 왕이나 제사장 그리고 선지자는 하나님께서 주신 직무를 위하여 명령에 순종해야 합니다. 하나님께 대한 책임은 명령에 순종하는 일입니다. 하나님의 법률과 계명과 율법과 증거들은 하나님을 알게 하며 하나님의 뜻이 무엇인지를 알게 합니다. 결국 하나님을 잘 믿고 섬기게 합니다.

모세시대에 이스라엘 백성의 하나님의 법에 대한 순종 여부가 삶과 죽음을 결정하듯 다윗이 볼 때 솔로몬도 율법에 대한 순종 여부가 모든 것을 결정하게 되는 것입니다. 생명과 복이냐 아니면 저주와 사망이냐? 하나님의 법에 대한 순종 여부에 달려 있었습니다.

솔로몬의 번창과 성공이 어디에 달려 있었을까요? 모든 일이 순조롭게 잘 되어가는 길이 어디에 있었을까요? 고난 후에라도 잘 되는 길이 어디에 달려 있는 것일까요? 하나님의 약속을 신실하게 믿고 순종하는 데 달려 있었습니다. 다윗 자신도 하나님의 뜻에 순종할 때 사울 왕의 손길에서 벗어날 수 있었기 때문입니다.

세 번째로 "여호와께서 내 일에 대하여 말씀하시기를 만일 네 자손들이 그들의 길을 삼가 마음을 다하고 성품을 다하여 진실히 내 앞에서 행하면 이스라엘 왕위에 오를 사람이 네게서 끊어지지 아니하리라 하신 말씀을 확실히 이루게 하시리라"라고 했습니다. 솔로몬이 하나님 앞에서 갖추어야 할 마음의 도리입니다. 성공적인 삶을 위한 교훈입니다. 솔로몬이 하나님 앞에서 살 때 복을 받게 됩니다. 이것은 사무엘하 7장에서 나타난 나단 선지자의 예언, 다윗과의 언약 속에 드러나는 내용입니다.

하나님의 구원을 보면 무조건적인 내용과 조건적인 내용이 포함되어 있습니다. 무조건적인 내용이란 하나님의 은혜로만 구원받을 수 있는 면을 말하고, 조건적인 면이란 인간의 적절한 반응을 의미하는 것입니다. 이것이 열왕기 성경에서 소리없이 들려오는 음성입니다.

다윗과의 언약이 있지만 언약에 있어서 마음을 다하고 성품도 다해야 하는 전인격적인 면이 있어야 할 것을 가리킵니다. 신약 성경에서도 하나님을 사랑할 때 그냥 사랑하라 그렇게 말씀하지 않고 마음을 다하고 뜻을 다하고 성품을 다하여 사랑하라고 하셨습니다.

특별히 진실한 삶의 방식을 말씀하셨습니다. 진리 가운데 정직하고 충성스러워야 할 것을 말씀하셨습니다. 다윗의 후손이 다윗의 왕위를 계승할 것이라고 말씀하셨습니다. 결과적으로 예수 그리스도께서 다윗의 후손으로 태어나는 영광을 누리게 되었습니다.

다윗은 하나님과의 관계에 대해 유언한 다음에 사람에게 행할 일, 사람과의 관계를 말했습니다. 이스라엘의 통치자로서 바른 통치를 위한 제언의 말입니다. 신정왕국 건설에 장애가 되는 역신을 처단하라. 반역자들을 제거하라는 명령이었습니다.

첫째로, 스루야의 아들 요압이 다윗에게 행한 일을 기억하라고 말했습니다. "요압이 아브넬을 죽인 일이나 아마사에게 행한 일을 네가 알거니와 그가 그들을 죽여 태평 시대에 전쟁의 피를 흘리고 전쟁의 피를 자기의 허리에 띤 띠와 발에 신은 신에 묻혔으니 네 지혜대로 행하여 그의 백발이 평안히 스올에 내려가지 못하게 하라"라는 것이었습니다.

요압은 다윗에게 많은 공헌도 하고 영적인 통찰력도 있던 사람이지만, 너무 지나치게 사적인 욕심이 많고 방자하고 생명을 귀하게 여기지 않는 고의적인 살인자이며 거친 사람이었습니다. 다윗이 하나님의 통치를 전개할 때 저해 요소로 등장했던 인물이었습니다. 다윗은 요압을 개인적인 감정 때문이 아니라 왕권의 훼손은 물론이고 신정왕국의 질서와 평화를 깨는 인물로 보았습니다.

물론 다윗에게 있어서 요압은 중요한 인물이었습니다. 요압은 능력 있는 군대장관이었고, 충성스러운 장수였으며, 밧세바 사건이 있을 때 우리아를 죽이도록 사주한 일도 있었습니다. 요압을 숙청하는 일이 왕국의 안정과 민심을 수습하는 데 문제가 있었기 때문에 죽이지 못하고 있었지만 무고한 피를 흘린 죄나 생명을 귀중히 여기시는 하나님의 공의를 생각할 때 이제는 죽일 때가 되었다고 판단했습니다.

둘째로, 반대로 다윗을 잘 도왔던 구국공신들을 알아 주라. 특별히

예우하라. 길르앗 바르실래의 아들들에게 은총을 베풀어 그들이 네 상
에서 먹는 자 중에 참여하게 하라. 다윗이 압살롬의 낯을 피하여 도망
할 때에 그들이 도왔기 때문이라.

다윗이 압살롬의 반역으로 도피할 때 도왔던 인물을 소개하고 있습
니다. 바르실래의 은혜를 갚으려고 다윗이 노력했지만 아들들에게 은
총을 베풀기로 약속했었습니다. 솔로몬이 그 약속을 계속하여 지켜나
가기를 유언하고 있습니다. 다윗은 예의도 있고 언약에 신실한 사람이
었습니다.

왕의 식탁에서 먹는다는 것은 존귀한 자가 되게 하겠다는 뜻입니다.
이는 바르실래와의 약속을 지키는 일이었습니다. 솔로몬은 다윗의 유
언을 따라 바르실래의 후손들을 존귀한 자가 되게 합니다.

셋째로, 바후림 베냐민 사람 게라의 아들 시므이가 다윗이 마하나임
으로 갈 때에 악독한 말로 저주한 사실도 말해 주었습니다. 그러나 요
단으로 내려와서 나를 영접하므로 내가 여호와를 두고 맹세하여 이르
기를 내가 칼로 너를 죽이지는 아니하리라고 맹세하였노라. 그러나 그
를 무죄한 자로 여기지 말라. 너는 지혜 있는 사람이므로 그에게 행할
일을 알지니 그의 백발이 피 가운데 스올에 내려가게 하라. 시므이를
처단하라.

요압과 시므이를 숙청하라. 이것은 세속적인 정치 보복이 아니라 신
정왕국에서 불순종자들이나 반역자들에게 하나님의 공의의 심판이 있
음을 알려주고 있습니다. 이것은 신정국가를 더욱 든든히 세우기 위한
하나님의 방법입니다.

다윗 왕의 유언에는 다윗의 파란만장한 생애가 담겨져 있습니다. 70
여 년을 사는 동안 정말 파란만장한 생애를 살았습니다. 그래도 다윗은
끝까지 하나님의 계명에 순종하는 삶을 살았던 믿음의 영웅입니다. 개
인적인 차원에서 보면 아버지와 아들 관계이지만 공적으로 보면 믿음

의 선배로서 후대를 이끌어갈 후배 왕에게 신정국가를 발전시켜야 할 길과 조언을 제시하고 있는 것입니다. 젊은 지도자들이 명심하고 또 명심해야 할 내용입니다.

이것은 마치 신명기 31장의 모세의 유언이나 여호수아 18장에 나타난 여호수아의 유언 그리고 사무엘상 12장에 나타난 사무엘의 고별 설교와도 비슷한 삶의 지침이자 명령이었습니다. 이 명령은 생명의 근원이신 하나님의 말씀을 구체적인 삶 가운데 적용한 신앙고백입니다. 그러기에 솔로몬에게 하나님의 계명에 순종하는 삶을 강조하는 것입니다. 솔로몬은 아버지 다윗의 유언을 따라 살 때 전무후무한 전성시대를 맞이하게 되었습니다.

2. 다윗의 죽음

다윗이 죽었습니다. 조상들과 함께 누웠습니다. 다윗성에 장사되었습니다. 다윗이 이스라엘의 왕이 된 지 사십 년입니다. 헤브론에서 칠 년 동안 다스렸습니다. 예루살렘에서 삼십삼 년 동안 다스렸습니다.

목동으로 출발하여 이스라엘의 왕이 되기까지 성공과 축복의 생애를 살았고, 범죄에 따른 징계도 받으면서 하나님께 순종하는 것이 얼마나 중요한지를 알게 된 다윗입니다. 솔로몬에게 강조한 것으로 더욱 증명이 됩니다.

다윗 왕은 신정왕국에서 왕의 척도가 된 사람입니다. 기준이 된 사람이 다윗입니다. "네가 만일 네 아버지 다윗이 행함 같이 마음을 온전히 하고 바르게 하여 내 앞에서 행하며"(왕상9:4), "그의 아버지 다윗이 행함 같지 아니하여 내 길로 행하지 아니하며"(왕상11:33), "너는 내 종 다윗이 내 명령을 지켜 전심으로 나를 따르며 나 보기에 정직한 일만 행하였음과 같지 아니하고"(왕상14:8)라고 했습니다.

심지어 "여호와께서 그의 종 다윗을 위하여 유다 멸하기를 즐겨하지 아니하셨으니 이는 그와 그의 자손에게 항상 등불을 주겠다고 말씀하셨음이더라"(왕하8:19)라고 했습니다. 다윗을 생각하셔서 유다를 멸하는 것을 즐겨하지 않으셨습니다.

3. 솔로몬 시대

솔로몬이 아버지 다윗의 왕위에 앉으니 그의 나라가 심히 견고했습니다. 솔로몬 시대가 막을 열게 되었습니다. 솔로몬은 신정왕국 이스라엘의 3대 왕으로 등극하게 되었습니다. 솔로몬이 통치할 때 이스라엘 왕국은 점점 견고해졌습니다. 이것은 사람의 공로 때문이라기보다는 하나님의 약속의 실현이었습니다. 하나님의 약속이 실현되는 과정에서 이루어진 은혜와 복입니다.

제7강
열왕기상 2장 13-25절

아도니야와 솔로몬

이스라엘 나라를 40년 간 통치했던 다윗 왕이 신정국가의 기초를 놓았습니다. 성전 지을 땅과 모든 것을 준비했습니다. 빼앗겼던 법궤도 되찾아왔고, 변방 국가들을 다 통치하는 능력을 보여주었습니다.

다윗이 노쇠하였을 때 아도니야가 왕위를 찬탈하려고 했지만 나단과 밧세바 그리고 브나야와 같은 사람들의 활약으로 솔로몬이 왕위에 오르게 되었습니다. 다윗은 몇 가지 유언을 하고 세상을 떠났습니다. 솔로몬은 아버지요, 선왕인 다윗의 유언을 어떻게 감당했을까요?

1. 아도니야와 밧세바

학깃의 아들 아도니야가 솔로몬의 모친 밧세바를 찾아왔습니다. 밧세바가 먼저 아도니야에게 화평을 목적으로 찾아왔느냐고 질문했습니다. "네가 화평한 목적으로 왔느냐?" 이것이 밧세바의 질문이었습니다. 왜냐하면 왕권을 노리고 반역을 계획했던 인물이기 때문이었습니다.

아도니야가 밧세바를 찾은 것은 일상적인 일이 아니었습니다. 관례를 따른 것도 아니었습니다. 돌발적인 행동이었습니다. "내가 말씀드릴 일이 있나이다". "말하라". 밧세바는 아도니야의 계획을 이해하지 못한 상태에서 말하라고 했습니다.

아도니야가 겉으로는 화평을 말하지만 실제적으로는 자신의 목적을 이루기 위한 음흉하고 위험한 인물임을 드러내고 있습니다. 기회가 주어지면 왕권을 찬탈하려는 음모가 담겨진 방문이었습니다.

아도니야는 솔로몬을 직접 상대하기 어려우니까 태후를 이용하여 왕권을 찬탈하려는 음모를 꾸몄습니다. 마치 사탄이 아담에게 직접 도전하기보다는 하와에게 접근하여 유혹하는 방법과 같은 것이었습니다.

아도니야가 밧세바에게 할 말이 있다고 하여 허락했습니다. 아도니야가 주장한 말이 무엇입니까? "당신도 아시는 바이거니와"라고 입을 열었습니다. '당신 자신이 잘 알고 계십니다'. '다른 사람은 몰라도 밧세바 당신은 잘 알고 계시지 않습니까?' 무엇을 밧세바가 알고 있을까요?

왕위는 본래 아도니야의 것으로 백성들이 자기를 왕으로 세우려 했으나 하나님의 뜻으로 말미암아 솔로몬에게 돌아갔다고 주장했습니다. "여호와께로 말미암음이니이다". 다윗의 아들들 중 현재 가장 연장자가 자신이고, 서열로 보아도 자기가 왕이 되는 것이 합법적이었다는 주장입니다. 이것이 인본주의적인 생각에 사로잡힌 사람의 모습입니다. 밧세바의 동정심에 호소하고 있는 아도니야입니다.

정말 하나님의 뜻과 계획과 섭리를 인정한다면 처음부터 반역을 도모하지 않았어야 했습니다. 그런데 아직도 미련이 남아 음모가 있는 요청을 하기 위하여 밧세바를 찾은 것입니다.

그러면서 한 가지 소원이 있으니 "내 청을 거절하지 마옵소서"라고 했습니다. 밧세바가 소원이 무엇이냐고 물었습니다. "좋다 내가 너를 위하여 왕께 말하리라".

아도니야는 수넴 여인 아비삭을 구하는 청탁을 했습니다. 솔로몬에게 재가를 얻어 달라는 요청이었습니다. 밧세바가 아도니야의 요청을 듣고 솔로몬 왕에게 말하겠다고 약속했습니다. 그랬더니 아도니야는 솔로몬 왕이 어머니 밧세바의 말을 거절하지 않을 것이라고 말해 주었습니다. 당신은 특별한 사람이니 거절하지 않을 것이라. 아도니야는 정말 기묘한 사람입니다. 자기 꿈을 실현시키기 위하여 별 수단과 방법을 다 사용하는 사람이었습니다.

그러나 솔로몬 왕은 다윗 왕의 유언을 따라 신정왕국을 건설함에 있어서 장애요소를 하나하나 제거했습니다. 이것은 개인적인 감정보다는 신정왕국의 왕권을 공고히 하는 방법이었습니다. 하나님의 경륜을 따르는 것입니다. 우리도 개인적인 사생활보다 하나님의 뜻을 따라 살아가는 성숙한 그리스도인들이 되어 하나님의 거룩한 교회를 세웁시다.

2. 밧세바와 솔로몬

밧세바는 어머니이고 솔로몬은 아들입니다. 밧세바가 아도니야와 약속한 대로 솔로몬에게 말하려고 찾아갔습니다. 밧세바가 아도니야의 권모술수에 넘어갔습니다. 아도니야는 밧세바가 솔로몬을 찾아가는 모습을 보면서 쾌재를 불렀습니다. 그 결과가 죽음과 멸망이라는 생각은 하지 못한 상태에서 말입니다. 과연 솔로몬도 넘어갈 것인가? 이것이 이 내용에서 우리에게 주는 교훈입니다.

솔로몬 왕은 어머니 밧세바가 입궐하자 밧세바를 기쁨으로 영접하며 큰 절을 했습니다. 왕좌에 앉은 솔로몬은 어머니를 위하여 왕좌 우편에 자리를 베풀고 곁에 앉아 대화를 나누었습니다. 솔로몬 왕은 재빠르게 행동했습니다. 어머니 앞에서 아들로서의 행동을 취했습니다. 이스라엘 나라를 통치하는 군왕이지만 아들로서 어머니에게 존경과 애정이 담긴 행동을 했습니다. 솔로몬은 효자였습니다. 축복을 받을 만한 사람이었습니다.

신명기 5장 16절에 "너는 네 하나님 여호와께서 명령한 대로 네 부모를 공경하라 그리하면 네 하나님 여호와가 네게 준 땅에서 네 생명이 길고 복을 누리리라"라고 했습니다.

에베소서 6장 1-3절에 "자녀들아 주 안에서 너희 부모에게 순종하라 이것이 옳으니라 네 아버지와 어머니를 공경하라 이것은 약속이 있는 첫 계명이니 이로써 네가 잘되고 땅에서 장수하리라"라고 했습니다.

고대 근동 지방에서 우편에 앉는 것은 존귀와 영광과 권력을 상징했습니다. 더군다나 왕의 우편은 더욱 그런 의미였습니다. 솔로몬은 밧세바에게 최대의 경의와 환영, 예우를 표했습니다.

밧세바가 한 가지 작은 일로 왕께 구하겠으니 거절하지 말아 달라고 당부했습니다. 아도니야는 왕권 찬탈이 작은 일이라고 말하지 않았지만 밧세바는 작은 일이라고 말하고 있습니다. 가감하지 않는 것이 중요합니다. 밧세바가 미련한 여인처럼 보입니다. 밧세바는 아도니야의 의도대로 움직이고 있기 때문입니다. 밧세바의 청원은 작은 것이 아니라 신정왕국 전체를 흔들어 놓을 수 있는 내용이었습니다.

아도니야가 네 형이니 들어주라는 뜻도 있습니다. 그것이 얼마나 신정국가에 어려움을 안겨 줄 것인가는 생각하지 않고 말입니다. 아도니야는 솔로몬 왕이 거절하지 않을테니 말씀해 보라고 했습니다.

밧세바가 수넴 여인 아비삭을 아도니야에게 주어 아내를 삼게 하라고 청원했습니다. 과연 솔로몬은 어떻게 했을까요? 어머니 밧세바의 말을 들어 주었을까요? 그래서 왕국의 혼란을 초래했을까요?

3. 솔로몬과 아도니야

솔로몬 왕은 밧세바를 통하여 아도니야의 요구를 듣는 순간 분노했습니다. 솔로몬 왕은 어머니 밧세바에게 어찌하여 아도니야를 위하여 아비삭을 구하느냐고 강력하게 반발했습니다. 아도니야가 다시 왕권을 찬탈하려는 의도가 있음을 단번에 간파했습니다.

이 분노는 개인적인 감정이 아니라 이스라엘의 평화와 안녕을 책임진 왕으로서 당연한 분노였습니다. 왕의 분노는 왕으로서 공식적인 직무 수행은 물론 사리의 분별력과 앞으로 행할 일을 말해 주는 분노였습니다.

솔로몬의 반문이 무엇입니까? "어찌하여 아도니야를 위하여 수넴 여자 아비삭을 구하시나이까 그는 나의 형이오니 그를 위하여 왕권도 구하옵소서 그뿐 아니라 제사장 아비아달과 스루야의 아들 요압을 위해서도 구하옵소서"라고 말했습니다.

솔로몬은 여호와를 두고 맹세했습니다. 아도니야가 아비삭을 구하여 왕권을 찬탈하려는 진의를 나타냈으므로 반드시 죽이겠다고 다짐했습니다. 아도니야를 죽이지 않으면 하나님께서 벌 위에 벌을 내리실 것이라고 말했습니다.

솔로몬으로 하여금 다윗의 왕위를 잇게 하시고 왕실을 위하여 일으키신 여호와 하나님을 두고 맹세하는데, 아도니야는 오늘 반드시 죽을 것이라고 선언했습니다. 그래서 여호야다의 아들 브나야를 보냅니다. 브나야가 아도니야를 쳐서 죽였습니다.

거짓 회개자가 누구입니까? 아도니야입니다. 제단 뿔을 붙잡았던 자가 누구입니까? 아도니야입니다. 결국 악한 계획을 꾸몄다가 일찍 처형된 사람이 아도니야입니다. 자기 아버지 다윗을 모셨던 여인을 자기 아내로 삼게 해 달라고 요청했다가 죽임을 당했습니다.

이것이 왜 처형될 만한 죄목인가요? 아도니야가 다윗을 수종들던 여자와 결혼을 하여 은근히 다윗을 이은 사람은 자기임을 알리려는 속셈이 있었던 것입니다. 아도니야가 신정왕국의 후계자라는 은근한 계책이 숨겨진 내용입니다.

고대 사회에서 첩을 차지하는 일은 종종 있었는데 첩을 차지하는 자가 후계자라는 것이지요. 사무엘하 16장에 보면 압살롬이 예루살렘을 정복한 다음에 아히도벨의 계략을 따라 다윗의 후궁들을 욕보였습니다. 이것은 자기가 왕권을 차지했다는 증거입니다.

물론 다윗은 아비삭을 아내로 취하지 않았습니다. 따라서 아도니야가 취해도 무방할 것입니다. 그러나 백성들의 눈에는 아비삭이 다윗의 첩이기 때문에 아도니야가 취한다면 정국이 혼란스러워질 것입니다. 아도니야는 이점을 이용하려고 아비삭을 구했던 것으로 보입니다.

솔로몬은 아도니야의 간곡한 청원을 밧세바를 통해서 전달받았으나 일언지하에 거절하고 아도니야를 반역죄, 음모한 죄를 물어 극형에 처했습니다. 솔로몬의 처신이 겉으로 보면 가혹해 보입니다. 그러나 이 사건은 구속사적인 입장에서 보아야 합니다. 솔로몬 왕은 하나님 중심적인 신정국가를 세우는 데 방해되는 요인을 제거하는 것이었습니다. 하나님의 권위에 도전하는 자를 처단하는 것이었습니다.

하나님의 일은 인간관계나 일보다 가장 우선적으로 수행되어야 할 것입니다. 베드로도 하나님의 일보다도 사람의 일을 생각하다가 '사탄아 내 뒤로 물러가라'는 말을 들었습니다.

잠언 4장 23절에 "모든 지킬 만한 것 중에 더욱 네 마음을 지키라 생명의 근원이 이에서 남이니라"라고 했습니다. 사람은 지켜야 할 것들이 많은데 그중에서도 마음을 지키는 것이 중요합니다. 생명의 근원이기 때문입니다.

아도니야는 왕위에 대한 미련을 버리지 못하여 일찍 죽임을 당했습니다. 여러분은 마음을 지키기 바랍니다. 마음을 다스릴 줄 아는 사람은 성을 차지하는 사람보다 낫다고 했습니다. 예수님은 모든 것이 마음에서 나온다고 가르쳐 주셨습니다.

제8강
열왕기상 2장 26-35절

아비아달과 요압

솔로몬은 지혜의 왕입니다. 하나님의 계획을 따라 신정국가를 세운 사람입니다. 특별히 다윗의 유언을 따라 거룩하고 의로운 나라를 건설한 왕이었습니다.

솔로몬이 아도니야의 범죄를 용서하지 않았습니다. 왕위를 찬탈하려고 역모를 꾀한 것도 무서운 죄였는데 이제는 수넴 여인 아비삭을 요구하다가 죽임을 당하게 되었습니다. 아비삭을 차지한다면 자기가 왕권의 정통성을 주장할 수 있는 근거가 마련되기 때문입니다.

솔로몬 왕은 그 다음에 무슨 일을 했을까요?

1. 아비아달의 파면

솔로몬 왕은 이복 형 아도니야를 처형한 다음, 아도니야의 음모 계획에 가담했던 제사장 아비아달과 요압 군대장관을 숙청했습니다. 제사장 아비아달을 파면하고 고향인 아나돗으로 낙향시켰습니다. "네 고향 아나돗으로 가라". 성읍 외곽에 있는 들로 돌아가서 가축을 사육하며 살라는 뜻입니다.

죽이지 않은 이유는 두 가지입니다. 두 가지 공로가 인정되어 죽이지 않고 파면만 선언했습니다. 아비아달이 무슨 공로가 있을까요? 하나님은 항상 공로를 인정해 주십니다. 행한 대로 갚아주시는 원칙이 있습니다.

첫째는 하나님의 언약궤와 관련이 있습니다. 아비아달에 대하여 관대했던 이유는 오벧에돔에 있던 언약궤를 다윗성으로 옮길 때 하나님의 궤를 메었기 때문입니다. "너는 마땅히 죽을 자이로되 네가 내 아버지 다윗 앞에서 주 여호와의 궤를 메었고".

역대상 15장 11-15절에 "다윗이 제사장 사독과 아비아달을 부르고 … 그들에게 이르되 너희는 레위 사람의 지도자이니 너희와 너희 형제는 몸을 성결하게 하고 내가 마련한 곳으로 이스라엘의 하나님 여호와의 궤를 메어 올리라 … 모세가 여호와의 말씀을 따라 명령한 대로 레위 자손이 채에 하나님의 궤를 꿰어 어깨에 메니라"라고 했습니다.

하나님의 언약궤, 법궤, 하나님의 궤를 메었던 사람이기 때문에 솔로몬의 역모에 가담했던 아비아달을 죽이지는 않고 대제사장직만 파면했습니다. 언약궤만 멘 것이 아니라 다윗 왕 시대에 하나님과의 관계에서 중보자 역할을 감당했던 인물로도 이해할 수 있습니다.

요한계시록 3장 10절에 "네가 나의 인내의 말씀을 지켰은즉 내가 또한 너를 지켜 시험의 때를 면하게 하리니 이는 장차 온 세상에 임하여 땅에 거하는 자들을 시험할 때라"라고 했습니다. 인내의 말씀을 지켰은즉 시험의 때를 면하여 주겠다는 주님의 약속입니다.

둘째는 다윗 왕과 관련이 있습니다. 다윗 왕과 동고동락을 했던 인물인 점이 고려되었습니다. "또 내 아버지가 모든 환난을 받을 때에 너도 환난을 받았은즉 내가 오늘 너를 죽이지 아니하노라"라고 했습니다. 사울 왕의 박해 때와 압살롬의 반역 때도 동고동락했던 인물입니다.

사무엘상 22장 20-21절에 "아히둡의 아들 아히멜렉의 아들 중 하나가 피하였으니 그의 이름은 아비아달이라 그가 도망하여 다윗에게로 가서 사울이 여호와의 제사장들 죽인 일을 다윗에게 알리매"라고 했습니다.

사무엘하 15장 24절에 "보라 사독과 그와 함께 한 모든 레위 사람도 하나님의 언약궤를 메어다가 하나님의 궤를 내려놓고 아비아달도 올라와서 모든 백성이 성에서 나오기를 기다리도다"라고 했습니다. 압살롬의 반역으로 다윗이 도피할 때 일어났던 일입니다. 아비아달이 무슨 일을 했습니까? 언약궤를 메었습니다.

사무엘하 15장 29절에 "사독과 아비아달이 하나님의 궤를 예루살렘으로 도로 메어다 놓고 거기 머물러 있으니라"라고 했습니다. 아비아달은 평상시 다윗 왕과 생사고락을 같이한 사람이었습니다. 이 공로로 죽음을 면하게 된 것입니다. 그러나 대제사장으로서 제사장직의 파직은 종교 지도자로서의 생명이 끝난 것과 마찬가지입니다.

파직, 파면은 엘리 제사장 가정에 대한 예언의 성취였습니다. 아비아달을 쫓아냈습니다. 여호와의 제사장 직분을 파면했습니다. 이것은 여호와께서 실로에서 엘리의 집에 대하여 하신 말씀을 응하게 하신 것입니다.

사무엘상 2장 27-36절까지입니다. 엘리의 아들 홉니와 비느하스가 범죄할 때 선언된 내용입니다. 가장 좋은 것으로 자신들을 살지게 한 것이 죄였습니다. 너희가 여호와를 존중히 여기지 않고 경멸했으므로 너희 집에 노인이 없을 것이라. 복이 환난으로 바뀔 것이다. 눈이 쇠잔하고 마음이 슬픈 일이 많을 것이며 출산되는 모든 자가 죽을 것이라.

"내가 나를 위하여 충실한 제사장을 일으키리니 그 사람은 내 마음, 내 뜻대로 행할 것이라 내가 그를 위하여 견고한 집을 세우리니 그가 나의 기름 부음을 받은 자 앞에서 영구히 행하리라"라고 했습니다.

사무엘상 3장 12-14절에서는 엘리 제사장의 집이 저지른 범죄는 어떤 제물이나 예물로 속죄함을 받지 못하리라. 하나님은 신실한 제사장의 가문을 일으킬 것을 말씀하셨습니다.

이로써 이다말 계통의 제사장 계열은 끝이 납니다. 이후로는 엘르아살 계열의 사독 가문이 제사장직을 수행하게 되었습니다. 하나님의 말씀은 한 치의 오차도 없이 이루어지는 것을 보면서 두려움마저 느끼게 됩니다. 하나님의 말씀은 예언대로 성취됩니다.

제사장은 아론 가문으로 출발하여 네 아들 나답, 아비후, 엘르아살, 이다말 중 나답과 아비후는 다른 불을 드리다가 죽었고, 엘르아살은 싯딤에서 모압 여인과 간음하여 문제가 되었습니다. 사사시대에는 엘르아살과 비느하스 계열이 단절되고, 이다말 계통이 이어오다가 엘르아살 계통의 사독이 대제사장에 임명되어 정통성을 회복하게 되었습니다. 그러나 훗날 예수 그리스도에 의해서 왕과 대제사장과 선지자직이 통폐합되었습니다. 예수님만이 영원한 왕! 영원한 대제사장! 영원한 선지자이십니다.

2. 요압의 처형

솔로몬 왕은 군대장관 요압을 극형에 처합니다. 요압 장군이 아도니야의 처형과 대제사장 아비아달의 소식을 듣고 신변의 위협을 느껴 살아보려고 성막으로 달려가서 제단 뿔을 붙잡았습니다. "그가 여호와의 장막으로 도망하여 제단 뿔을 잡으니 이는 그가 다윗을 떠나 압살롬을 따르지 아니하였으나 아도니야를 따랐음이더라"라고 했습니다.

압살롬도 반역자이지만 아도니야도 반역자입니다. 하나님의 뜻은 솔로몬을 왕으로 세우는 것이었고, 당시 왕은 다윗이었습니다. 그런데 일반적인 서열을 생각하여 아도니야를 왕으로 추대하려는 모임에 참석했던 것입니다. 이것이 제단 뿔을 잡게 된 근본적인 원인이었습니다.

어떤 사람이 요압의 행동을 솔로몬 왕에게 보고했습니다. 제단 뿔을 붙잡는 것은 죄인이 하나님의 용서를 구하는 행동입니다. 요압은 진정한 회개를 한 것이 아니라 죄에 대한 징계를 피하려고 했던 것입니다.

이것을 솔로몬 왕은 잘 알고 있기에 형식적인 회개를 하는 요압을 용서하지 않았습니다. 의롭고 선한 사람을 죽인 죄가 있는 사람이 제단 뿔을 잡았다고 살려둘 수 있는 것인가?

솔로몬 왕은 여호야다의 아들 브나야를 보내면서 첫 번째 명령으로 요압을 죽이라고 했습니다. "너는 가서 그를 치라". 왕의 명령은 간단했습니다. "너는 가서 그를 치라". 이것은 다윗의 유언이기도 했습니다. 요압이 백발로 스올에 내려가지 못하게 하라는 유언이 있었습니다.

브나야가 여호와의 장막에 이르러서 요압에게 왕명을 받으라고 고함을 쳤습니다. "왕께서 나오라 하시느니라".

요압은 "아니라 내가 여기서 죽겠노라". 죽겠다는 것이 살겠다는 뜻입니다.

브나야가 돌아가서 솔로몬 왕에게 그 상황을 보고했습니다. 요압의 대답을 전달했습니다.

솔로몬의 두 번째 명령이 무엇입니까? "그의 말과 같이 하여 그를 죽여 묻으라 요압이 까닭없이 흘린 피를 나와 내 아버지의 집에서 네가 제하리라"라고 명령했습니다. '여호와께서 요압의 피를 그의 머리로 돌려보내실 것이라. 요압이 의롭고 선한 두 사람인 이스라엘의 군대장관 아브넬과 유다의 군사령관 아마사를 칼로 죽였으나 선대왕 다윗은 알지 못하였다. 그 피가 영영히 요압의 머리와 그 자손의 머리로 돌아갈 것이지만 다윗과 그 자손과 그 집과 왕위는 여호와께로 말미암는 평강이 영원히 있으리라'.

아브넬과 아마사는 다윗에 대한 적대 행위를 버리고 돌아온 사람이기에 의롭고 선한 사람이지만 요압은 다윗에 대하여 감정을 표출하며 지위에 대한 욕심을 부렸던 사람입니다.

브나야가 여호와의 장막으로 달려가서 요압을 쳐죽이니, 광야에 있는 자기 집에 장사되었습니다.

솔로몬은 하나님의 언약에 관심을 가진 왕이었습니다. 하나님의 뜻대로 순종하려고 노력했습니다. 그럴 때 신정왕국은 솔로몬에 의해서 점점 더 왕성하게 일어나게 되었습니다.

3. 군사령관과 대제사장 임명

솔로몬 왕이 요압 대신에 브나야를 군사령관에 임명했습니다. 숙정 작업을 끝낸 솔로몬은 새로운 군사령관을 임명하고 행정 조직 개편을 단행했습니다. 그로 인해 이스라엘 왕국의 안정은 물론 중앙집권화에 유익을 가져오게 되었습니다.

대제사장은 아비아달 대신에 사독을 임명했습니다. 지금까지 공동의 대제사장이 있었다면 이제는 단독적인 제사장이 존재하게 되었습니다. 이원화된 체제에서 단일화된 체제의 제사장이 존재하게 되었습니다. 하나님의 언약대로 사독 계열의 제사장이 존재하게 되었습니다.

진정한 개혁은 영적인 데서부터 시작됩니다. 내부로부터 개혁되지 않으면 외적인 개혁은 별 의미가 없는 것입니다. 그런 의미에서 교회는 계속해서 개혁되어야 합니다. 특별히 죄를 제거하는 작업은 항상 지속되어야 합니다. 죄를 품고서는 하나님의 은총을 기대할 수 없습니다. 그러므로 죄악을 쏟아놓는 회개가 선행될 때 진정한 개혁은 이루어집니다.

다윗처럼 하나님이여 내 속에 정한 마음을 창조하시고 정직한 영을 새롭게 하소서! 이것이 우리의 기도, 나의 기도, 교회의 기도가 되어야 합니다. 옛 사람을 벗어버리고 새 사람으로 살아야 합니다. 하나님의 형상을 이루기까지 힘쓰고 애써야 합니다. 공중의 권세 잡은 자 사탄을 따르는 종에서 벗어나서 하나님의 성령의 인도를 받을 때 진정한 개혁은 가능합니다. 그것이 하나님의 교회를 가장 든든하게 세우는 비결입니다.

제9강
열왕기상 2장 36-46절

솔로몬과 시므이

솔로몬은 이스라엘의 왕이 되자마자 다윗 왕의 유언을 따라 지혜롭게 반역자들을 처단했습니다. 왕위의 찬탈을 노린 아도니야를 비롯하여 제사장 아비아달, 군사령관 요압을 숙정했습니다.

어떤 사람은 이유를 묻고 처형했으며, 또 어떤 사람은 공로를 인정하여 직분만 박탈하고 요압 같은 사람은 의롭고 선한 사람을 죽였기 때문에 묻지 않고 처단했습니다. 다른 사람은 어떻게 처리했을까요? 과연 솔로몬은 지혜로운 왕일까 아니면 어리석음이 드러날까? 그리고 합법적인 방법을 사용했는가 아니면 불법적인 면도 있는가?

1. 거주 제한 명령

솔로몬 왕이 시므이를 불렀습니다. 그리고 예루살렘 경내에 집을 짓고 거기서 살고 어디든 나가지 말라고 경계를 정해 주었습니다. "너는 예루살렘에서 너를 위하여 집을 짓고 거기서 살고 어디든지 나가지 말라"라고 명령했습니다. 거주 제한 명령입니다. 요즘으로 말하면 가택구

금입니다. 문밖의 출입을 금하는 것과 같이 예루살렘 경내를 벗어나지 말라는 명령이었습니다.

시므이가 같은 지파인 베냐민 사람들을 가까이 하게 되면 또 다른 반란의 주범이 될 수 있는 사람이기 때문에 베냐민 지파 사람들이 살고 있는 바후림으로부터 격리시켰습니다. 다윗을 향한 저주는 베냐민 지파인 사울에 대한 충성이었기 때문에 더욱 그랬습니다. 지금까지 처형된 아도니야나 아비아달이나 요압을 생각할 때 시므이에게는 관대한 처벌이었습니다.

만약 시므이가 기드론 시내를 건너게 된다면 반드시 죽임을 당할 것이라고 말했습니다. "너는 분명히 알라 네가 나가서 기드론 시내를 건너는 날에는 반드시 죽임을 당하리니 네 피가 네 머리로 돌아가리라"라고 했습니다. 이것이 경고였습니다. 예루살렘을 벗어나지 말라. 벗어나는 날에는 네가 죽임을 당하리라. 거주 제한 명령의 내용이었습니다.

기드론 시내는 유다 지파와 베냐민 지파를 구분 짓는 영토의 경계선으로 예루살렘의 동쪽입니다. 기드론 시내는 예루살렘 북쪽에서 시작하여 예루살렘 성전이 있는 산과 감람산을 지나 남동쪽으로 유대 광야를 따라 사해까지 이르는 골짜기입니다. 왕의 골짜기라는 별명이 있고 압살롬은 이 골짜기에 자신의 기념비를 세웠습니다. 시므이가 기드론 시내를 건너면 바로 시므이의 본 거주지 바후림이기 때문입니다. 베냐민 지파와 접촉을 금지시킨 것이었습니다. 정치적인 구금이겠지요.

너는 분명히 알라. 시므이가 살기 위해서는 꼭 기억해야 할 명령이었습니다. 사람은 잊을 것이 있고 잊지 말아야 할 것이 있습니다. 이 명령만은 시므이가 기억해야 할 명령입니다.

시므이가 솔로몬 왕에게 대답했습니다. 시므이의 반응입니다. "이 말씀이 좋사오니 내 주 왕의 말씀대로 종이 그리 하겠나이다". 솔로몬의 명령이 올바르고 정당하며, 자신이 솔로몬의 명령을 어길 경우에는 죽어도 좋다는 합의입니다. 일종의 솔로몬과 시므이와의 계약이 체결된 것입니다. 시므이는 오래도록 예루살렘에 머물러 살았습니다. 이것은 시므이의 숙정 작업의 정당성을 부여하고 있습니다. 솔로몬은 억지로 시므이를 처단하지 않았습니다. 목적이 좋으면 수단과 방법도 좋아야 할 것입니다.

삼 년이 지났습니다. 시므이의 두 종이 가드 왕 마아가의 아들 아기스에게로 도망하였습니다. 어떤 사람이 시므이에게 종이 있는 곳을 가르쳐 주었습니다. "당신의 종이 가드에 있나이다". 이 사건으로 인해 시므이는 죽음에 이르게 됩니다. 솔로몬과의 약속을 깨는 결정적인 요인이 되었기 때문입니다. 이 또한 하나님의 섭리라고 말할 수 있을 것입니다. 그래서 내 주위에서 좋은 일이 일어나도록 간구해야 합니다.

시므이가 그 종을 찾으려고 일어나서 나귀에 안장을 지우고 가드로 갔습니다. 시므이가 아기스에게 나아가 그의 종을 가드에서 데려오게 되었습니다. 솔로몬이 언급한 예루살렘의 북동쪽인 기드론 시내를 건너지 않고, 남서쪽인 힌놈의 골짜기를 건너가면 되는 곳이었습니다.

시므이의 두 종이 도망친 곳은 블레셋의 5대 도시 국가 중 하나입니다. 가드, 가사, 아스글론, 아스돗, 에그론입니다. 가드는 골리앗의 고향입니다. 두 종의 역할이 시므이에게는 중요했습니다. 그래서 종을 찾아서 다른 나라까지 간 것입니다. 망설이지 않고 찾아나섰습니다. 시므이는 종 때문에 빚어지는 결과를 깊이 생각하지 않고 종만 찾아나섰습니다. 즉각적으로 찾아서 끌고 예루살렘으로 돌아왔습니다.

시므이는 인본주의자로 자기 목적을 이루었을지 모르지만 솔로몬과의 약속(신본주의)은 이루지 못하여 죽음을 맞이하게 되었습니다. 예루살렘을 벗어난 것이 어떤 이유와 목적이든 간에 결과적으로는 벗어났기 때문입니다. 인본주의적인 생각은 성취했지만 왕의 명령인 신본주의는 없는 상태였습니다.

2. 솔로몬의 명령

시므이가 예루살렘에서 가드에 갔다가 돌아온 일을 어떤 사람이 솔로몬에게 말해 주었습니다. 솔로몬이 시므이에 대하여 감시하고 있었던 것보다는 시므이가 공개적으로 다녀온 것으로 보입니다. 솔로몬 왕이 이 보고를 받고 어떻게 처리했을까요?

솔로몬 왕이 사람을 보내어 시므이를 불렀습니다. 솔로몬은 지혜의 왕이고 합법적인 왕이었습니다. 경솔하게 판단하거나 불법적인 방법으로 이스라엘 나라를 통치하지 않았습니다. 그리고 하나님의 섭리 가운데 시므이를 처단하게 됩니다. 인간의 생사화복이 하나님에게 달려 있기 때문입니다.

"내가 너에게 여호와를 두고 맹세하게 하고 경고하여 이르기를 너는 분명히 알라 네가 밖으로 나가서 어디든지 가는 날에는 죽임을 당하리라 하지 아니하였느냐 너도 내게 말하기를 내가 들은 말씀이 좋으니이다"라고 대답하지 않았느냐? 명령과 경고와 대답을 상기시켰습니다.

솔로몬 왕의 추궁이 무엇입니까? "네가 어찌하여 여호와를 두고 한 맹세와 내가 네게 이른 명령을 지키지 아니하였느냐"라고 했습니다. 여호와의 이름으로 맹세한 것은 반드시 지켜야 합니다. 그리고 왕께 약속한 것도 지켜야 합니다. 하나님이 세운 왕이고 하나님 앞에서의 약속이기 때문입니다.

하나님 앞에서 맺은 언약에 대해서 신실해야 합니다. 솔로몬과 시므이 사이에 맺은 언약은 인간 대 인간의 언약이라기보다는 하나님과 인간의 언약이라고 보아야 할 것입니다. 맹세의 위반은 죄악입니다. 그것도 여호와께 대한 죄악이 성립됩니다. 시므이는 변명할 수 없는 상황이었습니다.

솔로몬은 시므이에게 한 번의 변명의 기회도 주지 않았습니다. 계약 위반이기 때문입니다. 명령을 어긴 계약 위반이기에 변명이 있을 수 없는 상황입니다. 시므이는 왕의 명령을 어겼습니다. 하나님께 맹세한 맹세도 어겼습니다. 그 결과는 죽음뿐입니다.

그러면서 뭐라고 선언했습니까? "네가 네 마음으로 아는 모든 악 곧 내 아버지에게 행한 바를 네가 스스로 아나니 여호와께서 네 악을 네 머리로 돌려보내시리라"라고 했습니다.

솔로몬의 거주지 제한 명령만 어긴 것이 아니라 다윗 왕 시대에 압살롬의 반역으로 피난 갈 때 시므이가 얼마나 저주했습니까? 이것도 죽어야 할 이유입니다. 다윗의 유언이기도 했습니다. 시므이는 이래도 죽고 저래도 죽어야 하는 사람입니다. 이것은 개인적인 감정에 의한 보복이 아니라 악을 행한 사람에 대한 공의의 심판임을 강조하고 있습니다.

또 한가지 선언이 있었습니다. "솔로몬 왕은 복을 받고 다윗의 왕위는 영원히 여호와 앞에서 견고히 서리라"라고 했습니다. 시므이는 공의의 하나님으로부터 심판을 받아 죽게 되었지만 솔로몬은 공의의 하나님으로부터 복을 받게 되었음을 선언하고 있습니다. 하나님으로부터 오는 성공적인 삶과 번영과 생산의 능력과 장수를 포함하는 복입니다. 솔로몬이 신정국가의 왕으로서 공의롭게 심판할 때 하나님으로부터 복이 오는 것입니다. 시므이의 운명과 솔로몬의 운명을 대조해서 설명했습니다. 솔로몬에게는 하나님의 공의를 실행함으로써 후손들까지 왕위가 길고 영원할 것을 말했습니다. 이것은 다윗과의 언약의 핵심이었습니다. 영원히 견고하리라. 이는 다윗의 후손으로 오신 예수 그리스도에 의해서 실현되었습니다. 하나님의 교회, 하나님의 나라가 실현되었습니다.

솔로몬이 브나야 군사령관에게 명령하여 시므이를 죽였습니다. 시므이는 베냐민 지파입니다. 사울 왕과 같은 지파입니다. 베냐민 지파는 사울이 왕이 된 것에 대하여 상당한 우월감에 도취되어 있던 지파였습니다. 그리고 다윗 왕이 유다 지파인 것에 대하여 불평과 불만, 적대감까지 가지고 있었던 지파였습니다. 그런 감정이 있었기 때문에 압살롬의 반역이 있을 때 다윗 왕이 도피하는 모습을 보면서 저주와 욕설을 퍼 부었던 것입니다.

사무엘하 16장 5-8절에 보면 "다윗 왕이 바후림에 이르매 거기서 사울의 친족 한 사람이 나오니 게라의 아들이요 이름은 시므이라 그가 나오면서 계속하여 저주하고 또 다윗과 다윗 왕의 모든 신하들을 향하여 돌을 던지니 그 때에 모든 백성과 용사들은 다 왕의 좌우에 있었더라 … 피를 흘린 자여 사악한 자여 가거라 가거라 사울의 족속의 모든 피를 여호와께서 네게로 돌리셨도다 … 보라 너는 피를 흘린 자이므로 화를 자초하였느니라"라고 저주했습니다. 다윗 왕이 압살롬의 반역으로 인해 도피할 때 정권을 찬탈한 자로, 저주와 모욕과 비방을 서슴없이 쏟아부은 자입니다. 그러나 다윗은 하나님이 세우신 왕입니다.

다윗 왕은 당시의 상황을 고려해 처단하지 못하고 솔로몬 왕에게 부탁을 했습니다. 솔로몬은 어떻게 처단했는가? 지혜를 동원했습니다. 무조건 처단하면 백성들의 원망을 사는 어리석음을 범할 수 있기에, 예루살렘을 벗어나지 못하게 명령했습니다. 그러나 시므이가 왕의 명령을 어김으로써 스스로 죽음을 자초한 것입니다.

시므이는 악인입니다. 영원하지 못한 사람입니다. 성도는 악인의 형통을 좋아하면 안 됩니다. 공의의 하나님은 반드시 심판하십니다. 그러므로 계명이나 맹세한 것을 귀중히 여기는 자가 되어야 합니다. 결국 하나님 나라의 발전의 걸림돌이 사라지게 되었습니다.

3. 솔로몬의 지혜

솔로몬의 통치가 불안해지거나 흔들리는 것이 아니었습니다. 숙정 작업을 통하여 이스라엘이 더욱 신정왕국으로서 거룩하고 의롭게 세워지고 있었습니다. 솔로몬의 통치는 개인적인 것이 아니라 하나님의 뜻을 이루는 것이었고, 불의를 용납하지 않는 나라로 발전하는 상황이었습니다.

46절 하반절에 "이에 나라가 솔로몬의 손에 견고하여지니라"라고 했습니다. 솔로몬의 힘과 능력으로 이스라엘은 견고해지고, 왕권은 안정되고, 하나님 나라는 발전되었습니다.

제10강
열왕기상 3장 1-15절

솔로몬의 초기 사역

신정국가는 사람이 중심이 되는 나라가 아니라 하나님이 중심이 되는 나라입니다. 하나님이 원하는 방법과 수단으로 발전시키면 되는 나라입니다. 그렇게 할 때 사람에게도 진정한 행복과 영원한 안식이 주어지기 때문입니다.

솔로몬이 왕이 되자마자 아도니야와 요압, 아비아달과 시므이를 처단했습니다. 어떤 사람은 즉시, 어떤 사람은 선처하여 고향으로, 어떤 사람은 제한된 자유를 주었지만 명령을 어김으로써 스스로 죽음을 자초했습니다. 다윗의 왕위를 이은 솔로몬은 나름대로 성실하게 신정국가를 발전시켜 나아갔습니다. 공의를 실현했고, 왕권을 강화시켰습니다.

1. 정략 결혼

솔로몬 왕은 당대 초강대국이었던 애굽의 공주와 결혼할 정도로 유명한 자가 되었습니다. 이것은 단순한 결혼이 아니라 애굽과 동맹 관계를 맺은 것입니다. 그렇게 함으로써 솔로몬의 국제적인 지위가 공고히 되었습니다. 애굽은 고대 근동에서 대국으로 군림하던 나라였습니다.

역사적으로 이스라엘은 애굽의 종 노릇 하던 민족이었습니다. 그러나 다윗과 솔로몬으로 이어지는 신정국가는 무시할 수 없는 강대국이었습니다. 그래서 애굽은 딸만 아니라 게셀까지 선물로 주면서 정략 결혼을 성립시킨 것입니다. 이렇게 함으로써 애굽은 무역로를 얻게 된 것입니다.

솔로몬이 바로의 딸을 데려다가 다윗성에 두고 자기의 궁과 예루살렘 주위의 성곽이 완공되기까지 기다리는 상황이었습니다. 성경은 이방 여인과의 결혼을 무조건 반대하는 것이 아닙니다. 우상을 버리고 여호와를 믿는 조건이 전제되어야 했습니다. 다만 가나안 여인과의 혼인만 금하고 있습니다. 정략 결혼이 역사적으로 있어 왔지만 솔로몬의 선택이 그렇게 바람직하지는 않았습니다. 결혼은 신성한 것인데 솔로몬은 정치적인 목적이 있었습니다.

2. 산당 제사

하나님의 성전이 세워지기 이전이었기 때문에 솔로몬은 백성들과 더불어 산당을 중심으로 여호와 신앙을 유지하고 있었습니다. 솔로몬이 여호와를 사랑하고 다윗의 법도를 행하였지만 산당에서 제사하며 분향하는 입장이었습니다. 성경저자는 정치적인 면을 지적한 다음에 종교적인 문제를 거론하고 있습니다.

솔로몬의 초기 평가는 하나님을 사랑하는 왕이었습니다. 여기에서 사랑은 도덕적인 의무는 물론이고, 언약에 대한 반응을 말합니다. 하나님을 사랑했기에 다윗의 유언을 따라 하나님의 말씀에 순종하고 삶의 방향과 목적인 하나님의 뜻을 실현하고자 했습니다.

산당은 주로 세 가지로 구분할 수 있는데, 첫째는 가나안 우상을 섬기던 이교적인 산당, 둘째는 여호와 하나님을 섬기는 산당, 셋째는 하나님을 섬긴다고 하면서 실제로는 이방신을 섬기는 단과 벧엘 같은 곳이 있었습니다. 하나님은 중앙 성소 제도를 말씀하셨습니다.

솔로몬 왕이 제사를 드리기 위하여 기브온 산당으로 갔습니다. 기브온 산당이 제법 컸기 때문입니다. 기브온은 팔레스틴 중부 산악 지대에 위치한 히위족의 도성으로 예루살렘 북쪽 10킬로미터 지점에 위치해 있으며 해발 722미터의 중요 성읍입니다. 여호수아를 두려워하여 속였던 기브온 족속이 거주하였고 가나안 정복 후 베냐민 지파에게 할당된 땅이지만 레위 사람들이 거주하였습니다. 기브온에는 브살렐이 만든 놋단이 있었고, 산당도 컸습니다.

솔로몬 왕이 기브온 산당에서 일천 번제를 드리게 되었습니다. 기브온을 찾은 목적은 예배, 번제에 있었습니다. 번제는 피를 단의 사면에 뿌리고 가죽을 제외한 모든 제물을 불살라 드리는 제사입니다. 이것은 하나님께 대한 순종과 헌신을 의미했습니다. 솔로몬은 신정왕국의 통치자로서 하나님께 감사하고, 앞으로도 헌신을 다짐하며 은혜와 복을 간구하는 심정이었습니다.

솔로몬 왕의 초기 사역에서 두드러진 점은 하나님을 사랑하고 언약에 기초한 통치를 한 점입니다. 대표적인 것이 일천 번제 사건입니다. 하나님의 대리자답게 겸손하고 지혜롭게 통치했습니다. 하나님과 바른 관계를 유지했습니다. 일천 번제는 횟수로도 엄청난 것이지만 많은 제물로도 유명합니다. 마음과 정성을 다하는 제사였습니다. 솔로몬은 여호와 하나님을 사랑했습니다.

솔로몬 왕은 제사만 드리는 것이 아니었습니다. 아버지 다윗이 성실과 공의와 정직한 마음으로 주와 함께 그리고 주의 앞에서 행하여, 주께서 다윗에게 큰 은혜를 베푸신 것을 찬양했습니다.

그리고 솔로몬에게도 큰 은혜를 베풀어서 왕위에 앉게 하신 것을 감사했습니다. 그러나 자신이 작은 아이와 같은 존재임을 인정했습니다. 이것이 중요한 마음입니다.

3. 솔로몬의 꿈

하나님의 응답이 기브온에서 밤에 잠을 자던 솔로몬의 꿈에 나타났습니다. 번제를 받으셨다는 증표입니다. 하나님께서 "내가 네게 무엇을 줄꼬 너는 구하라". 무엇을 원하느냐고 물으셨습니다.

하나님의 물으심에 대한 솔로몬의 대답이 무엇입니까? 솔로몬은 개인적인 사리사욕에 사로잡히지 않았습니다. 솔로몬은 하나님의 지혜를 간구했습니다. 온통 하나님과 백성을 기쁘게 하는 것으로 가득찬 사람이었습니다. 그런 그에게 하나님께서는 부귀영화까지 더해 주셨습니다. 하나님께 헌신하는 것은 축복의 창고를 여는 것과 마찬가지입니다. 주기도문을 살펴보십시오. 하나님의 이름과 나라 그리고 뜻이 우선되어야 합니다.

"구하라 그리하면 너희에게 주실 것이요 찾으라 그리하면 찾아낼 것이요 문을 두드리라 그리하면 너희에게 열릴 것이니 구하는 이마다 받을 것이요 찾는 이는 찾아낼 것이요 두드리는 이에게는 열릴 것이니라"(마7:7-8), "너희가 내 안에 거하고 내 말이 너희 안에 거하면 무엇이든지 원하는 대로 구하라 그리하면 이루리라"(요15:7)라고 약속하셨습니다.

하나님께서 솔로몬에게 "내가 네게 무엇을 줄꼬 너는 구하라". 우리 같으면 무엇을 구하겠습니까? 아마도 돈을 구할 사람, 땅을 구하는 사람, 건강을 구하는 사람이 많았을 것입니다. 물론 지혜를 구하는 사람도 있겠지요? 지혜를 구한 사람이 솔로몬입니다. 솔로몬은 왜 지혜를 구했을까요? 지혜를 구한 것이 하나님의 마음에 맞았습니다.

솔로몬은 하나님의 신실과 은혜에 대하여 감사하면서 '지혜로운 마음'을 간구했습니다. 하나님은 기뻐하셨습니다. '지혜로운 마음'을 구했기 때문이었습니다. 솔로몬은 부귀영화를 구할 수도 있었습니다. 생명의 연장을 구할 수도 있었습니다. 원수의 멸망을 간구할 수도 있었습니다. 그런데 지혜로운 마음을 달라고 간구했습니다.

솔로몬이 지혜로운 마음을 구한 이유가 무엇입니까? 7-8절에 "나의 하나님 여호와여 주께서 종으로 종의 아버지 다윗을 대신하여 왕이 되게 하셨사오나 종은 작은 아이라 출입할 줄을 알지 못하고 주께서 택하신 백성 가운데 있나이다 그들은 큰 백성이라 수효가 많아서 셀 수도 없고 기록할 수도 없사오니"라고 고백했습니다.

하나님께서 종을 왕이 되게 하셨습니다. 1) 솔로몬은 하나님과 자신과의 관계를 주종관계로 말하고 있습니다. 주인과 종의 관계 말입니다. 종이 주인에게 구할 것은 '지혜'입니다. 주인님! 어떻게 하죠? 이것이 하나님의 백성의 자세요 종의 자세입니다.

2) 솔로몬은 자기가 맡은 일이 '하나님의 일'이라고 고백합니다. 자신의 일이 아니라 하나님의 일입니다. 내 일이 아니라 하나님의 일이라고 생각하면 충성하는 마음과 간구하는 마음을 갖게 됩니다. 하나님이여! 어떻게 하는 것이 하나님께 좋은 것입니까?

3) 솔로몬은 자신이 '작은 아이'와 같음을 고백합니다. 하나님 저는 출입할 줄을 모르는 사람입니다. 무슨 일이든지 능수능란하게 처리할 수 있는 능력이 적습니다. 나는 미숙한 사람, 경험이 적은 자입니다. 그래서 작은 아이와 같습니다. 자신을 알고 하나님을 알 때 하나님의 지혜를 간구하게 됩니다. 하나님 앞에 겸손히 지혜를 구하는 성도가 됩시다.

기독교는 살아 계신 하나님께 기도하는 종교입니다. 기도는 하나님과의 인격적인 만남입니다. 하나님을 만나서 대화하고 청구하고 간구하는 종교입니다. 우리가 믿는 하나님은 벙어리가 아닙니다. 코가 있어도 맡지 못하고 눈이 있어도 보지 못하고 귀가 있어도 듣지 못하는 그런 우상이 아닙니다. 간구하는 기도에 응답해 주시는 하나님이십니다.

여러분이 출입하는 교회는 누구의 백성입니까? 하나님의 백성들의 모임입니다. 하나님의 백성은 하나님의 백성을 사랑합니다. 하나님의 백성과 함께합니다. 그리고 어렵고 힘들 때는 서로 돌아봅니다. 웃는 자와 함께 웃고, 우는 자와 함께 웁니다.

솔로몬의 눈은 열려 있었습니다. 자신이 통치하고 다스려야 할 백성에 대하여 '수많은 백성, 셀 수도 없는 백성'이라고 말하면서 그 가운데 자신이 있다고 고백했습니다. 자신이 통치해야 할 하나님의 백성을 인식하고 있습니다. 상대가 어떤 백성임을 잘 알고 있었습니다.

'수효가 많아서 셀 수도 없고 기록할 수도 없다'라는 표현에서 떠오르는 성경적인 내용이 무엇입니까? 아브라함과의 언약입니다. 창세기 13장 16절에 "내가 네 자손이 땅의 티끌 같게 하리니 사람이 땅의 티끌을 능히 셀 수 있을진대 네 자손도 세리라"라고 했습니다.

창세기 15장 5절에 "하늘을 우러러 뭇별을 셀 수 있나 보라 또 그에게 이르시되 네 자손이 이와 같으리라"라고 했습니다. 창세기 22장 17절에서는 '바닷가의 모래'로 표현되었습니다.

이런 언약은 아브라함과 이삭과 야곱과의 언약에서 나타난 하나님의 약속이었습니다. 솔로몬은 자신이 다스려야 할 백성이 어떤 백성인지를 알고 있었다는 것이 아주 중요합니다. 아브라함과 이삭과 야곱에게 약속한 언약 백성이기에 자신의 지혜가 부족함을 인정하고 있습니다.

솔로몬은 하나님이 어떤 분이신지를 알았습니다. 자신이 누구인지도 깨달았습니다. 백성들이 어떤 백성인지도 인식했습니다. 그러니까 필연적으로 지혜로운 마음을 간구했습니다. 지혜자를 하나님은 사용하셨습니다. 초대교회 일곱 집사들도 지혜자였습니다. 구약 성경에 나타난 믿음의 사람들이 모두 다 지혜자였습니다.

솔로몬의 기도 가운데 9절 말씀은 듣는 마음을 종에게 주옵소서. 11절 "송사를 듣고 분별하는 지혜를 구하였으니"입니다. 재판을 위해 듣고 분별할 수 있는 마음을 주시옵소서. 듣고 나면 선과 악을 분별할 수 있도록 허락하여 주시옵소서. 원문에는 하나님이 이미 주셨다는 뜻입니다. 전무후무한 지혜를 주셨습니다. 구하면 주십니다.

"하나님이 솔로몬에게 지혜와 총명을 심히 많이 주시고 또 넓은 마음을 주시되 바닷가의 모래 같이 하시니 솔로몬의 지혜가 동쪽의 모든 사람의 지혜와 애굽의 모든 지혜보다 뛰어난지라". 하나님의 백성을 사랑하는 마음이 있을 때 지혜와 총명을 주십니다.

솔로몬은 지혜를 얻은 다음에 하나님의 은혜를 잊지 않았습니다. 이것이 귀중한 자세입니다. 여호와의 언약궤 앞에서 번제와 감사제를 하나님께 드렸습니다. 그리고 모든 신하들과 더불어 잔치를 배설하였습니다.

제11강
열왕기상 3장 16-28절

친자 소송 판결

솔로몬 왕이 하나님의 지혜를 얻은 증거가 무엇입니까? 잔재주일까요 아니면 잔머리를 잘 굴리는 것일까요? 그것도 아니면 꾀가 많아서 남을 속이는 것일까요? 솔로몬 왕이 받은 하나님의 지혜는 그런 종류가 아니었습니다. 그러면 솔로몬 왕이 하나님의 지혜를 얻은 결과가 무엇일까요? 어떤 열매를 맺었을까요?

1. 두 창기와 두 아들

어느 날 창기 둘이 왕에게 나오게 되었습니다. 솔로몬 왕 앞에서 사건의 개요를 설명하였습니다. 두 창기는 몸을 팔아 생계를 유지하는 여인들이었습니다. 두 창기가 아이를 낳고 한 집에 살고 있었습니다.

한 집에서 두 여인이 같이 아이를 낳았습니다. 그 집에는 두 여인 이외에 다른 사람은 살지 않았습니다. 조심성 없는 한 여인이 잠을 자다가 자기 아이를 깔아 죽였습니다. 그러자 한밤중에 일어나 다른 여인이 잠든 사이에 그 여인의 곁에 있던 아이를 데려가고 자신이 죽인 아이는 잠든 여인의 곁에 두었습니다.

새벽에 다른 여인이 일어나 젖을 먹이려고 보니 아이가 죽어 있었습니다. 아침에 자세히 살펴보니 자기가 낳은 아이가 아니었습니다. 옆에 있는 여인이 데리고 있는 아이가 자기 아이였습니다.

잘못한 여인이 자기 아이를 죽게 하고 내 아이와 바꾸었구나 생각했습니다. 그래서 두 여인이 서로 살아 있는 아이가 자기 아이라고 주장하게 된 것입니다. 이를테면 분쟁입니다. 말싸움입니다. 친자를 구별할 수 있는 방법이 없었습니다. 요즈음으로 말하면 증거가 불충분합니다. 증인도 없습니다. 그래서 억울한 어머니는 솔로몬 왕에게 호소를 하게 되었습니다.

원고의 고백이 끝나자 피고가 호소합니다. 살아 있는 아이가 제 아이이고, 죽은 아이가 저 사람의 아이입니다. '이왕 거짓말한 것 끝까지 하리라. 갈 데까지 가보자'. 이것이 인간의 어리석음입니다. 서로 자기 아이라고 주장했습니다. 논쟁은 끝이 나질 않았습니다. 정말 난감한 사건입니다. 지금 같으면 DNA검사라도 할텐데 … 옛 시대라서.

두 여인의 말이 다른 상황입니다. 참과 거짓, 진실과 위선이 함께 공존하는 세상입니다. 하나님께서 솔로몬 왕에게 지혜를 약속하셨습니다. 언제 지혜가 임했을까요? 어려운 문제가 발생했을 때 지혜의 왕임을 보여주게 되었습니다.

16절에 "그 때에"라는 말은 중요한 의미를 담고 있습니다. 이스라엘 백성이 출애굽하여 홍해 바다 앞에 섰을 때 애굽의 병사들이 추격을 합니다. 정말 위급한 상황입니다. 그 때를 의미합니다. 하나님은 전능하셔서 애굽의 병사들을 홍해에 수장시키셨습니다.

이사야 60장 5절에 "그 때에 네가 보고 기쁜 빛을 내며 네 마음이 놀라고 또 화창하리니 이는 바다의 부가 네게로 돌아오며 이방 나라들의 재물이 네게로 옴이라"라고 했습니다. 그 때는 언제였을까요? 이스라엘 민족이 포로 생활 중에 하나님의 은혜로 귀환하는 때를 가리킵니다. 솔로몬 왕도 사건이 있기 전에 이미 지혜를 주셨습니다.

하나님은 언약에 신실하신 분이십니다. 거짓이나 변함이 없으신 분이십니다. 인류가 범죄했을 때도 아담과의 행위 언약과 은혜 언약, 노아와의 보존 언약, 아브라함과의 은혜 언약, 시내산 언약, 다윗과의 언약, 새 언약 등을 세우셨습니다. 우리 성도들은 하나님의 언약을 신실하게 믿고 순종합시다.

어려운 상황, 급한 상황에서도 솔로몬 왕에게 지혜를 주신 하나님을 찬양합시다.

2. 솔로몬 왕의 명판결

솔로몬 왕의 통치는 하나님의 백성 전체에 영향을 끼치고 있었습니다. 창기가 왕 앞에 서서 변론하고 판결을 받는 것은 쉬운 일이 아니었습니다. 솔로몬 왕은 빈부귀천을 논하지 않고 하나님의 백성들을 돌보고 사랑했습니다.

솔로몬 왕의 판결은 24-25절에 나타납니다. 명판결입니다. 솔로몬 왕이 어떻게 판결했을까요? 하나님 나라는 지혜가 있는 사람들의 공동체입니다. 신구약 시대에 쓰임 받은 하나님의 사람들의 한결같은 공통점이 지혜였습니다. 지혜자가 성전을 지었습니다. 지혜자가 직분을 잘 감당했습니다. 지혜로운 사람이 충성했습니다.

17절에 '내 주여'라고 말합니다. 법정 진술인데 외적 증거는 없습니다. 신분은 천한 사람입니다. 무시당하면서 세상을 살아왔습니다. 그러나 솔로몬 왕을 향하여 주라고 고백합니다. 주권자가 솔로몬 왕임을 인정합니다. 하나님을 믿는 사람에게 이런 자세가 꼭 필요합니다. 아마도 여러 과정의 재판관들이 있었을 것이지만 판결을 할 수가 없었기에 최고 재판관인 솔로몬 왕에게까지 친자 소송 문제가 왔을 것입니다.

확실한 증거나 증인도 없는데 살아 있는 아이가 서로 자기의 아이라고 주장합니다. 분쟁입니다. 친자 소송입니다. 여러분 같으면 어떻게 하겠습니까? 솔로몬에게서 배웁니다. 솔로몬의 말이 무엇입니까?

솔로몬 왕은 신하에게 "칼을 내게로 가져오라"라고 했습니다. 왕이 신하에게 명령합니다. "산 아이를 둘로 나누어 반은 이 여자에게 주고 반은 저 여자에게 주라". 칼을 가져다가 살아 있는 아이를 둘로 나누어 절반씩 나눠주라는 것이었습니다.

이런 판결이 어디 있습니까? 이게 무슨 지혜입니까? 그렇지 않습니까? 그러나 어머니의 반응을 보기 위한 판결입니다. 진짜 어머니라면 마땅히 가져야 할 애정과 사랑을 생각하고 내린 판결이기에 위대합니다.

두 여인의 반응은 달랐습니다. "그 산 아들의 어머니 되는 여자가 그 아들을 위하여 마음이 불붙는 것 같아서 왕께 아뢰어 청하건대 내 주여 산 아이를 그에게 주시고 아무쪼록 죽이지 마옵소서"라고 말했습니다. 이 어머니가 진짜 어머니입니다. 신분은 창기이지만 모성애가 분명합니다.

그런데 가짜 어머니의 반응은 무엇입니까? "내 것도 되게 말고 네 것도 되게 말고 나누게 하라"라고 말했습니다. 그러니까 도둑질한 여인은 '둘로 나누어 달라'고 요구했습니다. 솔로몬 왕의 판결대로 그렇게 하라는 것이죠.

그러나 진짜 어머니는 정말 달랐습니다. 마음이 불이 붙었습니다. 히브리어로 '마음'은 창자라는 뜻도 있습니다. 고대 히브리인들은 창자를 감정이 표출되는 장소로 여겼습니다. 요셉이 동생 베냐민을 만났을 때 감격의 눈물이 솟구친 것처럼, 하나님께서 이스라엘 백성들을 불쌍히 여기는 마음을 가지셨던 것처럼 감정이 솟구쳐 올랐습니다. 친어머니의 불타는 마음입니다.

차라리 훔쳐간 여인의 자식이 되더라도 자기 자식이 살기를 원했습니다. 친자 양육을 포기하더라도 자기 자식이 살기를 원했습니다. 이게 진정한 어머니의 마음이 아니겠습니까? '제 아들로 성장하지 않더라도 살기를 원합니다. 아무쪼록 죽이지 마옵소서.' 솔로몬 왕이여! 제 자식이 안 되도 좋으니 살려만 주십시오. 최종적인 판결은 '아이를 죽이지 말고 진짜 어머니에게 돌려 주거라' 였습니다. 가짜 어머니는 '둘로 나누어 내 것도 아니고 저 여자 것도 아닌 것으로 해 주십시오' 라고 말했습니다. 이게 말이나 됩니까?

3. 솔로몬 왕과 백성

이런 성경은 재미있는 동화나 옛날 이야기 같이 보입니다. 하나님께서 이런 내용을 주신 것이 성경 읽다가 졸릴까봐 가끔 재미있는 이야기를 삽화처럼 집어넣은 것일까요? 아니면 이런 내용을 통해서 하나님께서 주시는 메시지가 있는 것일까요? 기록한 목적이 무엇이겠습니까?

하나님의 백성들이 솔로몬의 지혜를 다 듣게 되었습니다. 명판결에 대한 소문이 널리 퍼지게 되었습니다. 백성들이 솔로몬 왕을 경외하여 두려워하는 마음도 생겼습니다. 하나님의 지혜로 공의롭게 행하였기 때문에 모든 백성이 순종했습니다. 창녀 사건도 잘 처리되었습니다. 솔로몬은 구원 역사에서 예수 그리스도에 대한 그림자였습니다. 지혜에 있어서 솔로몬은 그림자요 예수님이 원형이요 실체이십니다.

솔로몬 왕은 아버지 다윗을 대신하여 왕이 되게 하신 분이 하나님이라고 말합니다. 솔로몬의 보좌가 아니라 다윗의 보좌에 앉았다는 말이지요. 다윗의 보좌(대상29:23)는 여호와 하나님의 보좌를 말합니다. 이스라엘의 왕이란 자신의 보좌가 아니라 하나님의 보좌에 앉는 일이기 때문입니다.

왕은 중보자입니다. 본래 중보자는 하나님이요 동시에 사람입니다. 하나님이 중보자를 보실 때는 백성 전체를 보시는 것이요, 하나님의 백성에게 중보자는 하나님 자신이었습니다.

다윗과 솔로몬은 종으로서 여호와의 보좌에 앉아 일시적으로 통치했기에 그림자입니다. 실체는 예수님이십니다. 참다운 중보자는 예수 그리스도밖에 없습니다. 참 하나님이시오 참 사람은 예수님이십니다.

마태복음 12장 42절에 "솔로몬보다 더 큰 이가 여기 있느니라"라고 말씀하셨습니다. 예수님은 하나님의 지혜 자체가 되십니다. 고향에서 가르치실 때 "이 지혜와 이런 능력이 어디서 났느냐" 고향 사람들이 놀랐습니다. 그런데 고향 사람들은 예수님을 배척했습니다. 여러분은 배척하지 말고 주님을 사랑하고 지혜를 얻어서 지혜자로 삽시다.

지혜의 열매가 무엇인가? 시험을 이기게 합니다. 시험을 당할 때에 참거나 이길 수 있는 길을 따라 가게 합니다. 그리고 분쟁을 막는 것입니다. 시비를 가리는 것입니다. 옳고 그름을 판단하는 것입니다. 솔로몬은 탁월한 지혜자였습니다. 두 창기가 아이를 놓고 자기 아이라고 주장했습니다. 모성애를 통해서 참된 어머니를 가려냈습니다. 솔로몬은 자신의 통치력을 나타내고, 왕권을 더욱 강력하게 세워나갔습니다.

사건의 발단을 생각해 봅시다. 두 창기가 삼 일 간격으로 아이를 낳고 어머니의 부주의로 잠을 자다가 한 아이가 죽게 되었습니다. 그리고 다른 어머니가 잠든 사이에 자식을 바꿔치기 했습니다. 과학이 발전하지 않은 때에 친자 소송은 판결하기 어려운 사건이었습니다. 목격자도 없고, 물증도 없습니다. 친어머니를 구별하여 판결하는 것이 불가능한 일 같았습니다.

사건이 솔로몬 왕에게까지 올라왔습니다. 해결해야 합니다. 판결하고 구별해야 합니다. 해결하지 못한다면 왕으로서 어려움을 겪게 될 것입니다. 솔로몬은 지혜의 왕이었습니다. 솔로몬 왕은 단번에 해결했습니다. 은밀한 곳까지 통찰하시는 하나님을 느끼게 합니다. 신적 지혜를 드러냈습니다. 솔로몬 왕은 예수 그리스도를 예표합니다.

그리스도는 의로운 자와 불의한 자, 선과 악, 의인과 악인, 양과 염소, 알곡과 가라지를 가려낼 것입니다. 충성스러운 사람과 불충성하는 사람을 구별할 것입니다.

솔로몬 왕국의 각료와 관장

사울 왕은 이스라엘의 초대 왕으로서 흩어져 있는 지파들을 동맹 관계로 규합하고 이방에 대한 전쟁을 승리로 이끌어 왕국의 기틀을 마련한 왕입니다. 다윗은 이스라엘의 진정한 왕으로서 왕국의 면모를 갖춘 왕입니다. 다윗은 중앙집권적인 통치자였습니다. 적국을 물리쳤습니다. 모압과 암몬, 아람과 에돔, 아말렉 등 주변 국가들을 정복하여 국경을 넓혔습니다. 예루살렘을 차지하고 왕국을 세우며 성전 지을 기틀을 마련한 왕이었습니다.

하나님께서 솔로몬 왕에게 주시기로 약속한 지혜를 어떤 방법으로 주셨는가? 먼저는 반역자나 친자 소송 문제를 해결함에 있어서 솔로몬 왕이 하나님의 지혜로 판결하는 것을 배웠습니다. 이번에는 어떤 방향으로 지혜를 주셨을까요?

1. 각료의 명단

솔로몬의 지혜는 송사 사건 이외에도 각료들에게 더욱 나타납니다. 솔로몬 시대에 각료들은 중심적인 인물들로서 솔로몬이 이스라엘에 대한 통치를 효율적으로 할 수 있도록 돕던 사람들입니다. 솔로몬 왕은 신정국가를 세움에 있어서 여덟 개 부서로 이루어진 내각을 구성했습니다.

솔로몬 왕이 구성한 내각의 특성은 무엇일까요?

1) 다윗시대에 있던 그렛과 블레셋을 통관하던 총독부가 해체되고, 관리장과 궁내대신부가 증설되었습니다. 사무엘하 20장 23절에 "요압은 이스라엘 온 군대의 지휘관이 되고 여호야다의 아들 브나야는 그렛 사람과 블렛 사람의 지휘관이 되고"라고 했습니다.

이것은 다윗 왕 시대보다는 솔로몬 왕 시대에 국력이 더욱 향상되고 경제력이 강화되었음을 나타내는 것입니다. 그러니까 솔로몬이 지혜의 왕으로서 통치할 때 신정국가가 더욱 부흥하고 발전했다는 의미입니다.

2) 다윗시대의 내각에서는 군대장관이 먼저 언급되었지만 솔로몬 시대의 내각에서는 종교 지도자들, 대제사장과 행정관료가 먼저 언급되는 것이 특징입니다.

사무엘하 20장 23-26절에 "요압은 이스라엘 온 군대의 지휘관이 되고 여호야다의 아들 브나야는 그렛 사람과 블렛 사람의 지휘관이 되고 아도람은 감역관이 되고 아힐룻의 아들 여호사밧은 사관이 되고 스와는 서기관이 되고 사독과 아비아달은 제사장이 되고 야일 사람 이라는 다윗의 대신이 되니라"라고 했습니다. 이것은 다윗 왕 시대의 순서입니다.

그런데 솔로몬이 지혜의 왕으로서 통치할 때는 대제사장이 먼저 언급되었습니다. 대제사장이 먼저 언급되었다는 것은 하나님 중심적인 신정정치와 전쟁이 아닌 평화중심적인 정책을 펼쳤음을 의미합니다. 특별히 말씀과 예배 중심적인 국가를 이루고 있었음을 드러내고 있습니다. 하나님 중심, 교회 중심, 말씀 중심입니다.

3) 능력중심으로 각료를 발탁하여 효율성을 극대화했습니다. 제사

장과 사관 및 감독관은 다윗시대 사람들로 유임시키고, 다른 부서만 다른 각료들이 맡아 수고했습니다. 대부분의 경우에 정당이 바뀌면 내각도 바뀝니다. 교회도 위임목사가 바뀌면 부교역자들을 바꿉니다.

그런데 솔로몬은 그렇게 하지 않았습니다. 다윗 왕 시대에 쓰임 받던 인물을 그대로 등장시킨 경우가 많습니다. 시대에 관계없이 능력 중심의 인재를 등용한 것입니다. 이것이 솔로몬이 지혜의 왕이라는 것과 부귀영화를 누릴 수 있었던 증거입니다.

열왕기상 3장 12-14절에 "내가 네 말대로 하여 네게 지혜롭고 총명한 마음을 주노니 네 앞에도 너와 같은 자가 없었거니와 네 뒤에도 너와 같은 자가 일어남이 없으리라 … 네가 만일 네 아버지 다윗이 행함 같이 내 길로 행하며 내 법도와 명령을 지키면 내가 또 네 날을 길게 하리라"라고 했습니다.

솔로몬 왕국은 훗날에 나타날 예수 그리스도에 의해서 세워질 하나님 나라를 반영하고 있습니다. 예수 그리스도에 의해서 진정한 평안과 번영 그리고 풍요로운 왕국이 세워질 것을 나타내고 있습니다. 우리도 이 시대에 거룩한 교회와 하나님 나라를 위한 수고를 아끼지 맙시다.

바울은 고린도전서 4장 1-2절에서 "사람이 마땅히 우리를 그리스도의 일꾼이요 하나님의 비밀을 맡은 자로 여길지어다 그리고 맡은 자들에게 구할 것은 충성이니라"라고 했습니다.

이러한 특징을 가지고 있는 솔로몬 왕국에 있어서 사독의 아들 아사리아가 제사장에 임명되었습니다. 솔로몬 내각의 첫 번째 언급은 제사장이었습니다. 보통은 군대장관인데 솔로몬 왕국에서는 제사장이 첫째였습니다. 종교적이었던 왕국입니다. 하나님 제일주의 사상입니다. 이것이 주변 국가와는 다른 신정왕국의 특징입니다.

시사의 아들 엘리호렙과 아히야가 서기관에 임명되고, 아힐룻의 아들 여호사밧이 사관에 임명되었습니다. 시사는 구별이라는 의미입니다. 서기관은 무역과 상업과 군사 동맹에 영향을 미치는 왕의 칙령을 준비하고 공식 기록을 보존하며 재정 문제를 감당했습니다.

사관은 옛 사실들을 생각나게 하는 사람으로서 왕국에서 일어나는 모든 주요 사건을 기록하고 보관하며 왕의 계획과 포고, 판결들을 상기시키는 업무를 수행했습니다. 왕국의 역사나 연대기를 기록하는 책임도 감당했습니다.

여호야다의 아들 브나야가 군대장관에 임명되고, 사독과 아비아달이 제사장에 임명되었습니다. 나단의 아들 중 아사리아는 관리장에 임명되고, 사붓은 왕의 친구로서 대신에 임명되었습니다. 브나야는 다윗시대부터 충성했습니다. 솔로몬이 왕이 되었을 때 군대장관으로 봉사하게 되었습니다.

관리는 왕에 의해서 특정한 직분을 받은 관리를 일컫습니다. 관리장은 관리를 통괄하는 지도자적인 직분입니다. 우두머리입니다. 대신은 왕의 벗으로 친밀하고 왕의 개인적인 조언자입니다. 왕의 고문 역할을 했던 것으로 보입니다. 다윗시대에는 아히도벨과 후새가 왕의 벗이었습니다.

아히살이 궁내대신에 임명되고, 압다의 아들 아도니람이 감역관에 임명되었습니다. 궁내대신은 솔로몬 왕 시대에 신설된 직책으로 왕궁의 살림살이를 도맡아 관장하는 업무를 수행했습니다. 다윗시대보다 솔로몬시대가 더 부요하고 화려했음을 나타냅니다.

감역관은 공적인 건축을 위해 모집된 사람들을 관리하던 책임자입니다. 다윗시대부터 이 직분을 감당하던 자로서 이스라엘 내에 있는 부역과 이방인들의 노역까지 관장했습니다. 아도니람은 르호보암 통치 때 지나치게 강제 노역을 시키다가 백성들에게 돌에 맞아 죽은 사람입니다.

솔로몬 왕은 하나님의 대행자로서 하나님 중심적인 정치체제를 갖추었고, 국정 전반에 걸쳐 신앙과 평화를 중요시하여 정치를 발전시킨 왕입니다.

2. 지방의 관장들

솔로몬의 지혜가 솔로몬 왕국에 어떻게 반영되었을까? 소송사건은 물론이고 각료들의 임명과 더불어 지방 행정구역을 돌보는 관장들에까지 나타났습니다. 무슨 말씀입니까?

지방 행정구역을 돌보는 관장들은 어떠했는가? 솔로몬 왕은 열두 행정 구역으로 분할하고 열두 관장을 세웠습니다. 그 관장들이 한 달씩 왕실에 필요한 식물을 공급하게 하였습니다. 세금도 바치게 하였을 것이고, 각 지방에서 생산되는 토산품을 왕궁으로 가져오게 만들었습니다. 이것이 얼마나 유대관계를 돈독히 하는 것입니까? 이것은 솔로몬 왕궁의 풍요로움만이 아니라 나라 전체의 풍요로움을 드러내고 있는 것입니다.

열두 관장의 명단과 관할 구역을 살펴봅시다. 솔로몬 왕의 통치 형태는 중앙정부와 지방 행정구역 사이에 간격이 없었습니다. 소통이 원활하고 신속하게 되도록 유도하였습니다.

아사리아의 통괄 아래 관장을 세웁니다. 세금을 징수하여 나라를 튼튼하게 만들기 위함이었습니다. 과거의 지파별로 구성된 제도를 와해시키고, 중앙집권을 강화하기 위해 행정제도를 쇄신한 것입니다.

영토를 잘 치리하도록 부름받은 사람들이 관장들이었습니다. 행정 조직상 중앙정부와 하부구조가 잘 조화되도록 했습니다. 세금은 각 관장들이 왕실에서 필요한 것들을 제공하게 만들었습니다. 열두 관장들이 한 달씩 수고함으로써 더욱 풍요로운 삶을 살도록 했습니다. 그러나 행정구역에 유다지파는 포함되지 않았습니다.

유다지파는 왕실 직속에 두었기 때문입니다. 그러나 이것이 훗날에 북부지역 사람들에게 감정적 손상을 주는 요인이 되었고 남북 왕조가 갈라지게 되는 조건으로 나타났습니다. 솔로몬 왕이 메시야 왕국에 있어서 예수 그리스도를 예표하는 왕이지만 메시야에 비하면 부족한 인간이었음을 알게 됩니다. 메시야는 정말 차별이 없는 분이고, 영원한 나라를 세우신 분이십니다.

벤훌은 에브라임 산지입니다. 벤훌은 훌의 아들이라는 뜻으로 땅이 비옥하여 포도와 올리브, 무화과가 풍부한 곳을 다스렸습니다. 벤데겔은 마가스, 사알림, 벧세메스, 엘론벧하난입니다. 벤헤셋은 아룹봇의 소고와 헤벨, 온 땅입니다.

벤아비나답은 돌 높은 땅, 온 지방입니다. 아힐룻의 아들 바아나는 다아낙과 므깃도와 벧스안, 온 땅입니다. 벤게벨은 길르앗 라못의 야일의 촌과 바산 아르곱 땅입니다.

므깃도는 이스르엘 평원을 굽어볼 수 있는 주요한 도시입니다. 가나안족의 영토였다가 후에 이스라엘의 영토가 된 곳입니다. 므깃도는 전략적인 요충지로 제일 높은 곳에서는 평야와 북쪽의 갈릴리의 능선들이 한눈에 들어옵니다. 갈멜산이 있고 길보아산과 잇헤르몬산이 마주 보입니다. 므깃도는 두 도로로 하나는 팔레스틴 중부와 동부를 페니키아와 연결하는 도로이고, 다른 도로는 애굽과 초승달 지재를 연결하는 도로입니다.

잇도의 아들 아히나답은 마하나임입니다. 행정 구역의 일곱 번째는 마하나임입니다. 얍복강 북쪽에 위치한 길르앗 지방의 중요 도시로 갓 지파에 속한 땅입니다. 마하나임은 하나님의 군대라는 뜻으로 야곱과 관련된 지역입니다. 압살롬의 반역이 있을 때 다윗이 이곳으로 도피한 사실도 있습니다.

아히마아스는 납달리 지역입니다. 최전방 지역으로 무역과 상거래가 많았지만 이방 민족의 공격이 많은 곳이었습니다. 아히마아스는 '노여움의 형제'라는 뜻을 가집니다.

후세의 아들 바아나는 아셀과 아롯 지역입니다. 바루야의 아들 여호사밧은 잇사갈 지역입니다. 엘라의 아들 시므이는 베냐민 지역입니다. 우리의 아들 게벨은 시혼과 옥의 땅이었던 길르앗입니다.

　솔로몬 왕은 지혜의 왕입니다. 소송 문제나 각료 문제 그리고 지방 행정관들을 세워서 나라를 조직적이면서 중앙집권제의 형태 그리고 지방 자치 성격을 띠고 다스리게 하였던 왕이었습니다. 신정국가는 백성이 평안하고 물질은 풍부했습니다.

제13강
열왕기상 4장 20-28절

번영과 평화

솔로몬 왕은 지혜의 왕입니다. 하나님께서 지혜를 주셔서 나라를 지혜로 통치하게 되었습니다. 소송 문제가 발생해도 하나님의 지혜를 동원했고, 중앙 정부의 관료와 지방 행정관들을 임명하여 하나님의 지혜로 나라를 잘 통치했습니다.

그러면 솔로몬 왕이 통치하는 신정국가 이스라엘에서 어떤 일이 발생했을까요? 주요 부서가 달라진 것이 있을까요 아니면 아무런 변화도 없는 백성들이었을까요? 여러 가지 측면을 통해서 달라진 모습을 알아 봅시다.

하나님은 솔로몬 왕에게 지혜만 주신 것이 아니라 구하지 않은 부귀영화와 장수까지 약속했습니다. 그러면 하나님은 약속대로 이루셨을까요? 하나님의 약속은 어떻게 성취되었을까요? 신정왕국의 번영은 세 가지 면으로 나타났습니다. 그것이 무엇입니까?

1. 통치 영역

이스라엘 왕국의 인구가 증가했습니다. 얼마나 인구가 늘어났을까요? "유다와 이스라엘의 인구가 바닷가의 모래 같이 많게 되매"라고 표현했습니다. 인구가 늘어나는 것은 큰 복 중의 복입니다.

이것은 아브라함과의 언약입니다. 하나님께서 하늘의 별과 바닷가의 모래 같은 후손을 약속하셨습니다. 창세기 13장 16절에 "내가 네 자손이 땅의 티끌 같게 하리니 사람이 땅의 티끌을 능히 셀 수 있을진대 네 자손도 세리라"라고 했고, 15장 5절에 "그를 이끌고 밖으로 나가 이르시되 하늘을 우러러 뭇별을 셀 수 있나 보라 또 그에게 이르시되 네 자손이 이와 같으리라"라고 했으며, 22장 17절에 "내가 네게 큰 복을 주고 네 씨가 크게 번성하여 하늘의 별과 같고 바닷가의 모래와 같게 하리니 네 씨가 그 대적의 성문을 차지하리라"라고 했습니다.

물질도 풍요로워졌습니다. 솔로몬 시대의 시대상을 "먹고 마시며 즐거워하였으며"라고 표현했습니다. 솔로몬 왕실만 풍요한 복을 누린 것이 아니라 일반 백성까지 풍요롭게 살았습니다. 음식물만 많이 먹은 것이 아닌 번영을 의미하는 말입니다. 잔치와 기쁨이 충만한 상황이었습니다.

백성들에게 세금을 많이 각출해서 부요했던 것이 아니라 주변 국가들의 조공으로 풍요롭게 살 수 있었습니다. 하나님의 나라가 확장되고 백성들이 번영을 누리며 행복하게 살 수 있었던 것은 하나님의 언약이었고 지혜로운 지도자의 은혜였습니다.

솔로몬 왕은 이럴 때 어떤 정책을 펼쳤을까요? 영토를 확장하는 정책이었습니다. 통치의 영역을 넓혔습니다. 유프라테스강 서쪽 딥사에서부터 블레셋 땅을 지나 애굽의 국경 지대인 가사까지 지배했습니다. 통치 영역을 넓혔습니다. 그 나라들이 모두 솔로몬 왕이 통치하는 동안 조공을 바쳤습니다.

북쪽으로 유프라테스강에서부터 시작하여 서쪽으로 지중해 연안, 남쪽으로 애굽 지경까지를 지칭합니다. 구체적으로는 브엘세바에서 단까지입니다. 단은 이스라엘 최북단으로 헬몬산 아래 요단강 발원 지역의 성읍이며, 브엘세바는 이스라엘 최남단으로 예루살렘 남서쪽 78킬로미터에 위치한 성읍입니다. 이것은 창세기 15장 18절에 "내가 이 땅을 애굽 강에서부터 그 큰 강 유브라데까지 네 자손에게 주노니"라고 약속한 것이었습니다.

창세기 17장 8절에 나타난 아브라함과의 언약을 이룬 것이었습니다. "내가 너와 네 후손에게 네가 거류하는 이 땅 곧 가나안 온 땅을 주어 영원한 기업이 되게 하고 나는 그들의 하나님이 되리라"라고 약속하셨습니다.

땅에 대한 언약은 다윗과 솔로몬과의 약속이지만 과거에 이미 조상들에게 언약을 세우신 내용이었습니다. 아브라함과 이삭과 야곱에게 맹세한 땅입니다. 그 땅을 솔로몬 시대에 넓게 얻을 수 있었습니다. 특별히 고대에는 속국이 종주국에게 공물이나 금은보화, 의복이나 갑옷, 향품이나 말 등 특산물을 바쳤습니다. 다윗 시대에 정복된 모압, 소바, 다메섹, 에돔과 같은 나라들이 솔로몬 때도 조공을 바쳤습니다.

하나님의 말씀은 변함없이 이루어지는 법입니다. 메시야 왕국도 그렇습니다. 시편 89편 34절에 "내 언약을 깨뜨리지 아니하고 내 입술에서 낸 것은 변하지 아니하리로다"라고 했습니다.

사도 요한은 요한계시록 22장 1-5절에서 "또 그가 수정 같이 맑은 생명수의 강을 내게 보이니 하나님과 및 어린 양의 보좌로부터 나와서 길 가운데로 흐르더라 강 좌우에 생명나무가 있어 열두 가지 열매를 맺되 달마다 그 열매를 맺고 그 나무 잎사귀들은 만국을 치료하기 위하여 있더라 다시 저주가 없으며 하나님과 그 어린 양의 보좌가 그 가운데에 있으리니 그의 종들이 그를 섬기며 그의 얼굴을 볼 터이요 그의 이름도 그들의 이마에 있으리라 다시 밤이 없겠고 등불과 햇빛이 쓸 데 없으니 이는 주 하나님이 그들에게 비치심이라 그들이 세세토록 왕 노릇 하리로다"라고 했습니다.

2. 하루 식물의 양

솔로몬 왕이 이스라엘을 통치할 때 하루의 식물의 양이 얼마나 되었을까요? 왕실에서 소비하는 하루의 식량입니다. 가는 밀가루가 삼십 고르(석)이었고, 굵은 밀가루가 육십 고르(석)이었습니다. 살진 소가 열 마리입니다. 초장의 소가 스무 마리였습니다. 양이 일백 마리이고 수사슴과 노루와 암사슴과 살진 새들이 있었습니다.

가는 밀가루는 '눌러서 뭉개다' 라는 뜻으로 고운 밀가루를 말합니다. 값이 비싸고 고급스러운 음식으로 하나님께 드리는 감사제와 헌신의 제사를 드릴 때 사용되었습니다. 귀한 손님이 올 때나 쓰는 밀가루를 의미합니다.

굵은 밀가루는 낟알과 껍질 전체를 갈아 만든 거친 밀가루를 의미합니다. 평민들이나 종들이 맷돌로 갈아서 먹는 일반적인 밀가루로, 반죽하여 구워먹는 것입니다. 어떤 학자는 밀가루의 양이 12,700킬로그램으로, 14,000여 명이 먹을 수 있는 양이라고 했습니다.

살진 소가 열 마리, 초장의 소가 스무 마리, 양이 백 마리 등은 솔로몬 왕국의 번영과 풍성함을 말해 줍니다. 이 고기의 양도 궁궐에 사는 14,000명이 하루에 한 근씩 먹을 수 있는 양입니다. 새들은 거위나 암탉, 수탉 등을 가리킨다고 여겨집니다.

솔로몬 왕국의 하나님의 백성들은 풍요와 평화 속에 살았습니다. 솔로몬 왕에게 하나님께서 많은 것을 주셨습니다. 솔로몬 왕이 유프라테스강 서편의 딥사에서부터 가사까지 전 지역을 다스려서 평화를 유지했습니다. 딥사는 솔로몬 영토의 북동쪽의 경계이며, 사업의 거점이었습니다. 전략적으로도 중요한 요충지였습니다. 가사는 애굽에서 서아시아로 통하는 무역로의 중요한 위치입니다. 블레셋의 다섯 도시 중 최남단에 위치하였던 도시로, 지중해에서 약 16킬로미터 떨어져 있습니다. 솔로몬 왕권의 힘을 보여주고 있습니다.

솔로몬 왕 치세 동안 단에서부터 브엘세바에 이르기까지 전 이스라엘 백성들은 포도나무와 무화과나무 아래서 평화롭게 살았습니다. 이 평화는 하나님께서 다윗에게 언약을 세우실 때 하신 약속입니다.

역대상 22장 9절에 "보라 한 아들이 네게서 나리니 그는 온순한 사람이라 내가 그로 주변 모든 대적에게서 평온을 얻게 하리라 그의 이름을 솔로몬이라 하리니 이는 내가 그의 생전에 평안과 안일함을 이스라엘에게 줄 것임이니라"라고 했습니다. 포도나무와 무화과나무는 이스라엘의 대표적인 과실나무로 전쟁이나 혼란이 없이 태평성대를 누렸음을 의미합니다. 안전하고 평화롭게 살았습니다. 지혜의 왕이 통치할 때 얻어진 영광이었습니다.

그러나 솔로몬도 약점, 잘못 감당한 면이 있습니다. 그것은 평화를 위해 이방인과 결혼하고, 세금을 많이 거둔 것이었습니다. 이런 것이 훗날에 화가 되고 타락하게 되는 요인으로 작용했습니다.

3. 막강한 군사력

솔로몬 왕이 통치하는 신정국가는 막강한 군사력이 있었습니다. 솔로몬이 소유한 병거의 말과 외양간이 사천이요 마병이 일만 이천이었습니다. 열두 관장들이 자기가 맡은 달에 솔로몬 왕과 왕의 식탁에 참여하는 자들을 위하여 먹을 것을 예비하여 부족함이 없었습니다. 말과 준마를 위하여 보리와 꼴을 지정된 것으로 가져왔습니다.

솔로몬 왕국에 있어서 광활한 땅을 차지하고 유지하기 위해서 막강한 군사력이 필요했던 것은 사실입니다. 당시 블레셋과 에돔이 호시탐탐 반역을 꾀하던 시대이기 때문입니다.

솔로몬 왕국에 있어서 막강한 군사력은 이해가 되지만 이것도 훗날에는 하나님보다 사람과 말을 의지하는 요인이 된 것으로 보여집니다. 당시 앗수르도 약소국이었고, 애굽도 약한 상태였습니다. 하나님을 가까이 하는 것이 복입니다. 그런데 세속적인 생각을 가지고 세상 나라처럼 통치하면 타락하게 되어 있습니다. 하나님 중심이 그래서 좋은 신앙입니다.

누구든지 하나님께서 주신 것을 잘 사용해야 복이 됩니다. 그렇지 않으면 축복이 오히려 화가 되고 저주가 되는 경우가 있습니다. 하나님께서 모세를 통하여 주신 말씀을 항상 기억해야 합니다.

신명기 17장 14-16절에 "네가 네 하나님 여호와께서 네게 주시는 땅에 이르러 그 땅을 차지하고 거주할 때에 만일 우리도 우리 주위의 모든 민족들 같이 우리 위에 왕을 세워야겠다는 생각이 나거든 반드시 네 하나님 여호와께서 택하신 자를 네 위에 왕으로 세울 것이며 네 위에 왕을 세우려면 네 형제 중에서 한 사람을 할 것이요 네 형제 아닌 타국인을 네 위에 세우지 말 것이며 그는 병마를 많이 두지 말 것이요 병마를 많이 얻으려고 그 백성을 애굽으로 돌아가게 하지 말 것이니 이는 여호와께서 너희에게 이르시기를 너희가 이 후에는 그 길로 다시 돌아가지 말 것이라"라고 했습니다.

솔로몬 왕국에서 병마나 기병이 많은 것은 축복이었지만 멸망의 요인으로 작용했습니다. 열두 지역의 관장들은 직무에 충실했습니다. 왕실의 부족을 채웠고 말까지 먹을 것을 주었습니다. 솔로몬 왕이 통치할 때 번영과 풍성한 복이 임했습니다.

우리는 재창조의 목적을 이해하여 선한 일에 힘쓰는 도구가 되어야 합니다. 선을 행할 때 낙심하지 말아야 합니다. 시편 34편 8-10절에 "너희는 여호와의 선하심을 맛보아 알지어다 그에게 피하는 자는 복이 있도다 너희 성도들아 여호와를 경외하라 그를 경외하는 자에게는 부족함이 없도다 젊은 사자는 궁핍하여 주릴지라도 여호와를 찾는 자는 모든 좋은 것에 부족함이 없으리로다"라고 했습니다. 우리의 모든 것이 되시며 모든 것을 채우시는 하나님이십니다.

솔로몬의 뛰어난 지혜

요즘은 사람들이 무엇을 찾아 헤맵니까? 경제적인 문제, 재물을 따라 다니며, 정치인들도 경제 문제 때문에 온 나라가 복잡하고 시끄럽습니다. 그러나 이스라엘이나 고대 사회에는 지혜를 따라 움직이던 사람들이 있었습니다. 지혜는 인생의 모든 분야에 있어서 탁월한 통찰력과 성공의 열쇠와 같이 여겨지기 때문입니다.

지혜를 얻는 것이 은금과 보물을 얻는 것보다 낫습니다. 솔로몬 왕은 지혜의 왕입니다. 솔로몬의 지혜는 명성을 얻게 했습니다. 저작 활동도 하게 만들었습니다. 여러 나라에서 사람들이 와서 무릎을 꿇고 듣고 배우게 되었습니다.

여러분도 솔로몬 왕처럼 지혜를 구해서 영광과 존귀가 있기를 바랍니다. 후히 주시고 꾸짖지 않으시는 하나님께 지혜를 간구해서 시험도 이기고 영육간에 하나님의 은총이 충만하기를 바랍니다.

1. 솔로몬의 지혜와 명성

솔로몬에게 임했던 하늘의 지혜는 어떻게 나타났는가? 반역자를 처단하고 소송사건이나 각료나 지방 행정관을 임명하여 나라를 번영시키고 부강하게 만들었습니다. 그리고 그것에 그쳤을까요? 열매가 있다면 어떤 열매를 맺었을까?

하늘의 지혜와 세속적인 지혜의 열매가 같을까? 다르다면 어떻게 다를까? 역사 속에 존재했던 수많은 지혜자들이 있습니다. 지금도 존재합니다. 특별히 동양에도 지혜자와 현인들이 많이 있습니다.

솔로몬 당시 지혜의 나라는 애굽일 것입니다. 애굽에는 수많은 지혜자가 존재했습니다. 그런데 솔로몬 왕의 지혜는 애굽의 모든 지혜보다 뛰어났습니다. 당대에 비길 만한 사람이 없었습니다. "하나님이 솔로몬에게 지혜와 총명을 심히 많이 주시고"라고 했습니다. 지혜와 총명을 양적으로 표현하자면 아주 많이 주셨습니다.

지혜의 열매를 말할 때 넓은 마음을 말합니다. 넓은 마음을 바닷가의 모래같이 많게 하셨습니다. 넓은 마음은 지혜로운 마음입니다. 좁은 마음은 미련한 자의 마음입니다. 바울은 고린도 교인과 빌립보 교인들에게 마음을 넓히라고 가르쳤습니다. 겸손한 마음을 말했습니다. 너희 안에 이 마음을 품으라 곧 그리스도 예수의 마음이니, 너희는 마음을 넓히라. 바울의 권면이었습니다. 지혜자의 마음은 넓습니다.

마태는 온유한 마음과 겸손한 마음을 말했습니다. 온유하고 겸손한 마음이 예수님의 마음이요 지혜자의 마음입니다. 솔로몬의 지혜는 모든 동양 사람들의 지혜와 애굽의 모든 지혜보다 뛰어났습니다. 당대 동양은 스바와 에돔, 레만과 갈대아 사람들로 신화와 지혜 문서들 그리고 천문학과 점성학이 발달된 나라들이었습니다. 특별히 애굽은 기하학과 수리학, 천문학과 점성학 그리고 건축과 토목, 의학적인 기술이 발달된 나라였습니다.

솔로몬의 지혜는 예스라 사람 에단이나 마홀의 아들 헤만, 갈골과 다라니보다 지혜로워서 그 명성이 사방 모든 나라에 퍼졌습니다. 역대상 2장 6절에 "세라의 아들은 시므리와 에단과 헤만과 갈골과 다라니 모두 다섯 사람이요"라고 했습니다. 문화와 예술 방면에서 뛰어난 명성을 가진 사람보다 솔로몬의 지혜가 더 뛰어났다는 것입니다. 솔로몬은 모든 분야에서 최고 수준의 지혜를 소유했던 왕입니다.

시편 111편 10절에 "여호와를 경외함이 지혜의 근본이라 그의 계명을 지키는 자는 다 훌륭한 지각을 가진 자이니 여호와를 찬양함이 영원히 계속되리로다"라고 했습니다. 욥기 28장 28절에 "또 사람에게 말씀하셨도다 보라 주를 경외함이 지혜요 악을 떠남이 명철이니라"라고 했습니다.

사람은 하나님을 사랑하고 경외할 때 모든 일이나 사물을 바라보는 눈이 하나님 중심이 됩니다. 사람과의 관계만 중요하게 생각하는 것이 아니라 하나님과의 관계까지 생각하는 것이 지혜자입니다.

솔로몬 왕은 어렵고 힘든 일을 쉽게 분별하고 판단했습니다. 이것이 지혜의 열매입니다. 하나님과의 관계를 잘 유지하는 판단이 총명입니다. 솔로몬 왕의 지혜는 히람 왕과 평화 조약을 맺을 때도 나타납니다. 그 결과로 성전을 건축하고 왕궁을 건축하는 데 큰 역할을 하게 됩니다. 지혜는 교회를 세우고 하나님 나라의 발전을 위해서 꼭 필요한 요건입니다.

2. 저작 활동

솔로몬은 지혜로 소송 문제를 해결합니다. 그리고 나라의 각료들이 전문적으로 통치하게 합니다. 지방 관리자들을 두어 통치하도록 분할했습니다. 그리고 저작 활동으로 열매를 맺습니다.

솔로몬은 철학자나 현인, 시인이나 어떤 명성 있는 사람보다 탁월했습니다. 잠언의 말씀을 삼천 가지 이상이나 말했습니다. 잠언도 지혜입니다. 잠언이란 정신적으로 사람들을 지배하는 확고한 우월성을 지니고 있는 격언이나 금언을 말합니다. 대부분의 경우는 경험적이거나 체험적인 것들이 응축된 것입니다.

일천다섯 편의 노래를 짓기도 했습니다. 지혜는 노랫말을 짓기도 합니다. 노래란 거룩한 노래나 찬양의 의미입니다. 때로는 찬송시로 이해합니다. 물론 종교적인 것도 있고 비종교적인 것도 있을 수 있습니다. 솔로몬의 노래는 아가서와 시편 72편과 127편이 남아 있습니다.

초목에 대하여 레바논의 백향목으로부터 성벽에 나는 우슬초에 이르기까지 논했습니다. 이것도 지혜입니다. 레바논의 산들은 갈릴리 북쪽에 위치한 160킬로미터에 뻗어 있는 산등성이입니다. 원예 농사와 밭농사에 적합한 땅입니다. 감람나무와 포도원, 과수원이 많습니다. 레바논에 있던 백향목과 전나무, 삼나무는 고대 건축에서 중요하게 쓰임받던 목재입니다.

짐승이나 새, 기어다니는 곤충과 물고기에 대해서도 논했습니다. 이렇게 솔로몬은 동물과 식물, 곤충과 각종 물고기에 관하여 논할 만큼 해박한 지식의 사람이었습니다. 솔로몬 왕은 정치나 경제, 예술이나 식물학 심지어 동물학자보다 더 잘 알고 많이 알고 있었음을 나타내고 있습니다.

하나님께서 주신 지혜의 위대성입니다. 사람들이 배워서 알고 경험해서 아는 것도 중요합니다. 그러나 그런 것들을 다 알 수 있고 터득할 수 있는 지혜가 하나님의 지혜입니다. 이제부터 하나님의 지혜를 간구해서 교회를 세우고 하나님 나라를 발전시키는 종들이 됩시다.

3. 솔로몬을 찾은 왕들

주위의 모든 사람에게 솔로몬 왕의 지혜에 대한 명성이 알려지게 되었습니다. 주변 국가에까지 알려지게 되었습니다. 이것이 얼마나 큰 영광입니까? 이것은 솔로몬 왕의 노력이 아니라 하나님의 축복이었습니다. 지혜는 사람을 모으게 만듭니다. 모든 민족과 모든 사람들이 솔로몬 왕 앞에 와서 지혜를 들었으니 말입니다.

역사적으로 지혜로운 말을 듣고 싶어서 온 사람도 있습니다. 스바 여왕의 방문은 솔로몬 왕의 지혜와 학문을 배우기 위해서 온 것입니다. 히람 왕의 교류도 좋은 열매로 이어지게 됩니다. 솔로몬 왕을 만난 왕들은 형제처럼 가까이 지내게 되었습니다. 친분관계가 좋았다는 말입니다. 대부분의 경우 사람들은 미련하기 때문에 만나고 나면 또 만나고 싶지 않은 경우가 많습니다. 그러나 솔로몬 왕은 지혜로웠기 때문에 형제처럼 가깝게 만드는 사람이었습니다.

이런 명성과 영광은 바벨론 포로 이전의 영광이었습니다. 지금 저자는 과거의 영광을 생각하면서 열왕기상을 기록하고 있습니다. 하나님의 법도에 신실하고 하나님을 경외할 때 최고의 영광이 임했습니다. 왕이 지혜의 왕이었습니다. 나라가 번영을 누리고 물질적인 축복도 누렸습니다. 지금은 성전도 불타고 가정도 파괴되고 남의 나라에 포로가 되어 모든 것을 잃어버린 상태에서 회고하고 있습니다.

하나님의 말씀을 버리고 우상을 숭배하고 신실하지 않음으로 인해 모든 것을 잃어버리고 다 사라진 다음에 슬픔의 고백을 하는 상황입니다. 사람들의 삶이 이렇습니다. 정말 슬프고 고달프게 됩니다. 모든 것을 잃었을 때 인간은 그때서야 후회의 눈물을 흘리는 어리석은 존재입니다. 그래서 지혜자에 대하여 더욱 강력하게 증거하고 있습니다.

솔로몬 왕의 지혜와 명성은 하나님의 약속의 성취였습니다. 지혜로운 마음을 구했던 솔로몬에게 하나님은 지혜를 약속했습니다. 하나님께서 솔로몬에게 뭐라고 약속하셨습니까?

열왕기상 3장 10-13절에 "솔로몬이 이것을 구하매 그 말씀이 주의 마음에 든지라 이에 하나님이 그에게 이르시되 네가 이것을 구하도다 자기를 위하여 장수하기를 구하지 아니하며 부도 구하지 아니하며 자기 원수의 생명을 멸하기도 구하지 아니하고 오직 송사를 듣고 분별하는 지혜를 구하였으니 내가 네 말대로 하여 네게 지혜롭고 총명한 마음을 주노니 네 앞에도 너와 같은 자가 없었거니와 네 뒤에도 너와 같은 자가 일어남이 없으리라 내가 또 네가 구하지 아니한 부귀와 영광도 네게 주노니 네 평생에 왕들 중에 너와 같은 자가 없을 것이라"라고 했습니다.

하나님은 언약의 하나님이십니다. 여호와 하나님이십니다. 말씀하시고 반드시 이루시는 하나님이십니다. 천지는 없어질지언정 하나님의 말씀은 변함없이 성취됩니다. 반드시 이루십니다.

잠언 1장 7절에 "여호와를 경외하는 것이 지식의 근본이거늘 미련한 자는 지혜와 훈계를 멸시하느니라"라고 했습니다. 하나님을 사랑하고 경외하는 자에게 주시는 은총이 지혜입니다.

지금도 십자가의 도가 미련해 보이지만 가장 지혜로운 구원의 방편입니다. 고린도전서 1장 18-25절에 "십자가의 도가 멸망하는 자들에게는 미련한 것이요 구원을 받는 우리에게는 하나님의 능력이라 … 지혜 있는 자가 어디 있느냐 선비가 어디 있느냐 이 세대에 변론가가 어디 있느냐 하나님께서 이 세상의 지혜를 미련하게 하신 것이 아니냐 하나님의 지혜에 있어서는 이 세상이 자기 지혜로 하나님을 알지 못하므로 하나님께서 전도의 미련한 것으로 믿는 자들을 구원하시기를 기뻐하셨도다 유대인은 표적을 구하고 헬라인은 지혜를 찾으나 우리는 십자가에 못 박힌 그리스도를 전하니 유대인에게는 거리끼는 것이요 이방인에게는 미련한 것이로되 오직 부르심을 받은 자들에게는 유대인이나 헬라인이나 그리스도는 하나님의 능력이요 하나님의 지혜니라 하나님의 어리석음이 사람보다 지혜롭고 하나님의 약하심이 사람보다 강하니라"라고 했습니다.

십자가를 사랑합시다. 십자가만을 의지합시다. 십자가로 구원받았으니 자랑합시다.

제15강
열왕기상 5장 1-12절

솔로몬과 히람의 조약체결

솔로몬 왕은 지혜의 왕입니다. 반역자와 소송 문제, 각료를 임명하는 문제를 잘 해결하였고 지방 행정관을 임명하여 운영했습니다. 넓은 마음과 잠언, 찬양과 동식물을 논했습니다. 그리고 최고의 영광 중의 하나가 성전 건축이었습니다. 성전 건축은 솔로몬 왕의 통치기간중 가장 영광스러운 일 중의 하나였습니다.

솔로몬 성전을 생각할 때 세 가지를 생각해야 합니다. 첫째는 성전 각 부분의 상징성입니다. 성전 전체만이 아니라 세부 구조나 각 부분, 제사 의식이나 각 기구는 하나님의 존재와 성품, 하나님의 임재와 구원 사역의 여러 면을 상징하는 것이었습니다. 그래서 성막이나 성전을 건축할 때 사람의 상상에 의해서 세운 것이 아니라 하나님께서 계시해 주신 식양을 따라 건축하였습니다.

둘째는 성전의 제한성입니다. 성전은 하나님께서 선민 가운데 임재하심을 보여주는 상징적 처소입니다. 언약궤가 있어 하나님의 임재를 느끼지만 어떤 형상도 허락하지 않으셨습니다. 하늘에 계신 하나님이십니다. 다만 이스라엘 백성의 순종과 거룩, 신앙생활을 위한 매개물이었습니다.

셋째는 단일 중앙 성소로서의 성전의 유일성입니다. 하나님은 예루살렘에 세워지는 성전 이외에 어떠한 다른 성전도 허락하지 않으셨습니다. 하나님의 임재의 상징이었습니다. 그러므로 정치, 종교, 삶의 중심이 되었습니다. 신약에서는 우리의 심령에 성령이 임하시고, 교회 위에 임하신 성령 하나님께 순종하는 삶을 통해 순결을 유지하며, 성령의 인도하심을 따라 의의 길을 걸어가야 할 것입니다.

1. 두로 왕 히람

솔로몬이 기름 부음을 받았습니다. 기름 부음을 받는 것은 중요한 의미를 가지고 있습니다. 구약 시대에는 왕과 대제사장과 선지자에게 기름을 부었습니다. 개인에게 기름을 붓는 것은 하나님의 봉사를 위해서 권위가 있도록 위임하는 것입니다.

솔로몬은 하나님에게 인정을 받고 백성들에게 존경을 받기 때문에 왕위에 오른 것입니다. 아도니야와 갈등 가운데 있는 상황에서 기름 부음을 받은 것은 중요한 의미가 있습니다. 정식적이고 정통성이 있는 왕은 솔로몬이라는 것을 확인하는 것입니다.

솔로몬이 아버지 다윗 왕의 뒤를 이어 이스라엘 나라의 왕이 되었습니다. 이스라엘의 왕이지만 이스라엘만이 아니라 이방 민족에게도 알려졌습니다. 이것은 솔로몬 왕권의 적법성을 객관적으로 증명하는 것입니다.

두로 왕 히람이 솔로몬 왕이 이스라엘의 왕으로 즉위하였다는 소식을 듣게 되었습니다. 두로는 이스라엘 북쪽 지중해 연안에 있는 항구 도시로, 베니게의 수도였습니다. 두로 왕 히람은 솔로몬 왕의 즉위를 축하하는 사절단을 파견했습니다. 그 이유는 히람 왕이 다윗을 사랑했기 때문입니다.

두로는 백향목의 집산지로 유명한 지역이었습니다. 돌도 많았고, 경작지가 좁아서 식물을 충분히 수확할 수 없었기 때문에 식량 공급은 이스라엘 나라에 의존했습니다.

히람 왕은 다윗과 아주 가까운 사이였습니다. 역사가 요세푸스에 의하면 히람 왕은 자신의 딸을 솔로몬에게 주었습니다. 다윗 왕과 관계가 깊었던 히람 왕은 솔로몬 왕과도 관계가 깊었습니다. 히람 왕은 다윗과 솔로몬을 능동적이고 지속적으로 사랑했습니다.

여기서 우리는 하나님의 섭리를 깨닫게 됩니다. 다윗 왕은 성전 건축에 참여할 수 없었지만 히람 왕을 준비하시고 솔로몬이 건축할 때 적극적으로 돕게 역사하셨습니다. 이것이 얼마나 위대한 하나님의 역사입니까? 사람의 생각과는 다른 하나님을 보게 됩니다. 우리가 하나님의 교회를 섬겨 나아갈 때에 이런 역사를 경험할 수 있기를 바랍니다. 하나님이 준비하신 사람을 만나고, 하나님이 준비하신 물질도 받고, 능력 있게 일할 수 있기를 바랍니다.

2. 솔로몬 왕의 협조 부탁

솔로몬 왕은 두로 왕 히람에게 서신을 보냈습니다. 솔로몬이 사절단을 기쁨으로 맞이하고 히람 왕에게 기별을 하였습니다. 이스라엘과 두로, 솔로몬 왕과 히람 왕 사이에 경제적인 교류가 잘 이루어지고 있음을 나타내고 있습니다.

솔로몬 왕은 외교술에도 능했습니다. 자신은 뒤로하고 선친 다윗과 히람 왕 사이가 좋았던 것을 지적하고 있습니다. 다윗 왕 시대에도 백향목을 보내준 히람 왕이 솔로몬 시대에도 보내줄 것을 믿고 말하는 것입니다.

서신의 내용 중에 다윗 왕은 사방의 대적들 때문에 여호와의 이름을 위한 성전을 건축하지 못하고 여호와께서 적들을 굴복시키기를 기다렸습니다. 다윗이 성전을 건축하려고 했던 것은 목동을 왕으로 세워주신 은혜, 사울 왕의 손에서 건져주신 은혜, 대적들을 물리칠 수 있는 능력을 주신 것 그리고 하나님의 이름을 위하여 건축하려고 노력했습니다. 고대 사회에서 '상대를 발 아래 둔다, 발바닥 아래 둔다' 라는 것은 정복과 지배 관계를 나타냅니다. 다윗 시대는 정복의 시대라서 완전한 평화와 안식이 임하지 않은 상황이었습니다.

그러나 이제는 여호와께서 솔로몬 왕에게 사방의 대적을 굴복시키고 태평한 시간을 주셔서, 대적도 없고 재앙도 없는 상황이었습니다. 평화와 안식이 임하게 되었습니다. 그러므로 여호와께서 다윗에게 말씀하신 것처럼 내가 여호와를 위하여 성전을 건축할 마음이 생겼음을 알렸습니다.

솔로몬 왕이 성전을 건축하려는 것은 두 가지 이유로, 다윗과 하나님과의 언약과 솔로몬과 다윗과의 언약에 기초하고 있습니다. 사무엘하 7장 12-13절과 역대상 17장 11-12절에 근거하고 있습니다. 하나님은 다윗 왕에게 나단 선지자를 통하여 선언하셨습니다. 그리고 다윗도 역대상 22장 11-16절과 28장 9-21절에 보면 솔로몬 왕에게 성전건축을 말해 주었습니다.

두로 왕 히람에게 하는 당부의 말이 무엇입니까? 성전건축의 필연성과 당위성을 충분히 설명한 다음에 자재와 기술력을 요청하고 있습니다. 이제 명령을 내려 레바논의 백향목을 베도록 허락하라는 것이었습니다. 백향목은 레바논 산맥 1,500-2,000미터의 눈 덮인 산에서 자라는 교목입니다. 높이가 40미터, 줄기의 지름이 3미터에 이르는 곧고 아름다운 특산물입니다. 진한 향도 있고 병충해가 적을 뿐만 아니라 추운 지방에서 성장하여 내구성이 강하고 아름다워서 광을 낼 수 있는 목재입니다.

나의 일꾼들이 당신의 일꾼들을 도울 것이며, 왕이 정하는 대로 일꾼의 품값을 정할 것이라고 했습니다. 이스라엘 나라에는 벌목을 잘하는 사람이 없었기 때문입니다. 그러니까 이스라엘의 노동력과 두로의 기술력을 결합하여 벌목을 하자는 제안이었습니다.

솔로몬 왕의 지혜가 성전 건축에도 나타났습니다. 두로 왕 히람과 하나님의 성전 건축을 위한 양국간의 약정을 맺은 사실을 보여주고 있습니다. 하나님의 성전 건축은 다윗의 염원이었습니다. 그것이 솔로몬 왕에 의해서 이루어지게 되었습니다.

성전 건축은 나라의 번영과 평화 그리고 풍요의 토대 위에 세워진 것입니다. 많은 건축자재와 기술이 필요했습니다. 이스라엘에는 두로와 같은 그러한 산지가 없었습니다. 건축기술자도 없었습니다. 다윗 왕이 히람 왕과 교분을 맺었습니다. 그 결과 솔로몬 왕도 히람 왕과 약정을 하기에 이르렀습니다.

3. 히람 왕의 답신

솔로몬 왕은 하나님의 성전을 건축하기 위하여 두로로부터 건축 자재와 기술을 도입하기로 결심했습니다. 그래서 두로 왕 히람에게 제안했던 것입니다. 그런데 이게 웬일입니까? 히람 왕이 솔로몬의 서신을 보고 크게 기뻐했습니다.

여호와를 찬양했습니다. 다윗에게 지혜로운 아들을 주셔서 많은 백성을 다스리게 하셨음을 기뻐했습니다. 그렇습니다. 정말 하나님을 사랑하면 하나님께서 역사를 일으키십니다. 하나님은 헌신자에게 무엇이든지 아낌없이 주십니다. 사람을 붙여 주십니다. 물질도 주십니다. 때로는 인도해 주시고, 형통하게 하십니다.

두로 왕 히람은 이스라엘과 경쟁관계에 있었고, 종교적으로도 도저히 맞지 않는 상태였습니다. 그럼에도 두로 왕 히람은 솔로몬 왕의 제의를 받아들였고, 하나님을 찬양까지 했습니다. 이것이 하나님의 섭리입니다. 불신앙인의 마음까지 움직이시는 하나님이십니다. 솔로몬의 지혜가 찬양하도록 만들었습니다.

두로 왕 히람의 답신 내용입니다. 백향목과 잣나무 재목에 대하여는 원하시는 대로 하기 바란다고 응락했습니다. 필요한 만큼 가져가라는 뜻입니다. 또 두로의 일꾼들이 목재를 레바논의 바다를 이용하여 뗏목으로 운반하게 될 것인데 원하는 곳까지 운송할테니 그곳에서 인수하기 바란다고 했습니다. 다만 대가는 두로 왕이 거하는 왕실에 식물을 공급해 주기 바란다는 답신이었습니다.

두로와 이스라엘 두 나라는 조약을 체결했습니다. 왕은 히람과 솔로몬입니다. 그 조약은 이루어졌을까요? 조약대로 백향목과 잣나무를 보내주었습니다. 솔로몬 왕은 밀 이만 석과 맑은 기름 이십 석을 해마다 제공해 주었습니다. 여호와께서 말씀하신 대로 솔로몬에게 지혜를 주시고 솔로몬은 히람 왕과 화목하게 지내면서 조약을 맺고 지켰습니다.

솔로몬 왕이 건축한 하나님의 성전은 하나님의 백성과 이방인이 힘을 합하여 건축하게 된 것이 특징입니다. 하나님은 이스라엘 민족의 하나님이시면서 이방인의 하나님도 되십니다. 하나님 나라는 본래 그렇습니다. 예수 그리스도로 말미암아 신령한 교회는 유대인과 이방인의 결합체일 것을 예언적으로 가르쳐 줍니다.

에베소서 2장 11-18절에 "그러므로 생각하라 너희는 그 때에 육체로는 이방인이요 손으로 육체에 행한 할례를 받은 무리라 칭하는 자들로부터 할례를 받지 않은 무리라 칭함을 받는 자들이라 그 때에 너희는 그리스도 밖에 있었고 이스라엘 나라 밖의 사람이라 약속의 언약들에 대하여는 외인이요 세상에서 소망이 없고 하나님도 없는 자이더니 이제는 전에 멀리 있던 너희가 그리스도 예수 안에서 그리스도의 피로 가까워졌느니라 …"라고 했습니다. 솔로몬의 성전건축을 통하여 얻을 수 있는 교훈은 이방인도 훗날 영적 이스라엘 백성이 될 것을 예표해 준 사건입니다.

이사야 60장 10-11절에 "내가 노하여 너를 쳤으나 이제는 나의 은혜로 너를 불쌍히 여겼은즉 이방인들이 네 성벽을 쌓을 것이요 … 이방 나라들의 재물을 가져오며 …"라고 했습니다. 13절에도 그렇습니다. "레바논의 영광 곧 잣나무와 소나무와 황양목이 함께 네게 이르러 내 거룩한 곳을 아름답게 할 것이며 …".

에베소서 3장 6절에 "이방인들이 복음으로 말미암아 그리스도 예수 안에서 함께 상속자가 되고 함께 지체가 되고 함께 약속에 참여하는 자 가 됨이라"라고 했습니다.

제16강
열왕기상 5장 13-18절

성전 건축의 역꾼들

솔로몬 왕의 지혜는 하나님으로부터 난 지혜, 위로부터 난 지혜를 말합니다. 세속적인 지혜, 사람의 경험에 바탕을 둔 지혜와는 너무나 다르기 때문에 다른 열매를 맺고 있습니다. 반역자 문제와 소송사건이 있을 때 거짓과 진실을 밝혔습니다. 참과 거짓을 밝힐 수 있는 것이 지혜입니다. 영적인 분별력이 지혜입니다. 정부 조직과 국가 조직 문제를 잘 해결하고 그리고 주변 국가와 전쟁하지 않고도 평화와 안식을 얻어 냈습니다. 솔로몬의 명성이 높아졌으며 다양한 방법으로 영토를 확장하여 주변국들이 조공을 바치게 만들었습니다.

그리고 하나님의 성전을 건축하는 데도 솔로몬의 지혜는 열매로 나타났습니다. 어떻게 열매를 맺었을까요?

1. 벌목꾼 소집

하나님의 성전 건축에 솔로몬의 지혜가 동원되었습니다. 건축 자재나 인력 문제가 있을 때 하나님께서 주신 지혜로 해결하였습니다. 지혜가 인력 투입과 관리에 대해서는 어떻게 사용되었을까요?

솔로몬 왕은 이스라엘 백성 가운데 성전 건축을 위한 벌목꾼으로 삼만 명을 소집했습니다. 징집된 노동자, 부역꾼, 벌목꾼입니다. 물론 이스라엘 백성입니다. 물론 여기서 말한 이삼 만 명은, 이방인 짐꾼 칠만이나 돌 뜨는 자 팔만과 구별되는 백성입니다.

성도는 하나님의 거룩한 교회에 부름 받은 일꾼입니다. 하나님 나라의 건설을 위하여 부름 받은 선한 일꾼입니다. 하나님의 교회가 성전이라면 그 성전을 세우기 위한 일꾼입니다. 다윗 왕 때 20세 이상된 젊은 일꾼이 130만 명이었습니다. 솔로몬 왕 시대는 다윗 왕 시대보다 조금 더 많았을 것입니다. 성도는 하나님의 부르심을 받아 쓰임 받을 때가 가장 존귀하고 행복합니다.

바울은 고린도전서 4장 1-2절에서 "사람이 마땅히 우리를 그리스도의 일꾼이요 하나님의 비밀을 맡은 자로 여길지어다 그리고 맡은 자들에게 구할 것은 충성이니라"라고 했습니다.

고린도후서 6장 1-10절에서는 "우리가 하나님과 함께 일하는 자로서 너희를 권하노니 하나님의 은혜를 헛되이 받지 말라 … 우리가 이 직분이 비방을 받지 않게 하려고 무엇에든지 아무에게도 거리끼지 않게 하고 …"라고 했습니다. 바울은 하나님과 함께 하나님의 일을 하는 선한 일꾼이었습니다.

삼만 명은 한 달에 만 명씩 삼교대로 레바논으로 파견되었습니다. 벌목 작업에 투입된 이스라엘 사람들은 한 달은 레바논에서 일하고 두 달은 이스라엘 나라에 돌아와 집안 일을 하도록 했습니다. 이것이 지혜입니다. 솔로몬 왕의 노동 정책입니다. 한 달은 레바논에서 두 달은 이스라엘에서 살며 일했습니다.

가정은 사회의 기초입니다. 가정이 튼튼해야 국가도 튼튼할 수 있습니다. 가정은 사회의 뿌리입니다. 일꾼들에게 기본적인 안식과 위로가 있도록 조치를 취한 것은 하나님의 지혜입니다. 성도가 가정 일만 하는 것도 문제이고 교회 일만 하는 것도 문제입니다. 가정일도 잘 하고 교회 일도 충성스럽게 감당해야 하는 것입니다.

아도니람이 그 부역의 감독이 되었습니다. 아도니람의 지휘 아래 레바논과 이스라엘을 오고가며 벌목과 관련된 일을 감당했습니다. 아도니람은 다윗 왕 때부터 솔로몬 왕 그리고 르호보암 때까지 감역관으로 부역했던 인물입니다.

다윗 왕 때부터 역군의 감독이 되었고, 솔로몬 왕 시대에는 건축 공사와 관련한 부역 제도가 확장되어 위치를 강화하였고, 르호보암으로 연결되면서 부역 제도로 백성들의 원망을 사게 되어 결국은 죽음에 처하게 된 사람입니다. 솔로몬 왕이 성전 건축과 왕궁 건축을 위해 이스라엘 내에 거주하던 이방인들만을 노예로 삼아 부역시키지 않고 이스라엘 자국민도 동원하여 공사에 참여시켰습니다. 이것이 지혜입니다.

하나님의 성전 건축에는 이스라엘과 두로 사람들, 왕과 노예들 등 지위와 신분을 가리지 않고 쓰임 받았습니다. 로마서 1장 16-17절에서 "내가 복음을 부끄러워하지 아니하노니 이 복음은 모든 믿는 자에게 구원을 주시는 하나님의 능력이 됨이라 먼저는 유대인에게요 그리고 헬라인에게로다 복음에는 하나님의 의가 나타나서 믿음으로 믿음에 이르게 하나니 기록된 바 오직 의인은 믿음으로 말미암아 살리라"라고 했습니다.

복음에는 차별이 없습니다. 낮은 자나 높은 자, 가진 자와 못 가진 자, 배운 자나 못 배운 자, 유대인이나 헬라인의 차별이 없습니다. 하나님 나라는 차별하지 않는 나라입니다. 누구나 믿으면 구원받습니다. 죄인이 의인이 됩니다.

그러나 훗날 성전 건축과 왕궁 건축 이후에 솔로몬 왕이 이스라엘의 국방을 핑계로 자국민은 노역에서 제외시키고 이스라엘에 거주하는 노예들만 일꾼으로 삼게 됩니다. 이러한 변화는 솔로몬 왕국의 쇠퇴를 말해 주고 있습니다.

2. 국내의 일꾼

솔로몬 왕은 짐꾼으로 칠만과 석수 팔만을 두었습니다. 성전 건축에
십팔만 명 이상이 투입되었습니다. 이스라엘 백성이 삼만 명, 당시 가
나안 땅의 노예로(왕상9:21) 구성된 짐꾼이 칠만 명, 석공이 팔만 명이었
습니다.

짐꾼은 담꾼으로 벌목한 나무나 채석된 돌을 일정한 지역의 장소까
지 운반하는 역할을 하는 사람이었습니다. 돌 뜨는 자는 돌을 자르는
사람입니다. 그러니까 돌을 채취하거나 나무를 작벌하는 사람입니다.
이스라엘에 거주하는 노예들이었습니다. 솔로몬의 채석장까지 옮기는
사역을 했습니다.

하나님은 작은 일과 큰 일, 중요한 일과 중요하지 않은 일을 논하기
전에 충성하는 사람을 기뻐하십니다. 자기가 맡은 일에 충성하면 면류
관을 같이 주시는 분이십니다. 산에서 돌을 뜨는 사람이나 나무를 베는
사람이나 나르는 사람에게 똑같이 칭찬과 영광이 있게 하셨습니다.

다윗 왕 시대부터 솔로몬 왕까지 성전 건축을 위한 준비 기간이 약
30여 년 됩니다. 하나님을 사랑하고 사모하는 심정이 있었기 때문에 가
능했던 일입니다. 예수님은 당시 대제사장이나 바리새인들이나 서기관
들을 보면서 제자들에게 무슨 교훈을 하셨습니까?

'사람에게 보이려고 의를 행하지 않도록 주의하라 그렇지 않으면
하늘에 계신 너희 아버지께 상을 얻지 못하느니라'고 하셨습니다. 우
리는 하나님 앞에 칭찬받는 사람이 되어야 합니다. 하나님을 느끼면서
살아야 합니다. 사람에게 보이기 위한 기도와 구제와 금식은 가치가
적습니다.

이런 일꾼 이외에 중간관리자가 삼천삼백 명이나 되었습니다. 이들
은 관리도 하고 독촉의 임무가 있던 사람들입니다. 열왕기상과 역대기
에 나타는 숫자가 다르지만 이것은 관리자의 분류 방법에 따라 다를 수

있습니다.

다만 성전 건축은 실로 대사역이었습니다. 물론 솔로몬 왕의 지혜로 출발한 일이지만 약간 강제적이고 매우 긴급했던 일임에 틀림이 없습니다. 누가 일하는 것을 좋아하겠습니까? 인간은 누구나 고생하는 것을 싫어합니다. 하나님의 일을 위하여 약간은 강제적이거나 명령에 순종하도록 유도하는 것은 중요한 일입니다. 하나님의 일을 할 때 거룩한 부담감은 누구나 가지고 일하는 것이 좋습니다.

솔로몬 왕이 명령한 성전 건축과 왕궁 건축은 화려하고 아름다운 것이었지만 백성들에게는 노역이었고, 기쁘면서도 부담스러운 일이었습니다. 그래서 노역을 시킬 때에 윤번제를 동원한 것은 하나님의 지혜입니다. 솔로몬 왕은 지혜의 왕입니다.

3. 성전 건축 준비

솔로몬 왕이 성전 건축을 위한 명령으로 크고 귀한 돌을 떠다가 다듬어서 하나님의 성전의 기초석을 놓게 했습니다. 솔로몬 왕은 모든 것이 준비 되었을 때 곧바로 성전 건축을 시작했습니다. 기초석을 준비하여 옮기게 하고 귀하고 아름답게 짓도록 유도했습니다.

신약 교회의 기초는 누구인가? 돌인가 아니면 예수 그리스도이신가? 예수께서 기초가 되십니다. 고린도전서 3장 10-11절에 "내게 주신 하나님의 은혜를 따라 내가 지혜로운 건축자와 같이 터를 닦아 두매 다른 이가 그 위에 세우나 그러나 각각 어떻게 그 위에 세울까를 조심할 지니라 이 닦아 둔 것 외에 능히 다른 터를 닦아 둘 자가 없으니 이 터는 곧 예수 그리스도라"라고 했습니다.

예수 그리스도만이 교회의 기초입니다. 예수님이 만왕의 왕이시고 만주의 주가 되십니다. 시편 19편 14절에 "나의 반석이시요 나의 구속자이신 여호와여 내 입의 말과 마음의 묵상이 주님 앞에 열납되기를 원하나이다"라고 했습니다. 하나님은 우리의 반석이시듯 예수 그리스도가 반석이 되십니다.

솔로몬과 히람의 건축자와 그발 사람이 그 돌을 다듬고 성전 건축을 위하여 재목과 돌들을 갖추었습니다. 전문적인 건축 기술자들입니다. 솔로몬의 건축자와 히람의 건축자 그리고 그발의 건축자들입니다. 그발 사람들은 삼목 숲이 있는 곳에 살았기 때문에 벌목과 채석 작업에 적합했고 조선술을 가지고 있었습니다.

하나님 나라는 '너'와 '나'가 따로 없습니다. 다 같이 힘을 모으고 마음을 쏟아야 합니다. 함께 연합해야 합니다. 연합하면 안 될 것이 없습니다. 불가능한 일도 존재하지 않습니다. 마음이 나뉘어지고 갈등을 느끼는 것은 성령의 역사가 아닙니다. 성령의 역사는 하나 되게 하신 것을 힘써 지키는 것입니다. 이 핑계 저 핑계, 핑계만 대면서 아까운 시간을 보내는 것은 어리석은 사람들입니다. 믿는 사람이라면 하나님 중심, 교회 중심, 말씀 중심적인 사상으로 무장하여 앞으로 전진해야 할 것입니다.

하나님의 일을 수행함에 있어서 지혜와 조직 관리가 필요합니다. 교회가 유기체적인데 조직체가 무슨 필요가 있겠는가? 그렇지 않습니다. 조직도 반드시 필요합니다. 하나님의 교회의 발전도 그렇습니다. 조직 관리가 아주 중요합니다.

솔로몬 왕의 지혜로 외교 문제나 국내외적인 문제를 해결함으로써 성전 건축과 왕궁 건축에 어려움이 없었습니다. 이것이 하나님의 은혜와 복이지만 지혜의 열매인 것입니다. 솔로몬 왕은 하나님의 언약을 이루기 위하여 온갖 심혈을 기울인 사람입니다. 다윗 왕의 유언을 따라 성심성의껏 봉사했습니다. 하나님을 경외할 때 불가능한 일은 없습니다. 안 되는 일도 없습니다.

다만 솔로몬 왕이 하나님과의 언약을 깨뜨리고 우상을 숭배하고 이방 여인들을 아내로 맞이하여 언약을 기억하지 않게 되었을 때 남북 왕조가 나뉘어지게 되고 왕국의 종말을 고하게 되었던 것입니다. 그러므로 하나님을 사랑합시다. 변함없이 사랑합시다. 그리고 지혜로운 청지기와 같이 선한 일꾼이 됩시다. 충성스러운 일꾼이 됩시다.

제17강
열왕기상 6장 1-13절

성전 건축과 하나님의 격려

솔로몬 왕은 지혜의 왕입니다. 하나님께로부터 난 지혜를 얻은 솔로몬 왕은 반역자 문제, 송사 문제도 지혜로 해결해 주었습니다. 지방 자치를 인정하면서 중앙정부와 서로 협력하게 했습니다. 주변 국가들도 전쟁하지 않고 복종하게 만들었습니다. 평화와 안식이 임하게 했습니다.

평화와 안식이 임했을 때 이스라엘 역사에서 가장 중요한 일을 하게 됩니다. 그것이 하나님의 성전 건축입니다. 성전 건축은 철저한 준비 가운데서 이루어졌고, 진행 과정만 보더라도 정말 훌륭하게 진행된 것을 알 수 있습니다.

1. 언제부터 시작했는가?

출애굽 이후에 하나님의 임재의 상징적인 처소이자 하나님께 대한 제사 행위를 했던 곳이 성막이었습니다. 그 동안 이스라엘 백성들은 이동식 성막을 사용해 왔는데 솔로몬 왕을 통하여 고정된 건물인 성전이 건축되었습니다. 이것이 얼마나 의미있는 일입니까?

아브라함과 이삭과 야곱에게 맹세한 땅, 가나안 땅에 거주하는 백성
으로서 하나님의 성전까지 건축하게 되었으니 얼마나 영광스러운 일입
니까? 이어서 왕궁도 건축했으니 더욱 영광스러운 일이 아니겠습니까?
그런 의미에서 성전 건축의 시기를 출애굽으로부터 말하기 시작하는
것입니다. 조상들에게 언약으로 약속하신 하나님이 가나안 땅을 정복
하게 하시더니 이제는 성전 건축으로 열매를 맺게 하시는 것입니다.

성전 건축은 솔로몬 왕이 하나님의 말씀에 순종한 복의 결과라는 데
에 놀라움을 금할 수가 없습니다. 하나님은 말씀에 순종하는 자를 통하
여 복을 주시는데, 성전 건축의 영광을 주셨습니다. 11-13절에 "여호와
의 말씀이 솔로몬에게 임하여 이르시되 네가 지금 이 성전을 건축하니
네가 만일 내 법도를 따르며 내 율례를 행하며 내 모든 계명을 지켜 그
대로 행하면 내가 네 아버지 다윗에게 한 말을 네게 확실히 이룰 것이
요 내가 또한 이스라엘 자손 가운데에 거하며 내 백성 이스라엘을 버리
지 아니하리라"라고 약속했습니다.

하나님의 계시의 내용이 무엇입니까? 하나님의 말씀에 순종하면 복
과 보호와 인도를 약속하고 있는 것입니다. 말씀에 순종하는 삶이 얼마
나 위대한 삶인지 알게 됩니다. 하나님의 임재와 보호와 번영을 약속받
는 것입니다.

그리고 솔로몬 왕은 히람 왕과 언약을 맺은 뒤 삼 년 동안 준비하는
과정을 거칩니다. 실제적인 건축 상황은 어떠했을까? 성전 건축은 솔로
몬 왕이 즉위한 지 4년 2개월 곧 이스라엘이 출애굽한 지 480년이 되
는 주전 966년에 시작하였습니다.

성전 건축이 출애굽을 기점으로 표기된 것은 중요한 의미를 가집니
다. 이동식 성막에서 항구적인 성전으로 바뀌기 때문입니다. 이것은
가나안 땅도 영구히 이스라엘 백성의 소유가 됨을 의미합니다. 이스라
엘 백성에게 주어진 약속(창13장)은 성전 건축으로 완전히 성취된 것입
니다.

모세 시대에는 성막이 있었습니다. 이스라엘 백성의 유랑과 전쟁의 역사였지만 이제는 성전을 건축함으로써 평화와 안정 그리고 안식을 의미하고 있습니다. 이스라엘은 출애굽으로부터 시작되어, 시내산에서 하나님과의 언약을 맺음으로써 민족의 정체성이 생겼고, 선민으로서 제사를 집전하여 순결한 희생 제사를 하나님께 드리면서 성전을 건축하기에 이르렀습니다. 이스라엘이 구원의 영광과 하나님의 복을 받는 민족으로 우뚝 서게 된 것입니다.

솔로몬은 왕이 되자마자 성전 건축에 총력을 쏟아 바쳤습니다. 히람 왕과 기술력과 목재와 석재 등을 의논하여 협정 조약을 맺었습니다. 이 모든 것은 다윗과의 언약에 나타나는 하나님의 도우심이었습니다. 하지만 솔로몬은 지혜의 왕답게 철저하게 준비하고 빈틈없이 준비했습니다. 성전의 터는 아브라함이 독자 이삭을 바치던 모리아산이고, 오르난의 타작 마당입니다. 다윗이 인구 조사를 하다가 하나님의 진노로 회개의 번제단을 쌓은 곳이기도 합니다.

아브라함과 다윗을 배경으로 생각하게 한 것은 진정한 성전임을 밝히기 위함입니다. 다윗처럼 회개하고 아브라함처럼 헌신적일 때 하나님의 은혜와 복이 넘쳐날 것을 가르치고 있습니다.

2. 외부적인 규모

성막과 성전은 그 크기나 모양에 있어서 많은 차이점이 있습니다. 본당은 장이 육십 규빗, 광이 이십 규빗, 고가 삼십 규빗입니다. 성전의 길이와 넓이와 높이를 말해 주고 있습니다. 솔로몬 성전의 전체 구조는 낭실과 성소와 지성소로 구분할 수 있습니다.

전의 길이는 60규빗으로 약 27.36미터, 너비는 20규빗으로 9.12미터, 높이는 30규빗으로 13.68미터라고 말합니다. 이곳은 제사장만 출입할 수 있는 곳입니다. 모세 시대에 성막이 하나님의 임재와 보호와

인도의 상징이었듯이 솔로몬 성전도 하나님의 임재와 보호와 인도의 상징이었습니다.

전의 성소 앞 낭실 즉 본당 앞 현관의 장은 본당의 광과 같이 이십 규빗이며 그 광은 본당 앞에서부터 십 규빗이었습니다. 성소는 거룩하신 하나님이 계시는 성전을 의미합니다. 언약궤가 안치된 곳은 지성소였습니다.

영적인 의미는 그대로 이어받게 됩니다. 성전은 과거 아브라함이 이삭을 제물로 바친 모리아산 위에 세워졌습니다. 모리아산에서 번제단을 쌓은 것은 창세기 22장에 나타난 사건입니다. 아브라함의 믿음의 절정이 순종이었습니다. 독자 이삭을 하나님께 바치는 순종이 믿음의 조상으로, 영육간에 하나님의 복을 가져오게 만들었습니다.

성전은 예수 그리스도를 예표합니다. 보이는 건물은 일시적이고 제한적인 의미를 가지고 있지만 예수 그리스도는 영원한 성전이 되십니다. 그래서 예수님이 '이 성전을 헐라. 내가 사흘만에 일으켜 세우리라'고 하신 것은 부활을 의미한 것입니다. 천국에는 성전이 따로 없습니다. 예수님이 성전이십니다.

역사적으로 예루살렘 성전에서 십자가를 지셨습니다. 십자가를 지신 예수님은 갈보리산 언덕, 골고다의 길을 걸어가셨습니다. 십자가를 지고 영문 밖으로 나가서 죽으셨습니다. 그렇게 순종하심으로써 우리의 구원이 이루어졌습니다. 예언이 성취되었습니다. 이것 때문에 감사와 찬송과 영광을 세세토록 하나님께 돌리는 것입니다.

본당을 위하여 붙박이 교창 즉 우묵하게 들어간 틀에 창을 만들었습니다. 본당의 벽 곧 성소와 지성소의 벽에 연접하여 돌아가며 다락을 만들고 다락마다 골방을 꾸몄습니다.

다락은 하층, 중층, 상층으로 되어 있는데 세 층 다락의 광은 각각 다섯, 여섯, 일곱 규빗이었습니다. 본당의 벽 바깥으로 돌아가며 턱을 내어 골방 들보들로 전의 벽에 박히지 않게 하였습니다.

중층 골방에 오르는 문은 본당의 오른편에 있는 나선형 층계로 중층에 오르고 다시 동일한 형식으로 상층에 오르게 되어 있습니다. 이렇게 성전 골격 및 외부 공사를 마치게 되었고 본당의 천장은 백향목 서까래와 널판으로 지었습니다. 또 본당을 돌아가며 고가 다섯 규빗 되는 다락방을 짓되 백향목 들보로 본당에 맞붙게 하였습니다. 다락방은 제사장들이 제물을 먹거나 보관하는 장소, 제사장들의 거룩한 옷을 보관하는 장소, 성전에서 봉사하는 제사장과 레위인들의 숙소 등으로 사용하였습니다.

성전 건축에 필요한 돌은 채석장에서 다듬어 가져온 까닭에 성전을 건축하는 과정에서는 연장 소리가 들리지 않았습니다. 건축 현장에서 철 연장 소리가 들리지 않았습니다. 채석장이나 벌목장에서 다 다듬어 가지고 왔습니다. 가지고 와서 끼어 맞추기만 하였습니다.

작업상 편리보다는 평화와 거룩을 의미해서 그랬던 것으로 보입니다. 아마도 피를 흘리는 연장소리가 없게 하여 평화와 안녕을 생각한 것으로 보여집니다. 하나님의 임재와 화해의 정신이 깃들여진 것으로 이해할 수 있습니다. 이와 같이 모든 성도에게 하나님의 영이 임재하시고, 교회도 거룩하고 깨끗하게 유지해야 합니다.

다윗의 고백을 들어봅시다. 시편 131편 1-3절에 "여호와여 내 마음이 교만하지 아니하고 내 눈이 오만하지 아니하오며 내가 큰 일과 감당하지 못할 놀라운 일을 하려고 힘쓰지 아니하나이다 실로 내가 내 영혼으로 고요하고 평온하게 하기를 젖 뗀 아이가 그의 어머니 품에 있음 같게 하였나니 내 영혼이 젖 뗀 아이와 같도다 이스라엘아 지금부터 영원까지 여호와를 바랄지어다"라고 했습니다.

3. 하나님의 격려

여호와의 말씀이 솔로몬에게 임했습니다. 솔로몬의 성전 건축을 치하하며 그가 당신의 말씀에 순종하면 다윗에게 약속하신 바를 그에게 필히 성취할 것을 보장하셨습니다. 또 이스라엘 가운데 거하며 이스라엘을 버리지 않겠다고 약속하셨습니다.

성전 건축 도중에 하나님의 말씀이 솔로몬 왕에게 임했습니다. 외부 공사를 마친 후 솔로몬에게 임한 말씀의 내용은 무엇인가? 하나님의 계명과 말씀에 순종하면 다윗과 맺은 언약을 반드시 이루어 주시겠다고 하셨습니다.

왜 하나님은 갑자기 도중에 말씀하셨을까? 이유는 알 수 없습니다. 짐작컨대 화려한 성전 자체가 거룩하고 영화로우신 하나님의 임재를 나타내는 것이 아니라 말씀과 계명을 준행할 때 하나님의 임재 장소가 될 수 있다는 것입니다. 하나님은 제한된 공간에 매일 수 없는 분이십니다.

이사야 66장 1절에 "여호와께서 이와 같이 말씀하시되 하늘은 나의 보좌요 땅은 나의 발판이니 너희가 나를 위하여 무슨 집을 지으랴 내가 안식할 처소가 어디랴?"라고 했습니다.

시편 139편 7-10절에 "내가 주의 영을 떠나 어디로 가며 주의 앞에서 어디로 피하리이까 내가 하늘에 올라갈지라도 거기 계시며 스올에 내 자리를 펼지라도 거기 계시니이다 내가 새벽 날개를 치며 바다 끝에 가서 거주할지라도 거기서도 주의 손이 나를 인도하시며 주의 오른손이 나를 붙드시리이다"라고 했습니다.

성도가 하나님의 말씀과 계명에 순종하지 않는다면 형식적인 예배로 치우칠 수 있습니다. 솔로몬에게 하나님의 언약을 기억하게 하기 위하여 말씀과 계명을 중도에 주신 것입니다.

또 오랫동안 계속되는 고역은 사람들을 지치게 만들 수 있기에, 솔로몬을 비롯하여 많은 사람들을 위로하고 격려하기 위해서 그런 것입니다. 새 힘을 얻어 일을 잘 감당하도록 하기 위함입니다. 하나님은 일하는 자들을 항상 위로하고 격려하며 알아주십니다. 사도 바울을 위로해 주시고 격려해 주신 주님이십니다. 여러분도 선한 일에 힘쓸 때 하나님의 위로가 충만하기를 바랍니다. 독수리 날개치며 올라감과 같은 새 힘을 주실 것입니다.

내장 공사와 건축 완료

솔로몬 왕은 지혜의 왕이었습니다. 반역자와 국가를 통치하는 문제, 소송 문제나 전쟁 문제, 그리고 성전을 건축하는 문제까지 지혜를 동원하여 잘 감당했습니다. 특별히 성전 건축에 있어서 자기의 생각이나 철학대로 건축한 것이 아닙니다. 절대적으로 하나님의 명령에 순종하는 자세로 건축했습니다. 무엇보다도 하나님의 계시가 있었습니다. 물론 다윗 때부터 하나님께서 말씀하신 대로 건축했습니다.

1. 내부 공사

솔로몬 성전의 내장 공사가 완성됨으로써 신앙 공동체의 중심이 되는 활동무대가 생기게 되었습니다. 내부는 성소와 지성소로 구분되었고 지성소 안에는 언약궤와 그룹이 설치되었습니다.

역대상 28장 11-19절에 다윗에게 보이신 대로 설계하고, 식양을 따라 완벽하게 만들어졌습니다. 하나님의 성전은 인간의 고안이나 인간들의 회의로 만들어진 것이 아니었습니다. 하나님께서 명령하고 말씀하신 대로 지어졌습니다. 이것이 아주 중요한 사상입니다.

성전은 시작한 지 7년 만에, 주전 959년에 완공되었습니다. 모세 시대에 시작하였던 성막에서 고정된 장소의 성전으로 옮겨지게 되었습니다. 솔로몬 성전은 이스라엘 나라에서 가장 중요한 핵과 같은 것이었습니다. 성전 없는 이스라엘 백성을 생각할 수 없었습니다.

하나님의 성전은 신앙 공동체에 있어서 중심부에 놓이게 되었습니다. 성전 외부는 돌로 지어진 건물이지만 내부는 바닥을 잣나무로 깔고 벽면과 천정은 백향목으로 덮었습니다. 정말 아름답고 우아했습니다.

잣나무로 번역된 나무는 노송나무나 전나무, 노간주나무로 생각됩니다. 이런 나무들은 백향목보다는 못하지만 병충해에 강하고 부패하지 않는 내구성이 뛰어난 건축 자재로, 바닥재로 많이 사용합니다.

모세 시대에는 청색, 홍색, 자색실과 가늘게 꼰 베실로 만든 휘장으로 성소와 지성소를 구별하였습니다. 그러나 솔로몬 성전은 성소와 지성소를 구별하기 위한 용도로 백향목 칸막이를 설치하고 감람목으로 두 짝의 문을 달았습니다.

지성소는 '기도하다'와 '…를 위하여'의 합성어 형태입니다. 하나님께 아뢰고 응답을 얻기 위한 기도와 계시의 장소였습니다. 어떤 역본은 '거룩함들 중의 거룩함'이라고 번역했습니다. 가장 거룩한 장소이기 때문에 그렇게 번역한 것입니다. 하나님과 대화하고 하나님의 음성을 듣는 장소로 성전에서도 가장 거룩한 장소입니다.

솔로몬 성전에서 지성소의 크기는 모세 시대의 지성소보다 두 배 정도가 더 컸습니다. 가로 세로 높이가 각각 20규빗, 약 9.12미터였습니다. 정방형으로 지은 것은 하나님의 완전성을 의미합니다. 모세의 성막이나 솔로몬 성전에서 지성소에는 언약궤가 있었습니다. 하나님의 언약의 완전성과 하나님의 완전성을 드러내고 있습니다.

지성소 밖의 외소, 향단과 진설병과 등대가 있던 곳입니다. 성소의 너비와 같이 20규빗, 9.12미터입니다. 길이는 40규빗, 18.24미터, 높이가 30규빗, 13.68미터이고, 지성소보다 10규빗, 4.56미터 더 높았습니다.

박은 큰 잎사귀를 가진 호리병 박으로 추정되는 것을 아로새겼습니다. '핀'은 꽃이 '피다'의 뜻입니다. 활짝 만개한 상태를 가리킵니다. '꽃'은 '빛나다', '꽃이 피다'라는 말로 눈이 부실 정도로 아름답고 활짝 핀 꽃들을 새겼습니다. 성전의 아름다움과 기쁨 그리고 영광을 드러냈습니다.

지성소 안에는 여호와의 언약궤를 놓았습니다. 하나님께서 이스라엘을 언약 백성으로 삼으시고 언약을 맺으셨습니다. 십계명의 두 돌판이 들어 있습니다. 언약을 보관하고 있기 때문에 언약궤입니다. 만나를 담은 금항아리와 아론의 싹난 지팡이가 있었습니다. 이것은 언약 백성이 불순종하고 배신하더라도 끝까지 인도하시고 보호하시는 하나님의 은혜를 가시적으로 나타내는 것들이었습니다.

솔로몬 시대에는 십계명의 두 돌판만 남고 다른 것들은 블레셋이 약탈했을 때 사라진 것으로 보입니다. 다윗은 자신의 왕궁은 백향목궁으로 짓고 살면서 하나님의 언약궤는 장막에 있는 것이 양심에 가책이 되어 성전 건축을 힘썼으나 하나님께서 허락하지 않으셨습니다. 그 결과로 솔로몬 시대에 건축하게 된 것입니다.

2. 내장 공사

내벽과 바닥은 어떻게 꾸몄는가? 하나님과 언약궤를 위해 어떻게 내소를 꾸몄는가? 하나님은 그룹 사이의 보좌에 앉으신 분으로 증거합니다. 사무엘상 4장 4절이나 사무엘하 6장 2절입니다. "백성이 실로에 사람을 보내어 그룹 사이에 계신 만군의 여호와의 언약궤를 거기서 가져왔고 엘리의 두 아들 홉니와 비느하스는 하나님의 언약궤와 함께 거기에 있었더라"라고 했고, "… 거기서 하나님의 궤를 메어 오려 하니 그 궤는 그룹들 사이에 좌정하신 만군의 여호와의 이름으로 불리는 것이라"라고 했습니다.

그룹이 새겨진 속죄소를 가진 언약궤가 있던 지성소는 하나님과 백성의 만남의 장소였습니다. 출애굽기 25장 21-22절에 "속죄소를 궤 위에 얹고 내가 네게 줄 증거판을 궤 속에 넣으라 거기서 내가 너와 만나고 속죄소 위 곧 증거궤 위에 있는 두 그룹 사이에서 내가 이스라엘 자손을 위하여 네게 명령할 모든 일을 네게 이르리라"라고 했습니다.

지성소는 대제사장만 일 년에 한 차례씩 들어가 속죄의 피를 뿌리는 용서와 화해의 장소였고, 여호와의 영광이 충만한 장소였습니다. 지성소는 성전의 가장 중요한 중심이었습니다. 에스겔 10장 4절에 "여호와의 영광이 그룹에서 올라와 성전 문지방에 이르니 구름이 성전에 가득하며 여호와의 영화로운 광채가 뜰에 가득하였고"라고 했습니다.

내부 전체가 금으로 장식되었습니다. 금은 빛과 순전함과 불변성과 고귀성을 나타내는 것입니다. 하나님은 영원한 빛이십니다. 욥기 37장 22절에 "북쪽에서는 황금 같은 빛이 나오고 하나님께는 두려운 위엄이 있느니라"라고 했습니다.

하나님은 언약에 불변하십니다. 신명기 4장 31절에 "네 하나님 여호와는 자비하신 하나님이심이라 그가 너를 버리지 아니하시며 너를 멸하지 아니하시며 네 조상들에게 맹세하신 언약을 잊지 아니하시리라"라고 했습니다. 성도들도 변치 않는 정금과 같은 믿음을 가져야 할 것입니다. 이곳은 영원히 하나님께서 다스리시며 영원한 천국을 상징하는 것이었습니다. 솔로몬은 금보다 하나님을 사랑했기에 성전을 건축할 수 있었습니다. 지금도 성도들이 재물보다 하나님을 사랑한다면 교회는 세워질 것입니다.

금은 불순물을 제거한 것으로, 혼합된 것이 없음을 의미합니다. 지성소에 사용된 금의 양은 육백 달란트로 약 20,400킬로그램입니다. 모세의 성막은 너비가 10규빗, 길이가 10규빗, 높이가 10규빗으로 정방형이었는데, 솔로몬 성전은 지성소의 너비가 20규빗(9.12미터), 길이가 20

규빗, 높이가 20규빗이었습니다. 모세 시대보다 두 배가 컸습니다. 유대인들에게 있어서 정방형은 '절대적인 완전'을 의미했습니다. 성경은 거룩한 성, 새 예루살렘도 만 이천 스다디온의 입방체의 형태임을 가르치고 있습니다(계21:16).

이처럼 하나님은 세상의 빛이십니다. 그리고 언약은 불변합니다. 성도도 금과 같이 변하지 않아야 합니다. 변하지 않는 믿음을 가져야 합니다. 솔로몬 시대의 백성들이 얼마나 큰 헌신을 했습니까? 온전한 헌신자들이었습니다. 일반인들에게 공개되지 않은 곳을 정금으로 꾸몄습니다. 하나님의 임재가 있는 곳으로 우리의 마음도 그렇게 아름다움이 있어야 합니다.

사도행전 14장 22절에 "제자들의 마음을 굳게 하여 이 믿음에 머물러 있으라 권하고 또 우리가 하나님의 나라에 들어가려면 많은 환난을 겪어야 할 것이라"라고 했습니다.

골로새서 4장 11절에 "유스도라 하는 예수도 너희에게 문안하느니라 그들은 할례파이나 이들만은 하나님의 나라를 위하여 함께 역사하는 자들이니 이런 사람들이 나의 위로가 되었느니라"라고 했습니다.

내소 곧 지성소 안 두 그룹의 제작은 어떻게 하였는가? 특이한 사항은 솔로몬의 이름이 언급된 점입니다. 물론 사역은 여러 명의 기술자가 건축한 것이지 솔로몬 왕이 직접 지은 것은 아닙니다. 여하튼 솔로몬이 왕으로 있을 때 건축된 것이라는 것과 다윗에게 보여준 식양을 따라 순종하여 지었다는 것을 강조합니다. 솔로몬은 하나님의 말씀에 철저하게 순종하고, 다윗이 전수해 준 방식대로 지었습니다. 그래서 기독교는 언약에 순종하는 것이 가장 중요한 일입니다.

내벽의 장식과 문의 제작, 안뜰의 조성은 어떻게 하였는가? 감람목은 내벽과 바닥의 내장 공사에 사용되었습니다. 감람나무는 열매가 있습니다. 관유용, 등유용, 의약용, 음식용으로 사용했습니다. 감람목은 굳을 뿐만 아니라 무늬도 곱고 향이 좋아서 목공용으로 널리 사용하였습니다. 감람나무는 왕을 상징하는 나무입니다. 왕의 즉위식 때 감람유를 부었는데, 선택과 주권을 상징했습니다. 고급 가구의 목재로 사용되고 화려한 윤기가 특징입니다. 지성소 안의 그룹도 감람목으로 만들었습니다.

그룹은 에덴 동산에서는 생명나무를 지키는 사명이 있었습니다(창 3:24). 하나님의 공의를 선포하고(롬3:24-26), 하나님의 위엄도 나타냅니다(삼하22:11). 모세는 하나님의 명령을 따라 언약궤 끝에 두 그룹을 금으로 만들어 붙였습니다. 이것은 하나님의 신성한 물건을 보호하고, 쭉 뻗은 날개로 하나님의 왕좌를 떠받치는 역할을 하며, 곧바로 순종할 것을 의미하는 것입니다.

성전에 있는 그룹의 날개는 전체 넓이가 10규빗(4.56미터)이었습니다. 모세 시대의 구룹과 솔로몬 성전에 세워진 그룹은 여러 면에서 차이점이 있는데 크기도 다르고, 바라보는 방향도 달랐습니다. 모세 때는 서로 마주보는 형태였지만 솔로몬 성전에서는 외소(성소)를 향하고 서 있었습니다. 그룹이 수호하는 것은 생명의 근원이신 거룩하신 하나님입니다.

그룹은 하나님의 공의를 선포하고 위엄을 나타내는 영적 피조물입니다. 때로는 하나님의 영광을 찬양합니다(겔1:9-12). 성도의 삶은 하나님의 영광스러운 빛 앞에서 공의와 위엄을 나타내며 찬양하는 삶을 살아야 합니다.

종려는 '똑바로 세우다' 라는 의미입니다. 대추야자나무로 8미터 정도이고 잎이 3-4미터 정도입니다. 요단 계곡에 수풀을 이루면서 우거져 있으며, 정원수로 집 근처에 심습니다. 종려나무는 하나님의 아름다움과 승리, 풍요와 기쁨을 상징합니다.

'핀 꽃' 은 성전의 충만한 생명을 상징하는 것으로, 성전은 하나님과 인간의 만남이 이루어지는 장소인데 서로 만날 때마다 생명이 풍성해지는 것입니다. 교회는 그런 역할을 하는 모임입니다.

3. 성전 건축의 완료

솔로몬 제 사년 시브월 곧 이월에 전의 기초를 쌓았습니다. 성전 건축이 시작된 날짜입니다. 터를 닦고 기초를 놓았습니다. 솔로몬이 왕이 된 후 4년이 되는 시기입니다. 즉 주전 966년경을 의미합니다. 시브월이란 히브리 달력의 두 번째 달 이름으로, 꽃이 화려하게 핀다는 의미입니다. 태양력으로 아름다운 꽃이 피는 시기인 4월 초순에서 5월 초순으로 보입니다.

솔로몬 제 십일년 불월 곧 팔월에 설계한 대로 성전 공사가 완료되었습니다. 성전 공사가 완료된 시기도 말해 주었습니다. 불월은 비와 산물이라는 뜻으로 히브리인들의 달력 여덟째 달의 이름입니다. 태양력으로 10월 초순에서 11월 초순 사이입니다. 꽃이 피는 시기에 시작하여 7년 6개월 후 가을, 추수의 열매를 맺을 때 성전 건축이 완공되었습니다. 성전 건축은 이스라엘의 영광이요 다윗과 솔로몬 시대의 모든 백성들의 헌신과 봉사로 이루어진 것입니다.

솔로몬 성전 건축은 칠년이 소요되었습니다. 단기간에 완공된 것은 다윗 때부터 철저하게 준비되었고 많은 인원이 동원되었기 때문에 가능했던 일입니다. 다윗 시대부터 설계와 계획 그리고 필요한 물건들을 철저하게 준비했던 까닭에 쉽고 단기간에 완공할 수 있었던 것입니다. 이것은 하나님의 계획이었습니다.

하나님이 원하시는 것은 철저한 순종입니다. 순종할 때 영광과 기적이 있습니다. 하나님은 삶의 변화는 물론이고 풍성하신 은혜와 복을 내려주시는 분이십니다. 하나님의 말씀에 순종하는 것이 '모든 문제의 마침표'입니다. 저는 그렇게 믿습니다. 말씀을 따라 살 때 불가능이라는 것은 존재하지도 않습니다.

제19강
열왕기상 7장 1-12절

솔로몬 왕궁의 건축

이스라엘 역사에서 가장 중요한 사건 중의 하나는 성전 건축과 왕궁 건축입니다. 솔로몬은 지혜의 왕입니다. 반역자 문제와 소송 문제는 물론이고 이웃 나라와의 전쟁 문제 그리고 성전 건축과 왕궁 건축에 있어서 지혜가 동원되었습니다. 지혜는 금은보다 더 좋은 것이고 그 열매가 아름다운 것입니다.

1. 왕궁 건축 기간

솔로몬 왕이 하나님의 성전을 건축하는 데 걸린 시간은 7년이었습니다. 물론 다윗 왕 때부터 준비해 놓았기 때문에 짧은 기간에 성전을 완공할 수 있었습니다. 그러면 왕궁을 건축하는 데는 몇 년이나 소요되었을까요?

솔로몬 왕이 자기 왕궁을 십삼 년에 걸쳐 완성했습니다. 하나님의 성전에 비하여 규모도 컸습니다. 그러나 성경은 왕궁에 관심이 있지 않고 하나님의 성전에 관심이 있습니다. 왕궁은 12절로 설명을 끝냈지만 성전에 대하여는 많은 기록을 하고 있습니다. 하나님의 성전은 이스라엘이 가나안의 새 주인으로서 하나님의 구속사와 관련이 있고, 한 나라의 흥망성쇠가 달려 있기 때문에 관심이 클 뿐만 아니라 인간에게 있어서 영생의 문제를 가지고 있기 때문입니다.

왕궁 건축에 대한 것은 성전 건축에 대한 국부적 혹은 봉헌 기사 사이에 삽입하여 기록하고 있습니다. 솔로몬 왕의 궁전은 구속사적인 입장에서 볼 때 성전 건축의 일부에 지나지 않습니다. 부속품 정도로 이해하면 될 것입니다. 신정국가를 건설하고 통치하는 하나님의 역사는 철저하게 성전 중심이었습니다. 왕궁은 신정국가의 왕이 거하는 거처에 불과한 것입니다.

그럴지라도 저자는 열왕기상 6장에서 성전 건축의 완공을 말한 다음에 왕궁 건축을 7장에서 언급하다가 다시 성전 건축에 대한 말씀을 우리에게 전해주고 있습니다. 그 이유가 무엇일까요? 큰 범위 내에서 볼 때 왕궁 건축이 성전 건축과 관련이 있음을 말해 주고 있습니다. 저자는 이스라엘의 역사 전체를 단순히 연대기적으로 나열하는 방식을 취하지 않고 재구성하여 신학적인 의미를 전달하고 있는 것입니다.

다른 말로 하면 왕궁에 대한 일은 성전으로 상징되는 여호와의 구속 역사 안에 포함되는 것으로 왕의 모든 삶이 여호와의 섭리와 계획 속에서 전개되고 있음을 설명하는 것입니다. 왕궁 건축 십삼 년의 기간은 하나님의 성전 건축 칠 년 역사와 연관되어 있음을 설명하는 것입니다.

그런데 성전 건축과 왕궁 건축에 대해 비교해 보는 것이 중요합니다. 성전 건축의 규모보다 왕궁 건축의 공사가 더 컸습니다. 규모가 달랐습니다. 또 성전 건축은 다윗 왕 때부터 철저하게 준비했지만 왕궁 건축은 준비되어 있지 않은 상태에서 지었습니다.

솔로몬은 칠 년 동안 성전만이 아니라 재판정, 어전, 병기고, 바로의 딸을 위한 별궁까지 지었습니다. 온 힘을 다하여 성전 건축에 심혈을 기울였습니다. 그 다음에 왕궁을 건축했습니다. 먼저 하나님의 나라와 의를 구하라고 가르치신 것과 같은 심정이었습니다. 이것이 지혜입니다.

전부를 끝마쳤습니다. 왕궁의 본체나 낭실, 재판하는 낭실 즉 재판정, 솔로몬 왕의 침궁과 바로의 딸이 거하는 별궁까지 모두 완성했습니다. 그것도 레바논의 백향목이 주재료로 사용되었습니다. 당대 최고급 건축 자재를 사용한 것입니다.

레바논은 울창한 숲이 많은 나라로 상록수와 전나무, 삼나무와 백향목이 숲을 이루고 있었습니다. 애굽이나 메소포타미아, 수리아와 팔레스틴 고대 근동 지방의 최고급 건축 자재가 나왔던 나라였습니다. 솔로몬 왕도 레바논에서 백향목을 수입하여 왕궁을 건축했습니다. 그러니까 왕궁이나 성전이나 백향목으로 지었다는 것은 이스라엘이 신정국가로서 하나님의 통치가 이루어지고 있음이 외적으로 나타나는 증거입니다.

2. 왕궁의 기본 구조와 건축 과정

왕궁의 건축은 성전건축 설계와 거의 비슷했습니다. 한 국가의 통치자가 군림할 수 있는 것이 아니라 통치권을 위임 받은 존재이기에 존귀한 사람입니다. 통치자는 의롭게 다스리고, 백성들은 복종해야 합니다. 바울은 위에 있는 권세자들에게 복종하라고 가르쳤습니다.

솔로몬 왕이 레바논의 나무로 왕궁 본체를 지었습니다. 규모는 장이 일백 규빗, 광이 오십 규빗, 고가 삼십 규빗이었습니다. 규빗이란 길이를 재는 단위로써 팔꿈치로부터 손가락 끝까지의 길이를 가리킵니다. 일반적으로 한 규빗은 약 45센티미터를 말합니다. 때로는 왕실에서는 한 규빗을 52-54센티미터를 가지고 사용하기도 했습니다.

왕실의 규빗으로 말한다면 길이가 52-54미터이고, 너비는 26-27미터이며, 높이는 15-16미터 정도입니다. 그러므로 솔로몬 왕궁은 성전보다 두 배 이상 컸을 것으로 생각됩니다. 성전은 일 년에 한 번씩 대제사장만 들어갈 수 있는 곳이라면 왕궁은 왕족과 신하들이 함께 활동하는 곳이기에 넓은 장소가 필요했던 것입니다.

백향목 기둥이 네 줄 있으며 기둥 위에 백향목 들보가 있었습니다. 기둥 위에 있는 사십오 개의 들보도 백향목으로 만들었는데 들보는 한 줄에 열다섯 개씩이었습니다. 왕궁 본체의 기둥이 하층에서 네 줄을 이루고 있고 기둥의 수효는 나타나지 않지만 400개로 추정하는 경우도 있습니다. 성경은 왕궁 본체의 출구나 입구, 층계 등 구조물에 대해서 자세하게 언급하고 있지 않습니다.

창틀을 세 줄로 이었는데 창과 창이 세 층으로 서로 대하였습니다. 여기서 창은 채광과 통풍을 위해 만든 벽의 높은 곳과 차양 밑에 설치하였던 것이 아니라 밖이 환하게 보이도록 설계된 넓은 창을 의미합니다. 모든 문과 문설주를 다 큰 나무로 사각으로 만들었는데 창과 창이 세 층으로 서로 대하였습니다.

왕궁 본체에 부속된 주랑의 면모입니다. 기둥을 세워 주랑을 지었는데 장과 광이 각각 오십 규빗과 삼십 규빗이었습니다. 또 기둥으로 된 주랑 앞에 또 다른 주랑이 있고 다시 그 앞에 기둥과 차양이 있었습니다.

재판을 위한 홀을 짓고 온 마루를 백향목으로 덮었습니다. 섬돌이란 기둥들과 기둥들 앞에 있는 섬돌입니다. 섬돌은 '문지방, 굵은 들보, 차양'으로 추측하고 있습니다. 우리말 성경에는 섬돌을 오르내리게 되어 있는 돌층계를 의미하는 것으로 번역했습니다. 햇볕이나 비를 막아주기 위해 기둥 위에 쳐진 차양이 더 자연스럽습니다.

솔로몬 왕이 거처할 침궁은 그 재판정 뒤 다른 뜰에 있으며 재판정과 같은 식으로 내부를 지었습니다. 하급 관리가 해결하지 못하는 문제들을 지혜의 왕이 해결하는 장소였습니다. 건물은 상아로 만들고, 정금으로 입힌 화려한 보좌와 여섯 층계 좌우편에 근엄한 열두 사자상이 있었습니다. 족장이나 왕은 성문 앞에서 재판하였으나 솔로몬은 재판정에서 판결을 했습니다.

중요한 것은 금으로 화려하게 입힌 보좌입니다. 왕궁을 어떻게 지었느냐가 중요한 것이 아니라 중심부에 무엇이 있느냐가 중요합니다. 보좌가 있었습니다. 보좌는 하나님과 다윗 사이에 맺었던 언약의 성취를 전달하고 있습니다. 하나님께서 다윗에게 언약을 세우셨습니다. 솔로몬이 성전을 건축할 것이고 그 위, 보좌가 더욱 견고하겠다고 선언하셨습니다. 그 언약은 성취되었고 솔로몬의 관심은 언약의 성취였습니다. 바닥에서부터 다른 바닥까지 즉 천장까지 백향목으로 덮었습니다.

솔로몬이 거처할 궁은 본체와 달리 개인적으로 사용하는 거처를 뜻합니다. 사적으로 사용하는 사적 공간이 낭실 뒤뜰에 있었습니다. 왕궁에서 가장 가까운 곳입니다. 그곳에서 일을 보다가 재판정으로 나가서 공적인 일을 보았습니다.

그리고 자기 아내 된 바로의 딸을 위해서 동일한 별궁을 지었습니다. 정략 결혼을 했습니다. 부인과 첩이 있던 곳이 아니라 바로의 딸을 위한 공간이었습니다. 당대 초국가적인 힘을 자랑하던 애굽 왕의 딸은 최고의 대우를 받았습니다.

이것은 신정국가의 왕인 솔로몬 왕과 왕국이 하나님의 통치를 벗어나, 미래에 하나님을 떠나 우상에게 돌아갈 것을 암시해 주고 있습니다. 역사를 보면 에돔 사람 하닷의 반란(11:18)과 여로보암의 반란(12:2)은 애굽을 기반으로 이루어졌으며 우려가 현실로 나타났음을 보게 됩니다. 하나님의 절대 주권을 의지하지 않고 세상 권력을 의지하면 패망하게 됨을 가르쳐 주고 있습니다. 믿음은 좁은 문, 좁은 길로 가는 것입니다.

3. 왕궁 건축에 사용된 석재

왕궁의 건물들은 안팎을 모두 귀하고 다듬은 돌로 지었으며 척수대로 톱으로 켠 것이었습니다. 본체를 비롯하여 낭실, 재판정, 모든 것이 백향목과 석재로 지어졌습니다. 희소성이 있고 보배로우며 존귀한 돌로 지어졌습니다. 이것을 세 번이나 언급했습니다. 강조입니다. 건축물도 호화로웠고 최대의 전성시대를 맞이했음을 암시하고 있습니다. 하나님은 솔로몬 왕에게 부귀영화까지 더해 주셨습니다.

톱은 켜거나 자르는 도구입니다. 애굽에서 사용한 톱은 한쪽 날 톱이고 후대에 북바벨론에서는 양날 톱을 사용했습니다. 이스라엘에서는 다윗시대부터 톱을 사용했으며 솔로몬 왕은 애굽과 교류가 있었기 때문에 애굽의 한쪽 날 톱을 사용했을 가능성이 있습니다.

그 기초석에서 처마까지와 성전 뜰에서 큰 뜰에 이르기까지 다 동일했습니다. 건물 전체에 돌이 사용되었음을 의미합니다. 그 기초석은 귀하고 큰 돌로 십 규빗과 여섯 규빗 되는 돌입니다. 솔로몬 왕국의 부귀영화를 엿볼 수 있는 장면입니다.

위에는 척수대로 다듬은 귀한 돌과 백향목이 있었습니다. 전체가 백향목과 진귀한 돌로 세워졌습니다. 보석과 같이 진귀하고 값비싼 돌과 나무로 성전과 왕궁을 건축했습니다.

큰 뜰 주위에는 다듬은 돌 세 켜와 백향목 두꺼운 판자 한 켜를 놓았는데 여호와의 성전 안뜰과 현관에 놓은 것과 같았습니다. 이렇게 보배롭고 가치있는 것으로 성전과 왕궁을 건축했습니다. 정말 영화로운 것이었습니다. 그런데 하나님을 경외하고 사랑할 때 이런 것이 가치가 있었지만 하나님을 배반하고 우상에게 돌아갔을 때 힘없이 무너지는 돌멩이와 같았습니다.

솔로몬 왕은 지혜의 왕입니다. 하나님을 사랑하고 경외할 때 성전도 아름답고 찬란하게 지었습니다. 왕궁도 화려하게 지었습니다. 이스라엘의 진정한 통치자는 하나님이십니다. 솔로몬은 하나님이 선택하여 신정국가를 세우라고 사명을 준 왕입니다. 진정한 왕은 하나님이십니다. 그래서 세대를 본받지 말아야 합니다. 하나님을 영화롭게 해야 합니다.

성전의 놋 기구와 두 기둥

솔로몬 왕궁은 하나님의 성전과 비교해 볼 때 규모는 다르지만 성전 건축의 일부였습니다. 12절에 걸쳐 솔로몬 왕궁 건축을 말하는 것은 왕궁이 중심이 아니라 하나님의 성전이 중심이기 때문입니다.

왕궁 건축이 마무리되었을 때 또 다시 성전 건축에 대하여 기록하고 있습니다. 성전 기구를 위하여 두로로부터 초대되어 온 사람을 소개하고 있습니다.

1. 두로의 기술자 히람

오늘은 히람에 의해서 놋 기구가 완성된 것을 기록하고 있습니다. 히람은 납달리 지파의 어머니와 두로 사람인 아버지 사이에서 태어난, 놋 세공과 놋 조각에 뛰어난 재능을 가진 사람이었습니다.

놋 기술자 히람을 이스라엘에 파송한 사람은 두로 왕 히람이었습니다. 물론 솔로몬 왕이 데리고 왔습니다. 성전 기구 제작을 위하여 파송받았습니다. 성전 건축 자체가 유대인과 이방인의 합작품이었듯이 성전 내부도 이방인이지만 이스라엘의 피가 흐르는 자가 만들었음을 드러내고 있습니다. 예수 그리스도는 유대인이나 헬라인이나 모두에게 구원자가 되십니다. 하나님 나라의 본질이 유대인과 이방인이 하나 되는 곳입니다.

역대하 2장 11-14절에 "두로 왕 후람이 솔로몬에게 답장하여 이르되 여호와께서 자기 백성을 사랑하시므로 당신을 세워 그들의 왕을 삼으셨도다 후람이 또 이르되 천지를 지으신 이스라엘의 하나님 여호와는 송축을 받으실지로다 다윗 왕에게 지혜로운 아들을 주시고 명철과 총명을 주시사 능히 여호와를 위하여 성전을 건축하고 자기 왕위를 위하여 궁궐을 건축하게 하시도다 내가 이제 재주 있고 총명한 사람을 보내오니 전에 네 아버지 후람에게 속하였던 자라 이 사람은 단의 여자들 중 한 여인의 아들이요 그의 아버지는 두로 사람이라 능히 금, 은, 동, 철과 돌과 나무와 자색 청색 홍색 실과 가는 베로 일을 잘하며 또 모든 아로새기는 일에 익숙하고 모든 기묘한 양식에 능한 자이니 그에게 당신의 재주 있는 사람들과 당신의 아버지 내 주 다윗의 재주 있는 사람들과 함께 일하게 하소서"라고 했습니다.

솔로몬 왕은 성전 건축에 필요한 건축 자재 뿐만 아니라 성전에 필요한 기구를 만들 기술자도 두로로부터 지원받기로 하고 사신을 파송했습니다. 솔로몬 왕은 최고의 자재는 물론이고 최고의 기술자를 동원하여 건축했습니다. 하나님께 최고의 것을 드렸던 인물입니다.

두로는 시돈으로부터 북쪽으로 40킬로미터 떨어진 페니키아 해안의 중요한 항구 도시입니다. 여기서 히람 혹은 후람은 왕이 아니라 놋과 각종 기구를 만들 수 있는 기술자의 이름입니다. 그는 놋과 금과 은, 동과 철, 돌과 나무, 그리고 염색실과 베를 다루는 일에도 뛰어난 기술자였습니다.

히람은 아버지 때로부터 전수받은 숙련된 최고의 기술자였습니다. 생활을 위한 기능으로서의 기술이나 다스리는 정치적인 기술 그리고 순발력 있는 생각과 신중함 그리고 총명에 있어서 지식이 있는 기술자였습니다. 당대 최고의 장인이었습니다. 그럼에도 불구하고 하나님이 거하실 처소는 솔로몬이나 히람에 의해서 세워진 것이 아니라 하나님이 지으신 것입니다.

하나님의 성전과 각종 기구가 이스라엘 사람만이 아니라 이방인의 협력 아래 이루어졌습니다. 이스라엘 뿐만 아니라 이방인의 손에 의해서 만들어졌습니다. 이것은 정말 뜻깊고 의미 있는 일이었습니다. 하나님은 유대인이나 헬라인을 구별하지 않고 다 협력하도록 해서 하나님의 뜻을 이루시는 분이십니다.

하나님의 영광을 위하는 데에 유대인과 이방인을 구별하지 않습니다. 하나님 나라의 확장을 위하여 수고하는 데에 혈통과 신분을 말하거나 논하지 않습니다. 누구나 하나님의 은혜와 복을 받은 사람이 감당하는 것입니다.

놋은 금은보다는 다소 가치가 덜합니다. 그렇다 할지라도 그 자체로 가치가 있습니다. 금이 하나님의 영광과 순전함을 말한다면 놋은 죄악된 인간과 함께하고 인간의 고통과 슬픔을 몸소 체휼하신 그리스도의 성품을 상징합니다.

히브리서 4장 15절에 "우리에게 있는 대제사장은 우리의 연약함을 동정하지 못하실 이가 아니요 모든 일에 우리와 똑같이 시험을 받으신 이르되 죄는 없으시니라"라고 했습니다. 우리와 성정이 같은 분이셨습니다. 연약한 육체를 가지셨고 시험도 똑같이 받으셨습니다.

민수기 21장 9절에 "모세가 놋뱀을 만들어 장대 위에 다니 뱀에게 물린 자가 놋뱀을 쳐다본즉 모두 살더라"라고 했습니다. 모세가 광야에서 장대 위에 매단 뱀이 놋뱀이었습니다. 이것은 십자가에서 매달려 죽으실 예수 그리스도를 상징한 것입니다. 거룩하신 하나님이 인간을 구원하기 위해서 인간의 역사 속에 그리고 인간의 삶 가운데 임하실 것을 나타낸 사건이었습니다.

2. 성전의 두 기둥

히람이 놋 기둥 둘을 만들었는데 높이는 각각 십팔 규빗, 둘레는 십이 규빗이었습니다. 놋을 녹여 기둥머리를 만들었는데 머리의 높이는 각각 오 규빗이었습니다. 금속을 녹여 거푸집에 부어 필요한 모양의 기구를 만드는 것을 말합니다. 기둥의 높이가 십팔 규빗이고, 둘레가 십이 규빗이었습니다. 이 기둥은 목재나 석재가 아니라 놋을 주조해서 만든 기둥이었습니다. 왜 목재나 석재가 아닌 놋을 주조해서 기둥을 만들었을까요? 균열이 없거나 응고시키는 고도의 기술로 만든 것입니다.

그런데 역대하 3장 15절에는 삼십오 규빗으로 기록하고 있습니다. 학자들은 두 기둥의 합산을 기록했다고 말하기도 하고, 역대기 기자의 오기로 보기도 합니다. 필사할 때 잘못 기록했다는 주장입니다. 히브리어 자음은 조금만 잘못 보면 잘못 기록할 수도 있습니다.

기둥머리를 위하여 바둑판 모양으로 얽은 그물과 사슬 모양의 땋은 것을 기둥마다 각각 일곱씩 만들었습니다. 기둥머리에 대해서도 모두 다섯 규빗으로 기록하는데 열왕기하 25장 17절에서만 세 규빗으로 기록한 것은 필사자가 히브리어 자음을 잘못 보면 그렇게 기록할 수 있습니다.

두 줄 석류를 한 그물 위에 둘러 만들어서 각각의 기둥머리에 두르게 하였습니다. 기둥머리 중 네 규빗은 백합화 모양으로 만들었습니다. 이 기둥머리에 있는 그물 곁 곧 머리의 공같이 둥근 곳을 돌아가며 각기 석류 이백 줄을 지었습니다. 그물과 사슬 그리고 석류를 백 개씩 매달아 화려함을 더했습니다.

석류는 팔레스틴 동부 지역에서 야생으로 자라는 작은 유실수입니다. 많은 가지와 녹색의 잎과 꽃받침과 밝은 홍색의 꽃이 있습니다. 사과 형태의 열매입니다. 열매는 단 것과 신 것이 있는데, 과즙은 청량음료를 만들고 씨앗은 석류시럽, 꽃은 약재로 사용합니다. 석류는 풍요의 상징입니다. 풍성한 씨앗은 생산력을 상징하여 '풍요로움, 선행의 열매, 율법과 언약' 을 의미했습니다. 석류는 대제사장의 옷이나 성전 기둥에 장식으로 나타납니다.

이 두 기둥을 성전의 현관 앞에 세웠습니다. 우편 기둥을 야긴이라 하고 좌편 기둥을 보아스라고 칭했습니다. 이 두 기둥 꼭대기에는 백합화 형상이 있었습니다. 두 기둥의 공역을 마쳤습니다.

백합화는 순결과 아름다움을 상징합니다. 유대인들은 백합화를 보면서 하나님이 가나안 땅을 주신 언약을 기억했습니다. 백합화를 '약속의 땅의 꽃' 이라고 생각했습니다.

이름이 야긴과 보아스였습니다. 야긴은 '굳게 서다, 견고하다' 의 뜻을 가진 동사로 시작하여 '그가 세우실 것이다' 라는 뜻입니다. 하나님께서 다윗 왕조를 굳게 세우실 것이다. 솔로몬 왕으로 하여금 나라와 왕위를 견고하게 세우실 것이라는 의미입니다. 보아스도 있었습니다. '힘있다, 강하다' 로 시작하여 '힘, 권능' 을 말하며 '그분 안에 능력이 있다' 라는 의미입니다. 성전 자체도 힘있고 능력이 있지만 다윗 왕조에게 힘과 능력을 주시는 분은 하나님이심을 밝히고 있습니다.

그러므로 하나님의 백성은 하나님만 의지해야 합니다. 하나님의 언약만 기억해야 합니다. 세상적인 것이 별 도움이 되지 못합니다. 큰 능력도 없습니다. 하나님만이 영원히 견고하시고 불변하신 분이십니다.

3. 놋바다의 제작

또 바다를 만들었습니다. 강과 바다의 바다가 아니라 놋 바다입니다. 불에 녹여 주형틀에 부어 만드는 방식이었습니다. 이름을 '바다' 라고 한 것은 바다처럼 많은 물을 담았기 때문에 그렇게 명명한 것입니다.

물을 담아두고 쓰는 놋으로 주조된 큰 독이었습니다. 마치 성막의 물두멍처럼 제사장들과 레위인들의 몸을 성결하게 하기 위한 물을 담아두는 용기입니다. 하나님을 섬길 때에 성결하고 거룩한 몸과 마음으로 섬겨야만 했습니다.

바다는 신약 시대에는 우리 죄를 깨끗하게 씻어주는 예수 그리스도를 상징합니다. 디모데후서 3장 5절에 "경건의 모양은 있으나 경건의 능력은 부인하니 이 같은 자들에게서 네가 돌아서라"라고 했습니다.

히브리서 9장 14절에 "하물며 영원하신 성령으로 말미암아 흠 없는 자기를 하나님께 드린 그리스도의 피가 어찌 너희 양심을 죽은 행실에서 깨끗하게 하고 살아 계신 하나님을 섬기게 하지 못하겠느냐?"라고 했습니다. 기독교인은 성결하고 거룩한 사람입니다.

놋 바다는 지름, 직경이 십 규빗, 높이가 다섯 규빗, 주위 둘레가 삼십 규빗인 둥근 모양으로 놋을 부어 만들었습니다. 한 규빗을 45.6센티미터로 계산할 때 직경이 4.56미터, 높이가 2.28미터, 둘레가 13.68미터에 달하는 크고 거대한 용기였습니다.

그 가장자리 아래로는 돌아가며 매 규빗에 열 개씩의 박을 두 줄로 부어 만들었습니다. 박이 무엇인가? 바다 위에 새롭게 조각하거나 덧붙인 것이 아니라 틀에 이미 형상을 조각하여 그 위에 금속을 녹인 물을 부어 완성시킨 형태임을 알 수 있습니다. 히람은 기술력이 대단한 인물이었습니다.

그 바다를 소 열두 마리가 받치고 있는데 동서남북에 각각 세 마리씩 있고 소의 뒤를 안으로 향하게 하였습니다. 바다의 무게를 지탱하고 외부적인 바람과 큰 충격에도 견딜 수 있고 흔들리지 않는 굳건히 서 있을 수 있는 받침대로써 열두 마리의 소를 만들었습니다.

고대 사회에서 소는 신적인 존재였으며, 풍요한 결실과 힘을 상징하는 동물이었습니다. 이스라엘 사회에서는 하나님께 드릴 수 있는 정결한 짐승으로 순종과 희생을 상징했습니다. 성경에는 하나님께 드리는 희생 제물이나 법궤를 나르는 짐승으로 기록하고 있습니다. 바다를 받치고 있는 소는 항상 순종과 희생과 헌신을 상징하고 있습니다.

소 열두 마리가 머리는 밖으로 꼬리는 안으로 향한 것은 모세 시대에 열두 지파를 생각하게 만듭니다. 열둘은 완전수이기 때문에 온 세상에 흩어져 있는 전 민족적인 성도를 가리키는 것입니다.

바다의 두께는 한 손 너비 만하고 그것의 가는 백합화의 양식으로 잔 가와 같이 만들었는데 그 바다에는 이천 밧의 양을 담을 수 있었습니다. 바다의 두께는 7.6센티미터입니다. 훗날 바벨론이 침공하여 놋바다가 깨지고 바벨론으로 옮겨졌을 때 유다 백성들이 얼마나 큰 충격을 받았겠습니까?

잔의 가장자리를 백합화 꽃과 같이 아름답게 만들었습니다. 바다의 용량은 45,420리터입니다. 성막의 놋대야를 대신한 것이고, 하나님 앞에 서서 봉사하는 모든 사람들은 자신의 몸과 마음을 성결하고 거룩하게 해야 했습니다.

제21강
열왕기상 7장 27-51절

물두멍과 놋기구 제작

하나님의 성전에 다양한 기구들이 필요했습니다. 히람을 비롯하여 기술자들은 마음과 정성을 다하여 성전에서 사용하는 기구를 만들었습니다. 어떻게 만들었으며 무엇으로 만들었을까요?

1. 물두멍과 놋받침

놋받침은 물두멍을 받쳐서 고정시키기 위한 놋으로 만든 네모난 상자를 말합니다. 성전의 좌우 양편으로 다섯 개씩 비치했습니다. 물두멍의 물은 희생제물을 씻는 데 사용하였습니다.

놋받침의 크기는 장과 광(길이와 폭)이 각각 네 규빗, 고(높이)가 세 규빗으로 놋으로 받침 열 개를 만들었습니다. 길이와 폭이 각각 1.8미터, 높이가 1.4미터 정도입니다. 그 받침들의 모양이 어떠했을까요?

사면에는 틀에 끼워진 판이 있었습니다. 공간을 차단하기 위해 만들어진 것으로, 사면 옆 가장자리 즉 사각 틀을 의미합니다. 변죽 가운데 판에는 사자와 소와 그룹들이 있고 틀에 끼워 맞추는 자리가 있으며 사자와 소 아래에는 화환 모양이 있었습니다.

사자는 힘과 용맹, 통치권을 의미합니다. 소는 헌신과 순종을 말하고, 그룹은 하나님의 영광과 거룩성의 수호를 상징합니다. 받침에 새겨진 그룹들은 성소의 벽에도 새겨졌던 것으로 이 받침이 성전 기물에 속한 것임을 드러냅니다.

받침에는 각각 네 개의 놋바퀴와 놋축이 있고 네 발 밑에는 어깨 같은 것이 있으며 그 어깨 같은 것은 물두멍 밑편에 부어 만들었고 화환은 각각 그 옆에 있었습니다. 물두멍을 놓는 받침에 여러 가지 부속물이 있었습니다. 사십 밧은 약 908.4리터입니다. 그렇게 큰 그릇입니다. 잦은 이동을 위하여 네 바퀴가 달렸습니다. 바퀴들은 서로 연결하고 돌아가게 하였습니다. 어깨 같은 것은 본체를 만들 때 함께 만들었으며 둥근 모양의 테두리로 이해합니다.

받침 위로 고가 한 규빗 되게 돌출한 것이 있고 그 면은 지름 한 규빗 반 되게 반원형으로 우묵하며 그 나머지 면에는 아로새긴 것이 있으며 그 내민 판들은 네모졌습니다.

네 바퀴는 옆판 밑에 있고 바퀴 축은 받침에 이어져 있는데 바퀴의 고는 각각 한 규빗 반이었습니다. 그 바퀴는 병거의 바퀴와 같은 모양인데 축과 테와 살과 통이 다 부어 만든 것이었습니다.

받침 네 모퉁이에 어깨 같은 것이 있는데 그 어깨는 받침과 이어져 있었습니다. 받침 위에는 둥근 테가 있는데 고가 반 규빗이며 받침 위에 버팀대와 옆판들이 받침과 이어져 있었습니다.

버팀대 판과 옆판에는 각각 빈 곳을 따라 그룹들과 사자와 종려나무 형상을 새겼고 그 사면으로 화환 모양이 있습니다. 이와 같이 물두멍을 위한 놋받침 열을 만들었는데 그 부어 만든 법과 척수와 식양을 동일하게 하였습니다.

물두멍 열을 놋으로 만들었는데 물두멍마다 각각 사십 밧을 담을 수 있었습니다. 매 물두멍의 지름은 사 규빗이며 열 받침 위에 물두멍이 각각 하나씩입니다. 그 받침 다섯은 성전 우편에, 다섯은 성전 좌편에 두었으며, 성전 우편의 동남쪽에는 놋바다를 두었습니다.

성전을 기준으로 하여 좌우 즉 지성소에서 성전 입구를 바라봤을 때 좌측과 우측을 가리킵니다. 성전은 그 입구가 동쪽을 향하였으므로 전 우편은 남쪽, 전 좌편은 북쪽이 됩니다. 전의 낭실 우편에 세워진 놋기둥 '야긴', 남쪽 좌편에 세워진 놋기둥 '보아스'는 북쪽에 위치했습니다.

솔로몬 성전은 성막의 경우와 같이 동쪽, 해 뜨는 쪽을 향해 서 있었습니다. 에스겔 성전도 전면이 동을 향해 있었고, 그곳으로부터 흘러나온 강물의 방향이 동남편이었습니다. 에스겔서에는 성전 문지방으로부터 흘러나온 물이 강을 이루어 동남쪽으로 흘러 사해까지 이르고, 죽음의 땅을 소생하게 하였습니다. 이것은 하나님의 성전으로부터 나오는 능력과 말씀이 생명을 부여함을 말해 줍니다. 이것은 완전한 성전이신 예수 그리스도께서 오셔서 백성들을 죄로부터 깨끗하게 하고, 영적 능력과 생명을 부어주실 것을 예시해 주신 것입니다.

2. 기구 제작과 놋기구 제작

히람이 솥과 부삽과 대접들을 만들었습니다. 히람이 솔로몬 왕을 위하여 성전 기명을 모두 제작했습니다. 성막의 기구들을 브살렐과 오홀리압이 만들더니 이번에는 히람이 만들었습니다. 히람이 만든 놋기구들은 어떤 것이 있었던가요?

기둥 둘과 기둥머리, 기둥머리를 가리는 그물 둘을 만들었습니다. 매 그물에 두 줄씩 기둥머리를 가리게 한 석류 사백 개를 만들었습니다. 열 받침과 열 물두멍을 만들었습니다. 사백 개의 석류가 있어서 화려함을 더해 주었습니다.

한 바다와 그 아래의 열두 소를 만들었습니다. 기타 솥과 부삽과 대접들을 만들었습니다. 이것이 히람이 놋으로 만든 기구들입니다. 출애굽기에 성막 기구에 대한 규례를 말씀하실 때 번제단에 속한 모든 그릇은 다 놋으로 만들도록 명령하셨습니다.

출애굽기 27장 3절에 "재를 담는 통과 부삽과 대야와 고기 갈고리와 불 옮기는 그릇을 만들되 제단의 그릇을 다 놋으로 만들지며"라고 했습니다. 솔로몬 왕도 성전의 기구들을 다 놋으로 만들었습니다. 금속을 갈고 닦아서 표면을 매끄럽게 하여 광택이 나게 하였습니다. 최상의 재료로 정성을 다하여 만들었습니다. 최상의 그릇으로 윤이 나게 만들었습니다.

요단 평지에서 숙곳과 사르단 사이의 차진 흙에 그것들을 부어냈습니다. 기구가 심히 많아 왕이 무게를 달아보지 않고 그냥 두었으므로 그 놋의 무게를 알 수 없었습니다. 요단 평지는 갈릴리 호수와 사해 사이에 약 150킬로미터에 걸쳐 계속되는 계곡 주변과 사해 남쪽 지역에 형성되어 있는 평지를 가리킵니다.

'숙곳'은 요단 동편의 얍복강 위쪽에 있습니다. '사르단'은 정확하지 않지만 여호수아의 지휘 아래 이스라엘 백성들이 가나안 정복을 위하여 요단강을 건널 때에 흐르던 강물이 멈췄던 곳으로 이해합니다. 그런 곳에서 나온 차진 흙으로 모형을 만들고 놋물을 부어 각종 그릇과 기구를 만들었습니다. 교회는 다양한 사람들의 공동체입니다. 각자가 다 귀합니다.

3. 금기구 제작

성전 외부 공사가 두로 사람 히람에 의해서 놋으로 꾸며졌습니다. 놋은 예수 그리스도를 상징합니다. 이제 성전 내부의 금기구들을 살펴봅시다. 금기구들은 히람이 아니라 이스라엘 사람에 의해서 만들어졌습니다. 금단은 하나님께 드리는 매일의 기도를 상징하여 아침 저녁으로 분향을 올리던 분향단입니다.

솔로몬 왕이 성전 내부 전체를 금으로 장식하였습니다. 금단, 진설 병상, 내소 곧 지성소 앞 좌우에 두 등대와 그에 딸린 금꽃 및 등잔 열 개, 부젓가락 등입니다. 대접과 심지 자르는 가위, 주발, 숟가락, 불 옮기는 그릇, 내소의 문과 문설주를 연결하는 모든 기구가 금으로 되었습니다. 경첩의 일종이지만 눈에 잘 띄지 않는 돌쩌귀도 금으로 장식했습니다. 사람을 중심으로 건축했다면 보이는 곳만 금으로 했을 것입니다. 그러나 성전은 하나님을 위하고 하나님 중심적인 건축이기 때문에 하나님께서 지시하신 대로 건축하였습니다. 하나님은 겉과 속이 똑같습니다. 중심 마음을 보십니다. 성도는 진실하고 정직해야 하고, 건축도 겉과 속이 같아야 할 것입니다.

사람도 보이는 데만 잘해서는 안됩니다. 하나님의 눈에 띄는 사람, 하나님이 보실 때 아름다운 사람이 되어야 합니다. 출석과 헌금과 봉사 생활이 사람 중심으로 되면 안 될 것입니다. 사람보다는 하나님이 보고 계신다는 신앙으로 삶을 엮어 나갑시다. 진실이 없다면 모든 말과 행동이 허사가 되고 말 것입니다.

예수님은 마태복음 6장에서 사람에게 보이려고 그들 앞에서 너희 의를 행하지 않도록 주의하라 그렇지 아니하면 하늘에 계신 너희 아버지께 상을 얻지 못한다고 가르치셨습니다.

사도행전 5장 1-6절에 나타난 아나니아와 삽비라 부부를 생각해 봅시다. 얼마나 위선적이고 가증스럽습니까? 속과 겉이 같아야 합니다. 특별히 다윗이 환난과 전쟁하는 가운데서도 성전을 건축하기 위하여 금과 은을 비롯하여 여러 가지를 준비한 것은 위대한 일입니다.

솔로몬 왕이 여호와의 전을 위하여 만드는 모든 것을 마쳤습니다. 다윗 시대에 헌납한 모든 물건 곧 금은 기구들을 가져다가 여호와의 전 곳간에 두었습니다. 드린 물건이란 '거룩하게 구별하다, 드리다' 라는 뜻입니다. 아람과 모압, 암몬과 블레셋, 아말렉 등과 전쟁하여 전리품을 구별하여 거룩한 헌물로 하나님께 드렸습니다. 또 장관들과 족장들 그리고 백성들도 기쁨으로 헌물을 드렸습니다. 다윗은 하나님의 성전을 사랑했고, 솔로몬은 귀히 여기는 마음으로 건축했습니다.

진설병이란 '넓게 깔아 진열한 떡'입니다. 얼굴 앞의 떡, 임재의 떡입니다. 하나님의 임재 처소인 성소 안에 놓았던 떡들을 가리킵니다. 역대하 4장 8절 말씀을 보면 진설병을 놓은 금상은 좌우편 다섯씩 열 개가 만들어졌습니다. 진설병은 열두 지파를 상징하는 열두 개의 무교병을 두 줄로 진설해야 했습니다.

매 안식일 전날 저녁에 교체하여 다음 안식일 저녁까지 일주일 동안 진설해야 했습니다. 묵은 떡은 제사장만 먹을 수 있었습니다. 진설병은 일용할 양식을 주시는 하나님께 감사하는 의미이고, 장차 이땅에 오셔서 자신을 생명의 떡으로 제공하신 예수 그리스도를 상징합니다.

등대는 등불 받침대입니다. 모세 시대에 만든 성막의 등대와 같은 모양 즉 밑판과 줄기와 잔과 꽃받침과 꽃이 한 덩어리 정금으로 만들어진 형태였습니다. 지성소로 향하는 문 좌에 각기 다섯 개씩 도합 열 개가 놓여져 있었습니다. 등대는 어두운 성소를 환하게 밝혀주는 구실을 했으므로, 빛과 진리이신 예수 그리스도와 사역을 상징하는 것입니다.

금꽃이란 탐스럽게 활짝 핀 꽃 또는 꽃 모양의 장신구를 말합니다. 금꽃은 등대의 장식으로 사용되었습니다. 출애굽기 25장 31절에 "너는 순금으로 등잔대를 쳐 만들되 그 밑판과 줄기와 잔과 꽃받침과 꽃을 한 덩이로 연결하고"라고 했습니다. 등잔은 등대의 여섯 개의 가지와 가운데 줄기 끝에 한 개가 있어 일곱 개가 놓여 있었습니다. 등잔도 순금으로 만들었습니다. 불집게도 금꽃과 같이 그리고 등잔처럼 금으로 만들었습니다.

이미 이루어진 솔로몬 성전을 보면서 미래에 전개될 하나님 나라, 영광스러운 성전을 바라보게 됩니다.

제22강
열왕기상 8장 1-11절

언약궤의 안치

열왕기상 6장과 7장의 내용을 볼 때 솔로몬 성전은 이방인과 유대인들의 연합으로 건축되었습니다. 신약 교회는 남자나 여자, 주인과 종이 하나가 됩니다. 지극히 정성된 마음으로 솔로몬 성전을 지었습니다. 오늘 말씀은 성전의 낙성식 장면을 소개하고 있습니다.

1. 언약궤의 운반

솔로몬이 언약궤를 다윗성 곧 시온에서 메어 올리기 위하여 이스라엘 장로들과 족장들을 예루살렘으로 소집했습니다. 이스라엘 모든 사람이 에다님월 곧 칠월 절기에 솔로몬 왕에게 모였습니다.

솔로몬이 이스라엘의 장로들과 족장들을 소집한 일차적인 목적은 여호와의 언약궤를 메어 올리기 위함이었습니다. 언약궤는 법궤, 하나님의 궤, 증거궤입니다. 여호와께서 모세에게 자신의 이름을 알려 주신 이름입니다. 언약궤란 모세를 통하여 주신 하나님의 언약이 이스라엘 백성과 관련을 맺는다는 뜻입니다. 이것은 다윗과의 언약을 생각하게도 만듭니다. 하나님과의 언약은 절대적인 순종의 방법을 통하여 성취되었습니다.

언약궤는 반드시 메어 올리는 방법을 사용해야 합니다. 다윗성, 시온에 있는 솔로몬 성전으로 옮겨지는 것을 의미합니다. 사무엘하 15장 24절에 "보라 사독과 그와 함께 한 모든 레위 사람도 하나님의 언약궤를 메어다가 하나님의 궤를 내려놓고 아비아달도 올라와서 모든 백성이 성에서 나오기를 기다리도다"라고 했습니다.

다윗이 여부스 족속을 쫓아내고 다윗성 곧 시온성 장막에 언약궤를 놓아두었습니다. 예루살렘으로 옮겨지기까지 그곳에 있었습니다. 그것을 에다님월에 예루살렘 성전으로 옮기게 되었습니다. 성전 봉헌식이 거행된 시간을 말해 줍니다.

성전 봉헌에 있어서 가장 중요한 것은 하나님의 언약궤입니다. 하나님의 언약궤는 하나님의 임재의 상징입니다. 이스라엘 백성들은 유월절인 무교절, 맥추절, 장막절과 같은 3대 절기에 중앙 성소로 나아와 절기를 지켜야 했습니다. 성전 봉헌식은 장막절(초막절, 수장절)을 맞이하여 평소보다 많은 사람들이 행사에 참여했습니다. 이스라엘 민족의 관심사일 수밖에 없습니다.

장막절 절기에 맞춰진 행사였습니다. 이스라엘 백성들이 광야에서 생활하면서 가나안 땅에 정착하여 안식하게 됨을 감사하는 절기로서, 이때에 맞춰 성전 봉헌식을 가짐으로써 이스라엘 백성들의 진정한 안식과 정착은 하나님으로부터 비롯된다는 것을 교훈하고 있습니다. 그리고 지금까지 이동식 성막에서 고정식 성전 건축으로 하나님의 백성들의 불안전한 생활의 종식을 알리는 것입니다. 이동식에서 고정식으로 바뀐 것이지요.

이스라엘 장로들이 다 모이자 제사장들이 언약궤를 메었습니다. 제사장과 레위인들이 여호와의 궤와 회막과 그 안의 모든 거룩한 기구를 메고 올라갔습니다. 솔로몬 왕과 모든 이스라엘 회중이 함께 양과 소로 제사를 드렸는데 그 수가 많아 기록할 수도 없고 셀 수도 없었습니다.

제사장들이 언약궤를 옮기기 위해 네 개의 밑 모퉁이 고리에 채를 넣어 어깨에 메었습니다. 언약궤는 하나님과 이스라엘 백성 간의 언약을 상징하는 거룩한 것이었습니다. 부정한 사람이 만질 수 없었습니다. 반드시 채를 이용하여 어깨로 메고 이동했습니다.

민수기 4장 15절에 "진영을 떠날 때에 아론과 그의 아들들이 성소와 성소의 모든 기구 덮는 일을 마치거든 고핫 자손들이 와서 멜 것이니라 그러나 성물은 만지지 말라 그들이 죽으리라 회막 물건 중에서 이것들은 고핫 자손이 멜 것이며"라고 했습니다.

사무엘하 6장에서는 웃사가 언약궤를 만지다가 죽었습니다. 솔로몬 왕은 지혜자답게 율법의 규정대로 언약궤를 운반했습니다. 레위 사람은 제사장들을 말합니다. 고핫 자손들의 직무였습니다. 관리도 아론 자손의 몫이었습니다. 언약궤를 멘 경우는 이스라엘 백성이 요단강을 건널 때나 여리고 성을 돌 때 그리고 블레셋과의 전투, 오벧에돔의 집에서 성막으로 언약궤를 옮길 때 등이었습니다. 제사장이 직접 메는 것은 아주 중요한 행사가 있을 때였습니다.

제사장들과 레위인들은 언약궤뿐만 아니라 회막과 거룩한 기구들도 메었습니다. 브살렐과 오홀리압에 의해 만들어진 번제단과 향단, 등대와 진설병입니다. 장막은 만남의 천막, 하나님과 백성 간의 만남의 장소였습니다. 회막은 출애굽 때 시내산에서 만들어졌습니다. 사랑하는 성도님들이여! 기쁘게 십자가를 지고 가면 슬픈 자에게 위로가 됩니다.

2. 언약궤의 성전 내소 안치

솔로몬 왕과 이스라엘 백성들은 언약궤 앞에서 소와 양으로 제사를 드렸습니다. 희생 제사입니다. 이스라엘 백성들은 화목제물을 드리면서 음식도 함께 나눠먹었습니다. 그리고 즐거워했습니다. 많이 드렸습니다. 셀 수도 없었습니다. 감사와 기쁨이 충만했습니다. 이것은 하나님과의 화목, 사람과의 화목을 의미합니다.

제사장들이 언약궤를 지성소 그룹들의 날개 아래로 메어들였습니다. 그룹들이 언약궤 위에서 날개를 펴서 궤와 그 채를 덮었습니다. 채가 길어서 채 끝이 성소에서 보일 정도이나 밖에서는 보이지 않았습니다.

이것은 성전 내소에 언약궤를 안치한 장면입니다. 언약궤 위에 속죄소가 있고, 하나님께서 그곳에 임재하시고 이스라엘과 만나 말씀하시며 말씀을 전하는 곳이었습니다. 이스라엘이 나아가야 할 방향을 제시해 주셨습니다. 하나님의 인도입니다. 성전이 새롭게 건축되었을 때도 언약궤는 변하지 않고 그대로 사용했습니다. 시내산에서 만들어진 그대로 사용했습니다.

그래서 언약궤는 '가장 거룩한 장소' 입니다. 하나님과 이스라엘의 언약을 상징하는 장소일 뿐만 아니라 하나님께서 지속적으로 언약 관계 속에 이스라엘을 보호하시고 인도하시는 장소였습니다. 그룹들이 덮는 것도 거룩을 보호하는 것으로 구별하여 함부로 접근할 수 없는 것입니다. 그룹들이 높으신 하나님을 적극적으로 시중을 드는 모습입니다.

채는 성전이 파괴될 때까지도 그곳에 있었습니다. 궤 안에는 두 돌판 외에 아무것도 없었습니다. 이 두 돌판은 이스라엘의 출애굽 후에 여호와께서 이스라엘과 언약을 맺으실 때에 모세가 호렙에서 그 안에 넣은 것입니다.

하나님의 성전에 임재의 상징인 언약궤가 안치되었습니다. 언약궤의 안치는 성전의 완성이자 성전 봉헌의 발원입니다. 언약궤는 하나님의 말씀(출25:16, 21)을 상징합니다.

성전의 핵심은 언약궤입니다. 성도들은 항상 말씀이 중심이어야 합니다. 하나님의 말씀을 따라 순종하는 자에게 함께하십니다. 임하십니다. 성도들의 삶과 하는 일이 의미가 있어집니다. 언약궤는 장로들과 족장 그리고 모든 사람들이 모인 가운데 다윗성에서 솔로몬 성전으로 옮겨졌습니다.

칠월 절기, 장막절 기간이었습니다. 언약궤가 칠월 절기 장막절에 옮겨진 것은 의미가 있습니다. 장막절은 이스라엘이 광야에서의 장막 생활을 기억하면서 가나안 땅의 안식을 감사하는 절기입니다. 정착과 안식은 하나님으로부터 유래합니다.

성도들은 세상에서 안식을 얻을 수 없습니다. 하나님의 말씀을 따라 살 때 비로소 안식을 얻을 수 있습니다. 시편 32편 2절에 "마음에 간사함이 없고 여호와께 정죄를 당하지 아니하는 자는 복이 있도다"라고 했습니다.

요한계시록 14장 13절에 "또 내가 들으니 하늘에서 음성이 나서 이르되 기록하라 지금 이후로 주 안에서 죽는 자들은 복이 있도다 하시매 성령이 이르시되 그러하다 그들이 수고를 그치고 쉬리니 이는 그들의 행한 일이 따름이라"라고 했습니다.

3. 여호와의 영광

제사장이 성소에서 나올 때 구름이 여호와의 전에 가득했습니다. 제사장이 그 구름으로 인하여 능히 서서 섬기지 못했습니다. 이는 여호와의 영광이 여호와의 전에 가득했기 때문입니다.

제사장들이 여호와의 언약궤를 안치하고 나올 때에 제사장 120명이 일제히 소리를 발하며 노래 잘 하는 레위인들과 함께 제금과 비파와 수금으로 여호와를 찬양했습니다.

역대하 5장 12-13절에 "노래하는 레위 사람 아삽과 헤만과 여두둔과 그의 아들들과 형제들이 다 세마포를 입고 제단 동쪽에 서서 제금과 비파와 수금을 잡고 또 나팔 부는 제사장 백이십 명이 함께 서 있다가 나팔 부는 자와 노래하는 자들이 일제히 소리를 내어 여호와를 찬송하며 감사하는데 나팔 불고 제금 치고 모든 악기를 울리며 소리를 높여 여호와를 찬송하여 이르되 선하시도다 그의 자비하심이 영원히 있도다 하매 그 때에 여호와의 전에 구름이 가득한지라"라고 했습니다.

그러자 구름이 여호와의 전에 충만했습니다. 하나님의 임재입니다. 출애굽기 19장 9절에 "여호와께서 모세에게 이르시되 내가 빽빽한 구름 가운데서 네게 임함은 내가 너와 말하는 것을 백성들이 듣게 하며 또한 너를 영영히 믿게 하려 함이니라 모세가 백성의 말을 여호와께 아뢰었으므로"라고 했습니다.

구름은 하나님의 임재요, 하나님의 영광입니다. 하나님이 임하신 표현입니다. 모세의 성막을 인정하신 것처럼 솔로몬 성전도 인정하신 것입니다. 하나님께서 인정하시는 것이 얼마나 영광스러운 일입니까?

신명기 4장 11절에 "너희가 가까이 나아와서 산 아래에 서니 그 산에 불이 붙어 불길이 충천하고 어둠과 구름과 흑암이 덮였는데"라고 했습니다. 시편 97편 2절에 "구름과 흑암이 그를 둘렀고 공의와 정의가 그의 보좌의 기초로다"라고 했습니다. 하나님의 임재로 성전 봉헌식은 성공적이었습니다.

제사장들이 구름으로 말미암아 서서 섬길 수가 없었습니다. 왕을 섬기거나 하나님을 섬김에 있어서 예배를 의미합니다. 솔로몬 왕과 이스라엘 백성들은 언약궤를 성전에 안치함으로써 여호와를 성전의 주인으로 모셨고, 솔로몬과 이스라엘 백성의 축복된 미래가 결정되거나 보장된 것은 아니지만 새로운 출발을 하게 된 것입니다.

이스라엘은 성전에 언약궤를 안치하듯 각 사람마다 중심 마음에 하나님의 말씀의 통치에 대해 순종하는 자로 살아야 합니다. 현대 교회도 같은 사명이 있습니다. 말씀 따로 행동과 삶이 따로 있는 것이 아니라 하나님의 말씀대로 순종하며 살아가야 합니다. 그런 사람이 천국에서 큰 자입니다. 우리 모두 성경말씀대로 순종하며 살아서 들어와도 나가도 복을 받읍시다.

제23강
열왕기상 8장 12-21절

성전 봉헌사

이스라엘 역사에서 가장 중요한 것이자, 솔로몬 왕국의 영광은 성전 건축과 왕궁 건축인데 그것에 대해서 말하고 있습니다. 이스라엘 나라에 성전이 없다면 다른 나라와 무엇이 다르겠습니까? 이스라엘의 독특한 점은 하나님의 성전이 있는 것이었습니다. 오늘 말씀은 성전 봉헌식과 관련된 내용입니다.

1-11절은 하나님의 언약궤를 성전에 안치한 내용이고, 12-21절은 솔로몬 왕의 성전 봉헌사, 22-58절은 솔로몬의 간구, 54-61절은 솔로몬의 축원과 권면, 62-66절은 성전 봉헌식을 종료하여 희생 제사와 장막절을 지키는 내용입니다.

성전 봉헌사에서 솔로몬은 무슨 말로 시작했습니까?

"그 때에 솔로몬이 이르되"입니다. 솔로몬이 '이르되, 가로되'입니다. 언약궤를 안치한 다음에 솔로몬 왕은 봉헌사를 시작했습니다. 그 때에는 '그 때에, 이제, 이후에'라는 의미입니다. 여호와의 영광이 성전에 가득한 상황에서 솔로몬 왕이 봉헌사를 시작했고, '그 때에'는 모든 독자들의 집중을 유도하고 있습니다.

솔로몬이 성전의 봉헌사에서 무슨 말을 했습니까?

"여호와께서 캄캄한 데 계시겠다 말씀하셨사오나"입니다. 봉헌사는 여호와의 말씀으로 시작하고 있습니다. 캄캄하다는 것은 '떨어지다, 어두운 구름, 칠흑 같은 어두움, 짙은 어두움'을 말합니다. 비를 뿌리고 검고 짙은 구름 혹은 한치 앞도 분간할 수 없는 칠흑 같은 어두움을 가리키지만 신적 영역을 바라볼 수 없는 인간임을 드러내고 있습니다.

하나님은 빛이십니다. 어두움은 조금도 존재하지 않습니다. 그런데 왜 캄캄한 곳을 원하셨을까요? 그 의미가 무엇일까요? 예수님도 빛이십니다. 우리도 세상의 빛입니다. 그런데 무엇 때문에 어두움을 원하셨을까요?

하나님은 시내산에서 모세를 통하여 여러 가지 말씀을 주실 때도 흑암이 캄캄한 데서 주셨습니다. 출애굽기 19장 9절에 "여호와께서 모세에게 이르시되 내가 빽빽한 구름 가운데서 네게 임함은 내가 너와 말하는 것을 백성들이 듣게 하며 또한 너를 영영히 믿게 하려 함이니라 모세가 백성의 말을 여호와께 아뢰었으므로"라고 했습니다.

출애굽기 20장 21절에 "백성은 멀리 서 있고 모세는 하나님이 계신 흑암으로 가까이 가니라"라고 했습니다. 모세는 흑암 중에 여호와께 가까이 나아갔습니다.

신명기 4장 11-12절에 "너희가 가까이 나아와서 산 아래에 서니 그 산에 불이 붙어 불길이 충천하고 어둠과 구름과 흑암이 덮였는데 여호와께서 불길 중에서 너희에게 말씀하시되 음성뿐이므로 너희가 그 말소리만 듣고 형상은 보지 못하였느니라"라고 했습니다.

신명기 5장 22절에 "여호와께서 이 모든 말씀을 산 위 불 가운데, 구름 가운데, 흑암 가운데에서 큰 음성으로 너희 총회에 이르신 후에 더 말씀하지 아니하시고 그것을 두 돌판에 써서 내게 주셨느니라"라고 했습니다.

왜 흑암 가운데 계신 분으로 표현했을까? 인간은 하나님의 찬란한 영광을 감당할 수 없는 존재입니다. 영광을 보는 순간 죽게 되어 있기 때문입니다. 출애굽기 33장 20절에 "또 이르시되 네가 내 얼굴을 보지 못하리니 나를 보고 살 자가 없음이니라"라고 했습니다. 그러므로 하나님께서 스스로 인간을 위하여 흑암 가운데 임하셨음을 말해 줍니다.

하나님이 사람이 되셨습니다. 성육신(Incarnation)입니다. 마리아의 몸을 빌어 인간으로 태어나셨습니다. 높고 높은 하나님이 낮고 천한 사람이 되셨습니다. 이것이 우리에게 무엇을 의미합니까?

그렇습니다. 솔로몬 성전이 아무리 화려해도 태양을 창조하신 하나님은 인간이 헤아릴 수도 없고, 접근할 수도 없는 초월적인 존재이기 때문에 이처럼 무한 광대하신 하나님을 모실 수도 없고, 감당할 수도 없는 것입니다.

솔로몬이 주를 위하여 하나님이 계실 성전을 건축하였다고 아룁니다. 하나님께서 다윗에게 말씀하신 것처럼 자신이 하나님을 위하여 전을 건축했습니다. 이 전은 주께서 영원히 거하실 처소라고 말합니다. 솔로몬은 하나님의 임재를 보면서, 하나님은 인간이 건축한 건물에 거하실 수 없는 존재이지만 자신이 정성을 다하여 마련한 성전에 임재해 주신 것에 대한 감사를 올립니다. 장래에도 영원히 성전이 하나님이 임재하는 처소가 될 것을 겸손히 간구했습니다. 솔로몬의 겸손한 기도입니다. 하나님의 초월적인 존재를 고백하면서 하나님을 위하여 전을 건축했다는 뜻입니다.

솔로몬은 성전 건축이 다윗과의 언약을 이루신 것으로 믿고 찬양하고 있습니다. 하나님은 언약에 신실하신 분이십니다. 하나님은 식언하지 않습니다. 봉헌식에서도 하나님을 드러내고 있는 솔로몬은 역시 지혜의 왕입니다. "주께서 영원히 거하실 처소로소이다".

솔로몬 왕의 축복이 무엇입니까? 솔로몬 왕이 이스라엘 백성들을 축복했습니다. 14절에 "얼굴을 돌이켜 이스라엘의 온 회중을 위하여 축복하니 그 때에 이스라엘의 온 회중이 서 있더라"라고 했습니다. 지금까지 성전에 임한 영광의 구름을 바라보고 있던 솔로몬 왕이 하나님의 임재를 확인하고 하나님과의 언약이 구체화됨을 찬양하고 기원하였습니다.

그리고 솔로몬의 뒤편에 있던 백성들을 향하여 몸을 돌이키고 축복했습니다. 복의 근원자이신 여호와 하나님의 이름으로 축복했습니다. 신명기 10장 8절에 "그 때에 여호와께서 레위 지파를 구별하여 여호와의 언약 궤를 메게 하며 여호와 앞에 서서 그를 섬기며 또 여호와의 이름으로 축복하게 하셨으니 그 일은 오늘까지 이르느니라"라고 했습니다.

솔로몬 왕의 축복은 하나님의 대리 통치자로서, 신정왕국 이스라엘을 다스릴 권한을 부여 받은 왕으로서의 축복입니다. 창세기 14장 19절에 "그가 아브람에게 축복하여 이르되 천지의 주재이시요 지극히 높으신 하나님이여 아브람에게 복을 주옵소서"라고 했습니다. 의의 왕 멜기세덱이 아브라함을 축복했습니다.

사무엘하 7장 10-11절의 내용과 같습니다. "내가 또 내 백성 이스라엘을 위하여 한 곳을 정하여 그를 심고 그를 거주하게 하고 다시 옮기지 못하게 하며 악한 종류로 전과 같이 그들을 해하지 못하게 하여 전에 내가 사사에게 명령하여 내 백성 이스라엘을 다스리던 때와 같지 아니하게 하고 너를 모든 원수에게서 벗어나 편히 쉬게 하리라 여호와가 또 네게 이르노니 여호와가 너를 위하여 집을 짓고"라고 했습니다.

사무엘하 6장 18-19절에 "다윗이 번제와 화목제 드리기를 마치고 만군의 여호와의 이름으로 백성에게 축복하고 모든 백성 곧 온 이스라엘 무리에게 남녀를 막론하고 떡 한 개와 고기 한 조각과 건포도 떡 한 덩이씩 나누어 주매 모든 백성이 각기 집으로 돌아가니라"라고 했습니다.

때에 이스라엘의 온 회중이 섰습니다. 솔로몬 왕이 축복할 때 일어선 것이 아니라 축복하기 이전부터 일어서 있었습니다. 사랑하는 우리 성도님들도 하나님의 축복을 많이 받기를 바랍니다. 계속하여 서 있는 자세가 필요합니다. 봉헌식이 얼마나 경건했는지를 알 수 있습니다.

하나님의 백성들을 향한 솔로몬 왕의 성전 봉헌의 말씀입니다. 솔로몬 왕이 백성들로 하여금 '이스라엘의 하나님 여호와를 송축하라' 라고 외쳤습니다. 여호와께서 부친 다윗에게 하신 말씀을 이제 그 손으로 이루셨기 때문입니다. 성전 건축이 하나님의 언약의 결과이고 언약의 증표입니다. 그러므로 찬양을 하나님께만 돌려야 합니다.

여호와 하나님께서 출애굽 이후부터 당신의 이름을 둘 만한 집을 건축하기 위하여 아무 지파나 성읍을 선택하지 않으시고 다윗을 선택하여 이스라엘을 다스렸다고 했습니다. 솔로몬의 부친인 다윗이 이스라엘의 하나님 여호와를 위하여 성전을 건축할 마음이 있었습니다.

여호와 하나님께서도 다윗의 마음을 받으시고 좋다고 인정하셨습니다. 그러나 다윗은 건축할 수 없고 네 몸에서 태어날 아들이 하나님의 이름을 위하여 성전을 건축할 것이라고 하셨습니다. 그 모든 것이 여호와의 말씀대로 이루어졌습니다.

그런데 하나님께서 허락하신 대로 다윗을 대신하여 자신이 이스라엘 왕위에 앉고 여호와의 이름을 위하여 전을 건축하게 되었습니다. 솔로몬이 출애굽 당시 여호와께서 이스라엘과 맺으신 언약을 넣은 궤를 위하여 성전에 한 처소를 설치했습니다.

그러니까 지성소에 언약궤가 안치되었습니다. 하나님께서 인정, 승인하셨습니다. 성전 봉헌식의 특징은 하나님의 주권적인 섭리를 부각하고 있다는 점입니다. 다시 말하자면 하나님의 계획대로 하나님이 이루어 가심을 말하고 있습니다. 인간이 성전을 건축하지만 사람이 주인이 아니라 하나님이 주인이십니다. 하나님의 뜻대로 이루어지고 있을 뿐입니다. 그래서 솔로몬은 잠언 16장 9절에서 "사람이 마음으로 자기 길을 계획할지라도 그 걸음을 인도하시는 분은 하나님이시라"라고 가르쳤습니다.

성도들은 자기의 한계를 느끼는 사람들입니다. 하나님의 주권을 온전히 의뢰하는 사람입니다. 애굽으로부터의 구원이나 자유도 사람의 계획이나 생각대로 된 것이 아닙니다. 여호와 하나님께서 친히 관여하사 권능으로 인도했을 뿐입니다.

하나님은 애굽으로부터 이스라엘을 이끌어 내시고 시내산에서 언약 백성을 삼으셨습니다. 유월절은 역사상 최고의 날이었습니다. 일반 역사에서 찾아볼 수 없는 일이 일어났습니다. 하나님의 선민 이스라엘 백성이 이제 성전을 건축하고 봉헌식을 가지게 되었습니다.

결국 솔로몬 왕의 강조점이 무엇입니까? 하나님의 선민을 애굽으로부터 구원하시고 약속의 땅 가나안으로 인도하여 들이신 후에 예루살렘이 하나님의 이름을 둘 만한 집으로 선택하셨습니다. 이스라엘 백성을 이끌어갈 다윗과 솔로몬까지 하나님이 선택했다는 고백입니다. 이 모든 것이 하나님의 은혜입니다. 하나님의 복입니다.

다윗 왕이 여호와 하나님을 위해 성전을 건축하려는 마음은 좋은 일이고 선한 일이었습니다. 하나님이 그 마음을 열납하셨습니다. 그러나 전쟁 중에 많은 피를 흘렸고, 성전은 평화와 거룩의 상징이기 때문에 다윗과 어울리지 않아 솔로몬에게로 넘기게 된 것입니다. 그래서 다윗은 아들인 솔로몬 당대를 위해 최선을 다한 것이었습니다.

솔로몬은 평화의 왕으로 상징적인 인물이었기에 성전 건축에 합당했습니다. 하나님은 사람과 언약을 세우실 때도 주도적으로 맺으시고 언약을 이루실 때도 주도적으로 이루심을 발견하게 됩니다. 결국 하나님께서 사람과 언약을 맺을 때 사람은 배반하고 배신하여 이루지 못하지만 하나님은 성실하시고 신실하셔서 여러 가지를 희생하시면서 이루어가십니다.

그래서 기독교는 언약의 종교입니다. 하나님의 주권적인 은혜로 이루어가는 종교입니다. 하나님은 언약을 파기하지 않습니다. 하나님은 입으로 하신 말씀이 변하지 않으십니다. 그러므로 나는 하나님만 믿습니다. 성경만 믿습니다. 하나님의 은혜만 바라봅니다. 자비와 긍휼만 바라봅니다. 내 눈이 쇠약해질 때까지, 하늘의 응답이 있을 때까지 말입니다.

결국 성전 건축은 하나님의 영광을 위한 일이었습니다. 솔로몬 개인을 나타내는 것보다 하나님의 이름을 높이고 하나님의 존재를 나타내며, 하나님의 영광을 위한 일이었습니다. 성전에서도 지성소, 지성소에서도 언약궤가 중심입니다. 하나님의 임재입니다.

제24강
열왕기상 8장 22-53절

솔로몬 왕의 봉헌 기도

지난 번에는 솔로몬이 하나님의 성전을 건축한 후, 성전 봉헌사를 한 내용을 살펴보았습니다. 이번에는 솔로몬 왕이 성전 봉헌할 때 올린 기도의 내용입니다. 솔로몬은 무슨 기도를 올렸을까요?

하나님의 성전 건축은 절대적인 하나님의 섭리 가운데서 진행된 일입니다. 사람의 창안이나 고안에 의해서 이루어진 일이 아닙니다. 솔로몬은 하나님의 은혜를 찬양하고 감사를 드렸습니다.

1. 솔로몬의 손을 편 기도

솔로몬은 하늘을 향하여 손을 폈습니다. 그리고 기도하기 시작했습니다. 무슨 기도를 올렸을까요? 23-30절까지 하나님께서 언약을 지켜 은혜를 베푸신 데 대한 찬양과 서론적인 기도 내용입니다. 구체적으로 구분해서 말씀드리겠습니다. 31-53절에서는 일곱 가지 상황을 전제하여 올린 기도입니다.

솔로몬은 단과 백성 사이에 서서 하나님께 기도를 올리고 있습니다. 때로는 무릎을 꿇고 기도하고 때로는 일어서서 기도하는 모양입니다.

솔로몬이 왕이지만 만왕의 왕이신 하나님 앞에서는 신하와 같은 입장이기 때문입니다.

하늘을 향하여 손을 펴고 기도하는 것은 하나님께 기도하는 것을 의미합니다. 손바닥을 펴서 기도를 올렸습니다. 이런 표현은 솔로몬의 간절한 마음을 담은 탄원의 기도라고 볼 수 있습니다. 모세도 하늘의 뇌성과 우박을 멈추게 하는 기적을 일으켜 세상이 여호와께 속한 것임을 바로에게 알리려고 했습니다.

물론 반대의 의미로 재앙을 내리는 의미로도 사용되었습니다. 그러나 일반적으로 손은 권위와 힘을 상징하는 것입니다. 솔로몬 왕이 이스라엘 백성을 향하듯 만왕의 왕 예수의 손이 여러분을 향해 펼쳐져 있고 축복하는 역사가 일어나기를 바랍니다.

이사야 성경에는 나의 의로운 오른손으로 너를 붙들리라. 너를 도와주리라. 부활하신 주님은 '너희에게 평강이 있을지어다!' 라고 말씀하셨습니다. 하나님 우편 보좌에 앉아 계신 그리스도께서 여러분을 향하여 축복의 손길을 펼치기를 진심으로 바랍니다.

2. 솔로몬의 찬양

첫 번째로, 하나님께서 다윗과의 언약을 신실하게 지켜 주심에 대하여 감사를 드렸습니다. 하나님은 온 마음과 정성을 다하는 백성에게 언약을 지키시고 은혜를 베푸시는 하나님이십니다. 다윗에게 언약을 세우시더니 성전을 건축하도록 복을 주신 하나님을 찬양했습니다.

솔로몬은 기도의 대상인 '이스라엘의 하나님 여호와'의 이름을 불렀습니다. 하나님은 유일하시며, 상천하지에 주와 같은 신이 없음을 고백하는 내용입니다. 하늘과 땅 위에 하나님과 같은 분이 없다는 의미입니다. 하나님은 성전을 초월해 계시는 만유의 주재자이심을 고백하고 있습니다. 솔로몬 왕의 영적인 눈이 밝았습니다.

두 번째로, 하나님은 다윗에게 약속하시기를 하나님이 원하는 길로만 행하면 이스라엘 왕위에 오를 후손이 끊어지지 않을 것을 약속했습니다. 그 언약을 계속하여 지켜 주실 것을 기도드렸습니다. 언약을 세우시며 언약이 이루어지도록 은혜를 베풀어 주시는 하나님이십니다. 성전 건축에 대한 언약과 왕위가 끊이지 않을 것이라는 은총입니다. 솔로몬은 언약에 신실하신 하나님을 찬양했습니다.

세 번째로, 자기 자신과 하나님의 백성들이 하나님의 성전에서 기도하면 응답해 주실 것을 기도했습니다. 하나님은 하늘이라도 감당할 수 없는 분으로 감히 자신이 건축한 전에 모실 수 없음을 찬양했습니다. 성령은 우리의 연약함을 아시고 하나님의 뜻대로 간구하도록 돕는 영이십니다.

네 번째로, 하나님께서 솔로몬의 기도와 간구를 돌아보시며 주 앞에서 비는 기도를 들어주시기를 소원했습니다. 하나님께서 주야로 이 성전을 보시며 솔로몬 자신이 이 성전을 향하여 비는 기도를 들어주시기를 소원했습니다.

혹시 범죄한 사람이 하늘의 하나님께 기도를 올릴 때에 용서하여 주시옵소서! 죄와 실수를 마치 없던 것같이 용서해 주시라는 뜻입니다. 솔로몬 왕의 기도에 있어서 사하여 달라는 간구가 여러번 반복되고 있는 것이 특징입니다. 기도는 하나님 앞에 죄를 고백하고 용서받는 것입니다.

솔로몬이 아버지 다윗의 마음과 같기만 하면 하나님께서는 약속을 지키실 분이십니다. 그러나 훗날 솔로몬의 마음은 다윗과 같지 않았습니다. 다윗 왕이 걸어간 길을 걷지 못하고 이방 신을 따르거나 여자에게 마음을 빼앗긴 경우가 많았습니다. 부귀영화 때문에 눈이 어두워진 경우도 있습니다.

사랑하는 성도 여러분! 여러분의 영적인 눈을 멀게 하는 것이 무엇인지 발견해 봅시다. 깨어서 기도하는 가운데 영적으로 살아 움직이는 성도가 됩시다.

3. 솔로몬의 청원 기도

사람들이 처할 수 있는 일곱 가지 상황을 전제하여 올린 솔로몬 왕의 기도입니다. 어떤 상황을 전제하여 기도를 올렸을까요?

첫 번째로, 하나님께서 개인의 선악을 공의로 판단하시기를 간구했습니다. 어떤 사람이 이웃에게 잘못을 범하여 이 성전으로 끌려와서 그런 일을 하였으면 저주를 받겠다고 맹세시킬 경우를 가정했습니다. 그럴 경우 하나님께서 하늘에서 들으시고 선악간에 판결하여 보응하시기를 간구했습니다.

하나님만이 사람의 마음과 행동을 아시고 정확하게 판단하실 수 있으니 여호와의 이름을 걸고 맹세한 자들의 옳고 그름을 판단해 달라는 기도입니다. 모든 통치권이나 소유권이 하나님께 있기 때문입니다.

이것은 솔로몬 왕국의 공의만이 아니라 신정국가에 있어서 중요한 사상이 공의이기 때문입니다. 하나님은 사랑이 충만하시지만 공의도 충만하신 분이십니다. 하나님만이 영원한 재판장이십니다. 선악간에 판결하실 분은 하나님이십니다.

두 번째로, 하나님의 백성이 죄를 범하여 전쟁에서 패하고 성전에 나아와 빌 때 용서하기를 간구했습니다. 하나님의 백성들이 죄를 회개하면 용서해 주시고 회복시켜 주시기를 기도드렸습니다.

이스라엘이 전쟁에서 적군에게 패했을 경우를 가정한 기도입니다. 하나님의 선민 이스라엘이 적국에 패한 근본적인 원인은 하나님과의 관계에서 실패했기 때문입니다. 이방 나라에 포로가 된다든지, 전쟁에서 패배하는 것은 하나님 앞에 범죄했을 때 생기는 일이었습니다.

이 내용은 솔로몬 왕의 반복적인 기도입니다. 사람은 죄인이기 때문입니다. 하나님 앞에서 죄를 인정하고 고백하면 하나님이 하늘에서 용서해 달라는 기도입니다. 불쌍히 여기시옵소서! 긍휼히 여기시옵소서!

세 번째로, 하나님의 백성이 죄를 범함으로써 가뭄을 겪을 때 성전에 나와 용서를 빌면 비를 허락하여 주기를 간구했습니다. 백성이 죄를 범하여 그 값으로 하늘에서 비가 그쳐 고통당하므로 성전에 나아와 회개하는 경우를 가정했습니다. 그럴 때 하나님은 하늘에서 들으시고 죄를 사하시며 비를 내리시기를 간구했습니다.

이스라엘의 역사를 보면 하나님의 백성이 하나님과의 관계가 좋을 때는 이른 비와 늦은 비를 내려주시지만 하나님과의 관계에서 실패했을 때는 우로가 있지 않아 극심한 가뭄으로 고생을 했습니다.

네 번째로, 이스라엘에 재앙이 임한 상황에서 백성이 성전에 나아와 용서를 빌 때 죄를 사하실 것과 행위대로 갚으실 것을 간구했습니다. 이스라엘에 재앙이 임하여 한 사람이나 온 이스라엘이 마음으로 뉘우치고 성전을 향하여 간구하는 상황을 가정했습니다. 그때 하나님께서 들으시고 치유하시고, 홀로 각 사람의 마음을 다 아시는 하나님께서 그 모든 행위대로 행하사 갚으시기를 간구했습니다. 그리하면 자신들은 주께서 조상에게 주신 땅에서 사는 동안에 항상 주를 경외할 것이라고 했습니다.

다섯 번째로, 이방인이 하나님의 광대한 이름과 주의 능하신 손과 팔에 대한 소문을 듣고 성전에 올라와서 기도할 때나 성전을 향하여 자기의 소원을 하나님께 아뢸 때 응답해 달라는 간구입니다. 이것은 주의 이름으로 만민이 이방인까지 다 하나님을 경외하도록 기도드리는 내용입니다. 솔로몬이 하나님은 온 인류의 하나님이심을 고백하고 있습니다. 폭넓은 우주관을 가지고 있습니다.

여섯 번째로, 전장에 나가는 하나님의 백성이 기도할 때 응답해 주실 것을 기도드렸습니다. 주의 백성이 예루살렘과 주의 전이 있는 쪽을 향하여 기도하면 들으시기를 간구했습니다. 주의 백성이 적국과 싸우고자 하여 원정 갔을 때 성전과 멀리 있고 그들이 성전 있는 방향으로 기도할 때를 가정한 기도입니다. 그 경우 주께서 하늘에서 들으시고 그들의 일을 돌아보시기를 간구했습니다.

일곱 번째로, 범죄하여 적국의 포로로 끌려간 백성이 회개하며 성전이 있는 곳을 향하여 간구할 때 들으시기를 간구했습니다. 범죄하지 않는 완전한 사람은 없습니다. 하나님의 백성도 범죄하는 경우가 있으며, 주께서 진노하셔서 백성들을 원수에게 넘기시면 적국에 포로로 잡혀가는 신세가 될 것임을 가정한 것입니다.

적국에 포로로 잡혀갔을 때에도 진심으로 잘못을 뉘우치며 회개하고 한 마음으로 주께 돌아와 이스라엘 땅과 예루살렘과 주의 성전이 있는 방향으로 간구하면 하나님께서 하늘에서 그 기도를 들으시고 돌아보시며 용서하고 적국으로 불쌍히 여김을 얻게 하시기를 간구했습니다. 회개할 때 안식이 있고 마음에 평정이 있습니다.

주께서 철 풀무 같은 애굽에서 인도하여 내신 주의 백성과 주의 산업이 되기 때문입니다. 주께서 솔로몬의 기도와 백성의 기도에 응답해 주실 것을 다시 간구했습니다. 주께서 애굽에서 조상들을 인도하여 내실 때에 주의 종 모세에게 말씀하심같이 세상 만민 가운데서 구별하여 주의 산업으로 삼으셨음을 상기시키며 간구했습니다.

솔로몬 왕의 기도에 나타난 신학적인 내용들은 신약 시대에는 하나님의 성전의 완성자이신 예수님, 그 예수님이 십자가에서 죽으심으로 구체적으로 실현되었습니다. 예수님은 성전의 원형이고 실체이십니다.

기도가 무엇입니까? 자기의 뜻을 포기하고 하나님의 뜻을 찾는 것, 하나님의 뜻에 순종하겠다는 결단입니다. 기도할 때 하나님의 은혜와 능력이 나타납니다. 또한 솔로몬 왕의 기도에는 우선순위가 있음을 발견하게 됩니다. 하나님의 공의가 우선이고 그 다음이 인간의 필요입니다.

제25강
열왕기상 8장 54-61절

왕의 축복과 권면

솔로몬 왕이 성전 봉헌에 즈음하여 무릎을 꿇고 손을 펴서 하늘의 하나님을 향하여 기도와 간구를 올리고 나더니 여호와의 단 앞에서 일어나 서서 큰 소리로 이스라엘 백성을 향해 축복하기 시작했습니다. 왕이 하나님의 백성을 축복한 내용입니다. 이 얼마나 멋진 장면입니까?

우리나라 정치인들도 말로만 국민, 국민 할 것이 아니라 실제적으로 축복하는 정치인들이 되면 얼마나 좋겠습니까? 지도자가 백성을 축복하는 일은 당연한 일입니다. 그런데 사사건건 발목만 잡고 늘어지는 평가를 하니 무슨 지도자라고 할수 있겠습니까?

1. 하나님을 찬양하라

솔로몬 왕이 여호와 앞에 무릎을 꿇고 기도와 간구를 마치고 나서 이스라엘 백성들에게 '여호와를 찬송하라' 라고 외쳤습니다. 솔로몬 왕이 여호와 앞에 무릎을 꿇었습니다. 진정한 왕, 만왕의 왕은 하나님이십니다. 솔로몬은 하나님의 종입니다. 인간적으로는 왕이지만 하나님 앞에서는 청지기, 관리인입니다.

여호와 앞에 무릎을 꿇은 것은 탄원이나 복종 그리고 예배하는 사람의 자세입니다. 솔로몬 왕이 지혜의 왕이지만 하나님 앞에는 보잘것없고 나약하며 겸허한 자세를 나타내고 있습니다. 솔로몬 왕이 왕위에 앉았지만 하나님 앞에 나아갈 때에는 겸손하고 낮은 자세로 하나님께 영광을 돌리기 위하여 나아간 것입니다.

하나님은 지금도 이런 예배자를 찾으십니다. 요한복음 4장 23-24절에 "아버지께 참되게 예배하는 자들은 영과 진리로 예배할 때가 오나니 곧 이 때라 아버지께서는 자기에게 이렇게 예배하는 자들을 찾으시느니라 하나님은 영이시니 예배하는 자가 영과 진리로 예배할지니라" 라고 했습니다.

솔로몬 왕은 하나님의 백성들이 여호와를 왜 찬송해야 하는지 그 이유를 밝히고 있습니다. 하나님 앞에 무릎을 꿇고 기도하더니 백성을 축복하고 권면할 때는 자세를 바꾸었습니다. 하나님 앞에서는 겸손한 자세를 취했지만 왕으로서 백성을 축복할 때는 당당한 모습과 큰 소리로 신정국가의 왕으로서, 하나님의 대리 통치자로서 축복하고 권면했습니다. 육중하면서 강하고 큰 소리로 축복했습니다. "여호와를 찬송할지로다". 하나님은 솔로몬 왕을 통하여 이스라엘 백성을 축복하고 이스라엘 백성들은 여호와 하나님께 찬양을 올렸습니다.

1) 하나님이 약속하고 언약하신 대로, 허락하신 대로 이스라엘 백성에게 태평을 주셨기 때문에 찬양하라는 것입니다. 태평은 인간의 노력이나 수고의 결과가 아닌 하나님께서 아브라함과 이삭과 야곱에게 약속하신 대로 이루신 것이기 때문에 찬양하라고 합니다. 다윗과의 언약도 성취하셨기 때문에 찬양하라고 권면하는 것입니다.

태평이란 '평강, 안식, 평안'을 뜻합니다. 이스라엘 백성들이 안전한 거주지를 얻은 것이고, 방황으로부터 벗어나는 것입니다. 진정한 자유를 얻게 되었으니 찬양으로 보답하라는 뜻입니다.

　2) 모세를 통하여 허락하신 말씀대로 이루어지지 않은 것이 없기 때문에 찬양하라고 권면했습니다. 하나님께서 모세를 통해 언약하신 말씀이 효력을 상실했거나 방치되는 일이 없었습니다. 모두 성취되었습니다. 천지가 없어지기 전에는 율법의 일점일획이라도 반드시 없어지지 아니하고 다 이루어지겠다고 선언하신 것과 같습니다.

　신명기 12장 9-10절에 "너희가 너희 하나님 여호와께서 주시는 안식과 기업에 아직은 이르지 못하였거니와 너희가 요단을 건너 너희 하나님 여호와께서 너희에게 기업으로 주시는 땅에 거주하게 될 때 또는 여호와께서 너희에게 너희 주위의 모든 대적을 이기게 하시고 너희에게 안식을 주사 너희를 평안히 거주하게 하실 때에"라고 했습니다.

　여호수아 시대에도 이루어졌지만 지금도 이루어진 것입니다. 여호수아 21장 44절에 "여호와께서 그들의 주위에 안식을 주셨으되 그 조상들에게 맹세하신 대로 하셨으므로 그들의 모든 원수들 중에 그들과 맞선 자가 하나도 없었으니 이는 여호와께서 그들의 모든 원수들을 그들의 손에 넘겨 주셨음이니라"라고 했습니다.

　여호수아 시대의 안식은 좋은 것이었지만 완전한 안식에 비하면 불완전한 안식이었습니다. 또 메시야 시대에 이루어질 안식에 비교한다면 솔로몬 시대에 이루어진 안식도 불완전한 안식입니다.

　성도에게 있어서 참되고 영원한 안식은 평화의 왕이시며 임마누엘 하나님이신 예수 그리스도 안에서만 누릴 수 있는 복입니다. 히브리서 4장 9-11절에 "그런즉 안식할 때가 하나님의 백성에게 남아 있도다 이미 그의 안식에 들어간 자는 하나님이 자기의 일을 쉬심과 같이 그도 자기의 일을 쉬느니라 그러므로 우리가 저 안식에 들어가기를 힘쓸지니 이는 누구든지 저 순종하지 아니하는 본에 빠지지 않게 하려 함이라"라고 했습니다.

2. 솔로몬의 축원 내용

1) 여호와 하나님께서 열조와 함께 하신 것같이 후손들인 우리와 함께 계시고 떠나지 않으시며 버리지 않기를 원했습니다. 인간이 받을 수 있는 최고의 복이 하나님이 함께하는 것입니다. 함께하는 것은 최고의 교제와 친교를 의미하는데 고난이든 영광이든 모든 일에 함께 동참하는 것을 뜻합니다.

축복의 본질이 무엇일까요? 재물이나 명예보다 더 귀한 것이 무엇일까요? 하나님께서 우리와 함께하심입니다. 이것이 최고의 복입니다. 축복의 본질입니다. 곁에, 근처에, 함께 계시기를 원하는 것입니다. 하나님은 만유의 대주재자이십니다. 하나님께서 함께하시면 모든 것을 얻은 것이나 마찬가지입니다.

마태복음 9장 23-24절에 "예수께서 그 관리의 집에 가사 피리 부는 자들과 떠드는 무리를 보시고 이르시되 물러가라 이 소녀가 죽은 것이 아니라 잔다 하시니 그들이 비웃더라"라고 했습니다. 주님이 함께하시면 죽음도 이깁니다. 소녀가 살아났습니다.

누가복음 16장 25절에 "아브라함이 이르되 얘 너는 살았을 때에 좋은 것을 받았고 나사로는 고난을 받았으니 이것을 기억하라 이제 그는 여기서 위로를 받고 너는 괴로움을 받느니라"라고 했습니다. 가장 미천한 자라도 하나님이 함께하시면 가장 존귀한 자가 되는 것입니다.

고린도전서 1장 27-28절에 "그러나 하나님께서 세상의 미련한 것들을 택하사 지혜 있는 자들을 부끄럽게 하려 하시고 세상의 약한 것들을 택하사 강한 것들을 부끄럽게 하려 하시며 하나님께서 세상의 천한 것들과 멸시 받는 것들과 없는 것들을 택하사 있는 것들을 폐하려 하시나니"라고 했습니다. 우리는 미천한 사람이지만 하나님이 함께하시면, 복음으로 영광스러운 사람이 되는 것입니다.

2) 우리의 마음이 하나님으로부터 멀어지지 않게 하시며 하나님의 모든 길로 행하게 하시며 우리 조상에게 명하신 하나님의 법도와 계명과 율례에 순종할 것을 권면했습니다. 하나님으로부터 멀어지는 것이 얼마나 큰 고통인가? 예수님께서 십자가에서 보여주셨습니다. 엘리 엘리 라마 사박다니입니다. 버림당하거나 멀어지는 것이 가장 고통스러운 일입니다. 하나님의 은총이나 보호로부터 멀어지지 않게 하옵소서! 항상 하나님의 백성은 마음을 하나님께로 향해야 합니다.

3) 여호와 앞에서 기도와 간구를 올렸는데 주야로 여호와께 가까이 있어 잊혀지지 않게 하소서라고 축복했습니다. 하나님과 백성이 하나같이 연합하고 가깝게 하옵소서! 친근히 있게 하옵소서. 친밀하고 접촉하기 쉬운 곳에 있게 하옵소서.

4) 주의 종과 주의 백성의 일을 날마다 돌아보사 만민에게 여호와만 하나님이시고 그 외에는 신이 없는 줄 알게 하소서! 모든 백성의 필요를 따라 적절한 은혜와 복을 내려주시옵소서. 마치 오늘날 우리에게 일용할 양식을 주옵소서라고 간구한 내용입니다.

하나님은 영원히 유일하신 하나님이십니다. 여호와만이 온 세계를 다스리시며 참되고 유일하신 신이심을 나타내시옵소서. 하나님만이 하나님의 백성을 인도하시고 이끌어가시는 분이심을 보여주옵소서.

3. 왕의 권면

왕으로서 백성을 향해 축복과 권면을 했습니다. 축복한 내용은 살펴보았고 권면의 내용이 무엇입니까? 이스라엘 백성들에게 마음을 하나님 여호와와 온전히 합하여 완전하게 하라는 권면입니다.

하나님과 마음이 하나가 되라. 화합하라. 번영할 때만이 아니라 고난의 시간에도 함께하라. 신분을 논하지 말고 친교하고 교제하라고 권면했습니다. 하나님과 교제하라. 하나님과 친교하라. 하나님과 화합하라. 그것도 완전하게 친교하고 화합하라. 저울로 달아보는 것처럼 정확하고 무게 있게 화합하라. 사람이 일평생 동안 변하지 않는 마음으로 하나님을 섬기라. 성실하게 하나님 앞에서 살아야 할 것을 권면한 내용입니다. 변함없이 믿고 행동하라.

사람과 사람의 마음이 하나 되는 것이 얼마나 힘든 일입니까? 솔로몬 왕은 하나님의 아들과 딸들에게 '아버지 하나님의 마음과 하나가 되라.' 라고 권면했습니다.

또 오늘날과 같이 그 법도를 행하며 그 계명을 지키라고 권면했습니다. 특별히 솔로몬 왕의 마음이나 이스라엘 백성들의 마음에 하나님의 뜻에 순종해야겠다는 마음이 불타오르고 있었습니다. 하나님의 말씀에 순종하며 살라는 강력한 권면 속에 자신과 백성의 헌신을 다짐했습니다.

하나님의 말씀보다 더 확실한 보증서나 계약서가 있습니까? 하나님께서 인간 그리고 자연과 하나님 자신을 두고 맹세하여 세운 언약이 바로 하나님의 말씀입니다. 이것보다 확실한 언약이 어디 있습니까? 변하지 않고 쇠하지 않으시며 신실하신 하나님의 언약입니다. 언약에 신실한 사람이 하나님의 언약에 대한 가치를 인정하게 됩니다.

하나님은 살아 계신 분이십니다. 죽은 자의 하나님이 아니요 산 자의 하나님이십니다. 하나님과 동행하는 사람은 언약을 믿는 사람입니다. 하나님의 언약은 천지가 없어져도 없어지지 않고 이루십니다. 그래서 기독교는 언약의 종교요, 말씀의 종교입니다.

창세기 28장 15절에 "내가 너와 함께 있어 네가 어디로 가든지 너를 지키며 너를 이끌어 이 땅으로 돌아오게 할지라 내가 네게 허락한 것을 다 이루기까지 너를 떠나지 아니하리라"라고 야곱에게 약속하신 하나님이 그 약속을 지키셨습니다.

시편 16편 8절에 "내가 여호와를 항상 내 앞에 모심이여 그가 나의 오른쪽에 계시므로 내가 흔들리지 아니하리로다"라고 했습니다. 말씀과 함께, 하나님과 함께입니다.

제26강
열왕기상 8장 62-66절

성전 봉헌식의 마지막

솔로몬 왕은 다윗과의 언약을 따라 하나님의 성전을 건축하고 봉헌식을 거행했습니다. 이것이 솔로몬 왕국에 있어서 최고의 영광입니다. 만약 솔로몬이 지혜의 왕이지만 자기 자신만을 위하여 지혜를 사용했다면 영원히 빛나지 않았을 것입니다.

그러나 솔로몬 왕은 하나님으로부터 받은 지혜를 가지고 신정국가, 하나님 나라의 발전을 위하여 사용했습니다. 하나님의 영광을 드높였고, 나라의 발전을 위하여 지혜를 사용했습니다. 하나님 나라 백성의 여러 가지 문제를 해결할 뿐만 아니라 하나님의 영광을 위하여 성전을 건축했습니다. 성전 봉헌식을 거행한 솔로몬 왕이 그 다음에 행한 일이 무엇일까요?

1. 희생 제사

성전 건축과 함께 언약궤를 성전 안에 안치시켰습니다. 솔로몬이 성전 봉헌사를 했습니다. 그리고 성전 봉헌식에서 솔로몬 왕은 기도를 드렸습니다. 백성을 축복하고 권면했습니다. 그 다음에 행한 일이 무엇입니까? 마지막으로 행한 일입니다.

왕과 백성들이 여호와께 희생제사를 드렸습니다. 62절을 봅시다. "이에 왕과 및 왕과 함께 한 이스라엘이 다 여호와 앞에 희생제물을 드리니라"라고 했습니다. 역대하 7장 4-10절에도 희생 제사 사건이 기록되어 있습니다.

희생 제사를 드릴 때의 광경을 보면 제사장들이 백성 앞에서 나팔을 불어 여호와를 찬양했습니다. 장엄한 예식을 거행했습니다. 솔로몬 왕과 하나님의 백성들은 자발적으로 참여했습니다. 성전 봉헌식의 마지막이 장엄하고 역동적인 것임을 표현해 주고 있습니다.

솔로몬 왕이 성전 봉헌을 위하여 소 이만 이천 마리와 양 십이만 마리를 여호와께 화목제물로 바쳤습니다. 솔로몬 왕과 이스라엘 백성들이 하나님께 드린 제사의 명칭이 화목제물이었습니다. 화목제가 무엇입니까? '평안하다, 마치다, 갚다, 형통하다' 의 뜻을 가지고 있는 말로부터 유래되었으며 화목제는 '감사제, 서원제, 낙헌제' 로 나누어집니다.

감사제가 무엇입니까? 하나님께서 베풀어 주신 은혜에 대하여 감사하는 제사입니다. 하나님께서 우리에게 베풀어 주신 영육간의 은혜와 복이 얼마나 많습니까? 서원제는 하나님께 서약이나 맹세한 것을 서원하여 갚는 제사입니다. 그리고 낙헌제는 하나님께 자원하여 드리는 제사입니다.

제물의 종류를 보면 형편에 따라 드렸지만 화목제에 사용되는 제물로는 수소나 암소, 숫양이나 암양, 염소를 제물로 드렸습니다. 화목제에서 기름 부위는 제단 위에서 태워졌으나 하나님께 불태워 바친 부분과 제사장의 몫 외에 나머지 부분은 경배자들에게 돌렸습니다.

솔로몬 왕은 61절에서 "그런즉 너희의 마음을 우리 하나님 여호와께 온전히 바쳐 완전하게 하여 오늘과 같이 그의 법도를 행하며 그의 계명을 지킬지어다"라고 했습니다. 백성들의 마음을 여호와와 온전히 합하라고 권면했습니다.

항상 하나님 앞에 드려지는 제물과 드리는 사람이 하나임을 강조하고 있습니다. 그래서 아벨과 그 제물을 받아 주시고 가인과 그 제물은 받지 않으셨습니다. 여러분의 헌신과 봉사를 하나님이 받아 주는 은혜와 복이 임하기를 바랍니다.

그리하여 온 이스라엘이 여호와의 전의 낙성식을 거행했습니다. 소가 이만 이천 마리입니다. 양이 십이만 마리였습니다. 혹자는 과장되었거나 사본상 오류라고 말하지만 역대하 7장에도 같은 수로 기록되어 있습니다.

다윗 왕 시대에 제물을 취급할 수 있는 레위인이 38,000여 명이었고, 제사장도 2-3천 명에 달했습니다. 솔로몬 왕 시대는 더욱 번창했던 것으로 보아 충분히 가능한 일로 봅니다. 그래서 '그 수가 많아 기록할 수도 없고 셀 수도 없었다' 라고 말하고 있습니다.

그 날에 여호와의 성전 앞뜰을 거룩히 구별하고 거기서 번제와 소제와 감사제의 기름을 드렸습니다. 왜냐하면 여호와의 앞 놋제단이 작아 성전 봉헌식 번제물과 소제물과 화목제물의 기름을 다 수용할 수 없었기 때문입니다.

희생 제물이 많았기 때문에 기존의 제단으로는 감당할 수 없어서 제사장의 뜰 전체를 거룩하게 구별하여 임시 제단으로 사용했습니다. 거룩하게 구별하는 것은 여호와께 드릴 제사를 위해서 거룩하게 구별했음을 의미합니다. 열왕기상에는 나타나지 않지만 역대기하 4장에는 거대한 놋제단이 있었음이 나타나고 있습니다.

번제와 소제와 감사제의 기름을 드렸습니다. 번제는 올라가다, 상달하다의 뜻에서 유래된 것으로 제물 전체를 불살라 그 향기를 하나님께 올려 드리는 제사입니다. 피를 단 사면에 뿌리고, 가죽을 제외한 제물 전체를 불살라 드리는 제사입니다. 이것은 하나님께 대한 온전한 헌신과 충성을 의미했습니다.

소제는 수여하다의 의미에서 유래된 것으로 곡물로 제물을 삼아 드리는 제사였습니다. 번제나 화목제를 드릴 때 기름과 유향, 소금 등을 섞어 불살라 드리는 것으로 하나님께 대한 순수한 희생적 봉사를 의미했습니다.

감사제는 '마치다, 갚다' 에서 유래된 것으로 하나님의 은혜에 대한 감사의 표현으로 드리는 제사입니다. 화목제의 일종입니다. 하나님의 은혜를 잊지 않고 감사하는 데 의미가 있습니다.

2. 장막절

그때에 솔로몬이 하나님 여호와 앞에서 칠일의 낙성식과 칠일의 장막절을 지켰습니다. 유대 달력으로 7월 8일에서부터 21일까지 14일 기간을 의미합니다. 칠일은 봉헌식으로 지냈습니다. 또 칠일은 장막절로 지켰습니다.

성도는 하나님께 시간을 드리든지, 몸을 바치든지, 은사를 동원하든지 아까워하지 말고 헌신해야 합니다. 바울은 고린도 교인들에게 마음에 정한 대로 할 것이요 인색함으로나 억지로 하지 말라고 했습니다. 왜냐하면 하나님은 즐겨 내는 자를 사랑하시기 때문입니다.

그때에 하맛 어귀에서부터 애굽 시내까지의 온 이스라엘의 큰 회중이 모여 왕과 함께했습니다. 봉헌식에는 하맛 어귀에서부터 애굽 하수까지이니까 전지역에서 다 올라왔음을 밝히고 있습니다. 하맛은 이스라엘의 북쪽 경계를 말하고, 애굽은 남쪽의 경계를 의미하는 말입니다.

제 팔일에 솔로몬이 하나님의 백성을 모두 돌려보냈습니다. 봉헌식과 장막절이 끝났을 때를 가리킵니다. 유대력으로 7월 22일에 모든 백성을 돌려보냈습니다. 역대하 7장 10절에는 7월 23일에 돌려보낸 것으로 기록하고 있습니다. 7월 22일에 폐회 축제가 있었습니다. 폐회 축제에서 솔로몬이 해산을 선언했지만 백성들은 다음날 23일에 출발했다는 뜻입니다.

하나님의 백성들이 솔로몬 왕을 축복하고 자기 집으로 돌아가면서 여호와께서 다윗과 이스라엘을 향하여 베풀어 주신 모든 은혜로 인하여 기뻐하며 즐거워했습니다. 이스라엘 백성에게는 광야 생활이 잊을 수 없는 사건이었습니다. 물론 애굽에서 종 노릇을 한 사건도 잊을 수 없는 일이었습니다.

그런데 이제는 고정식 성전을 건축했습니다. 가나안 땅의 새로운 주인이 되었습니다. 아브라함과 이삭과 야곱에게 맹세한 땅도 차지하게 되었습니다. 이제는 옮겨 다니지 않아도 되는 나라가 되었습니다. 국가적인 번영의 축복이 임하게 되었습니다.

자기 집으로 돌아가서 마음껏 농사 짓고, 목축업을 경영하고, 정착된 나라, 정착민으로서 살아가게 되었습니다. 그것이 너무나 좋아서 집으로 돌아갔다고 표현한 것입니다. 더군다나 장막절까지 지키면서 과거를 회상했으니 얼마나 은혜 위에 은혜입니까?

성전 봉헌식을 마무리지으면서 성전 건축의 당사자는 솔로몬인데 다윗이 하나님의 종으로, 은혜의 수혜자로 언급되어 있습니다. 성전 건축은 솔로몬보다 다윗 왕에게 주어진 언약의 성취입니다. 실제적으로 다윗이 모든 기초를 닦았습니다. 솔로몬은 다윗 왕의 뒤를 이어 실행에 옮긴 사람입니다. 다윗과의 언약은 은혜요, 선한 것이고 즐거운 것이었습니다.

하나님께서 다윗과 이스라엘 백성 위에 베푸신 은혜가 크기 때문에 즐거워하고 기뻐한 것입니다. 백성들은 하나님의 은혜를 보고 느끼면서 기뻐하고 찬송하면서 집으로 돌아갔습니다. 정말 태평성대를 누렸습니다. 이것도 하나님의 은혜였습니다.

성경에서 마음은 인간의 지정의를 모두 포함한 전인격적인 것을 뜻합니다. 하나님의 은혜와 복을 보고 느낀 이스라엘 백성들의 마음으로부터 나오는 찬송과 기쁨과 즐거움을 생활에 반영한 것입니다. 왕에게 임하는 하나님의 복, 하나님의 은혜를 눈으로 보았습니다. 자기들에게 임하는 하나님의 복과 은혜도 경험했습니다. 그러다보니 매우 기뻐하고 즐거워하는 삶을 누리게 된 것입니다.

지금은 성전도 불타버린 상황입니다. 국가의 주권도 잃어버린 상황입니다. 옛날을 기억하면서 비탄 속에서 과거를 회상하는 상황입니다. 그렇지만 앞으로 하나님께서 회복시켜 주실 것을 기다리고 바라보는 상황입니다.

모세와 다윗에게 성막과 성전을 허락하신 하나님께서 더 좋은 영화로운 복을 주실 것을 미래적으로 내다보고 있는 상황입니다. 하나님의 임재가 성전보다 더 중요합니다. 하나님의 통치가 성막보다 더 중요합니다. 솔로몬이 거하는 왕궁보다 하나님의 인도가 더 필요한 상황입니다. 하나님의 은혜로 과거의 죄악을 회개하는 것이 더욱 중요합니다.

이스라엘 백성이 회개한다면 하나님은 치료해 주실 것입니다. 회복시켜 주실 것입니다. 성령으로 충만해서 성막이나 성전보다 더 영화로운 성령이 거하는 전이 되게 하실 것입니다.

성도가 영원히 거할 곳은 하늘 나라입니다. 하나님 나라입니다. 천국입니다. 하나님이 다스리시고 통치하시는 곳입니다. 이스라엘은 항상 이동하는 민족이었습니다. 그런데 집이 있어서 집으로 돌아갈 수 있다는 것이 얼마나 행복한 일입니까? 비록 천막이라 할지라도, 가재도구도 별 것이 없는 곳이지만 안식처가 있는 것이 얼마나 큰 행복입니까?

믿음의 조상 아브라함을 생각해 봅시다. 거부입니다. 종도 많습니다. 군사도 있습니다. 족장입니다. 그러나 믿음으로 하늘의 본향을 바라보면서 살았습니다. 돌아갈 내 고향 하늘 나라. 그래서 예수께서도 "너희는 마음에 근심하지 말라 하나님을 믿으니 또 나를 믿으라. 내 아버지 집에는 거할 곳이 많도다"라고 했습니다.

시편 16편 11절에 "주께서 생명의 길을 내게 보이시리니 주의 앞에는 충만한 기쁨이 있고 주의 오른쪽에는 영원한 즐거움이 있나이다"라고 했습니다.

제27강
열왕기상 9장 1-9절

솔로몬의 기도와 하나님의 응답

솔로몬 왕이 성전 봉헌식에서 하나님 앞에 올린 기도를 통하여 항상 하나님의 눈이 함께하시기를 간구했습니다. 성전뿐만 아니라 솔로몬의 왕궁이 완성된 다음에도 하나님께로부터 재차 말씀이 임했습니다. 하나님의 자기 현현, 자기 계시입니다. 여러분에게도 하나님의 말씀을 통하여 하나님의 음성이 들려오는 복이 있기를 바랍니다.

1. 하나님의 현현

언제 하나님이 나타나셨습니까? 1절에 "솔로몬이 여호와의 성전과 왕궁 건축하기를 마치며 자기가 이루기를 원하던 모든 것을 마친 때에"라고 했습니다. 성전 건축과 왕궁 건축을 마쳤을 때 하나님께서 나타나셨습니다.

여호와 하나님께서 기브온에서 솔로몬에게 나타나신 것처럼 또다시 나타나셨습니다. 전능하신 하나님이 인간을 찾아오신 것입니다. 이것이 기독교인의 복음입니다. 하나님께서 인간을 찾아오시는 것 말입니다.

하나님께서 범죄한 아담을 찾아오셨습니다. 아담과 하와가 하나님
께서 따먹지 말라고 명령하신 선악을 알게 하는 나무의 실과를 따먹게
됩니다. 그리고 동산 나무 숲속에 가서 숨었습니다. 그런데 하나님께서
서늘할 때에 찾아오셨습니다.

상식적으로는 잘못한 사람이 하나님을 찾아가는 것이 정상입니다.
그런데 아담을 찾아오신 분은 하나님이십니다. 세상에서는 힘이 없는
사람이 힘이 있는 사람을 찾아가는 것이 일반적입니다. 그리고 아쉬운
사람이 먼저 찾아가는 법입니다.

그런데 살아 계신 하나님께서 아담을 찾아오셔서 아담아! 아담아!
네가 어디 있느냐? 부드러운 음성으로 부르셨습니다. 사랑의 음성으로
부르셨습니다. 범죄한 죄인이 놀랄까봐 사랑이 가득한 음성으로 조용
히 찾아오셨습니다.

예수님도 삭개오를 찾아가셨습니다. 삭개오는 세리입니다. 부자이
지만 키가 작은 사람이었습니다. 삭개오가 뽕나무 위로 올라가서 주님
을 보고 있었습니다. 주님은 삭개오를 만나기 위하여 돌감람나무, 뽕나
무를 향하여 다가가셨습니다. 그리고 삭개오야 내려오라. 오늘 내가 네
집에 가서 머물러야겠다고 말씀하시면서 너도 아브라함의 자손이라고
말씀하셨습니다.

삭개오를 찾아가신 분은 주님이십니다. 주님은 마태도 찾아가시고
베드로와 안드레, 야고보와 요한도 찾아가셔서 그들을 사람 낚는 어부
로 부르셨습니다. 지금도 교회를 통하여 사람들을 부르시고 거듭나게
하시며 세워가십니다.

성령께서 바울을 마게도냐 지방으로 보내셔서 유럽을 복음화시키셨
습니다. 성령께서 바울 일행을 루디아의 집으로 보내셨습니다. 때로는
베드로를 고넬료의 집으로 보내셨습니다. 그래서 성령을 받게 하시고
거룩한 교회를 세우게 하셨습니다.

솔로몬 왕에게 나타나신 하나님께서 첫 번째 기브온 산당에서는 지

혜를 주시기 위해서 나타나셨습니다. 그러나 성전을 건축한 다음에 나타나신 여호와께서는 긍정적인 면에서 권고와 격려와 약속의 말씀을 하셨습니다. 그러나 타락하여 범죄할 경우에는 심판이 있을 것에 대한 말씀도 하셨습니다.

그렇습니다. 사람이 세상을 살아갈 때 잘 걸어갈 수도 있지만 넘어질 수도 있습니다. 운전을 하고 갈 때도 아무런 사고없이 도착하지만 혹 가다가 사고를 당할 수도 있습니다. 하나님께서 솔로몬 왕에게 두 번째 나타나셨을 때 경고의 말씀도 하신 것이 특징입니다.

그래서 성도는 믿음의 길을 걸어가면서 갈림길에 서게 될 때 조심해야 합니다. 지혜롭게 처신해야 합니다. 선명한 선택을 해야 합니다. 믿음으로 잘 걸어가야 합니다. 하나님의 임재를 느끼면서 길을 걸어야 합니다.

2. 하나님의 응답

솔로몬이 하나님을 향하여 기도하며 간구한 말을 하나님께서 들었습니다. 3절에 "여호와께서 그에게 이르시되 네 기도와 네가 내 앞에서 간구한 바를 내가 들었은즉 나는 네가 건축한 이 성전을 거룩하게 구별하여 내 이름을 영원히 그 곳에 두며 내 눈길과 내 마음이 항상 거기에 있으리니"라고 말씀하셨습니다.

솔로몬의 기도에 대한 하나님의 응답입니다. 얼마나 멋진 기도와 그에 대한 멋진 응답입니까? 최고의 기도, 최고의 응답입니다. 그런데 하나님이 응답하신 내용을 깊이 생각해 봅시다. 무조건적으로 보장하신 것이 아니라 조건적인 것이 있습니다.

그것은 하나님의 말씀에 대한 순종 여부입니다. 순종하면 늘 축복해 주시겠지만 불순종하면 때로는 심판하시겠다는 경고의 말씀도 있습니다. 성경은 순종보다 불순종에 대한 말씀이 강합니다. 지금의 번영과

부가 쉽게 무너질 수 있기 때문입니다.

학자들은 성전 건축과 왕궁 건축 이후 13년쯤 지나서 하나님의 계시가 임했을 것으로 추정합니다. 하나님께서 솔로몬의 기도에 즉시 응답하시지 않고 왕국의 최고 번영기를 걸쳐 솔로몬과 이스라엘 백성들이 언약을 이행하지 않을 경우를 생각하여 징계에 대한 경고를 말씀하시고 있습니다.

솔로몬 왕이 통치할 때 최고의 영광은 성전과 왕궁을 건축하는 일이었습니다. 그런데 하나님의 말씀, 하나님의 명령에 대해 계속적으로 순종해야 할 책임과 의무가 큰 숙제로 남아 있었습니다.

솔로몬 왕도 다윗 왕 못지않게 성전 건축과 왕궁 건축에 대한 기쁨과 더불어 사모하고 사랑하는 마음이 있었습니다. 그럼에도 불구하고 순종보다 불순종에 대하여 더 많이 기록하고 있는 것은 신앙의 변절, 믿음의 변질을 생각했기 때문입니다. 그래서 하나님은 예수를 변함없이 사랑하는 모든 자에게 은혜가 있을 것이라고 말씀하셨습니다.

솔로몬 왕이 성전 건축은 7년, 왕궁 건축은 13년에 걸쳐 완공했습니다. 그 다음에 하나님께서 두 번째 나타나셨습니다. 기브온에서 꿈에 나타나신 것처럼 이번에도 꿈에 나타나셨습니다. 역대하 7장 12절에 "밤에 여호와께서 솔로몬에게 나타나사 그에게 이르시되 내가 이미 네 기도를 듣고 이 곳을 택하여 내게 제사하는 성전을 삼았으니"라고 기록하고 있었습니다.

그렇습니다. 사람은 무엇을 이루고 난 다음에는 종종 교만해져서 넘어지는 법입니다. 하나님의 은혜를 잊을 때가 많습니다. 축복과 관련된 말씀은 4-5절이라면 심판과 관련된 말씀은 6-9절입니다.

이스라엘의 역사를 보거나 솔로몬 왕을 보면 왕으로 즉위한 후 24년이 될 때 신앙이 쇠퇴했습니다. "교만은 패망의 선봉이요 거만한 마음은 넘어짐의 앞잡이니라"라고 했습니다. 저나 성도님들은 겸손하여서 하나님의 응답을 받으며, 믿음의 승리자가 됩시다.

3. 여호와의 계시가 무엇인가?

축복과 관련된 계시가 무엇인가? '네가 건축한 이 성전을 하나님께서 거룩하게 구별하여 내 이름을 영영히 그곳에 두며 내 눈길과 내 마음이 항상 거기 있을 것이라' 라고 응답했습니다. 솔로몬이 주의 눈으로 이 전을 주야로 보아 달라고 기도하니까 하나님께서 하나님의 이름을 두시고 거룩하게 구별하여 임재하실 것이며, 특별히 감찰하고 마음도 성전에 있을 것이라고 하셨습니다.

만일 네가 다윗과 같이 나의 명령에 순종하면 다윗에게 한 언약을 지켜 그 왕위를 영원히 견고하게 할 것이라는 약속도 하셨습니다. 다윗이 여호와 앞에서 믿음으로 살았던 것처럼 솔로몬도 닮을 것을 권고하고 있습니다.

물론 다윗은 밧세바 사건이나 말년에 군대를 의지했던 실수도 했습니다. 그러나 다윗은 회개할 줄 알았습니다. 솔로몬도 하나님이 살아계심을 알고 겸손하게 통치하라는 권면의 말씀입니다.

하나님의 말씀은 크게 나누어 축복과 저주로 구별됩니다. 하나님의 말씀에 순종하면 다윗과 맺은 언약(삼하7:12-16)을 지켜 그의 왕위를 지켜주시겠지만 만약 불순종하여 우상을 숭배하면 이스라엘을 멸망시키시겠다는 말씀이고, 하나님을 위한 성전이라 할지라도 던져 버릴 것이라고 하셨습니다.

축복과 저주가 뚜렷하다는 의미에서 신명기와 같습니다. 이스라엘 역사를 볼 때 저주쪽으로 흘러갔습니다. 북방 이스라엘은 앗수르에 멸망 당하였고(왕하17:23), 남방 유다는 바벨론 나라에 멸망 당했습니다. 하나님의 성전도 파괴되었습니다(왕하24:10-25:30).

그 주요한 원인은 솔로몬 왕을 비롯하여 이스라엘 백성들이 하나님의 명령을 따르지 않았기 때문입니다. 열왕기상 11장 6절에 "솔로몬이 여호와의 눈앞에서 악을 행하여 그의 아버지 다윗이 여호와를 온전히 따름 같이 따르지 아니하고"라고 했습니다. 솔로몬이 처음과는 달리 여호와를 눈앞에서 악을 행합니다. 아버지 다윗은 여호와를 온전히 따랐지만 솔로몬은 온전히 따르지 않았습니다. 그것이 문제였습니다.

열왕기상 15장 3절에 "아비얌이 그의 아버지가 이미 행하는 모든 죄를 행하고 그의 마음이 그의 조상 다윗의 마음과 같지 아니하여 그의 하나님 여호와 앞에 온전하지 못하였으나"라고 했습니다. 다윗 왕은 모든 왕의 기준, 표준과 같은 사람이었습니다. 다윗이 하나님을 섬기는 데 있어서 모든 왕의 모델이었습니다.

사랑하는 성도님들이여! 우리가 받은 축복이 저주가 되지 않기 위해서는 어떻게 해야 하겠습니까? 하나님의 명령에 대해 계속적인 순종의 삶을 살아야 합니다. 다른 길이 없습니다. 순종할 때 하나님께서 기뻐하시고 우리의 삶도 윤택하도록 복을 주실 줄로 믿습니다.

이스라엘의 멸망에도 하나님은 다윗과의 언약을 파기하지 않으셨습니다(삼하7:14-16). 비록 범죄하면 버림을 당하겠지만 다윗의 왕가를 영원히 버리지는 않겠다는 뜻입니다. 결국 하나님의 약속은 다윗의 자손 예수 그리스도에 의해서 성취되었습니다.

경고와 관련된 계시도 주셨습니다. 만일 자손이 나의 명령에 불순종하고 우상을 숭배하면 이스라엘을 내가 준 땅에서 끊어버릴 것이다. 또나의 이름을 위하여 거룩하게 구별한 이 전이라도 내 앞에서 던져버릴 것이다.

그렇게 되면 이스라엘은 모든 민족 가운데서 속담과 웃음거리가 될 것입니다. 이 전은 돌무더기가 되어 지나가는 사람마다 놀라며 비웃어 말하기를 여호와께서 무슨 까닭으로 이 땅과 이 전에 이같이 행하셨는가 할 것입니다. 또 다른 사람이 대답하기를 저희가 자기 열조를 애굽 땅에서 인도하여 내신 여호와를 버리고 다른 신을 좇아 섬김으로써 여호와께서 그 모든 재앙을 내리심이라.

솔로몬의 건축 사업과 교역

솔로몬 왕국의 번영과 평화는 성전 건축과 왕궁 건축으로 나타났습니다. 성전과 왕궁 건축사업만이 아니라 교역까지 힘썼습니다. 이것이 이스라엘의 번영을 의미하는 것이었습니다.

성전이나 왕국 건축사업을 무사히 마칠 수 있었던 이유는 이스라엘에 부가 축적되었기 때문입니다. 다윗 왕은 성전을 짓고 싶었지만 전쟁을 많이 한 것으로 인해 성전을 지을 수 없는 상황이었습니다.

이스라엘 나라가 크게 번영하게 된 근본적인 이유는 하나님께서 다윗과의 언약을 기억하시고 솔로몬과 그 언약을 이행하셨기 때문입니다. 열왕기상 3장 13절에 "내가 또 네가 구하지 아니한 부귀와 영화도 네게 주노니 네 평생에 왕들 중에 너와 같은 자가 없을 것이라"라고 말씀하셨습니다.

1. 솔로몬과 히람

솔로몬이 여호와의 전과 왕궁 건축하기를 마치고 갈릴리 땅의 이십 성읍을 히람에게 주었습니다. 왜냐하면 두로 왕 히람이 솔로몬의 요구대로 백향목과 잣나무와 금을 제공하였기 때문입니다.

히람 왕은 솔로몬 왕이 준 이십 성읍에 대하여 불만을 표시했습니다. 히람이 솔로몬을 찾아왔습니다. 자기에게 준 땅을 보고 마음에 들어하지 않았습니다. 솔로몬을 향하여 '나에게 준 땅이 이게 뭡니까?' 불만을 토로했습니다. 과거에는 밀과 기름도 주었습니다.

히람은 과거에 솔로몬에게 금 일백이십 달란트를 보냈던 왕입니다. 솔로몬 왕국의 변화를 엿볼 수 있습니다. 불평등과 불만족의 표시가 있습니다. 성전을 건축하거나 왕궁을 건축할 때만 해도 감사와 찬송이 있는 가운데 유대인과 이방인, 주인과 종이 하나가 되어 봉사했습니다.

그런데 적극적으로 동참하고 백향목과 잣나무, 나무와 돌을 제공하고 사람도 보내주고 금까지 헌물했던 히람 왕이 지금은 불평과 불만족을 드러내고 있습니다. 외교적인 문제점이라고 볼 수 있습니다. 그러나 성도는 감사하는 사람입니다. 자족하는 사람입니다. 먹을 것이 있고 마실 것이 있고 누울 곳이 있으면 족한 줄 아는 사람이 하나님의 아들과 딸입니다.

"항상 기뻐하라 쉬지 말고 기도하라 범사에 감사하라 이것이 그리스도 예수 안에서 너희를 향하신 하나님의 뜻이니라"라고 했습니다. 감사하는 것이 하나님의 뜻입니다. 감사하는 자가 하나님의 영광을 드높이는 사람입니다.

갈릴리의 이십 성읍을 주었지만 이방의 갈릴리라는 별명이 있는 것처럼 로마가 지배하기도 하고, 혼합 인종과 혼합 문명의 발전으로 멸시받았던 곳이 갈릴리 지역이었습니다. 물론 히람이 통치하는 두로와 국경 지대이기 때문에 좋아보였지만 히람은 맘에 들어하지 않았습니다. 훗날 솔로몬 왕은 히람에게 이 지역을 되돌려 받아서 성읍을 건축하고 이스라엘 백성들이 살도록 조치했습니다.

역대하 8장 2절에 "후람이 솔로몬에게 되돌려 준 성읍들을 솔로몬이 건축하여 이스라엘 자손에게 거기에 거주하게 하니라"라고 했습니다. 그런데 그 이전에 히람의 잘못일까요 아니면 솔로몬 왕의 실수일까요? 저자는 솔로몬 왕의 실수라고 지적하고 있습니다.

히람의 헌신적인 자세 때문에 처음에는 밀과 기름을 주고 서로 친했습니다. 성전 건축과 왕궁 건축이 마무리되었을 때 하나님께서 주신 기업, 땅 이십 성읍을 이방 나라에게 준 것은 율법적으로 문제가 있는 행정이었습니다. 그러니까 솔로몬 왕이 하나님의 법으로도 문제가 있는 외교, 인간 관계에서도 문제가 있는 외교 전략을 펼치게 되면서 불평과 불만의 소리가 나오기 시작한 것입니다. 하나님의 법에도 문제가 되고 인간 관계에서도 문제이면 문제입니다. 하나님의 언약은 돈으로 사고 팔 수 없는 것입니다.

2. 건축과 교역

솔로몬 왕이 역군을 일으켜서 성전과 왕궁을 건축하였습니다. 뿐만 아니라 밀로와 예루살렘성과 하솔과 므깃도와 게셀 등의 주요 성읍들을 건축하거나 중건하였습니다. 지혜가 있는 솔로몬은 무엇부터 건축했습니까? 하나님의 성전입니다. 나라의 왕궁입니다. 그리고 각 성읍을 건축하기에 이르렀습니다. 여기에 솔로몬의 지혜가 찬란하게 빛나고 있는 것입니다. 먼저 하나님의 나라와 의를 구하는 심정입니다.

게셀을 건축하게 된 이유가 무엇입니까? 애굽 왕 바로가 게셀을 쳐서 빼앗고 성을 불살랐으며 그 성에 사는 가나안 사람을 죽였습니다. 그런데 바로가 그 성읍을 자기의 딸이 솔로몬에게 시집갈 때 결혼 예물로 주었습니다. 그래서 솔로몬이 게셀 성읍을 다시 건축하게 된 것입니다.

또 솔로몬은 벧호른을 건축하였습니다. 바알랏과 그 땅의 들에 있는 다드몰을 건축했습니다. 자기에게 있는 모든 국고성과 병거와 마병의 성들을 비롯하여 예루살렘과 레바논과 그 영토에 건축하고자 하던 것을 다 건축했습니다.

솔로몬이 동원한 역군들을 봅시다. 이스라엘이 다 멸하지 못하여 가나안 땅에 남아 있던 아모리 사람, 헷 사람, 브리스 사람, 히위 사람, 여부스 사람의 자손들을 역군으로 삼았습니다. 하나님의 사역에는 남녀노소가 하나가 되어 수고해야 합니다. 유대인과 이방인이 하나가 되어야 합니다. 가진 자나 못 가진 자나 같이 동역해야 합니다. 다만 가나안 사람들의 신앙이나 우상을 본받지 말아야 했는데 결국은 우상을 본받는 결과를 가져왔습니다. 그것이 올무입니다.

당시 노예의 신분으로 살아가고 있는 사람들을 모두 역군으로 삼았습니다. 이스라엘 사람들은 노예로 삼지 않았습니다. 이스라엘 사람들은 군사와 왕의 심복과 방백과 대장 그리고 병거와 마병의 장관 등이 되었습니다.

솔로몬 왕이 행한 모든 공사의 책임자만 오백오십 명이었습니다. 하나님의 일이나 국가적인 일은 서로 협력하고 위임하여 사역의 극대화를 이룰 수 있습니다. 아무것도 하지 않는 것은 아무것도 아닌 사람이 되는 것입니다. 일하는 하나님의 자녀가 되기 바랍니다.

바울은 에베소 교인들에게 우리가 다 하나님의 아들을 믿는 것과 아는 일에 하나가 되자고 외쳤습니다. 그래야 온전한 사람을 이루어 그리스도의 장성한 분량이 충만한 데까지 이르게 되기 때문입니다.

우리 중에 이미 얻은 사람이 어디 있습니까? 온전히 이룬 사람이 어디 있습니까? 오직 앞을 향하여 달려가고 있는 성도들입니다. 천국을 향하여 달리기를 하는 중입니다. 그러므로 서로 위로해 줍시다. 격려해 줍시다. 짐이 무거워 보이면 조금만 들어줍시다. 다른 사람의 약점이나 허물이 보이면 흉을 볼 것이 아니라 기도해 주고 덮어주는 은혜가 있기를 바랍니다.

바로의 딸을 위하여 왕궁을 건축했습니다. 밀로에 건축도 했습니다. 솔로몬이 여호와를 위하여 쌓은 단에서 일년에 세 번씩 번제와 감사제를 드리고 분향하였습니다. 성전 제사의 지속과 관련하여 성전 건축을 완료하였습니다.

솔로몬 왕은 에돔 땅 홍해 해변 근처에 에시온게벨에서 배들을 건조했습니다. 히람이 바다에 노련한 자기의 선원들을 솔로몬의 선원들과 함께 보내어 그 배에서 일하게 하였습니다. 오빌에 이르러 거기서 금 사백이십 달란트를 얻어 솔로몬에게로 가져왔습니다.

3. 번영의 요인이 무엇인가?

이스라엘 나라의 번영에 있어서 중요한 외적 요인을 살펴보면 다음과 같습니다. 국가적인 번영이 있었기에 성전이나 왕궁 그리고 성읍을 건축할 수 있었던 것이 아니겠습니까?

1) 두로 왕 히람과 밀접한 유대관계를 유지하며 도움을 받았습니다. 열왕기상 5장 12절에 "여호와께서 그의 말씀대로 솔로몬에게 지혜를 주신 고로 히람과 솔로몬이 친목하여 두 사람이 함께 열조를 맺었더라" 라고 했습니다.

다윗 때부터 히람은 이스라엘에 대하여 우호적이었습니다. 하나님께서 솔로몬에게 지혜를 주신 결과로 히람과 가까이 지내면서 곡물을 주는 대신 성전과 왕궁에 필요한 나무와 돌 그리고 사람을 동원할 수 있었습니다.

대신 솔로몬은 밀과 기름을 두로로 보내주었습니다. 히람 왕궁에 좋은 밀과 기름을 제공하여 기쁨이 있도록 하였습니다. 상부상조하는 자세입니다. 이것이 매우 귀중한 교역입니다. 외교적인 전략일 것입니다.

2) 가나안 족속의 노예들을 적당하게 이용하였습니다. 20-21절에 보면 "이스라엘 자손이 아닌 아모리 사람과 헷 사람과 브리스 사람과

히위 사람과 여부스 사람 중 남아 있는 모든 사람 곧 이스라엘 자손이
다 멸하지 못하므로 그 땅에 남아 있는 그들의 자손들을 솔로몬이 노예
로 역군을 삼아 오늘까지 이르렀으되"라고 했습니다. 가나안 족속의 많
은 사람을 역군으로 삼아 일하도록 유도하였습니다.

　여기에도 솔로몬의 지혜가 있습니다. 하나님의 성전이나 왕궁 건축
그리고 성읍을 건축하는 데 있어서 많은 사람을 동원했습니다. 다만 이
방인의 사상, 종교, 우상숭배는 거절해야 했습니다. 하지만 사람들은
이것을 단호하게 행하지 못하는 약점이 있습니다.

　3) 대외 무역을 통해 많은 유익을 얻었습니다. 26-28절에 "솔로몬
왕이 에돔 땅 홍해 물가의 엘롯 근처 에시온게벨에서 배들을 지은지라
히람이 자기 종 곧 바다에 익숙한 사공들을 솔로몬의 종과 함께 그 배
로 보내매 그들이 오빌에 이르러 거기서 금 사백이십 달란트를 얻고 솔
로몬 왕에게로 가져왔더라"라고 했습니다.

　이러한 요인들이 이스라엘 나라를 부강한 나라로 만들었습니다. 지
정학적인 장점들을 이용하여 중개 무역을 활발하게 전개했습니다. 하
나님이 주신 지혜로 엄청난 부를 축적하였습니다. 이것이 하나님의 은
총입니다.

　솔로몬과 백성들이 평화와 물질적인 축복은 받았지만 계명에 불순
종하다가 물질의 노예가 되고 이방 문화에 동화되는 결과를 가져왔습
니다. 영적 나태함은 하나님을 떠나는 결과를 낳았습니다. 하나님의 심
판을 받게 됩니다.

　하나님의 축복에 대하여 조심해야 할 것은 우리가 하나님을 멀리 떠
날 때 저주가 되고 만다는 교훈입니다. 그러므로 우리의 마음은 항상
겸손하고 하나님의 축복을 선용해야 합니다. 감사하면서 선한 일에 사
용되도록 노력해야 합니다.

제29강
열왕기상 10장 1-10절

스바 여왕과 솔로몬 왕

솔로몬 왕은 왜 지혜를 간구했습니까? 돈이나 건강도 소중하고 원수를 멸하는 일도 상당한 일인데 왜 하나님의 백성의 송사를 듣고 옳고 그름을 판단하는 지혜를 간구했습니까? 먼저 '하나님은 왕, 자신은 종'이라는 생각 때문입니다. 종은 주인의 뜻을 따라 생각하고 삶을 살아가는 존재입니다. 종 마음대로 무슨 일이든지 집행한다면 주인이 좋아하는 경우도 더러 있을 수 있겠지만 대부분의 경우는 그렇지 않습니다. 그래서 종에게 필요한 것은 하늘의 지혜입니다.

또 이스라엘 백성이 '하나님의 백성'임을 알고 있었기 때문이었습니다. 자기 마음대로 통치하거나 이끌 수 있는 백성이 아닙니다. 하나님의 백성은 하나님의 말씀으로 양육해야 하고 다스려야 하는 것입니다.

또 한가지는 자기가 행하는 일이 자신의 일이라기보다는 '하나님의 일'임을 기억했기 때문에 지혜로운 마음을 간구했습니다. 자기의 일이라면 자신이 알아서 처리하면 됩니다. 그러나 하나님의 일이기 때문에 하나님의 지혜가 필요한 것입니다.

솔로몬의 지혜는 동양뿐만 아니라 애굽의 지혜자들보다 뛰어났습니

다. 하나님께서 그렇게 많은 지혜를 솔로몬에게 주셨습니다. 솔로몬의
지혜는 멀리 있는 나라에까지 소문이 났습니다. 그중에 스바 여왕이 솔
로몬의 지혜를 들으려고 찾아왔습니다. 솔로몬에게 질문하여 대답을
듣고서 어떤 반응을 보였습니까?

1. 스바 여왕의 질문과 솔로몬 왕의 대답

첫째는 어려운 문제를 가지고 솔로몬의 지혜를 시험하기 위해서 찾
아왔습니다. '스바'라는 나라는 에티오피아이거나 사우디아라비아로
이해하고 있습니다. 예루살렘까지 올라오는 길은 험했습니다. 거리만
먼 것이 아닙니다. 수행원들이 많았습니다. 예물도 많이 준비했습니다.
신혼 여행을 가는 길이 아니었습니다. 봄소풍도 아니었습니다. 하나님
의 지혜를 보고 듣기 위해서 예루살렘을 찾았습니다.

국토간의 분쟁의 문제를 해결하려는 노력도 아니요 바다를 놓고 어
디까지가 너희 해협이니 하는 문제도 아니었습니다. 세일즈 외교도 더
욱 아니었습니다. 그러니 대단한 여왕이었습니다. 단지 솔로몬의 지혜
를 시험해 보려고 올라온 것이었습니다.

스바 여왕은 자기 나라에서 솔로몬에 대한 소식을 계속하여 들었습
니다. 솔로몬 왕의 행위와 지혜에 관하여 들었습니다. 하나님께서 주신
지혜를 사용하여 여러 가지를 행하고 성전을 건축했다는 소식을 듣고
서 자신의 어려운 문제를 가지고 솔로몬 왕을 찾게 되었습니다.

스바 여왕이 많은 향품과 금은 보석을 준비해 가지고 왔지만 솔로몬
의 지혜를 확인하기 전에는 내놓지를 않았습니다. 나중에 솔로몬의 지
혜를 확인한 후에는 몽땅 다 주었습니다. 금 일백이십 달란트를 드렸습
니다. 약 4.5톤입니다. 엄청난 금입니다. 스바 여왕이 향품을 얼마나 많
이 드렸든지 이렇게 많이 드린 자가 없었습니다.

퀴즈 문제를 맞히듯 스바 여왕이 솔로몬에게 질문하면서 나왔습니

다. 마음에 있는 것을 다 말했습니다. 어려운 문제를 모두 다 제시했습니다. 솔로몬은 묻는 말마다 다 대답했습니다. 3절에 "왕이 알지 못하여 대답하지 못한 것이 하나도 없었더라"라고 했습니다. 어려워서 대답하지 못한 문제가 하나도 없었습니다. 그리고 힘들게 맞춘 것이 아니었습니다. 여유있게 웃으며 맞추었다는 말입니다.

둘째는 솔로몬이 이루어 놓은 일을 보기 위해서 찾았습니다. 특별히 지혜로 성전을 건축하고 왕궁을 지어 놓은 것을 보았습니다. 7년 동안 성전을 건축하고 13년에 걸쳐서 지은 왕궁입니다. 길이가 100규빗이요, 폭이 50규빗 그리고 높이가 30규빗이었습니다. 세상에서 가장 아름답고 멋있게 지어진 집입니다.

셋째로는 왕의 상위에 차려놓은 음식을 보았습니다. 열왕기상 4장 22-23절에 "솔로몬의 하루의 음식물은 가는 밀가루가 삼십 고르(석, 6,600리터, 82-83가마)요 굵은 밀가루가 육십 고르(석)요(165가마) 살진 소가 열 마리요 초장의 소가 스무 마리요 양이 백 마리이며 그 외에 수사슴과 노루와 암사슴과 살진 새들이었더라"라고 했습니다.

넷째로는 왕의 신하들이 시중들기 위해 대기하거나 왕래하는 장소들과 입고 있는 옷을 보았습니다. 술 시중 드는 관원들과 궁전에서 하나님의 성전으로 연결되는 층계들을 보았습니다. 한마디로 휘황찬란했습니다. 형용할 수 없는 영광스러움이었습니다. 현란할 정도였습니다.

예물로 미루어 볼 때 부유한 나라를 통치했던 여왕입니다. 그러나 스바 여왕은 솔로몬 왕궁과 이스라엘 나라의 영광을 보면서 놀랐습니다. 4-5절에 "스바의 여왕이 솔로몬의 모든 지혜와 … 보고 크게 감동되어", 먼저 성경에는 '현황하다' 라는 말로 표현했는데 이것은 '얼이 빠졌다, 넋을 잃었다' 라는 뜻입니다. 스바 여왕은 '진실이군요?' 솔로몬의 지혜가 진실로 있다는 말입니다. 할 말을 잃었습니다.

내가 직접 와서 눈으로 보고 귀로 확인하니 솔로몬 왕의 지혜가 헛소문이 아니라 사실이었다는 말입니다. 들을 때는 믿어지지 않더니 와서 보니 사실이고 놀랍다는 말입니다. 소문을 들을 때는 믿지 않았지만 와서 보니 소문보다 지혜가 충만하고 넘친다는 고백입니다.

소문이란 퍼져나갈수록 부풀지 않습니까? 솔로몬의 지혜에 대한 소문은 반대였습니다. 소문보다 지혜가 더 많았습니다. 그러면서 솔로몬 왕의 신하들과 곁에 있던 사람들이 복이 있다고 지적했습니다. 그리고 스바 여왕은 솔로몬 왕과 살아 계신 하나님을 찬송합니다. 하나님께서 지혜와 총명을 주셨고, 사랑해서 왕으로 삼아 공의를 실행하게 하셨다고 말했습니다.

그리고 준비했던 향품과 예물을 모두 다 드렸습니다. 금 일백이십 달란트와 많은 향품과 보석을 주었습니다. 지혜는 물질도 생기게 만듭니다. 어리석은 자는 물질도 잃습니다.

2. 저자의 강조는 무엇인가?

성경은 우리가 목적대로 이해하면 안 되는 책입니다. 참고 서적이나 백과 사전식으로 이해하면 안 되는 책입니다. 성경은 하나님에 대한 계시의 책입니다. 하나님을 보여주는 책입니다. 하나님을 나타내는 책입니다. 그래서 순수한 마음으로 하나님을 볼 수 있고 대할 수 있어야 성경을 보고 알게 되는 것입니다.

솔로몬 왕이 행한 일을 보려면 어떻게 하라고 가르칩니까? 열왕기상 11장 41절에 "솔로몬의 남은 사적과 그의 행한 모든 일과 그의 지혜는 솔로몬의 실록에 기록되지 아니하였느냐"라고 했습니다. 성경책은 어떤 왕들의 일기책도 아니요 왕들의 업적을 수록한 역대지략도 아닙니다. 하나님을 나타내기 위해서 기록한 하나님의 말씀입니다. 그래서 계시의 책입니다.

계시의 말씀이요, 구원 역사를 가르친 책입니다. 하나님을 드러내는 계시의 말씀입니다. 성경은 스바 여왕의 미모나 나이 그리고 성격이나 신상에 대해서는 한마디도 언급하지 않습니다. 어려운 문제를 가지고 시험하려고 온 여왕이라고 기록하고 있을 뿐입니다.

성경저자는 솔로몬을 만난 여왕의 맥박수나 감정을 언급하지 않습니다. 어려운 문제가 무엇인지도 모릅니다. 기록하지 않고 있습니다. 신하들의 의복이나 왕궁의 여러 가지들에 대한 언급없이 다만 놀랐다는 기록을 할 뿐입니다. 왜 그럴까요? 이것이 기록자의 강조점입니다.

6-7절에서 스바 여왕은 솔로몬 왕의 지혜를 부각하고 있습니다. 솔로몬의 지혜는 하나님의 지혜였습니다. 하나님의 백성을 올바로 판단하라고 주신 지혜였습니다. 솔로몬이 지혜롭다고 소문이 난 것은 솔로몬을 위한 것이 아니라 하나님의 지고하심과 탁월하심을 나타내기 위함이었습니다. 하나님을 보여주는 지혜입니다.

그래서 기록자는 1절부터 "스바의 여왕이 여호와의 이름으로 말미암은 솔로몬의 명성을 듣고 …" 이 말을 의역하면 스바 여왕이 여호와의 이름을 위하는 솔로몬의 지혜에 대한 소식을 들었다는 말입니다.

역사는 하나님이 정해 놓은 목적지를 향하여 흘러가는 줄로 믿습니다. 하나님의 통치 아래서 이루어져 가고 있습니다. 무의미한 것은 하나도 없습니다. 다 의미있는 것입니다. 스바 여왕이 솔로몬에 대해서 듣게 된 사건도 여호와 하나님을 높이는 사건이었습니다. 사랑하는 천성교인들도 항상 살아 계신 하나님을 높이 찬양하고 나타내는 그리스도인들이 다 되기를 바랍니다.

3. 찬양했습니다.

8-9절입니다. 스바 여왕이 찬양했습니다. 찬양의 대상이 솔로몬이 아닙니다. 하나님이셨습니다. "당신의 하나님 여호와를 송축할지로다!" 스바 여왕이 어떤 이유로 여호와를 송축하는 것인가?

하나님은 이스라엘을 영원히 사랑하신다는 내용입니다. 솔로몬에게 지혜를 주신 것을 볼 때 하나님께서는 이스라엘을 사랑하신다는 것으로 이해했습니다. 이스라엘을 사랑하시지 않는다면 솔로몬에게 지혜를 주실 이유가 없지 않습니까?

여러분은 지도자들이 잘 되기를 기도했습니까? 저는 그렇게 생각합니다. 지도자들이 잘 살고 행복해야 세상이 행복합니다. 가난을 선택하는 것은 자신의 문제입니다. 하나님의 복을 받아야 합니다. 그렇지 않으면 백성들에게 무슨 복이 임하겠습니까?

스바 여왕이 솔로몬 왕의 지혜와 행한 일을 보면서 배후에서 역사하시며 지혜를 주신 여호와를 찬양하는 것은 영적인 눈이 열린 증거입니다. 스바 여왕은 이스라엘의 하나님을 바라보는 여인이 되었습니다. 찬양을 하나님께 올렸습니다. 그래서 신하들과 백성들을 향하여 복되도다! 외쳤습니다. 지혜를 들으니 복되도다! 하나님의 지혜를 들으니 복이 있다는 말입니다. 솔로몬은 대외 교역도 활발하게 진행했습니다. 오빌의 금, 백단목과 보석을 수입했습니다. 수금과 비파도 만들었습니다.

또 하나는 찬양과 감사 속에 예물을 모두 다 드렸습니다. 하나님의 은혜를 본 사람들의 특징입니다. 우리들이야말로 솔로몬보다 더 큰 지혜자를 만난 사람들입니다. 감사와 찬양을 하나님께 드리기 바랍니다. 주님을 모시고 사는 행복이 넘쳐서 늘 찬양하고 행복한 웃음 속에서 인생을 삽시다.

솔로몬보다 몇 배나 뛰어난 지혜로운 왕, 예수께서 다스리시고 말씀을 들려주십니다. 스바 여왕은 솔로몬의 지혜로운 말을 들으려고 올라왔습니다. 여러분도 주님의 음성을 들으려고 시간마다 올라오는 성도들이 됩시다. 솔로몬 왕은 스바 여왕에게 답례물을 주었고 스바 여왕은 수행원과 더불어 본국으로 돌아갔습니다.

제30강
열왕기상 10장 14-29절

솔로몬의 부와 영광

솔로몬 왕은 하나님께서 주신 지혜로 말미암아 얻은 부귀와 영광이 많았습니다. 명예와 존귀도 있었습니다. 하나님을 사랑하고 백성들을 사랑으로 돌보았습니다. 하나님의 지혜로 성전을 건축하고 왕궁도 지었습니다. 온 세상에 소문이 나서 주변 국가들이 조공을 바쳤습니다.

그러나 하늘의 지혜를 잘못 사용할 때 인간이 얼마나 타락하게 되는지, 솔로몬의 삶을 보면서 생각해 봅시다.

솔로몬 왕은 하나님의 백성의 송사 문제를 다룰 수 있는 지혜로운 마음을 달라고 하나님께 간구했습니다. 이것이 하나님의 마음에 맞았고 하나님께서는 전무후무한 지혜를 선물로 주셨습니다. 처음에는 정말 목적대로 사용했습니다. 하나님은 부귀영화까지 더해 주셨습니다.

본래 하나님의 나라와 의를 구하는 사람에게 나타나는 아름다운 현상입니다. 옛날이나 지금이나 하나님 나라를 위하고 하나님의 뜻을 이루기 위해서 삶의 우선순위를 둔 사람에게는 먹는 것과 마시는 것 그리고 입는 것은 하나님께서 책임져 주십니다.

그런데 솔로몬 왕이 점점 미묘한 함정에 빠지게 됩니다. 처음부터

악으로 달려가는 것이 아니라 서서히 집이 무너지는 것처럼 서서히 빠져들어가게 됩니다. 정략 결혼이 그것이었습니다. 애굽의 왕 바로의 공주를 데려다가 별궁을 지어주고 급기야는 사상까지 변해가기 시작하는 것입니다. 이것은 무서운 죄악으로 달려가는 첩경과 같은 것입니다.

또 호화로운 생활이 시작되었습니다. 솔로몬 왕에게 일 년간 조세와 조공으로 들어오는 금의 양이 육백육십육 달란트였습니다. 한 달란트의 무게가 34.5킬로그램입니다. 값은 상상을 초월합니다. 당대 금 한 달란트는 성인 남자 노예 14,000명을 살 수 있는 돈입니다.

그 외에 상인과 무역상들로부터 거둬들인 세금과 아라비아 여러 왕들과 국내의 방백들이 보내온 것들이 있었습니다. 무역하는 객상들로부터 받은 세금이 많았습니다. 이웃 나라들의 무역상으로부터 받은 세금도 있었습니다. 아라비아의 왕들과 주변 국가들로부터 벌어들인 금도 많았습니다.

특별히 여기서 강조된 것은 '금'입니다. 이것이 솔로몬 왕국의 번영과 화려함을 나타내기도 하지만 앞날의 어두움과 멸망을 예고하는 것입니다. 항상 하나님이 강조되고 믿음이 강조되고 성경이 강조될 때는 밝은 미래가 보장됩니다.

성전을 건축하느라 백성들에게 많은 금은보화를 드리게 하였습니다. 왕궁을 건축하느라 또 많은 헌신을 하게 하였습니다. 이제는 병거와 말을 많이 수입하였습니다. 그럴 때 문제가 발생하게 되는 것입니다. 신명기 성경을 보면 은금을 자기를 위하여 많이 쌓아두지 말라고 경고하셨습니다.

금은보화나 돈이 많은 것은 긍정적인 면보다 부정적인 면이 더욱 강합니다. 우리나라의 재벌들도 보십시오. 돈 때문에 법정에 출입합니다. 형제간에 다 갈라섭니다. 원수같이 지냅니다. 심지어 부부간에도 보험금을 노리고 살해하는 사람도 있습니다.

그래서 예수님은 하나님과 재물을 겸하여 섬길 수 없다고 말씀하셨습니다. 바울은 돈을 사랑함이 일만 악의 뿌리가 된다. 돈을 사랑하면 믿음에서 떠나게 되고, 자기 자신을 죽이는 결과를 가져오며, 말세의 징조 중의 하나가 하나님보다 돈을 사랑하는 것이라고 했습니다.

솔로몬 왕이 금으로 입힌 방패 이백 개를 만들었는데 각 방패마다 금 육백 세겔이 소요되었습니다. 금을 입힌 작은 방패도 삼백 개를 만들었는데 각 방패에 금 삼 마네가 들어갔습니다. 솔로몬 왕이 금방패들을 레바논 나무 궁에 보관하였습니다.

개인적인 용도로 전용했음을 드러내고 있습니다. 솔로몬 왕 앞에 와 있는 금을 어떻게 사용했을까요? 하나님께 드렸을까요? 이웃을 구제했을까요? 개인 용도로 전용했습니다. 엄청난 금을 가지고 방패를 만들었습니다. 방패 하나에 들어간 금의 양이 육백 세겔입니다. 1세겔은 11.4그램입니다. 방패 하나에 6.8킬로그램의 금이 사용되었습니다. 이런 방패가 이백 개나 되었습니다.

작은 방패는 금의 양이 삼 마네입니다. 마네는 고대 무게의 단위로, 므나로 환산하면 571.2그램입니다. 50세겔 정도입니다. 삼 마네는 150세겔로 1.7킬로그램입니다. 이런 방패가 삼백 개나 되었습니다. 이런 방패를 백향목 창고에 두었습니다. 아마도 호신용이나 전쟁용이 아니라 장식용으로 만들었던 것으로 보입니다. 국가의 위상과 왕의 위용을 드러내기 위하여 사용된 것으로 보입니다.

이스라엘의 역사를 보면 이 방패들은 르호보암 시대에 애굽 왕 시삭에 의해서 약탈당했습니다. 솔로몬 왕국의 영광은 짧았습니다. 솔로몬 왕의 영광도 길지 못했습니다. 그 원인이 무엇입니까? 하나님에게 문제가 있는 것이 아니라 사람에게 문제가 있었습니다. 내 잘못입니다. 내가 죄인입니다. 이 자세가 승리할 수 있는 자세입니다.

솔로몬 왕이 상아로 큰 보좌를 만들고 순금으로 입혔습니다. 솔로몬 왕이 자신의 위용을 드러내기 위하여 만든 것입니다. 재료는 상아입니다. 제작 방법도 소개되어 있습니다. 상아는 유브라데강 상류 지역에서 나기 때문에 이스라엘 나라에서는 고가에 수입했던 물품입니다. 주로 사치와 허영의 상징이었습니다. 솔로몬 왕이 하나님의 은혜와 복으로 내려주신 여러 가지 축복을 하나님이나 이웃을 위해 사용하기보다는 자신의 위용을 드러내기 위하여 사용하기 시작했음을 말하고 있습니다.

그 보좌에는 여섯 층계가 있고 보좌 뒤에는 둥근 머리가 붙어 있으며 좌석 양편에는 팔걸이가 있고 팔걸이 곁에는 사자가 하나씩 서 있었습니다. 본래 보좌는 하나님을 경외할 때 더욱 견고해지고 강해지는 것입니다. 그런데 상아와 금으로 치장한다고 견고해지는 것이 아닙니다. 장식품을 붙였다고 왕권이 강화되거나 권위가 높아지는 것이 아닙니다.

일반적으로 보좌는 왕국의 정의와 통치권을 상징하는 것입니다. 하나님의 나라는 본래 정의와 공의가 하수같이 흐르는 것이 합당합니다. 그런데 화려함과 규모에 있어서 뛰어났습니다. 이것은 미래적으로 솔로몬 왕국이 이방 나라의 잡다한 사상을 끌어들여 우상을 숭배할 것을 암시해 주고 있습니다.

또 여섯 층계 좌우편에는 열두 마리의 사자가 서 있었습니다. 이러한 보좌는 일찍이 어느 나라에서도 만들지 않은 것이었습니다. 당대에 어느 나라에도 없는 찬란한 보좌를 만들었습니다.

솔로몬 왕은 금으로 그릇을 만들어 썼습니다. 솔로몬 왕이 마시는 그릇과 레바논 나무 궁의 그릇은 모두 다 순금이었습니다. 당시에 은 기물은 없었는데 솔로몬 시대에는 은을 귀하게 여기지 않았습니다. 솔로몬 왕은 은을 돌같이 여겼습니다. 그처럼 금이 풍부했습니다.

솔로몬 왕이 다시스 배로 삼 년에 한 차례씩 금과 은과 상아와 원숭이들과 공작들을 실어왔기 때문입니다. 다시스는 팔레스틴 지역에서 먼 곳인데 지중해 최서단에 위치한 항구 도시입니다. 금속 생산과 가공으로 유명한 도시로 베니게인들이 통상 무역을 활발하게 했습니다. 오늘날의 스페인으로 추정됩니다. 은의 주산지로서 주석과 철, 납도 생산되는 곳입니다. 솔로몬 왕국의 호화로운 생활을 위하여 사치품을 정기적으로 수입했다고 해석할 수 있습니다. 엄청난 시간과 비용을 소비했습니다. 이것도 타락의 요인입니다.

솔로몬 왕의 재산과 지혜가 모든 나라의 왕들보다 많았습니다. 하나님께서 주신 지혜의 말을 들으며 천하의 각국 열왕들이 정기적으로 예물과 조공을 열납했습니다. 주변국가들의 조공은 지혜에 대해서, 이스라엘의 강성함에 대한 두려움 때문에 바친 것이 대부분이었습니다. 그 예물들은 금은 그릇과 의복과 갑옷과 향품과 말과 노새들로, 끊이지 않았습니다.

솔로몬 왕이 많은 병거와 말을 두었습니다. 병거가 일천사백이며 말이 일만 이천이었습니다. 이것은 군사력의 막강함을 말하는 것입니다. 말이나 병거는 가격도 비쌌습니다. 솔로몬 왕은 말과 병거를 병거성에 두고 예루살렘의 왕의 곁에도 두었습니다. 솔로몬 왕은 예루살렘에서 은을 돌같이 흔하게 만들었고 백향목을 뽕나무처럼 많게 하였습니다.

솔로몬의 말들은 왕실 소속 상인들을 통해서 애굽이나 이웃 나라로부터 정가를 주고 수입한 것이었습니다. 왕이 수입한 병거는 하나에 은 육백 세겔이었으며 말은 일백오십 세겔이었습니다. 헷 사람의 왕들과 아람 왕들에게 병거와 말을 중개 무역하였습니다.

솔로몬 왕의 호화로운 생활은 백성들이 무거운 세금을 내게 된 요인이기도 하였습니다. 무역을 잘 해서 남긴 유익이나 여러 나라의 왕들이 바친 조공이야 그렇다 하더라도 백성들에게 과다한 세금을 부과하는 것은 좋은 일이 아닐 것입니다. 물론 정당한 세금은 거둬야 국가를 운영할 수 있지 않습니까? 과다할 때 문제가 되는 것입니다.

그리고 군사력과 부를 가지고 자기를 나타내기 시작한 것이 타락의 요인입니다. 하나님보다 자기의 지혜와 군사력을 신뢰하는 것은 중죄에 해당합니다. 자기 자랑이나 말과 병거를 자랑하는 것도 문제입니다.

특별히 말에 대하여는 하나님께서 여러 번 언급하셨습니다. 애굽으로 말을 구하러 내려가지 말라고 하셨습니다. 왜냐하면 이스라엘은 하나님을 믿어야지 말을 신처럼 생각해서는 안 되는 하나님의 백성들이기 때문입니다.

또 모세를 통하여 주신 말씀도 보면 왕이 될 사람은 말을 많이 두지 말라고 하셨습니다. 무엇이든지 알맞게 행동하는 것이 중요합니다. 그런데 말을 많이 두게 되면 하나님보다 말을 많이 의지하게 될 것입니다. 이것이 인간으로 하여금 타락하게 만드는 요인이 되기 때문입니다.

초기의 솔로몬은 겸손했으나 말기의 솔로몬은 교만했습니다. 하나님을 멀리하기 시작했습니다. 하나님을 가까이 하는 것이 복입니다. 그래서 바울은 선 줄로 생각하는 자들아 넘어질까 조심하라고 권면했습니다. 특별히 금은보화가 많을 때 조심해야 합니다. 인간은 하나님으로 만족해야지 금은보화로 만족할 수 없는 존재입니다. 예수님만이 나의 만족입니다.

제31강
열왕상기 11장 1-8절

솔로몬의 타락

다윗 아래서 성장한 솔로몬은 지혜까지 얻어서 신정국가의 최고의 왕이 되었습니다. 그러나 솔로몬은 하나님 앞에 끝까지 겸손하지 못했습니다. 그 결과 타락하여 하나님의 심판을 받게 되었습니다. 인간의 타락의 근본적인 원인은 하나님의 말씀으로부터 멀어지는 데서 비롯됩니다. 불순종이 대표적인 죄입니다. 그러면 지혜의 왕 솔로몬이 어떤 면에서 실패하였을까요?

1. 정략 결혼

솔로몬 왕이 바로의 딸 외에 이방의 많은 여인들을 사랑했습니다. 모압과 암몬과 에돔과 시돈과 헷 여인이었습니다. 이것이 하나님의 뜻이었을까? 그리고 국제적인 결혼, 정략 결혼의 약점이 무엇인가?

솔로몬 왕이 이방 여인과 혼인한 것이 결과적으로 타락의 길을 걷게 되는 요인이 되었습니다. 그 이유는 하나님보다 우상을 섬기고 사랑하게 되었기 때문입니다. 이게 말이 되냐고 묻겠지만 역사적인 사실입니다.

명분은 그럴듯합니다. 나라의 평화를 위해 이웃 나라와의 혼인을 시작했습니다. 그러나 정략적인 결혼이 문제였습니다. 우리나라의 역사 속에도 고려 태조 왕건이 100여 명의 호족들이 보낸 사람을 놓고 고민을 한 바도 있습니다. 여복이 아니라 여난이라고 개탄해야겠지요. 인간적인 욕망 때문에 하나님의 계명을 어기는 결과를 가져왔습니다.

하나님의 뜻을 버리기 시작한 솔로몬 왕은 점차 자기를 위해 재물을 모으기 시작했고, 후궁과 첩을 천 명이나 두게 되었습니다. 그 여인 중에는 이방 여인이 많았기 때문에 이방 아내의 유혹을 받아 우상을 숭배했습니다. 심지어 솔로몬 왕은 이교 신전까지 건축했습니다. 말할 것도 없이 그 신전은 이스라엘 사람들의 신앙을 떨어뜨렸고, 훗날 요시아 시대에서야 파괴하게 됩니다.

열왕기하 23장 13-14절에 "또 예루살렘 앞 멸망의 산 오른쪽에 세운 산당들을 왕이 더럽게 하였으니 이는 옛적에 이스라엘 왕 솔로몬이 시돈 사람의 가증한 아스다롯과 모압 사람의 가증한 그모스와 암몬 자손의 가증한 밀곰을 위하여 세웠던 것이며 왕이 또 석상들을 깨뜨리며 아세라 목상들을 찍고 사람의 해골로 그 곳에 채웠더라"라고 했습니다.

솔로몬 왕의 타락은 하나님의 말씀을 경홀히 여기는 데서부터 시작되었습니다. 아담과 하와도 그랬습니다. 그래서 바울은 데살로니가전서 5장 22절에서 "악은 어떤 모양이라도 버리라"라고 말했습니다.

솔로몬 왕이 애굽 왕 바로의 딸과 정략 결혼을 했습니다. 당시 초강대국과의 혼인으로 이웃 나라들이 이스라엘을 넘보지 못하는 결과를 가져왔습니다. 솔로몬 왕은 바로의 딸을 위하여 별궁을 지어주었습니다. 애굽과 친밀했던 솔로몬 왕은 많은 말과 병거를 수입했습니다. 이것은 여호와의 뜻에 어긋나는 처사였습니다.

마치 암논이 다말을 사랑함과 같은 그릇되고 정욕적인 사랑을 의미합니다. 솔로몬도 정욕적인 사랑에 눈이 멀게 되었습니다. 이방 여인들을 사랑하는 것은 영적으로 눈이 먼 것과 같은 것입니다. 사도 요한은

이 세상이나 세상에 있는 것들을 사랑하지 말라. 세상을 사랑하는 자는 아버지의 사랑이 그 속에 없기 때문이라고 했습니다.

더군다나 모압과 암몬 그리고 시돈과 헷 여인까지 사랑했습니다. 정략 결혼을 통해 국제적인 지위를 확보하려는 마음 때문입니다. 솔로몬 왕이 하나님을 의지하는 것보다 나라의 연합을 의지하려는 마음이 생겨나게 된 것입니다. 이것은 하나님으로부터 멀어진 결과라고 볼 수 있습니다. 우리는 마음을 다하여 하나님만을 사랑하는 성도가 됩시다.

2. 하나님의 명령은 무엇인가?

하나님께서 이러한 사건이 있기 전부터 무슨 말씀을 하셨을까? 하나님은 이스라엘 자손들을 사랑하셨습니다. 그래서 이방 여인과 통혼을 금하셨습니다. 2절 상반절에 "여호와께서 일찍이 이 여러 백성에 대하여 이스라엘 자손에게 말씀하시기를 너희는 그들과 통혼하지 말며 그들도 너희와 서로 통혼하게 하지 말라"라고 통혼을 금지하셨습니다. 통혼하지 말며 통혼하게 하지 말라. 이것이 하나님의 명령입니다.

왜 통혼을 금지하셨을까요? "그들이 반드시 너희의 마음을 돌려 그들의 신들을 따르게 하리라"라고 말씀하셨습니다. 이스라엘과 이방인과의 결혼은 긍정적인 면보다 부정적인 면이 강조되었습니다. 불변의 진리처럼 사람들의 마음이 변하게 된다는 것입니다. 아무리 의지가 굳은 사람이라 할지라도 마음의 변화가 일어나서 여호와 하나님으로부터 멀어진다는 교훈입니다. 솔로몬 왕도 별수없는 존재였습니다. 하나님으로부터 멀어졌습니다.

솔로몬은 어떻게 했습니까? "… 하셨으나 솔로몬이 그들을 사랑하였더라". 이것이 문제였습니다. 사랑의 대상이 바뀐 것입니다. 솔로몬의 마음이 여인들에게 향했습니다. 집착했습니다. 욕정의 포로가 되었습니다. 하나님이 원하는 방향으로 가는 것이 아니라 사람의 욕심을 따라 갔습니다. 솔로몬 자신의 문제이면서 동시에 하나님을 섬기는 국가적인 문제였습니다. 육신적으로도 문제이지만 영적으로 심각한 문제였습니다.

1-8절까지는 솔로몬 왕이 정략적으로 이방 여인과 결혼한 것이 타락의 근본적인 원인임을 지적합니다. 9-13절은 솔로몬의 타락에 대한 심판으로써의 이스라엘 왕국의 분열을 예고했습니다. 14-25절까지는 솔로몬의 양대 이방 대적인 에돔 사람 하닷과 소바 사람 르손에 대해서 기록하고 있었습니다. 그리고 26-34절까지는 솔로몬 왕의 국내 대적인 여로보암의 반란과 도피 그리고 솔로몬 왕의 죽음에 대해서 다룹니다.

찬란했던 한 나라가 지도자 한 사람의 그릇된 행동과 영적인 타락으로 인해 패망으로 치닫게 되었습니다. 솔로몬이 겸손하게 순종할 때는 하나님께서 지혜는 물론이고 부귀영화까지 더해 주셨지만, 타락하자 패망하도록 섭리하셨습니다. 하나님은 이스라엘 백성에 대하여 언약을 세우셨기 때문에 은혜를 베푸시면서 역사를 이끌어 가십니다.

하나님께서 은혜를 베풀 때 겸손해야 합니다. 낮아져야 합니다. 그렇지 않으면 인간은 넘어지고 타락하게 되어 있습니다. 그 결과는 비참한 말로를 겪게 되는 것입니다. 솔로몬 왕은 많은 양의 금을 축적했습니다. 말과 병거를 수입해서 운영했습니다. 이것도 신명기 17장에서 하나님이 금지하신 내용입니다. 하물며 정략 결혼은 완전히 타락의 길로 빠져들게 되었음을 의미합니다.

신명기 7장에서 이스라엘 백성들에게 하신 말씀입니다. 가나안 땅을 차지하게 될 때 가나안의 일곱 족속과 언약을 맺지 말라. 불쌍히 여기지도 말라. 혼인도 하지 말라. 네 딸을 그들의 아들에게 주지 말 것이요 그들의 딸도 네 며느리로 삼지 말라.

그 이유가 무엇입니까? 여인들이 네 아들을 유혹하여 여호와를 떠나고 다른 신들을 섬기게 하므로 여호와께서 진노하여 너희가 갑자기

멸하실 것이라고 했습니다. 이와 같은 말씀을 출애굽기 34장 16-17절
에서도 주셨습니다. 솔로몬 왕의 타락은 한 순간의 실수가 아닙니다.
하나님의 말씀에 대한 불순종으로부터 출발하여 서서히 가라앉는 배처
럼 주저앉고 있는 상황이었습니다.

신앙생활에 있어서 무서운 사상 중의 하나가 혼합주의입니다. 하나
님도 섬기고 돈도 사랑하고, 하나님도 찾고 우상도 찾는 자세입니다.
이것이 시간의 흐름 속에 타락으로 이어지고 혼란에 빠져들게 되는 것
입니다. 그러므로 성도는 늘 깨어 있어야 합니다. 말씀으로 되돌아가는
생활의 훈련이 필요합니다.

3. 얼마나 타락했을까?

정략 결혼은 겉보기에는 그럴듯 했지만 솔로몬 왕을 비롯하여 국가
적으로나 영적으로 큰 타락이었습니다. 솔로몬 왕은 왕비가 칠백 명이
었고 후궁이 삼백 명이었습니다. 솔로몬 왕이 늙자 왕비들이 솔로몬의
마음을 돌려 다른 신을 좇게 만들었습니다. 성경은 솔로몬 왕이 타락하
기 시작한 시기까지 언급하고 있습니다. 솔로몬 왕은 저항하지 못하고
끝내 욕구에 굴복했습니다. 솔로몬 왕은 지도자로서 백성을 잘 지도해
야 할 위치에 있으면서 오히려 본인이 백성들의 타락을 부추기고 있었
습니다.

솔로몬 왕의 마음이 다윗 왕의 마음과 같지 않아서 하나님 여호와
앞에서 온전하지 못했습니다. 다윗은 모든 왕의 본보기, 표준, 기준선
이 되는 왕입니다. 다윗은 왕이라는 생각보다 백성이나 양의 입장에 자
신을 세웠습니다. 그리고 교만하지 않고 하나님의 언약을 생각하는 왕
이었습니다. 이것이 다윗의 마음입니다.

다윗은 밧세바를 빼앗고, 우리아를 죽였습니다. 하지만 하나님 앞에
진실되게 회개했습니다. 자복했습니다. 통회했습니다. 그런 다음에 더

욱 더 하나님 앞에 겸손하고 진실한 사람으로 살았습니다.

　열왕기상 9장 4-5절에 보면 "네가 만일 네 아버지 다윗이 행함 같이 마음을 온전히 하고 바르게 하여 내 앞에서 행하며 내가 네게 명령한 대로 온갖 일에 순종하여 내 법도와 율례를 지키면 내가 네 아버지 다윗에게 말하기를 이스라엘의 왕위에 오를 사람이 네게서 끊어지지 아니하리라 한 대로 네 이스라엘의 왕위를 영원히 견고하게 하려니와"라고 했습니다. 하나님께서는 이미 솔로몬에게 하나님 앞에서 행할 것을 말씀하셨습니다. 성전 건축과 왕궁 건축이 마무리 되었을 때 하신 말씀이었습니다.

　솔로몬 왕이 시돈의 여신 아스다롯과 암몬 사람의 가증한 밀곰을 섬겼습니다. 이런 신들은 다산의 신, 풍요의 신을 뜻하는 우상들이었습니다. 때로는 수호신이거나 전쟁의 신 혹은 태양신이었습니다. 그모스가 그런 우상입니다.

　솔로몬 왕이 여호와의 눈앞에서 악을 행하여 아버지 다윗이 여호와를 좇음같이 온전히 좇지 않았습니다. 솔로몬 왕은 여호와를 섬김에 있어서 불완전과 결함 투성이었습니다. 하나님과 우상을 겸하여 섬기는 혼합주의에 빠지게 되었습니다. 이것이 다윗과 비교되는 부분입니다. 다윗은 끝까지 하나님을 사랑했습니다. 반면 솔로몬은 혼합주의에 빠졌습니다.

　모압의 우상 그모스와 암몬의 우상 몰렉을 위하여 예루살렘의 앞산에 산당을 지었습니다. 그모스 신을 섬기는 사람들은 우상을 만들 때 칼과 창, 방패 같은 것을 손에 들립니다. 다른 손에는 횃불을 들고 있습니다. 그리고 제사의식이 매우 잔인하고 음란합니다.

　솔로몬 왕이 이방 출신 왕비들을 위하여 이처럼 행하므로 각각 자기의 신들에게 분향하며 제사했습니다. 솔로몬 왕이 이방의 우상들을 예루살렘 동쪽에 있는 감람산에 지었습니다. 네 개의 봉우리 중 가장 높은 봉우리에 세웠습니다. 해발 830미터입니다. 그래서 범죄의 봉우리라는 별명이 있습니다.

작은 죄가 큰 사람을 넘어지게 만듭니다. 사탄은 틈만 있으면 공격합니다. 작은 죄를 무시하지 마십시오. 철저하게 회개하는 길만이 사는 길입니다. 여호와 하나님만 사랑하여 영육간에 하나님의 은혜와 복을 받기를 바랍니다.

제32강
열왕기상 11장 9-13절

하나님의 경고

솔로몬 왕의 문제점은 사랑의 대상을 하나님에서 여인으로, 하나님의 말씀을 듣는 것보다 여인의 말을 들었던 것, 하나님에서 우상숭배로 바꾼 것이었습니다. 이런 솔로몬의 범죄에 대하여 하나님은 어떤 심판을 선언하셨는가?

이스라엘 왕국의 분열, 국가의 분열에 대하여 경고하셨습니다. 아니, 한 사람의 잘못 때문에 나라를 분열시킬 수 있는 것인가? 그래서 지도자들의 책임이 큰 것입니다. 이 시대에 지도자들이 많이 나타나기를 기도하여 하나가 되는 복을 받기를 바랍니다.

1. 타락과 징계

인간의 말이나 행동에 대해서는 반드시 책임이 뒤따르기 마련입니다. 사람은 모든 책임을 묻지 못하지만 하나님은 다 알고 계시기에 책임을 묻고 징계를 내리게 되어 있습니다. 그러므로 하나님 앞에서 함부로 말하거나 행동하지 말아야 합니다.

하나님은 두 번씩이나 하나님의 계명을 지키라고 명령하셨습니다. 열왕기상 3장과 9장에서 일어난 사건입니다. 그러나 솔로몬 왕은 하나님의 말씀을 듣지 않고, 사람의 말을 듣기 시작하면서 하나님보다 우상을 섬기고, 하나님의 법도를 지키지 않았습니다. 하나님께서는 이스라엘 왕국을 솔로몬에게서 빼앗아 그의 신복에게 주시겠다고 선언하셨습니다.

솔로몬의 마음이 문제였습니다. 마음을 돌이켜 이스라엘의 하나님 여호와를 떠나게 되었습니다. 이것이 진노의 원인입니다. 징계를 당하는 근본적인 원인이었습니다. 9절 상반절에 "솔로몬이 마음을 돌려 이스라엘의 하나님 여호와를 떠나므로 여호와께서 그에게 진노하시니라"라고 했습니다.

성도 여러분! 여러분은 마음속 깊은 데서부터 하나님을 사랑하기 바랍니다. 마음을 다하고 힘을 다하고 목숨을 다하여 하나님을 사랑하고 섬기기 바랍니다. 이것은 크고 첫째 되는 계명과도 같습니다.

하나님께서는 두 번씩이나 솔로몬에게 나타나셔서 다른 신을 좇지 말라고 경고하셨습니다. 9-11절을 봅시다. "여호와께서 일찍이 두 번이나 그에게 나타나시고 이 일에 대하여 명령하사 다른 신을 따르지 말라 하셨으나 그가 여호와의 명령을 지키지 않았으므로 여호와께서 솔로몬에게 말씀하시되 네게 이러한 일이 있었고 또 네가 내 언약과 내가 네게 명령한 법도를 지키지 아니하였으니 내가 반드시 이 나라를 네게서 빼앗아 네 신하에게 주리라"라고 했습니다.

그러면 하나님께서 명령하신 것이 솔로몬 왕이 지킬 수 없는 어려운 것이었는가? 지킬 수 없는 것을 요구하신 것인가? 그렇게 비이성적인 하나님이신가? 비윤리적인 하나님이신가? 그렇지 않습니다. 모든 것이 충분하고, 넉넉히 지킬 수 있는 것들이었습니다.

아담에게 지시한 것과 무엇이 다릅니까? 얼마나 쉬운 것입니까? 하나님은 이미 지혜를 주셨고, 두 번이나 권면하셨습니다. 조금만 노력했어도 우상숭배까지는 하지 않을 수 있었을 것입니다. 하나님을 사랑하는 마음만 있으면 결코 계명은 무거운 것이 아닙니다.

솔로몬의 마음이 안일과 교만으로 가득하여 하나님의 말씀을 경홀히 여겼음을 의미합니다. 자기 정욕에 빠진 자의 초라함을 보아야 합니다. 죄의 종 노릇 하는 경우를 살펴보아야 합니다. 하나님의 명령을 무시하다가 멸망을 자초하는 것이 일반적입니다.

로마서 1장 20절에서부터 32절의 내용이 무엇입니까? 하나님의 능력과 신성이 세상 만물 가운데 분명히 보여 알게 되지만 하나님을 영화롭게 하지 않습니다. 하나님께 감사하지도 않습니다. 마음이 미련하고 허망해졌습니다.

하나님이 정욕대로 살라고, 더러움 속에 살라고 내버려 두셨습니다. 세상은 욕심 가운데 삽니다. 마음에 하나님을 두지 않아서 수많은 죄악된 삶을 살아갑니다. 그 결과는 사형입니다. 그래서 모든 인간은 하나님 앞에 죄인입니다.

솔로몬 왕국에 위기가 찾아 오게 된 원인입니다. 정략 결혼 때문에 빚어진 결과입니다. 이방 여인들과 혼인을 하다 보니 자연스럽게 솔로몬 왕국에 우상이 가득하게 되었습니다. 바알과 아스다롯과 몰록신을 섬기게 되었습니다. 물론 애굽의 여러 신들도 들여왔습니다. 하나님의 왕국에 우상이 웬 말입니까? 그러나 아무리 지혜자라도 그럴 수밖에 없습니다.

솔로몬의 신앙의 변절은 그 나라 전체의 변절을 의미합니다. 그 결과 나라가 두 나라로 나눠지게 된다는 것입니다. 이것은 하나님의 진노입니다. 매입니다. 진노의 원인은 마음을 돌이킨 데 있습니다. 마음이 기울어진 것입니다. 마음이 우상에게로 돌아가서 우상을 의지하고 믿었다는 것입니다. 마음이 구부러진 것입니다. 원래 상태에서 변질된 생각과 행동을 했다는 것입니다. 물론 도덕적으로는 변절과 배신입니다. 실족과 미혹입니다.

솔로몬이 처음부터 타락한 것은 아니었습니다. 처음에는 왕비들 때문에 수동적인 자세를 취하다가 나중에는 능동적으로 바뀌었습니다.

이것은 실수가 아닙니다. 솔로몬의 마음이 적극적이고 고의적으로 변절되었기 때문에 일어난 일입니다. 하나님의 진노는 미워서라기보다는 하나님의 백성을 사랑하시는 마음으로부터 시작됩니다. 하나님과의 언약을 깨뜨린 책임으로부터 시작됩니다. 그래서 거룩한 분노라는 말로 표현합니다. 자기 백성을 향한 한결같은 사랑입니다.

솔로몬 왕은 하나님의 사랑과 은혜와 복을 전무후무할 정도로 많이 받은 사람이었습니다. 금과 은을 돌처럼, 백향목을 뽕나무처럼 여겼던 왕입니다. 하지만 하나님 대신 우상을, 여인을 사랑하였습니다. 이것이 변절이요 배신입니다. 가증스러운 범죄입니다.

그래서 하나님은 기브온 산당과 성전 건축 이후에 나타나셨습니다. 경고하고 저주까지 말씀해 주셨습니다. 그러면 돌이켜야지요? 회개해야지요? 그러나 솔로몬의 마음이 교만했습니다. 영적으로 어두워졌습니다. 다른 신을 좇지 말라. 우리는 하나님의 명령이나 말씀에 대하여 적극적인 자세로 지켜야 합니다. 그렇지 않으면 소극적인 사람으로 살다가 죽습니다.

솔로몬은 완전한 배교라기보다는 혼합주의에 빠졌습니다. 하나님께 제사를 드리면서 우상도 섬기는 혼합주의자였습니다. 마음을 하나님께만 드리는 것이 아니라 우상에게도 바쳤습니다. 요즘 시대가 그렇습니다. 하나님도 믿고 재물도 사랑합니다. 이것을 혼합주의라고 말합니다. 그러나 하나님은 겸하여 섬길 수 있는 분이 아닙니다.

2. 일시적 유보와 분열

하나님은 심판 속에서 자비와 긍휼을 베푸시는 분이십니다. 이스라엘 나라의 분열을 솔로몬 당대에 시행하지 않으시고 아들 세대에 행하며, 한 지파만은 남겨 두겠다고 말씀하셨습니다.

12-13절에 "그러나 네 아버지 다윗을 위하여 네 세대에는 이 일을

행하지 아니하고 네 아들의 손에서 빼앗으려니와 오직 내가 이 나라를 다 빼앗지 아니하고 내 종 다윗과 내가 택한 예루살렘을 위하여 한 지파를 네 아들에게 주리라"라고 하셨습니다.

왜 당장 실행하지 않으셨는가? 솔로몬이 잘한 것 때문일까? 아닙니다. 그것은 아버지 다윗과의 약속 때문이었습니다. 하나님께서 다윗과 무슨 약속을 하셨습니까? 사무엘하 7장 15-16절에 "내가 네 앞에서 물러나게 한 사울에게서 내 은총을 빼앗은 것처럼 그에게서 빼앗지는 아니하리라 네 집과 네 나라가 내 앞에서 영원히 보전되고 네 왕위가 영원히 견고하리라"라고 했습니다.

하나님은 약속의 하나님, 언약의 하나님, 계약의 하나님이십니다. 오래 전에 약속한 것을 구약이라고 말하고 새롭게 약속한 것을 신약이라고 말할 수 있습니다. 솔로몬의 아버지 다윗을 위하여 솔로몬 세대에는 심판이 시행되지 않지만 그 아들 때에는 나라를 빼앗겠다고 선언하셨습니다. 이것이 심판의 유보입니다.

유보의 이유가 무엇입니까? 하나님께서 긍휼과 자비를 베푸시는 이유가 솔로몬의 공로 때문이 아니라 아버지 다윗의 신앙과 언약 때문이라는 것입니다. 아버지 다윗 때문에 다음으로 유보하셨습니다.

또 한 지파만은 빼앗지 않고 다윗 왕가에 남게 하겠다고 하셨습니다. 모두 빼앗거나 중요한 지파를 빼앗지 않았습니다. 이것이 하나님의 자비와 긍휼입니다. 하나님께서 하나님의 구원 역사를 이루어 가시기 때문입니다. 나중에 말씀하신 대로 솔로몬 왕이 통치하는 동안에는 빼앗지 않으셨지만 솔로몬이 죽은 이후 르호보암 때에 나뉘어졌습니다.

솔로몬에게서 나라를 당장 빼앗지는 않겠지만, 이후에는 다윗과의 언약과 예루살렘을 위하여 한 지파를 솔로몬의 아들에게 주겠다고 선언하셨습니다. 이것은 장차 실현될 것입니다. 원인은 솔로몬의 배신입니다. 언약의 파기입니다. 솔로몬이 하나님의 명령을 사랑하여 따르지 않았습니다. 여인을 많이 두었습니다. 말도 많이 두었습니다. 은금을 쌓았습니다.

나라 전체를 빼앗아서 주는 것이 아니라 찢어서 나눠주겠다는 선언입니다. 솔로몬 왕의 범죄로 말미암아 북이스라엘과 남유다로 분열될 것을 예고했습니다. 하나님의 말씀은 단호했습니다. 변경되거나 취소할 수 없는 것이었습니다. 사무엘이 찢어진 옷자락을 보면서 사울 왕국이 다윗에게로 넘어갈 것을 예고했듯이 솔로몬의 잘못 때문에 나라가 찢어질 것을 예고했습니다.

하나님의 선언대로 르호보암 때 이스라엘이 남북 왕조, 즉 유다와 이스라엘로 분열됩니다. 하나님의 말씀이 성취된 것입니다. 성도들은 하나님의 말씀에 순종하는 가운데 살면서 하나님의 은혜를 사모해야 합니다.

솔로몬은 마음을 찢으며 회개했어야만 했습니다. 그래야 자신도 살고 나라도 구원할 수 있었습니다. 우상숭배와 타락으로부터 회개했더라면 나라를 회복시켰을 것입니다. 하나님께서 나라를 찢으려는 계획을 중단하셨을 것입니다. 그러나 솔로몬은 회개하지 않았습니다. 인간에게 있어서 최대의 불행이 무엇일까요? 회개의 기회를 잃어버리는 것입니다. 솔로몬은 지혜의 왕이지만 영적으로 우매할 때는 회개의 기회를 잃어버린 왕이 되었습니다. 그래서 통일 왕국은 주전 1050경부터 시작하여 주전 930년에 종말을 고하게 되었습니다. 그 이후의 이스라엘은 분열 왕국 시대가 되었습니다.

솔로몬 왕국을 신복, 신하, 미천한 노예나 종에게 넘긴다는 것은 최고의 수치입니다. 감독관의 신분이었던 여로보암이 이스라엘을 찢어 북이스라엘의 초대 왕이 되었습니다.

인간의 참된 행복은 물질이나 명예나 권세에 있지 않고 하나님과의 바른 관계에 있습니다. 하나님이 주권자이십니다. 우리는 청지기입니다. 하나님께 기도하면서 겸손하게 하루 하루를 살아갈 때 진정한 행복이 깃들게 됩니다. 예수 안에서 행복한 그리스도인들이 됩시다.

제33강
열왕기상 11장 14-25절

두 대적자

솔로몬 왕은 지혜의 왕이었지만 지혜롭지 못한 면도 있었습니다. 하나님을 경외할 때 지혜와 지식의 영광이 임하는 법인데 솔로몬은 하나님도 섬기고 우상도 섬기는 혼합주의 사상을 가지게 되었습니다. 정략결혼으로 인하여 여인에게 마음을 빼앗기기 시작했습니다. 하나님께서 두 번이나 나타나셔서 회개를 촉구하셨지만 회개하지 않았습니다.

그 결과가 무엇입니까? 솔로몬에게서 이스라엘 나라를 빼앗아 다른 사람, 신하, 종과 같은 사람에게 주시겠다는 것입니다. 나라를 찢어 종과 같은 사람에게 주겠다는 것은 수치 중의 수치입니다.

그 징조로 두 사람이 솔로몬을 대적하여 일어났습니다. 이 때가 주전 938년 경입니다.

1. 에돔 사람 하닷

여호와께서 에돔 사람 하닷을 일으켰습니다. 하닷이 일어나 솔로몬 왕을 대적하게 하셨습니다. 이것이 하나님의 징계였습니다. 하닷의 대적이 이스라엘 나라와 직접적인 관계는 없어 보이지만 어느 정도는 관계가 있음을 말하는 것입니다. 여로보암의 반란을 예견할 수 있기 때문입니다.

하닷은 어떤 인물입니까? 하닷은 에돔 왕의 자손입니다. 하닷은 '우레의 신, 폭풍의 신'이라는 뜻입니다. 에돔은 '붉다'는 의미를 가지고 있습니다. 이삭의 아들이고 야곱의 형인 에서의 별명이 에돔이었습니다. 에서가 장자권을 포기하고 붉은 팥죽을 먹은 데서 유래된 것으로 보입니다.

에돔은 이스라엘 민족의 왕이 세워지기 이전부터 왕이 존재했던 나라였습니다. 과거에 이스라엘 민족이 출애굽하여 가나안 땅을 향해 나아가고 있을 때 에돔 땅을 지나갈 수 있게 해달라는 요구를 거절했던 사람들입니다. 그들의 불친절에 대해서 형제라는 이유로 미워하지 말라는 하나님의 명령이 있었습니다. 급기야 사울 왕 때 에돔과 전쟁을 하였고 다윗은 정복해 버렸습니다. 훗날 에돔과 남유다는 적국과 같이 지내게 되었습니다.

과거 다윗 시대에 에돔 정복을 위하여 전쟁을 할 때 군대장관 요압으로 하여금 죽은 자들을 장사하게 하였는데 그때 요압이 에돔의 남자들을 다 죽였습니다. 요압이 에돔에 6개월 동안 머물렀는데 에돔 남자들을 다 학살했습니다.

하닷은 어린 나이였습니다. 신하 두어 사람과 함께 애굽으로 망명했던 인물입니다. 하닷은 미디안을 출발하여 바란을 들러 사람들을 데리고 애굽으로 망명했습니다. 애굽 왕 바로는 하닷에게 집과 먹을 양식과 토지를 내어주었습니다. 그러니까 요압 장군의 대학살 때 애굽으로 피하여 바로의 은총을 입었다가, 다윗과 요압이 죽자 에돔 땅에 들어와 에돔의 독립을 선언하고 왕이 된 자가 하닷입니다.

바로 왕이 하닷에게 집과 양식과 토지를 주었습니다. 바로는 하닷을 좋아했습니다. 하나님은 이방인의 통치자까지 움직여서 솔로몬 왕국의 죄악을 심판하시는 섭리가 있음을 발견하고 우리는 겸손하게 인생을 살아야 할 것입니다.

하닷이 일어나게 되어 솔로몬 왕의 죄악을 징벌하게 되었습니다. 내부적인 근심과 걱정거리가 되었습니다. 솔로몬 왕의 심적인 고통과 근심, 물질적이며 인적인 피해를 생각하게 되었습니다. 이것이 하나님이 행하시는 일입니다.

하닷의 애굽 생활을 봅시다. 바로가 하닷을 마음에 들어하여 자기의 처제 곧 왕비 다브네스의 동생을 주어 아내로 삼게 하였습니다. 성경에는 나타나지 않지만 다윗의 신하 요압이 에돔을 탄압할 때 하닷으로 하여금 애굽으로 피난 가게 하신 분은 하나님으로 보입니다. 바로의 처제와 결혼한 하닷의 위치가 상당히 견고해지기 시작했습니다.

그리고 솔로몬 왕이 타락했을 때 징벌의 도구로 하닷을 사용하신 분도 하나님이십니다. 징계의 도구입니다. 하나님은 바로의 낯을 피하여 도망했던 모세를 들어 구원자로 쓰시며, 사울 왕을 피하여 도피하던 다윗을 이스라엘의 새로운 왕으로 세우시듯, 이스라엘을 심판하기 위하여 요압의 학살을 피해 도피했던 하닷을 들어 쓰시는 분이십니다.

하닷이 다브네스가 그누밧으로 하여금 바로 궁에서 젖을 떼게 하였으므로 그누밧이 바로의 궁에서 바로의 아들들과 함께 자랐습니다. 하닷의 아들 그누밧이 다브네스의 양자로 입양되어 다른 왕자들과 함께 양육되었습니다. 하닷은 애굽에서 왕족의 대우를 받아 바로의 처제와 결혼하였고, 그 아들은 애굽의 왕족으로 성장할 수 있었습니다.

고대 근동 사회에서는 아기가 젖을 떼는 일이 가족적인 경축 행사였습니다. 보통 세 살 정도로, 완전한 생명체로 인정하여 큰 잔치를 하였습니다(창21장, 삼상1장). 모세도 이와 비슷한 경우입니다. 이스라엘 백성들도 모세를 자연스럽게 받아들였습니다.

하닷의 에돔으로의 귀환에 대하여 알아봅시다. 하닷이 애굽에서 다윗과 요압이 죽었다는 소식을 듣고 바로에게 자신을 조국으로 돌려보내 달라고 간청했습니다. 하닷이 귀국 준비를 서두르고 있었습니다. 나라의 주권 회복과 학살당한 동족에 대한 복수를 준비하고 있었습니다.

다윗과 요압이 죽자 두려움없이 즉시 귀국을 서두르고 있는 상황이었습니다. 인간적으로 생각해 보면 원한에 대한 보복이지만 하나님의 섭리로 본다면 신정국가가 제 역할을 감당하지 못할 때 심판의 도구가 된 것입니다.

바로가 무엇이 부족하여 고국으로 돌아가려느냐고 묻습니다. 인간적으로 서운해서 질문한 내용입니다. 왕자 대우도 해 주고 집과 양식과 토지까지 주었고, 바로의 처제를 아내로 맞이하도록 했으며, 그 아들을 양자로 입양까지 했는데 무엇이 부족한가?

바로에 대한 하닷의 답변입니다. 하닷은 부족한 것이 없으나 제발 자신을 보내달라고 호소했습니다. "없나이다 그러나 아무쪼록 나를 보내옵소서"라고 간청했습니다. 하닷의 복수심을 엿볼 수 있습니다. 부족함이 없지만 나는 가겠습니다. 애굽의 모든 특권과 편리와 지위와 명예를 다 버리고 가야겠습니다. 모세도 이런 대우를 거절하고 이스라엘 백성의 구원을 위하여 달려갔습니다. 이런 하닷이 솔로몬에게 얼마나 큰 저항 세력이었겠습니까?

2. 소바 사람 르손

하나님께서 솔로몬 왕의 두 번째 대적자로 소바 사람 르손을 일으켰습니다. 르손이 일어나 솔로몬 왕을 대적했습니다. 르손은 본래 소바 왕 하닷에셀의 신하였는데 다윗이 소바를 징벌할 때(삼하10:19) 다메섹으로 피신하여 수리아 왕국을 세우고 왕이 된 자입니다.

르손은 그 주인 소바 왕 하닷에셀에게서 도망한 사람입니다. 다윗이 소바 사람들을 죽일 때 르손이 사람들을 규합하여 그 무리의 두목이 되고 다메섹으로 가서 수리아 왕이 되었습니다. 아버지 엘리아다는 '하나님께서 아심, 하나님께서 돌보심'의 뜻을 가지고 있습니다. 르손은 '주권자, 통치자'의 의미입니다.

이런 사건을 통하여 무슨 교훈을 받을 수 있을까요? 솔로몬이 하나님의 지혜로, 하나님의 말씀에 순종할 때에는 감히 도전장을 내지 못했습니다. 이것이 하나님께서 솔로몬에게 주셨던 하나님의 권위입니다.

그러나 솔로몬 왕이 범죄하고 하나님의 계명에 순종하지 않게 되었을 때 두 사람이 반역하고 도전장을 내게 되었습니다. 하나님은 시공간을 초월하시는 왕이십니다. 르손과 하닷을 힘있게 하여 솔로몬 왕국에 도전하게 하신 분은 하나님이십니다.

이것이 오묘한 것입니다. 하나님의 역사하심과 섭리하심은 오묘하고 신비합니다. 인간의 지혜로는 분간하기 어려운 내용들입니다. 하나님께서 하시는 일을 인간이 어떻게 다 이해할 수 있겠습니까?

대적자는 세상에 많이 있습니다. 우리들이 하나님의 계명에 순종하여 하나님이 지켜 주시는 것을 체험적으로 알아야 합니다. 대적의 공격이 시작되면 치명적입니다. 감당하기가 쉽지 않습니다. 그러므로 성도는 항상 하나님과 바른 관계를 유지하여 평화와 행복이 있어야 합니다. 솔로몬 왕이 왕의 역할을 감당하는 동안 두 대적자 때문에 고통을 받게 되었습니다.

다윗 왕은 하나님과의 관계가 좋았고, 정복 전쟁을 펼쳐 나아갈 때 르손이나 하닷 같은 사람이 속한 민족은 다 정복되었던 나라들이었습니다. 그러나 솔로몬 왕이 하나님과의 관계에서 실패하여 우상을 숭배하고 불순종하는 가운데 점점 세력을 확장해 갈 때에는 솔로몬 왕국에 위협이 되고 괴롭힘의 요인이 되었습니다.

사무엘하 8장 사건을 기억해 봅시다. 소바 왕 하닷에셀이 자기 권세를 회복하려고 유브라데강으로 갈 때 다윗이 공격하여 정복합니다. 또 다윗은 하닷에셀을 도우러 다메섹에서 온 아람 사람들도 물리쳤습니다. 그리고 수비대를 두어 아람 사람들을 다스렸습니다.

소바는 '정착지'라는 뜻으로 북으로는 하맛, 남으로는 다메섹 사이에 위치했던 나라이며, 아람 소바, 아람 나하라임, 벧르홉, 다메섹 등의 소왕국들은 아람 민족의 나라들입니다. 이들이 이스라엘의 적대국으로 이스라엘을 괴롭혔습니다. 하나님의 백성이 자기가 걸어야 할 길을 걷지 않으면 주변 국가를 강하게 하는 원리가 있습니다. 다윗 시대에는 조공을 바치던 사람들이 솔로몬 시대에는 대적자가 되었습니다. 이것이 하나님의 섭리입니다.

르손은 훈련된 군대를 가지고 있었고, 절대적인 권력의 통치자였습니다. 다메섹은 크게 성장하여 에돔과 더불어 이스라엘을 오랫동안 괴롭힌 민족이었습니다. 나중에는 수리아 제국으로 성장한 나라가 아닙니까? 그러니 솔로몬 왕국만이 아니라 계속해서 이스라엘을 괴롭힌 민족이 되었습니다.

하나님의 일하심을 봅시다. 처음에는 연약한 나라 같지만 강해질 수 있습니다. 작은 나라로 출발하지만 강대국이 될 수 있습니다. 하나님만 의지하고 나가면 강성해지지만 하나님을 멀리하면 약해지고 적들이 많아지는 것입니다. 솔로몬이 통치하는 말년에 하닷과 르손이 괴롭혔습니다. 본격적인 반기를 들었습니다. 인생 전체에서 당한 어려움보다 말년에 당한 괴로움이 가장 컸습니다.

하나님의 백성이 곁길로 갈 때 징계하시는 것은 회개하고 바른 길을 걷게 하시려는 하나님의 목적이 있습니다. 채찍질입니다. 다시 돌아오게 하는 데 목적이 있습니다. 아람은 수리아입니다. 다메섹 아람입니다. 하닷과 르손이 이스라엘을 강력하게 미워했는데 사탄이 성도를 미워하는 것처럼 싫어했습니다. 솔로몬 왕만 대적한 것이 아니라 이스라엘 전체를 대적하고 미워했습니다. 결국 이스라엘을 괴롭히는 자로 등장하게 됩니다.

하나님 앞에 회개하여 하나님과 올바른 관계를 유지하는 것이 성도에게는 평화의 길이요, 평강의 지름길입니다. 현재의 삶이 어렵고 힘들더라도 미래지향적인 믿음 생활을 해야 합니다. 사탄은 우리를 미워하겠지만 하나님께서 섭리적으로 이끌어가실 것입니다.

제34강
열왕기상 11장 26-40절

여로보암의 반역

솔로몬 왕이 혼합주의에 빠져 하나님도 섬기고 우상도 숭배할 때 어떤 일이 발생했을까요? 하나님의 계명이나 법도를 멀리하고 정략 결혼을 하여 이방 여인을 아내로 맞이했을 때 무슨 일이 발생했을까요? 솔로몬 왕이 하나님보다 말을 많이 두어 애굽과 거래할 때 어떤 징벌이 따라왔을까요?

하나님의 심판은 두 사람, 하닷과 르손이 반역을 일으켜 이스라엘을 대적하게 만들었습니다. 이스라엘 나라, 신정국가, 하나님의 통치를 받아야 할 왕국이 둘로 갈라지는 비극적인 예언이 주어졌습니다. 이 예언은 역사 속에 어떻게 실현되었을까요?

1. 솔로몬과 여로보암

솔로몬 왕의 신하였던 사람이 느밧의 아들 여로보암이었습니다. 여로보암이 솔로몬 왕에게 반기를 들었습니다. 여로보암이 솔로몬을 반역한 것은 순전히 하나님의 섭리입니다. 여로보암의 반역으로 남북 이스라엘의 분열을 초래하게 되었습니다.

여로보암은 본래 에브라임 족속 스레다 사람으로서 스루아라는 과부의 아들입니다. 에브라임 지파는 전통적으로 이스라엘 열두 지파 중에 강력한 지파였습니다. 다윗이 속한 유다 지파에 버금가는 지파였습니다. 막강한 세력이 있던 지파입니다. 출애굽 할 때 성막의 서편에 장막을 치던 지파입니다. 에브라임의 지파에서 여호수아가 배출되었습니다.

또 성전이 예루살렘에 건축 되기 이전에는 에브라임의 실로 지역에 성막이 있었습니다. 지금까지 사울 왕은 베냐민 지파 출신이고, 다윗은 유다 지파 출신인데 비하여 북쪽에서 힘을 가진 에브라임 지파는 여로보암을 중심으로 반기를 들게 되었습니다.

여로보암의 이름은 '백성들의 수가 많다, 백성의 수가 증가하다' 라는 뜻입니다. 이 이름의 뜻과 같이 앞으로 이스라엘 백성들의 마음을 사로잡아 북이스라엘의 지도자가 될 것을 예고하고 있습니다.

여로보암은 솔로몬에게 성실하고 부지런함으로 인정받던 자입니다. 밀로의 건축과 다윗성을 수축할 때 요셉 족속의 역사를 감독하는 일을 맡아보던 자였습니다. 여로보암은 솔로몬 왕이 죽은 다음에 유다와 베냐민 지파를 제외한 북쪽의 열 지파를 규합하여 반란을 일으킨 사람입니다. 이 반란은 하닷과 르손이 일으킨 외적인 반란과는 달리 내적인 반란으로, 솔로몬 왕국에 치명적인 손상을 입히게 됩니다.

여로보암은 여러 왕들처럼 하나님을 배신하고 악인들처럼 우상을 숭배하게 됩니다. 우상숭배의 대표자가 여로보암이었습니다. 여로보암은 북이스라엘 백성들이 예루살렘 성전 예배를 위해 남유다로 가는 것을 막고자 했습니다. 그래서 대체하여 세운 것이 금송아지 우상으로, 벧엘과 단에 세웠습니다. 금송아지 우상을 부활시킨 것입니다. 그러니까 여로보암은 모든 왕들의 모본이 된 다윗과는 정반대의 인물이었습니다. 다윗이 긍정적인 인물의 표준이라면 여로보암은 부정적인 인물의 모델이었습니다.

여로보암은 솔로몬의 신복, 신하였습니다. 이스라엘을 솔로몬에게서 빼앗아 신복, 신하에게 주겠다는 언약이 어떻게 이루어졌는가를 설명하기 위한 말씀입니다. 솔로몬은 백성들 앞에서는 왕이지만 하나님 앞에서는 종이었습니다. 인간은 이 양면성을 항상 잊지 말아야 합니다.

그런데 솔로몬은 하나님의 언약을 어기고 우상을 숭배했습니다. 이스라엘의 주권자가 자신이 아니라 하나님이심을 잊은 것입니다. 이스라엘 주권자 하나님은 여로보암이 솔로몬을 배반하는 것을 허용하셨습니다. 에돔과 아람이 이스라엘을 대항하여 일어나듯 여로보암이 솔로몬을 대항하여 일어나게 되었습니다.

여로보암이 손을 드는 것은 대항하고 복종하기를 거부하며 자신의 권세를 주장하기 위한 방법이었습니다. 여로보암은 솔로몬의 신하임에도 불구하고 대항했습니다. 거부했습니다. 자기 권세를 주장했습니다. 사람은 하나님을 멀리하거나 버릴 때 항상 이러한 어려움이 따라오게 되어 있습니다.

2. 반역의 이유

여로보암이 솔로몬 왕에게 반기를 든 이유가 무엇입니까? 솔로몬 왕이 유다 지파의 성읍이라 할 수 있는 밀로를 건축하고 다윗성을 건축할 때였습니다. 솔로몬 왕이 그 건축을 에브라임 지파로 하여금 감당하게 했습니다. 이것이 정신적으로 큰 충격을 주었을 것입니다. 솔로몬이 지혜의 왕이지만 자기를 위하여 지혜를 사용하면 어리석은 왕처럼 됩니다.

그 당시 여로보암은 큰 용사였습니다. 업무 처리 능력이 뛰어나고 군사적인 측면에서도 탁월했던 사람입니다. 사울 왕도 다른 사람보다 뛰어난 점이 있었고, 여로보암도 그런 면이 있었습니다. 그런데 이런 인간적인 뛰어남이나 자랑거리가 오히려 하나님으로부터 멀어지는 요인이 될 수 있습니다.

여로보암의 성실성 때문에 요셉 족속의 부역을 관장하는 감독으로 임명했습니다. 솔로몬이 오랫동안 살펴보았습니다. 자세히 보았습니다. 주목하여 보았습니다. 그렇지만 그 사람에게 가장 큰 피해를 입게 됩니다. 사람은 아무리 보아도 겉모습밖에 볼 수가 없습니다. 여하튼 솔로몬 왕의 신임을 받아 감독관이 된 여로보암이 솔로몬을 대적하는 하나님의 도구가 되었습니다. 심판의 도구입니다.

요셉 족속은 에브라임과 므낫세 지파를 말합니다. 두 지파는 요셉의 아들들입니다. 요셉 지파는 두 지파 중 하나를 지칭하거나 두 지파를 모두 지칭하거나 분열된 후에는 북이스라엘을 지칭할 때도 있었습니다. 왕국의 분열은 다른 사람보다 솔로몬 자신이 준비해 가고 있는 입장이었습니다.

한번은 여로보암이 예루살렘에서 나가다가 실로 출신 선지자 아히야를 길에서 만나게 됩니다. 아히야는 '여호와의 형제'라는 뜻입니다. 아히야는 에브라임 지파 출신으로 실로의 제사장 가문에서 성장했습니다. 나단 선지자의 뒤를 이어 르호보암 시대까지 하나님의 말씀을 대언함으로써 이스라엘에 큰 영향을 끼친 충실한 선지자였습니다. 충성스럽게 하나님을 따랐으며, 훗날 여로보암이 범죄할 때도 경고와 심판의 말씀을 전했습니다.

하나님께서 아히야를 통하여 여로보암에게 말씀을 주시고, 여로보암을 솔로몬에게 보내어 솔로몬의 죄악으로 말미암아 이스라엘의 분열과 그를 이스라엘 열 지파의 왕으로 세우시리라는 사실을 알려주셨습니다. 아히야의 적극적인 행동으로 만나게 되었습니다.

당시 여로보암과 아히야 두 사람밖에 없었습니다. 아히야는 새 의복을 입고 있었습니다. 아히야는 자기가 입고 있던 새 옷을 열두 조각으로 찢고 여로보암에게 열 조각을 취하게 하였습니다. 이것은 솔로몬과 여로보암에 대한 하나님의 계시였습니다. 솔로몬 왕국에 대한 심판의 상징입니다.

이스라엘 나라를 솔로몬의 손에서 찢어 빼앗아 열 지파를 여로보암에게 주고 오직 한 지파만 내 종 다윗과 이스라엘 중에서 택한 예루살렘을 위하여 솔로몬에게 줄 것이라고 했습니다. 유다와 베냐민 지파만 남기고 열 지파가 여로보암 중심으로 모일 것입니다. 이것은 누가 보아도 불가능한 일처럼 보이나 전능하신 하나님께서 행하시는 일을 누가 막을 수 있겠습니까?

그 이유가 무엇입니까? 솔로몬에게 문제가 있었습니다. 항상 하나님에게 문제가 있는 것이 아니라 사람에게 문제가 있습니다. 솔로몬이 하나님을 버리고 시돈 사람의 여신 아스다롯을 섬겼습니다. 모압의 신 그모스를 섬기고 암몬 자손의 신 밀곰을 숭배했습니다. 심지어 다윗의 길을 떠나 하나님의 명령에 순종하지 않았습니다.

그러나 다윗은 하나님의 명령을 잘 지켰습니다. 다윗의 공로, 다윗과의 언약 때문에 솔로몬의 생전에는 나라를 그 손에서 빼앗지 않고 계속하여 다스리게 할 것이라고 가르쳐 주셨습니다. 그러나 솔로몬이 죽은 다음에 아들의 손에서 열 지파를 빼앗아 여로보암에게 주겠다고 말씀하셨습니다. 솔로몬의 아들에게는 한 지파를 주어 하나님의 이름을 두려고 택한 예루살렘에서 하나님의 종 다윗의 등불이 항상 있게 할 것이라고 말씀하셨습니다.

그리고 여로보암의 소원을 들어주어 이스라엘의 왕으로 삼겠다고 말씀하셨습니다. 네가 만일 다윗과 같이 하나님의 명령에 순종하고 하나님의 길로 행하며 이스라엘의 왕국을 견고히 세우면 이스라엘을 여로보암에게 줄 것도 약속했습니다. 솔로몬의 죄악으로 인해 이스라엘을 괴롭게 할 것이지만 영원히 징벌하지는 않을 것이라고까지 했습니다.

사울 왕이 범죄할 때도 하나님께서는 다윗을 왕으로 세우시겠다고 가르쳐 주셨습니다(삼상16:1). 다윗은 왕이 될 때까지 기다렸지만 여로보암은 아히야의 예언을 듣고 솔로몬을 대적하여 반역하였습니다. 이것이 여로보암의 범죄로 나타납니다. 하나님의 뜻은 솔로몬이 죽은 후에 나라를 나누시려고 하셨기 때문입니다. 결국 여로보암은 성공을 거두지 못하고, 솔로몬이 죽기까지 애굽으로 피신했습니다. 결국 인간적인 꾀와 노력으로는 성공을 거두지 못합니다. 모든 것은 때와 기한이 있는 법입니다.

솔로몬 당대에는 나라가 분열되지 않았습니다. 그러나 죄의 대가로 말년을 혹독한 고통과 시련 속에서 보내야만 했습니다. 범죄자는 영육 간에 결코 평안할 수 없고, 하나님의 계명을 준행하는 것이 때로는 고통스럽고 어려울지라도 그 안에는 세상에서 얻을 수 없는 진정한 평안과 기쁨이 있음을 성도들은 명심해야 할 것입니다.

3. 여로보암의 도피

여로보암이 반기를 들자 솔로몬이 그를 죽이려고 했습니다. 솔로몬이 여로보암을 죽이기 위해 수색했습니다. 찾았습니다. 대적자를 제거하기 위한 수고와 노력을 했습니다. 여로보암은 아히야의 말을 듣고 승리를 자신했습니다. 그러나 때를 기다리지 못했습니다. 여로보암은 자기 욕심에서 출발한 혁명을 일으키려다 시삭이 다스리는 애굽으로 망명하여 솔로몬이 죽기까지 애굽에 머물렀습니다. 시삭은 애굽의 22대 왕조를 세워 21년간 통치한 세숀크 1세로 추정합니다(주전 945-924년). 솔로몬의 인본주의적인 생각이 신정국가에 어려움으로 다가왔습니다.

여로보암은 다윗과 대조를 이룹니다. 여로보암은 자기가 나라를 차지하려고 했다면 다윗은 하나님이 맡기실 때 맡았습니다. 다윗은 사울을 죽일 수 있는 기회가 많았지만 여호와께서 기름 부은 사람을 칠 수 없다는 영적인 식견이 있는 사람이었습니다. 겸손은 사람을 영화롭게 하는 법입니다.

솔로몬의 사적과 업적 그리고 지혜는 솔로몬의 행장에 낱낱이 기록되었습니다. 솔로몬 왕은 이스라엘에서 사십 년 동안 통치했습니다. 솔로몬이 노년에는 회개했을 것으로 보입니다. 전도서가 그런 내용을 증명해 줍니다. 솔로몬 왕이 죽어 다윗성에 장사되고 그 아들 르호보암이 뒤를 이어 왕이 되었습니다.

제2부
분열왕국시대

열왕기상 12 - 22장

르호보암의 압제

열왕기상은 크게 두 부분으로 나눌 수 있습니다. 1장부터 11장까지는 다윗의 후계자 솔로몬이 하나님의 선택과 축복을 받고 통일 왕국의 제3대 왕으로 즉위하여 40년을 다스린 역사를 기록하고 있습니다.

후반부 12장부터 22장은 솔로몬 사후, 주전 930년 남북 왕조가 분리된 이후 북이스라엘이 멸망한 주전 722년과 남유다가 멸망한 주전 586년까지의 역사 중 전반기 역사를 기록하고 있습니다.

이스라엘이 남과 북으로, 북이스라엘과 남유다로 분리된 때를 말합니다. 분열 왕국시대에 하나님은 어떻게 일하셨을까? 솔로몬 왕의 범죄에 대하여 하나님은 어떤 심판을 내리셨을까요? 이스라엘 나라가 남북 왕조로 갈라서는 외적인 요인을 말하고 있습니다.

1. 르호보암과 여로보암

르호보암은 솔로몬 왕이 죽자마자 예루살렘에서 왕위에 오른 이후에 곧바로 세겜으로 갔습니다. 이는 북쪽의 여러 지파들, 이스라엘 회중으로부터 왕으로 인증을 받기 위함으로 보입니다.

세겜은 예루살렘 북쪽으로 50킬로미터 떨어진 곳에 위치한 도시였습니다. 에발산과 그리심산 사이에 위치한 에브라임 산지의 성읍으로, 교통의 요충지였습니다. 여호수아 시대에는 이스라엘 백성들이 하나님과의 언약을 갱신했던 유서 깊은 곳이기도 했습니다.

세겜은 북쪽 지파들의 중심지였습니다. 이스라엘 백성들과 장로들의 인증을 받기 위해 그곳까지 내려간 르호보암은 비굴한 생각도 들었을 것입니다. 르호보암은 강력한 지도력이 없었기 때문에 북쪽 지파들의 요구에 따라 세겜까지 내려갔던 것입니다. 신정국가의 왕은 인위적으로 세운 것이 아니라 하나님에 의해서 세워졌습니다. 하나님은 다윗과 그 후손들을 왕으로 세울 것을 약속하셨습니다.

솔로몬 왕은 지혜의 왕으로 등극하여 갈등이 있을 때 지혜롭게 대처했습니다. 확고한 왕권 수립과 국가의 번영을 위해 노력하고 중앙부처와 지방부처를 원활하게 움직였습니다. 이스라엘 민족의 종교와 정치의 상징인 성전을 건축하고 왕궁도 건축하였습니다. 그야말로 명성을 얻은 왕이었습니다.

물론 정략 결혼을 통하여 우상을 숭배하는 등 타락하여 하나님도 섬기고 우상도 섬기는 혼합주의에 빠지게 되었습니다. 결국 하나님을 멀리하다가 신정국가, 신정왕국이 점점 약해지게 되었습니다.

르호보암이 이스라엘의 왕이 되려고 할 때 한편 느밧의 아들 여로보암은 솔로몬 왕을 피해 애굽으로 망명하여 애굽에 머물러 있었습니다. 솔로몬이 강력한 의지를 가지고 찾았고 여로보암은 감히 대적할 수가 없었습니다. 그가 솔로몬의 사망 소식을 듣고 애굽에서 고향으로 돌아와서 머물게 되었습니다. 이스라엘 온 무리가 사람을 보내어 여로보암을 불렀습니다.

이것이 새로운 국면입니다. 상황의 변화이지요. 반역 사건의 기초가된 것입니다. 사람들이 여로보암을 불렀고 사람들이 그의 주변에 모이

기 시작했습니다. 르호보암을 세겜으로 불러 올리면서 여로보암으로
하여금 말하게 하였습니다. 여로보암은 솔로몬 시대에 충성스럽기도
했지만 대항할 줄도 알던 인물이었기 때문입니다.

사울 왕과 다윗 왕 그리고 솔로몬 왕으로 이어져 온 이스라엘이 이
제는 르호보암과 여로보암을 중심으로 사람들이 모이기 시작했습니다.
여로보암을 중심으로 한 북쪽 지파 사람들이 르호보암에게 과중한 부
역과 세금을 경감시켜 줄 것을 요구하였습니다.

그러나 르호보암은 이와 같은 요구를 무시하고 더욱 무겁고 강압적
인 답변을 하여 북쪽 지파들의 반감을 사게 되었습니다. 그것이 원인이
되어 남북 왕조의 분리를 선언하는 빌미가 된 것입니다.

2. 강압 정치

국론분열의 외적인 요인으로 르호보암의 압제 정치를 말할 수 있습
니다. 르호보암은 왕으로 즉위하자 솔로몬 왕 시대에 강행한 강제 노역
과 과다하게 세금을 징수했습니다. 이에 대하여 여로보암을 중심으로
한 사람들이 르호보암에게 완화해 줄 것을 요청하기 시작했습니다. 왕
의 부친은 우리들의 멍에를 무겁게 하였으나 이제 왕은 고역과 무거운
멍에를 가볍게 해달라고 요구했습니다. 그리하면 자신들은 왕을 섬기
겠다고 말했습니다. 무거운 짐을 가볍게 하소서. 아버지는 무겁게 하였
으나 아들, 당신은 가볍게 하소서. 당신이라는 말을 볼 때 아버지 솔로
몬에 대한 불만이 남아 있고, 아들 르호보암에 대하여 왕으로 인정을
하지 않고 있는 자세입니다.

무거운 멍에는 애굽에서 종 노릇 하던 때를 기억하면서 하는 말입니
다. 그러나 솔로몬 시대에 부역과 세금을 부과한 것은 사실이겠지만 북
부 지파들의 주장은 과장된 표현이었습니다.

솔로몬은 이웃 나라의 조공을 받아 나라를 부강하게 만들었습니다.

이런 주장은 솔로몬 왕의 강압정책이 아니라 유다 지파의 특권에 대한 불만이라고 볼 수 있습니다. 그러나 유다 지파에 대한 축복은 하나님께서 주신 것이지 자신들이 쟁취한 것이 아니었습니다. 유다의 후손 혹은 다윗의 후손에 대한 하나님의 복이었습니다. 그 지파를 통하여 예수 그리스도까지 출생하게 되는 것입니다.

북쪽 열 지파의 요청에 대하여 르호보암은 삼 일 후에 답하겠다고 하면서 백성들을 돌려보냈습니다. 많은 지파의 요구에 대하여 르호보암은 신하들과 의논을 했습니다. 신하들 가운데는 늙은 사람들도 있고 젊은 사람들도 있었습니다.

르호보암은 솔로몬 시대부터 섬겨오던 늙은 신하들을 향하여 백성들의 요구에 대하여 어떻게 생각하느냐고 물었습니다. 그들은 젊은 사람에 비하여 경험이 풍부한 사람들입니다. 이스라엘에서 존경받는 사람들이고 국가의 중대사에 대하여 적절한 방안을 제시했던 인물들입니다.

늙은 신하들은 뭐라고 대답했습니까? 왕이 만일 백성의 종이 되어 그들에게 좋은 말로 대답하면 저희가 영원히 왕의 종이 되어 섬길 것이라고 말했습니다. 르호보암이 그렇게 해보자든지, 그렇게 하겠다든지, 아니면 노력해 보자고 말했으면 좋았을 것입니다. 하나님의 대리자로서 백성들에게 봉사하는 종의 역할을 잘 감당하면 특권이나 교만을 드러내는 왕이 아닌 겸손한 왕, 이상적인 군주가 될 수 있습니다. 예수 그리스도의 겸손과 온유와는 대조가 됩니다.

이번에는 르호보암이 젊은 신하들과 논의하였습니다. 아마도 고관들의 자녀들로 존귀하고 유복한 환경에서 함께 성장한 사람들로 보입니다. 사물과 인간에 대해 같은 관점, 같은 경향의 사람들입니다. 르호보암의 신임을 받던 친구들입니다.

르호보암 왕이 늙은 신하들의 조언을 택하지 않고 자기와 함께 자란 젊은 신하들에게 백성들의 요구에 어떻게 대답하는 것이 좋을지 물

었습니다. 함께 자라난 젊은 신하들은 르호보암에게 백성들을 향하여
자신은 솔로몬보다 더 강력한 강압 정치를 시행하겠다고 말할 것을 대
답했습니다. 르호보암은 젊은 사람들의 견해가 궁금한 것이 아니라 자
신이 원하는 답을 찾기 위한 것으로 보여집니다. 어리석은 자의 특징입
니다.

르호보암 왕은 원로들의 충고를 무시하고 소장파들의 아첨을 좇았
습니다. 그래서 르호보암 왕은 이스라엘 백성들을 다스릴 때 강압 정치
를 펼쳤습니다. '내 새끼 손가락이 내 부친의 허리보다 굵다' 라고 말했
습니다. 나의 가장 연약한 부분이 내 아버지의 강력한 부분보다도 더
강하다는 표현입니다. 그 결과 열 지파가 다윗 왕조와 결별하고 분리를
선언하기에 이르렀습니다.

다윗 왕조에 대한 불만은 평상시에도 있었습니다. 그래도 하나가 될
수 있었던 것은 하나님을 중심으로 한 신앙과 다윗 왕의 공과 의, 솔로
몬 왕의 지혜로운 통치가 있었기 때문이었습니다. 솔로몬 왕의 통치 말
기에 안일과 나태로 인해 다윗 왕조에 대한 불만이 있었습니다. 게다가
노역의 강제성, 세금의 과다한 징수가 더해져 여로보암을 중심으로 반
란이 일어나게 되었습니다.

르호보암은 무엇보다도 백성들의 불만을 이해하고 하나님에 대한
신앙의 재확립에 역점을 두어야 했었습니다. 원로들의 충고를 듣지 않
은 것과 감언이설에 귀를 기울인 것은 큰 문제점이었습니다.

이렇게 르호보암으로 하여금 어리석은 짓을 하게 한 것도 하나님이
솔로몬에게 하신 말씀을 응하게 하심입니다. 물론 르호보암의 어리석
음을 통하여 하나님의 뜻을 이룬다는 것이지, 분열의 책임이 하나님께
있다는 뜻이 아닙니다. 하나님의 뜻은 반드시 성취됩니다. '지혜자들의
충고를 귀하게 여기라. 권세는 지배에 목적이 있지 않고 섬김에 있는
것이다'.

3. 르호보암의 답변

삼 일 만에 여로보암과 모든 백성이 르호보암에게 나아왔습니다. 왕이 늙은 신하들의 조언을 따르지 않고 젊은 신하들의 조언을 좇아 백성들에게 포학한 말로 대답하기 시작했습니다.

내 부친은 너희 멍에를 무겁게 하였으나 나는 너희의 멍에를 더욱 무겁게 할 것이라고 말했습니다. 내 부친은 채찍으로 너희를 징치하였으나 나는 전갈로 너희를 징치할 것이라고 말했습니다. 나는 무거운 멍에에 더하게 할 것이다. 부친은 채찍으로 다스렸지만 나는 전갈로 다스리겠다. 이스라엘의 발전을 위하거나 백성의 유익을 생각한 것이 아니라 자신의 욕구를 채우기 위한 수단으로 폭정을 말합니다. 원로들은 백성의 종이 되라고 했지만, 르호보암이 젊은 신하들의 견해와 같이 한 것은 하나님의 부르심에 대한 소명의식의 결여입니다.

르호보암이 강압 정치를 선언하게 된 배경이 무엇입니까? 왕이 이같이 백성들의 말을 듣지 아니한 것은 여호와의 섭리로 말미암은 것입니다. 즉 여호와께서 전에 실로 사람 아히야를 통해 느밧의 아들 여로보암에게 하신 말씀을 응하게 하기 위한 것이었습니다.

신정국가의 분열의 근본적인 요인은 솔로몬 왕보다 르호보암의 어리석은 처신에서 찾아야 합니다. 하나님의 뜻에 따라 신정왕국을 다스리지 않고 세속 군주처럼 강압적으로 백성들을 다루려고 한 데서 책임을 물어야 할 것입니다. 그것도 거짓된 확신에 차서 큰 소리로 선포했습니다. 동물들이 울부짖거나 전쟁터에서 병사들이 큰 소리로 외치듯 외쳤습니다.

르호보암이 선택한 방법은 유화정책이 아니라 위협을 하는 수단으로 채찍이나 전갈을 말하는 공포정치였습니다. 어리석은 정치를 하여 북이스라엘의 분열을 조장했습니다. 르호보암의 돌발적인 처신은 결국 하나님의 주권 속에서 나온 것입니다.

하나님께서는 인간의 어리석음이나 교만한 마음도 하나님의 뜻을 이루는 데 사용하십니다. 바로의 강퍅한 마음도 사용하셔서 하나님이 하나님이심을 나타내셨습니다. 하나님의 말씀은 하나도 땅에 떨어지지 않습니다. 천지는 없어질지 모르지만 하나님의 말씀은 일점일획이라도 없어지지 않고 이루어집니다.

하나님의 말씀은 정한 때가 되면 반드시 이루어집니다. 정한 때가 언제인지 모르기 때문에 겸손히 기다리는 자세가 필요합니다. 영적으로 민감한 상태를 유지하기 위하여 기도에 힘써야 할 것입니다. 지도자는 하나님의 음성이나 때를 잘 파악할 줄 알아야 지도자가 될 수 있습니다. 그리고 가장 중요한 리더십은 섬김입니다. 종의 지도력입니다.

제36강
열왕기상 12장 16-24절

남북의 분열과 왕

르호보암이 솔로몬 왕을 이어 왕이 될 때 북쪽에 있는 열 지파가 부역과 세금 감면의 요구를 하게 되었고, 르호보암은 경험이 많은 원로들의 말을 듣지 않고 젊은 신하들의 말을 들어 솔로몬 때보다 더 많은 노역과 세금을 부과할 것을 말하게 되었습니다.

어리석은 르호보암의 말 때문에 이스라엘은 남북 왕조로 갈라지게 되었습니다. 이렇게 분열된 것은 하나님의 섭리, 하나님의 주권 속에서 이루어진 일이지만 책임은 어리석은 지도자, 어리석은 르호보암, 사람에게 있습니다.

1. 르호보암과 북쪽 지파들의 반발

북쪽의 온 이스라엘 백성들은 자기들의 요구를 들어주지 않자 르호보암 왕에 대하여 크게 분노했습니다. 그리고 즉각적이고 적극적으로 행동했습니다. 여로보암을 북방 이스라엘의 초대 왕으로 추대하게 되었습니다. 그러면서 이상한 구호를 외쳤습니다.

우리가 다윗과 무슨 관계가 있느냐? 다윗 왕조에 대한 비난과 조소의 내용입니다. 세바의 반란 사건 때도 나왔던 구호입니다. 북부 지파들은 다윗 왕조에 대하여 뿌리 깊은 불신의 요소를 가지고 있었습니다. 그러나 하나님의 언약이나 하나님의 뜻보다는 자신들의 유익을 주장한 내용으로, 집단 이기주의의 형태였습니다. 하나님은 다윗의 왕위를 견고히 그리고 영원히 세우실 것을 나단 선지자를 통하여 말씀하셨습니다(삼하7:8, 16).

이새의 아들에게서 우리의 업이 없도다. 업이란 상속할 것이 없다, 기업이 없다, 분깃이 없다는 뜻입니다. 가질 것이나 누릴 것이 아무것도 없다는 주장입니다. 다윗 왕조가 북부 지파들에게는 아무런 유익이 없다는 주장이었습니다.

이스라엘아 너희의 장막으로 돌아가라. 다윗이여 이제 너는 네 집이나 돌아보라. 이스라엘 사람들이 이렇게 반발하고 실제로 자기 집으로 돌아갔습니다. 다윗 왕조는 자기들에게 아무런 유익도 없고 다윗 왕조 자체가 보잘것없는 가문이라고 주장했습니다. 군사적으로 르호보암의 군대에서 집으로 가라. 혹은 르호보암을 왕으로 추대하는 즉위식을 세겜에서 거행하려고 했다면 왕으로 인정하지 말고 가자는 뜻입니다.

다만 유다 성읍에 거주하는 이스라엘 백성들은 르호보암의 통치를 수용하는 정도였습니다. 유다 성읍에 거주하며 정착하여 살던 베냐민 지파나 가나안 정복 당시 유다 지파 경내에 살고 있던 시므온 지파 사람들 그리고 정치, 종교적인 이유로 머물던 사람들만 인정하였습니다. 르호보암의 어리석은 말이 북쪽 이스라엘 지파들을 단합시키는 결과를 가져오게 되었습니다. 우리는 그리스도 안에서 하나입니다. 교회는 그리스도의 몸입니다.

2. 북이스라엘과 여로보암

르호보암은 북쪽 여러 지파들이 반대함에도 불구하고 북쪽 지역을 통치하기 위해서 역군의 감독관인 아도람을 열 지파에게 파송했습니다. 북부 지역에 대한 미련이 남아 있었기 때문이었습니다. 르호보암은 세겜에 머물면서 노역과 세금 감독관을 파송했습니다. 아마도 강력한 의지를 표현하고 싶었던 모양입니다. 르호보암의 권위를 가지고 위임받은 사람답게 아도람은 북쪽 지파들을 향해 달려갔습니다.

그러나 북쪽의 지파 사람들이 르호보암 왕이 보낸 아도람을 돌로 쳐 죽입니다. 북쪽 지파 사람들은 르호보암 왕의 말을 듣고 조금도 굴하지 않았습니다. 거침없이 비난과 조소의 말을 했습니다. 르호보암에 대한 반감만 더 커졌습니다. 그래서 아도람을 돌로 쳐 죽인 것입니다. 아도람은 평상시 공포의 대상이었습니다.

그때 아도람이 돌에 맞아 죽자 르호보암 왕이 급히 마차를 몰아 예루살렘으로 도망했습니다. 북쪽의 이스라엘이 다윗 왕조를 배반하였기 때문입니다. 르호보암은 허둥지둥 서둘러서 수레에 올라탔습니다. 그리고 예루살렘으로 도망했습니다.

르호보암은 자기 아버지 솔로몬보다 더 뛰어나고 더 강력한 왕이 될 것이라고 생각했지만, 아도람의 죽음을 보자 허겁지겁 살기 위해 도망하는 왕이 되었습니다. 반역을 전혀 예견치 못한 지도자였습니다.

남북 왕조로 갈라지게 된 분열의 원인은 솔로몬의 범죄와 르호보암의 어리석음 때문입니다. 그러나 성경은 그것만 말하지 않습니다. 원인 제공자를 북쪽 지파들이라고 말합니다. 북쪽 지파들의 요구도 당연하지만 다윗 왕조를 배반한 것이 더 큰 문제였습니다.

사무엘하 7장을 보면 하나님이 다윗과 언약을 맺으셨습니다. 다윗과 다윗의 왕위를 잇는 왕들이 영원한 이스라엘의 통치자가 될 것이며, 그 왕조를 통하여 이스라엘을 영원히 견고하게 하실 것을 약속하셨습니다. 다윗 왕조를 거부하는 것은 하나님을 거부하는 것이었습니다.

북쪽에 있는 이스라엘 지파 사람들이 여로보암의 귀환 소식을 듣고 여로보암을 공회에 초대합니다. 그리고 여로보암을 북쪽 이스라엘의 초대 왕으로 삼았습니다. 이렇게 하여 돌이킬 수 없는 반역의 길을 걷게 된 것입니다. 유다 지파 이외에는 다윗의 왕조를 좇는 지파가 없게 되었습니다. 그래도 르호보암 왕은 북쪽의 이스라엘을 계속하여 통치하려고 시도했지만 통치할 수가 없었습니다.

르호보암이 아도람 감역관을 북쪽 이스라엘로 파송한 것을 보면 왕의 마음을 알 수 있습니다. 아도람은 솔로몬 당시부터 세금 감역관이었습니다. 결국 아도람을 파견한 이유는 노역과 세금징수를 목적으로 한 것이었습니다. 그러나 아도람은 죽임을 당하고 르호보암 또한 도망해야 했습니다.

북방 이스라엘은 여로보암을 왕으로 세웠습니다. 수많은 무리들이 모여서 여로보암을 왕으로 추대했습니다. 북쪽 사람들은 여로보암에게 특별한 책임을 맡기기 위해 특별한 목적으로 모이고 사람을 세웠습니다. 그들이 원하는 사람을 세운 것은 민주주의적이었습니다. 인간적으로는 매우 고무적이고 매력적인 민주주의를 실현한 것처럼 보였습니다.

그러나 구속사적인 입장에서 봅시다. 하나님의 나라를 생각해야 합니다. 이것은 중대한 범죄를 저지르는 결과를 가져왔습니다. 하나님과의 계약을 파기하는 것이었습니다. 자신들의 이익만을 추구한 정치였습니다.

결국 북이스라엘은 하나님과의 관계를 끊고 떠나게 되었습니다. 북쪽 이스라엘 나라는 곧바로 우상숭배에 빠지게 되었습니다. 반역과 모반을 일삼다가 하나님의 진노를 받게 되었습니다. 하나님의 백성은 민주주의를 말하는 것보다 하나님의 말씀과 법도를 따르는 것이 우선되어야 합니다. 이것이 질서와 평화유지의 비법입니다.

북쪽의 이스라엘은 하나님의 뜻이나 다윗과의 언약은 생각하지 않았습니다. 다윗 왕조에 대한 하나님의 뜻에는 관심도 없었습니다.

자기들의 유익만 생각했습니다. 그래서 여로보암을 왕으로 세운 것입니다.

3. 르호보암과 하나님

르호보암은 북쪽 열 지파를 응징하고자 전쟁을 준비했으나 동족상잔의 비극을 막으시는 하나님의 강권적인 역사로 말미암아 그 뜻을 이루지 못합니다. 르호보암이 예루살렘에 이르러 유다 온 족속과 베냐민 지파에게 소집 명령을 내려 정예병 십팔만 명을 선발했습니다. 전쟁을 수행할 목적으로 군대를 모집한 것입니다.

르호보암은 세겜에서 급히 도망하는 수모를 겪은 다음에 크게 분노하여 예루살렘으로 돌아오자마자 군대를 소집했습니다. 북부 지역에서 당한 모욕을 물리적인 방법으로 보복하려고 했습니다.

십팔만 명을 동원하여 이스라엘 나라를 회복하려는 르호보암의 계획이었습니다. 다윗 왕과 솔로몬 왕 그리고 르호보암으로 왕의 정통성을 이어가려고 노력했습니다. 그 방법이 전쟁의 방법이었습니다.

하나님은 이런 상황에서 어떻게 일하셨을까요? 하나님의 사람을 쓰셨습니다. 스마야가 하나님의 말씀으로 전쟁을 만류했습니다. 하나님의 말씀이 스마야에게 임했습니다. 스마야는 르호보암 시대 초기에 남유다에서 활약한 선지자로, 결정적인 위기의 순간에 하나님의 뜻을 왕과 백성에게 선포한 선지자였습니다. 선지자의 역할, 선지자의 기능을 잘 감당한 사람이었습니다.

솔로몬의 아들 유다 왕 르호보암과 유다와 베냐민 온 족속과 그 남은 백성에게 하나님께서 너희는 너희 형제 이스라엘 자손과 싸우지 말고 집으로 돌아갈 것을 명하셨다고 전했습니다. 지금 르호보암은 흥분한 상태입니다. 전쟁을 위하여 십팔만 명을 동원한 상황입니다. 그런데 스마야는 하나님의 뜻을 왕과 백성 앞에 전했습니다. 전쟁을 하지 말라.

역대하 11장 2-4절에 "여호와의 말씀이 하나님의 사람 스마야에게 임하여 이르시되 솔로몬의 아들 유다 왕 르호보암과 유다와 베냐민에 속한 모든 이스라엘 무리에게 말하여 이르기를 여호와께서 이같이 말씀하시기를 너희는 올라가지 말라 너희 형제와 싸우지 말고 각기 집으로 돌아가라 이 일이 내게로 말미암아 난 것이라 하셨다 하라 하신지라 그들이 여호와의 말씀을 듣고 돌아가고 여로보암을 치러 가던 길에서 되돌아왔더라"라고 했습니다.

그후 불과 5년 뒤에 어떤 일이 발생했을까요? 애굽의 시삭이 침략합니다. 그때도 하나님의 말씀을 전했습니다. 역대하 12장 1-8절의 내용입니다. 르호보암의 나라가 견고하고 세력이 강해졌습니다. 르호보암이 여호와의 율법을 버리고 온 이스라엘은 그것을 본받았습니다. 이렇게 범죄할 때 하나님께서 애굽의 시삭을 동원했습니다.

병거 천이백 대와 마병 육만 명, 애굽 사람은 물론 리비아와 숙과 구스 사람이 헤아릴 수 없이 많았습니다. 스마야가 르호보암과 방백들 앞에서 "너희가 나를 버렸으므로 나도 너희를 버려 시삭의 손에 넘겼노라"라고 했습니다. 모든 방백과 왕이 스스로 겸비해졌습니다. 회개했습니다. 그 모습을 보신 하나님께서 멸하지 않으시고 시삭의 종이 되게 하셔서 하나님의 종이 되는 것과 사람의 종이 되는 것이 무엇인지를 알게 하셨습니다.

스마야는 북쪽 열 지파의 반란과 왕국의 분열이 여호와로 말미암은 것이라고 전해 주었습니다. 유다와 베냐민 지파 사람들이 스마야를 통해 여호와의 말씀을 전해 듣고 순종하여 집으로 돌아갔습니다. 정말 하나님의 사람은 위대합니다. 하나님의 뜻대로 말했을 때 전쟁도 멈추게 되었습니다.

사울의 왕권이 다윗에게 넘어갈 때 다윗가에 가장 적대적이었던 베냐민 지파가 르호보암 측에 가담한 것은 매우 특이한 일입니다. 아마도 성전을 사모했을 가능성이 있습니다. 성전 때문에 동조했다면 영적으로 잘했다고 이해해야 할 것입니다. 우리도 늘 하나님 중심, 말씀 중심, 교회 중심적인 생각과 행동을 하면서 삽시다.

여로보암의 정책

르호보암의 노역과 세금의 강압 정책에 반대하는 북쪽의 열 지파가 여로보암을 왕으로 추대하여 북이스라엘을 건국하였고, 남유다는 북이스라엘을 징벌하기 위하여 전쟁을 준비하였으나 하나님이 선지자 스마야를 통하여 전쟁을 막으셨습니다.

북왕조 이스라엘의 왕위에 오른 여로보암은 어떤 정책을 펼쳤을까? 북쪽 이스라엘의 초대 왕이 된 여로보암은 의욕적으로 일을 했습니다. 자기의 주권을 강화하고 나라를 부강하게 하기 위한 노력을 경주했습니다.

1. 세겜과 부느엘 건축

여로보암 왕은 에브라임 산지의 세겜성을 수축하고 거기에서 북쪽 이스라엘을 다스렸습니다. 세겜 지방을 수도로 삼았습니다. 그리고 부느엘성을 건축했습니다. 그러니까 대외적으로 세겜과 부느엘을 건축했습니다. 세겜을 왕국의 수도로 정하고 자신이 통치할 왕궁도 짓고, 여러 곳을 요새화시키기 위한 건축을 단행했습니다.

성을 건축하는 목적이 무엇입니까? 성을 건축하는 목적은 외세의 침입을 막아보려는 노력입니다. 적들로 하여금 쉽게 공격할 수 없게 하는 방어선입니다. 또 체제도 정비해야 하고 각료도 임명해야 했습니다. 궁정도 운영해야 합니다. 행정 수도로써 필수적이기 때문입니다.

이러한 일들을 신속히 진행했습니다. 그런데 과거에 르호보암에게 세금 감면과 부역 면제를 요구한 사람들이기 때문에 스스로 모순에 빠진 행동이라고 생각됩니다. 왜냐하면 여로보암이라고 해서 세금과 노역을 동원하지 않을 수 없기 때문입니다. 누가 그냥 성을 쌓아줍니까? 누가 왕궁을 지어줍니까? 다 세금을 걷고 노역을 해야 이루어지는 일입니다.

노역과 세금 감면 때문에 다윗 왕조로부터 이탈한 사람들에게 여전히 세금을 많이 거둬야 하고 노역을 많이 해야 하는 상황이 벌어지고 말았습니다. 이것이 얼마나 큰 비극인지를 생각해 봅시다. 인간은 자기가 당해 보면 다 똑같습니다.

하나님 대신 우상을 섬기는 길입니다. 하나님의 성전을 버리고 우상의 신전을 짓고 신전을 출입해야 하는 일입니다. 다윗 왕조를 버리고 언약까지 배반하는 길입니다. 정말 멸망의 길이었습니다.

새로운 왕을 세우고 새롭게 출발해 보지만 계속되는 것은 무거운 세금과 어려운 노역뿐이었습니다. 그리고 영적으로 피폐해지는 길이었습니다. 일반인이나 교회나 정신을 차리고 기도해야 할 이유가 여기 있습니다. 하나님의 인도를 받아야 합니다.

세겜은 므낫세 지파에 속한 땅입니다. 그런데 에브라임 산지에 있다고 말한 것은 여로보암이 속한 에브라임 지파의 강성함을 말해 주고, 여로보암의 통치에 에브라임 지파가 주도적인 역할을 했다고 보여집니다.

부느엘은 세겜으로부터 약 40킬로미터 떨어진 요단 동편에 위치한 곳이며, 얍복강을 끼고 있는 군사적인 요충지였습니다. '하나님의 얼굴'이라는 뜻으로, 야곱이 하나님과 대면한 것을 기념하여 붙여진 지명입니다. 여로보암이 세겜과 부느엘성을 건축하면서 막대한 세금과 부역을 하도록 했습니다. 다윗 왕조를 버리고 부역과 세금을 많이 거두어서 건축하는 일이 얼마나 그릇된 처사인가를 생각하게 합니다.

2. 여로보암의 염려

여로보암이 왕이 되었지만 근심과 걱정이 한두 가지가 아니었습니다. 염려와 근심이 마음속에 자리를 차지하고 있었습니다. 내적으로는 이스라엘 사람들과 남방 유다 사람들을 분리하는 정책을 펼쳤습니다. 통행에 제한을 둔 것입니다. 교류와 교통의 제한입니다.

북방 이스라엘 백성으로 하여금 남방에 있는 예루살렘을 출입하면서 여호와를 섬긴다면 자기의 나라가 결국 남방 유다에게 귀속될지도 모른다는 걱정이 생긴 것입니다. 그러니까 다윗 왕조에게 귀속될 수도 있다는 염려가 생겼습니다. 자기를 배반하고 남쪽의 르호보암 왕을 추종할 것이라는 염려입니다.

북이스라엘 백성들이 예루살렘 성전에 제사를 드리러 올라간다면 유다 왕 르호보암에게 끌려서 자기를 죽이고 르호보암에게로 돌아갈 것이라는 생각을 하게 된 것입니다.

하나님의 율법대로 말하자면 이스라엘 백성들은 매년 세 번, 무교절 혹은 유월절과 맥추절 그리고 장막절에 예루살렘 성전을 찾아 제사를 드려야 했습니다. 다른 곳에서의 제사는 불가했고 예루살렘 성전에서만 제사를 드렸습니다. 이것이 여로보암에게 큰 부담이 되었던 것입니다.

예루살렘은 하나님의 성전이 있고, 남유다의 수도였습니다. 정치, 문화, 종교의 중심지였습니다. 예배를 드리러 매년 세 번씩 올라간다면 마음까지 남유다를 향해 갈 것이라는 생각을 했습니다. 그러나 하나님을 믿는 사람이라면 그런 염려는 버려야 했습니다.

여로보암의 마음속에는 르호보암이 늘 걸렸습니다. 위협적인 존재로 생각했습니다. 북이스라엘 백성들의 마음이 르호보암에게로 돌아갈까봐 노심초사한 것입니다. 자신이 북이스라엘의 왕이 되었지만 하나님으로부터 임명받은 것이라기보다는 북이스라엘 지파들의 요청에 의해서 이루어진 일이기 때문입니다.

인간적인 생각으로만 왕이 된 여로보암은 늘 불안했습니다. 역사의 주관자가 누구십니까? 인간의 생사화복을 주관하시는 분이 누구십니까? 국가의 흥망성쇠를 누가 주장하십니까? 여기에 대한 확신을 가지면 불안해야 할 이유가 없습니다. 하나님을 믿고 언약을 믿고 순종하면서 살면 사는 동안 하나님이 함께하실 줄로 믿습니다. 은혜와 복을 주실 줄로 믿습니다.

3. 여로보암의 종교 정책

여로보암의 종교 정책이 무엇인가? 북방 이스라엘 민족을 하나로 뭉치기 위한 방법을 생각했습니다. 민심이 이탈하는 것을 방지하기 위한 수단을 강구했습니다. 그런 의미에서 남북의 분단을 고착화하기 시작했습니다. 오갈 수 없도록 막는 것이었습니다. 이것은 여로보암의 생각일 뿐 하나님의 뜻이 아니었습니다. 사람이 타락하는 근본적인 이유는 하나님의 말씀을 먼저 생각하는 것이 아니라 자신의 생각을 우선시하기 때문입니다.

그리고 종교적으로는 남방 유다는 여호와 하나님을 섬기는데 북방 이스라엘은 남방 유다와 적대 관계 속에서 우상을 숭배했습니다. 금송아지 우상을 만들어 벧엘과 단에 두고 경배하게 하고 산당을 지었습니다. 예루살렘의 출입을 제한시키는 정책이었습니다. 멀리 예루살렘까지 제물을 끌고 올라가는 일이 쉬운 일은 아니었습니다. 벧엘과 단에다 제단을 만들자는 제안은 북쪽에 살고 있던 여러 지파들에게는 매력적인 제안이었습니다.

그 결과 북방 이스라엘은 영적으로나 종교적으로 그리고 윤리적으로 타락하게 되었습니다. 이 타락이 이스라엘을 우상숭배하도록 만들었습니다. 우상숭배의 온상지가 되게 하였습니다. 하나님이 금하신 내용입니다. 선택한 한 장소에서 예배하라고 가르치셨습니다. 신명기 12장 11-14절에 "너희는 너희의 하나님 여호와께서 자기 이름을 두시려고 택하실 그 곳으로 내가 명령하는 것을 모두 가지고 갈지니 곧 너희의 번제와 너희의 희생과 너희의 십일조와 너희 손의 거제와 너희가 여호와께서 원하시는 모든 아름다운 서원물을 가져가고 … 오직 너희의 한 지파 중에 여호와께서 택하실 그 곳에서 …"라고 했습니다.

'너희는 다시 예루살렘으로 올라갈 것이 없다. 이스라엘아! 이것이 너희를 애굽에서 인도하여 올린 너희 신이다'. 금송아지 우상 앞에서 선언한 내용입니다. 금송아지를 하나는 벧엘에 다른 하나는 단에 두었습니다. 이것이 모든 악의 근원이 되었습니다. 북방 이스라엘 백성들은 금송아지 우상을 숭배하기 위하여 단까지 올라갔습니다.

여로보암은 산당을 건축하고 레위인이 아닌 일반 사람으로 제사장을 삼았습니다. 그리고 유다와 비슷하게 팔월 십오일을 절기로 정하여 벧엘의 제단에서 금송아지에게 제사했습니다. 산당도 하나님께서 금하신 것입니다. 혼합주의에 빠지기 때문이었습니다. 그럼에도 불구하고 여로보암은 산당을 지었습니다.

그리고 산당의 제사장은 벧엘에서 임명했습니다. 누구나 원하면 제사장이 되었습니다. 여로보암이 마음대로 이스라엘 절기로 정한 팔월 십오일이 되면 벧엘에 쌓은 단으로 올라가서 친히 분향했습니다. 절기도 유다의 절기와 비슷하게 했습니다. 이것이 북이스라엘의 죄가 되었습니다. 표적이 빗나가거나 길을 잃어버리는 결과를 가져오게 되었습니다. 가인이 아벨을 죽인 죄와 같은 의미입니다. 소돔과 고모라의 음란죄와 같은 죄였습니다.

열왕기상 18장 19절에 "그런즉 사람을 보내 온 이스라엘과 이세벨의 상에서 먹는 바알의 선지자 사백오십 명과 아세라의 선지자 사백 명을 갈멜 산으로 모아 내게로 나아오게 하소서"라고 했습니다.

어느 시대나 지도자의 중요성을 보게 됩니다. 지도자는 일반인에 비하여 다른 사람들에게 영향을 크게 끼치게 됩니다. 항상 지도자가 올바른 선택과 지도를 할 때 어떤 단체든지 건전하고 성숙한 단체가 되는 법입니다. 그런 의미에서 성도들은 좋은 지도자를 만들어 가야 할 책임이 있습니다.

특별히 교회가 그렇습니다. 교회의 사명 중의 하나가 지도자를 키우는 것입니다. 교회가 지도자를 키우지 못한다면 그 교회는 정체될 수밖에 없습니다. 자라나지를 못합니다. 성장하는 교회의 특징은 지도자를 키우는 것입니다.

여로보암의 두려움은 하나님의 말씀을 믿지 못하는 불신앙에서 비롯된 것입니다. 하나님의 약속을 신뢰했더라면(왕상11:37-38) 이스라엘 사람들이 예배하기 위하여 예루살렘에 가는 것을 두려워할 필요가 없었을 것입니다. 믿음 생활을 잘 하면 가정 생활이나 직장 생활은 더욱 잘 하게 되어 있습니다. 여로보암도 하나님의 말씀에 순종하면 다윗과 같이 견고한 집을 세워주실 것을 약속했습니다. 그런데 그 언약을 믿지 못하니까 염려와 근심과 걱정이 생겼던 것입니다. 북이스라엘의 역사를 보면 여로보암은 하나님의 말씀에 순종하지 않습니다. 결국 하나님의 준엄한 심판을 받게 되었고, 여로보암 가문은 그 아들대에 이르러 몰락하고 왕위는 다른 가문으로 옮겨지게 되었습니다.

하나님의 은혜를 받아 보십시오. 사람이 변합니다. 어느 장소나 어떤 단체에서나 충성스러운 일꾼이 됩니다. 여로보암의 근심과 걱정은 죄악된 욕심에서 비롯된 것입니다. 하나님의 언약을 믿는다면 마음속에 생기는 근심과 걱정은 물리칠 수가 있습니다. 성도는 자기의 부정을 노력하면서 언약을 붙잡고 살아야 성령의 역사를 체험할 수 있습니다.

제38강
열왕기상 13장 1-10절

하나님의 사람의 경고

솔로몬 왕 이후에 신정국가의 분열이 찾아왔습니다. 겉으로는 르호보암의 미련하고 어리석은 정치 때문이지만 영적으로는 우상숭배의 결과입니다. 하나님도 섬기고 우상도 섬기는 혼합주의 사상이 나라를 분열시키는 근본적인 요인으로 작용하게 되었습니다.

분열된 왕국을 다스리는 왕들은 어떠했을까요? 왕은 그 시대를 반영하는 대표적인 인물이라고 생각하면 됩니다. 왕이 선하면 그 나라도 하나님 앞에 선한 것이고 왕이 악하면 그 나라도 하나님 앞에 악한 나라인 것이지요.

1. 하나님의 사람

하나님의 사람은 사람의 종이 아닙니다. 비록 사람을 섬기지만 신분은 하나님의 종입니다. 하나님의 말씀을 가감없이 증거하는 사명이 있는 사람이기에 왕과 백성이 하나님의 뜻대로 살도록 가르치고 말해 주는 것이 하나님의 사람의 본연의 의무일 것입니다.

하나님의 사람은 하나님의 뜻대로 살면서 하나님의 뜻을 외치다가 죽는 사람입니다. 그것이 최고의 영광입니다. 말씀과 함께 살고 말씀과 함께 죽는 것 말입니다. 순교자의 길은 그런 길일 것입니다. 성경 저자는 '자! 보라'. 지금까지의 흐름과는 전혀 다른 흐름이 있음을 선언합니다. 무슨 흐름입니까?

어느 날 한 하나님의 사람이 여호와의 말씀으로 인하여 남방 유다 왕국에서부터 북방 이스라엘 왕국을 방문하게 되었습니다. 하나님의 사람의 방문입니다. 모세나 엘리야나 사무엘도 하나님의 사람이라고 불렀습니다. "하나님의 말씀으로 인하여"는 하나님의 사람이 무엇 때문에 행동해야 하는지를 말해 줍니다. 하나님의 사람이 벧엘에 도착하였고, 금송아지 우상이 있는 것을 보았습니다.

북방 이스라엘 나라에 선지자가 없었던 것은 아닙니다. 있어도 여로보암의 우상숭배에 대하여 말하지 못하는 정도였습니다. 하나님은 남방 유다에 있던 하나님의 사람을 북방 이스라엘에 보내어 우상숭배를 책망하게 하셨습니다. 그런 경우는 많습니다. 아히야, 예후, 엘리야, 미가야, 엘리사, 호세아, 요나, 아모스와 같은 선지자들이 그렇게 활동했습니다.

북방 이스라엘의 초대 왕은 여로보암입니다. 여로보암 왕의 종교 정책은 우상숭배의 본산지가 되게 하는 것이었습니다. 하나님의 사람이 벧엘에 방문했을 때 때마침 여로보암 왕이 분향하고 있는 상황이었습니다.

하나님의 사람이 뭐라고 크게 외쳤습니까? "하나님의 사람이 제단을 향하여 여호와의 말씀으로 외쳐 이르되 제단아 제단아 여호와께서 이와 같이 말씀하시기를 다윗의 집에 요시야라 이름하는 아들을 낳으리니 그가 네 위에 분향하는 산당 제사장을 네 위에서 제물을 바칠 것이요 또 사람의 뼈를 네 위에서 사르리라"라고 선언했습니다.

"이는 여호와께서 말씀하신 징조라". "제단이 갈라지며 그 위에 있는 재가 쏟아지리라"라고 예고했습니다.

이 예언의 말씀은 여로보암 왕의 죄악을 책망하는 내용입니다. 하나님의 심판을 경고한 것입니다. 여로보암이 왕권의 확립을 위하여 벧엘과 단에 금송아지 제단을 만들었습니다. 예루살렘이 아니라 벧엘과 단에서 제사와 분향을 하였습니다. 북방 이스라엘 백성들도 그랬거니와 여로보암 왕 자신도 그랬습니다.

여로보암 왕의 종교 정책은 쉽고 편리했습니다. 그야말로 편의주의가 사람을 망가뜨립니다. 그리고 하나님을 섬기는 것이 아니라 우상을 숭배하는 것입니다. 이것은 제1계명과 제2계명을 어기는 범죄행위였습니다.

그때 유다로부터 한 선지자가 나타나 벧엘 제단의 파멸을 선고했습니다. 예조를 보여 주었습니다. 여로보암은 황급하게 수습을 하려고 하지만 심판주를 어떻게 피하겠습니까? 피할 수 있는 유일한 길이 있다면 회개하는 방법뿐이었습니다. 다른 길은 존재하지 않습니다.

여로보암이 벧엘과 단에 금송아지 우상을 만든 목적이 무엇입니까? 흩어지는 민심을 한군데로 모으고 싶었습니다. 그리고 왕국 분단을 고착화하려는 계획이 있었기 때문에 일어난 일이었습니다. 그럼에도 회개의 기회를 주신 하나님이십니다. 하나님의 사람을 보낸 것을 보십시오. 그런데 여로보암은 회개하지 않습니다. 오히려 하나님의 사람을 죽이려고 합니다.

2. 예언과 성취

기독교는 예언과 성취의 공식이 있습니다. 하나님이 먼저 하나님의 사람들을 통하여 예언하십니다. 언약이고 약속입니다. 그리고 신실하신 하나님은 때가 되면 반드시 이루십니다. 이사야 선지자를 통하여 처녀의 잉태를 말씀하신 하나님은 때가 차매 율법 아래 그리고 여자에게서 메시야가 태어나게 하셨습니다.

여로보암 왕이 하나님의 사람의 말을 듣습니다. 벧엘의 단에 대한 하나님의 사람의 예언입니다. 훗날 다윗의 후손 요시야가 일어나 벧엘에 어떻게 행할 것인가를 듣습니다. 그러면 회개하는 것이 순서입니다.

요시야가 일어나 거짓된 북방 이스라엘의 제사와 종교 제도에 대하여 하나님의 분노와 저주를 표현했습니다. 제사로 드려지는 것은 제물이 아니라 산당의 제사장이며 태워지는 것은 짐승이 아니라 사람의 뼈임을 밝히고 있습니다. 그러므로 하나님께서 인정하지 않는 제사요, 오히려 미워하는 종교 행위였습니다. 왜냐하면 가증스러운 일이었기 때문입니다.

또 하나님께서 율법적으로 금지하신 제사 행위들이었습니다. 제물 대신 제사장을 제물로 드리거나 사람의 뼈를 불사르는 행위는 제단을 모독하는 가증스러운 행위였습니다. 성스러워야 할 제단에서 가장 가증스러운 일을 행한다면 심판받는 것은 당연한 일일 것입니다. 이런 것을 볼 때 북방 이스라엘의 종교적인 탈선 행위를 바로잡기 위한 하나님의 사람의 활동이었습니다. 우상숭배로부터 벗어날 수 있는 기회였습니다. 하나님의 심판과 정죄를 당하지 않게 될 절호의 기회였습니다. 그러나 여로보암은 회개하지 않고 계속하여 같은 길로 걸어갔습니다.

하나님의 사람은 '단이 갈라질 것이다. 옷이 찢어지듯 단이 찢겨질 것이다. 여로보암 왕과 백성들이 보는 가운데서 금송아지 우상이 무너질 것이다'. 배경은 하나님의 역사입니다. 찢는 분도 하나님이시고 갈라놓는 분도 하나님이십니다.

또 '재가 쏟아지리라'. 거짓된 종교 행위에 대하여 하나님이 진노하시며 분노하심을 나타내는 것입니다. 이것도 하나님께서 행하시는 일입니다. 율법적으로 말하자면 정상적인 제사 행위 후에도 재는 지정된 장소에 가져다 모았습니다. 레위기 4장과 6장에 나타납니다. 그러므로 재가 쏟아진다는 것은 가증스러운 제사를 받지 않으셨다는 뜻입니다. 하나님의 사람의 심판 선언은 왕과 백성에게 큰 충격이었습니다.

그때 여로보암 왕의 반응이 무엇입니까? 여로보암 왕은 단에서 손을 펴서 하나님의 사람을 가리키며 잡으라고 명령을 내립니다. '저 놈을 잡으라!' 하나님의 말씀이 자기에게 맞으면 아멘이고 맞지 않으면 노멘입니까? 아닙니다. 하나님의 말씀은 나의 입장과 상관없이 아멘입니다.

그런데 그때 하나님의 사람을 가리킨 여로보암 왕의 팔이 마비되어 오므릴 수 없게 되었습니다. 하나님의 사람은 하나님이 보호하십니다. 여로보암의 손이 말라버렸습니다. 쓸 수 없는 손이 되었습니다.

또 하나님의 사람의 예언대로 단이 갈라지고 재가 단에서부터 쏟아졌습니다. 하나님의 말씀은 일점일획이라도 변하지 않고 이루어집니다. 기독교는 하나님의 말씀을 믿는 종교입니다. 하나님의 언약을 신뢰하여 배우고 익히며 말씀을 따라 사는 종교입니다.

여로보암 왕은 하나님의 사람에게 자신을 위하여 여호와께 은혜를 구하여 자신의 손이 다시 회복되게 하여 달라고 요청합니다. 하나님의 사람이 여호와께 구하자 왕의 손이 본래대로 회복되었습니다. 하나님으로부터 받는 징계는 하나님만이 해결하실 수 있습니다. 그러니까 하나님의 사람에게 요구한 것이 아닙니다. 하나님께 은혜를 구해 달라고 요청했습니다. 하나님은 자비하십니다. 회개하면 용서해 주십니다. 왕의 손을 회복시켜 주셨습니다.

3. 요구와 거절

친절을 베푼 하나님의 사람에 대한 여로보암 왕의 요구가 있었습니다. 왕궁으로 가서 쉬기를 청하고 예물을 드리겠다고 약속합니다. 이를

테면 자신과 동행하자는 요청이었습니다. 하나님의 사람이 누구인지는 모르지만 왕의 요구를 거절했습니다. 왕이 왕의 재산의 절반을 준다고 하여도 왕과 동행하지 않겠다는 선언입니다. 그리고 이곳에서는 떡을 먹거나 물을 마시지도 않겠다고 대답했습니다. 왜냐하면 여호와께서 떡도 먹지 말고 물도 마시지 말며 왔던 길로 도로 가지도 말라고 명하셨기 때문입니다. 하나님의 사람은 왔던 길이 아닌 다른 길을 통해 벧엘로 돌아갔습니다. 이것이 하나님의 사람의 멋입니다.

결국 하나님의 사람의 예언은 300년 후 남방 유다 제16대 왕 요시야에 의하여 완벽하게 성취되었습니다. 요시야는 '여호와가 지지하신다'라는 뜻입니다. 열왕기하 23장 15-16절에 "또한 이스라엘에게 범죄하게 한 느밧의 아들 여로보암이 벧엘에 세운 제단과 산당을 왕이 헐고 또 그 산당을 불사르고 빻아서 가루를 만들며 또 아세라 목상을 불살랐더라 요시아가 몸을 돌이켜 산에 있는 무덤들을 보고 보내어 그 무덤에서 해골을 가져다가 제단 위에서 불살라 그 제단을 더럽게 하니라 이 일을 하나님의 사람이 전하였더니 그 전한 여호와의 말씀대로 되었더라"라고 했습니다. 요시야는 모든 것을 불살라 정화했던 왕입니다.

시대는 다르지만 요시야 왕이 하나님의 말씀에 순종한 왕이라면 여로보암 왕은 하나님의 말씀에 불순종한 왕으로 서로 대조적입니다. 말씀을 듣는 우리도 같은 입장에 있습니다. 하나님의 뜻에 순종하면서 복을 받을 것인가, 아니면 불순종하여 심판과 정죄를 당할 것인가?

죄에 대한 심판은 시간 문제일 뿐입니다. 출애굽기 20장 5절에 "그 것들에게 절하지 말며 그것들을 섬기지 말라 나 네 하나님 여호와는 질투하는 하나님인즉 나를 미워하는 자의 죄를 갚되 아버지로부터 아들에게로 삼사 대까지 이르게 하거니와"라고 했습니다.

로마서 1장 18-32절에서 바울이 지적하는 인간의 죄악을 보십시오. 그리고 거기에 대한 결과는 사형 선고입니다. 성도들은 항상 죄악을 용납하거나 타협하거나 야합하는 경우가 없어야 합니다. 악인의 형통함도 부러워할 필요가 없습니다. 성도는 이 시대를 밝히는 빛이기 때문입니다.

제39강
열왕기상 13장 11-19절

거짓과 불순종

남유다의 하나님의 사람이 북방 이스라엘의 초대 왕 여로보암의 그 롯된 종교 정책과 분열을 고착화하려는 노력에 대하여 질책했습니다. 하나님의 사람의 입을 통하여 전달되었지만 하나님의 뜻이었고 하나님 의 심판이었습니다.

하나님의 사람은 여러 가지 능력과 이적도 보았습니다. 여로보암의 손이 말라버렸다가 회복되는 것과 단이 갈라지는 것도 보았습니다. 그 리고 여로보암이 왕궁으로 가서 쉬기를 청하고 예물도 준비하겠다고 할 때 하나님의 명령을 따라 모든 것을 다 거절하고 왔던 길이 아닌 다 른 길로 갔습니다. 여기까지는 잘했습니다. 그 다음에 어떤 일이 발생 했을까요?

1. 벧엘의 선지자와 남유다의 하나님의 사람

벧엘에 한 늙은 선지자가 살고 있었습니다. 벧엘 지방에서 오래 살 면서 영향력이 있는 선지자였습니다. 벧엘의 늙은 선지자는 앞으로 사 건이 전개될 때 주연처럼 등장할 것을 암시하고 있습니다.

벧엘에 오래 살고 있었고 선지자라고는 하지만 참다운 하나님의 사람으로 보기에는 어려운 점이 있습니다. 진실한 레위인들과 참다운 하나님의 사람들은 북이스라엘을 떠나 이미 남유다로 다 이주했기 때문입니다.

특별히 여로보암 왕이 벧엘 지방에 금송아지 우상을 만들 때 반대하지 않은 것으로 보아 혼합주의에 빠진 사람이었습니다. 또 한가지는 자기의 아들들을 여로보암의 우상숭배하는 곳에 보내어 참여시킨 것을 볼 때 굳건한 하나님의 사람은 아니었던 것으로 보여집니다. 그야말로 안일을 추구하고 편한 것을 추구하는 편의주의자였던 것으로 보입니다.

벧엘의 늙은 선지자의 아들들이 자기 아버지에게 유다에서 온 하나님의 사람의 행적에 대하여 보고했습니다. 하나님의 사람이 여로보암 왕과 백성이 제사하고 분향할 때에 행한 일을 모두 다 들려주었습니다. 물론 앞으로 있을 예언도 다 들려주었습니다. 눈에 보이듯 선명하게 설명하고 생생하게 전달해 주었습니다. 하나도 빠짐없이 낱낱이 보고했습니다.

왕과 백성이 제사하며 분향할 때 하나님의 사람이 갑자기 등장한 일이나 예언과 예조, 여로보암 왕에게 행한 기적과 같은 일, 하나님의 명령을 받아 행동하는 여러 가지 모습 그리고 왕의 요청을 거절하고 사라진 사건들을 자세히 보고했습니다.

늙은 선지자의 아들들은 굉장한 일을 본 것처럼 집으로 달려와서 늙은 아버지에게 보고했습니다. 모든 사람이 관심을 가질 만한 일이었으며, 아들들의 신속한 보고 때문에 하나님의 사람을 쉽게 따라잡을 수 있었던 것입니다.

하나님의 사람이 하나님의 말씀에 불순종하고 어기는 실수를 함으로써 도리어 하나님의 심판을 받는 장면입니다. 하나님의 사람은 하나님의 명령을 따라 다른 길로 돌아가던 중이었습니다. 여기까지는 순종했습니다. 충성스럽게 감당했습니다.

구약의 모세시대에 가나안 땅을 정복하기 전에 각 지파의 대표자 한 사람씩 열두 명의 정탐꾼을 보냅니다. 열 명은 같은 상황을 보고 와서 통곡하며 원망 불평하게 만들었지만 두 명은 그렇지 않았습니다. 여호수아와 갈렙입니다. 하나님께서 주시면 우리의 것이 된다는 확신을 가지게 만들었습니다. 충성스럽게 사역을 감당했습니다. 마침내 두 사람은 가나안 땅에 들어갑니다. 그러나 다른 사람들은 버림을 당했습니다.

2. 늙은 선지자가 하나님의 사람을 추적

그때 벧엘에 살고 있던 늙은 선지자가 자기 아들들에게 하나님의 사람이 어디로 갔는지를 물었습니다. 따라잡기 위한 강한 욕망이 있었기 때문에 아들들에게 물은 것입니다. 유다에서 올라 온 선지자가 동료이기 때문일까요? 아니면 담대하게 하나님의 말씀을 전한 용기와 내용 때문일까요? 늙은 선지자는 영적으로나 도덕적으로 문제가 많은 사람이었습니다. 자기 집으로 영접하여 자기 체면을 유지하며, 위상을 과시하든지 아니면 하나님의 사람이 전한 메시지를 희석시키기 위한 것으로 보여집니다.

그 아들들이 유다에서 온 하나님의 사람이 간 길을 자세히 알려 주었습니다. 늙은 선지자가 나귀를 타고 하나님의 사람을 뒤쫓아갔습니다. 늙은 선지자는 즉각적인 행동을 했습니다. 머뭇거리지 않았습니다. 나이가 많은 사람이기 때문에 나귀를 타고 따라갈 수밖에 없었습니다.

나귀는 짐을 싣고 하루에 보통 30킬로미터쯤 갑니다. 나귀는 팔레스틴 지방의 중요한 운송 수단이었습니다. 늙은 선지자는 전심으로 하나님의 사람을 만나려고 행동했습니다. 그 결과 그가 상수리 나무 아래에 앉아 있는 것을 보았습니다. 생각보다 아주 쉽게 하나님의 사람을 만난 것입니다.

벧엘은 유다와 북이스라엘의 경계에 속한 지방이기 때문에 사명을 마친 다음에 속히 왔으면 쉽게 넘어올 수 있는 거리임에도 불구하고 하나님의 사람은 상수리나무 아래에 앉아 있었습니다. 이것이 인간의 게으름이요 어리석음입니다. 하나님의 사람이 사람들의 눈에 잘 띄는 곳에 머물렀다는 것이 죄악을 향한 첫걸음과 같습니다. 순종의 지체함이라고 표현할 수 있습니다.

시편 119편 60절에 "주의 계명들을 지키기에 신속히 하고 지체하지 아니하였나이다"라고 했습니다. 시편 기자는 하나님의 말씀을 깨닫는 대로 지체하지 않고 신속히 순종했습니다.

사도 요한은 요한일서 2장 15-16절에서 "이 세상이나 세상에 있는 것들을 사랑하지 말라 누구든지 세상을 사랑하면 아버지의 사랑이 그 안에 있지 아니하니 이는 세상에 있는 모든 것이 육신의 정욕과 안목의 정욕과 이생의 자랑이니 다 아버지께로부터 온 것이 아니요 세상으로부터 온 것이라"라고 했습니다.

예수님께서 갈릴리 지방을 중심으로 사역하시다가 예루살렘으로 올라가시게 되었습니다. 가이사랴 빌립보 지방에서 질문하셨습니다. 사람들이 인자를 누구라 하더냐? 너희는 나를 누구로 생각하느냐? 베드로의 신앙고백이 있습니다. 그 다음에 이어서 예루살렘에 올라가면 사람들이 죽일 것이고 삼 일 만에 다시 살아날 것을 말씀하셨습니다.

베드로는 뭐라고 말했습니까? 그리하지 마옵소서. 그러면서 만류했습니다. 예수님의 대답이 무엇입니까? 사탄아 내 뒤로 물러가라 너는 하나님의 일보다 사람의 일을 생각하는도다. 너는 나를 넘어지게 하는 자로다. 그렇습니다. 인간은 깨어 있지 않으면 사탄의 도구가 됩니다.

우리는 영적으로 깨어 기도하는 가운데 하나님의 선한 일을 감당하는 백성이 됩시다.

3. 대화

벧엘의 늙은 선지자가 유다에서 온 하나님의 사람이냐고 물었습니다. 하나님의 사람은 그렇다고 대답했습니다. 벧엘의 늙은 선지자가 하나님의 사람에게 자기 집으로 가서 떡을 먹으라고 간청했습니다. 늙은 선지자는 하나님의 사람을 만나자 굉장히 친절했습니다. 그러나 하나님의 명령과는 반대의 내용입니다.

하나님의 사람은 늙은 선지자를 따라 돌아가거나 그 집에 들어갈 수 없으며 함께 떡을 먹거나 물을 마시지도 않겠다고 대답했습니다. 왜냐하면 하나님 여호와께서 여기서는 떡도 먹지 말고 물도 마시지 말며 오던 길로 돌아가지도 말라고 하셨기 때문이라고 설명했습니다.

이때 벧엘의 늙은 선지자가 자신도 선지자로서 천사가 여호와의 말씀으로 자기에게 집으로 데리고 가서 그에게 떡을 먹이고 물을 마시게 하라고 했다고 거짓말을 하였습니다. 하나님의 사람이 거짓말에 속았습니다. 하나님의 사람은 벧엘의 늙은 선지자를 따라 그 집으로 들어가 떡을 먹고 물을 마셨습니다.

벧엘의 늙은 선지자는 하나님의 선지자가 아니었습니다. 하나님의 사람을 넘어뜨리기 위하여 거짓말을 서슴없이 하는 사람이었기 때문입니다. 영적으로나 도덕적으로 문제가 많은 선지자였습니다. 하나님의 사람이 왕의 요구는 거절하더니 늙은 선지자의 말에는 갈등을 느끼기 시작했습니다. 처음에는 안 된다고 말하다가 나중에는 넘어지고 말았습니다.

사람은 여러번 유혹하면 넘어집니다. 여러번 강조하면 현혹됩니다. 단순한 것이 가장 좋습니다. 하나님의 뜻은 선명합니다. 복잡하지 않습니다. 간단합니다. 십계명도 보십시오. 간단하고 단순합니다.

나도 그대와 같이 선지자입니다. 동일한 입장이 아닙니까? 하나님의 사람이 경계심을 늦추기에 가장 좋은 말입니다. 고향이 같다거나 잘

안다고 말하는 것입니다. 공통 분모가 있을 때 인간은 경계심을 늦춥니다. 친밀감까지 생깁니다. 신뢰합니다. 속임수까지 사용하게 됩니다.

자신에게 천사, 하나님의 사자가 말을 했다는 거짓말입니다. 이 거짓말에 속은 하나님의 사람의 결국은 죽음이었습니다. 사망입니다. 저 세상 사람이 되었습니다. 인간은 정말 순간순간을 주의해야 합니다. 하나님의 사람의 영적인 부주의가 자기 자신을 죽음의 자리로 몰아간 것입니다. 하나님의 명령을 잘 따르다가 사람의 말에 속은 것은 죽음을 자초한 일입니다.

거짓말에 속아서 늙은 선지자의 집에 들어가 하나님께서 명령하신 것을 다 어겼습니다. 들어갔습니다. 먹고 마셨습니다. 머물지 말아야 했습니다. 먹지도 말고 마시지도 말아야 했습니다. 여기서 하나님의 사람이라면 기도할 수 있었습니다. 하나님께 묻는 것입니다.

결국 하나님의 사람이 하나님의 지시를 따르지 않고 어김으로써 비참한 최후를 맞이하게 되었습니다. 그러므로 하나님의 사람은 철저한 순종밖에 없습니다. 하나님의 뜻에 복종하는 것입니다. 하나님의 말씀대로 순종하는 것이 사는 길입니다. 인간은 단 한번의 실수나 부주의로 버림 당하는 경우가 허다합니다.

거짓말에 속지 않을 수 있는 지혜가 필요한 세상입니다. 성령 이외에 다른 영들은 거짓된 영이라서 거짓말을 잘 합니다. 늙은 선지자는 거짓으로 시작하여 나중에는 신실하게 변하는 사람이었다면, 하나님의 사람은 처음에는 신실했으나 나중에는 물질에 눈이 어두워진 사람처럼 되어버렸습니다.

사탄은 인간을 넘어뜨릴 절호의 기회를 노립니다. 기도하지 않으면 누구도 감당하기 어려운 상황이 벌어집니다. 항상 깨어 시험에 들지 않도록 기도해야 합니다. 마귀가 틈타지 못하도록 기도해야 합니다. 항상 깨어 기도합시다. 성령의 인도하심을 따라 간구합시다. 영적으로 성숙한 성도가 되어 기도를 많이 하는 그리스도인들이 됩시다.

제40강
열왕기상 13장 20-34절

죽음과 예언

사람의 말을 들을 것인가 아니면 하나님의 말씀에 순종할 것인가? 사람을 따를 것인가 아니면 하나님의 명령을 따를 것인가? 유다에서 올라왔던 하나님의 사람이 벧엘의 늙은 선지자의 거짓된 말에 속아 하나님의 명령을 버리고 벧엘의 늙은 선지자를 따라 움직였습니다. 이것이 문제의 핵심입니다.

성도가 하나님의 말씀을 따르고 있더라도 사람의 음성이 들려옵니다. 때로는 사탄의 음성도 들립니다. 그래서 하나님의 말씀에 순종할 때에는 예수님처럼 기도하면서 감당해야 하는 것입니다.

1. 두 선지자

두 선지자는 벧엘의 선지자와 유다의 선지자입니다. 두 사람이 상에 앉았을 때에 여호와의 말씀이 하나님의 사람을 데려온 벧엘의 늙은 선지자에게 임했습니다. 상에 앉아 있을 때에 하나님의 음성이 임했습니다. 마치 여로보암과 이스라엘 백성들이 송아지 우상에게 제물을 바치며 분향할 때에 하나님의 사람이 나타나서 왕과 이스라엘에게 심판을 선포한 것처럼, 하나님의 사람이 거짓말에 속아 음식을 먹고 기쁨의 웃음 소리를 발하는 결정적인 순간에 징계가 선포되었습니다.

벧엘의 선지자가 유다의 선지자를 향하여 '네가 여호와의 명령을 거슬러 돌아와 떡을 먹고 물을 마셨으므로 네가 조상의 무덤에 묻히지 못할 것이라' 라고 여호와의 말씀을 전했습니다. 이 책망은 죽음이 선포되는 말씀이었습니다.

벧엘의 선지자는 참된 선지자가 아니었습니다. 전하는 자가 거짓말을 하는 사람이었지만 하나님의 말씀은 진실이었습니다. 그렇습니다. 하나님의 말씀은 어떠한 것에도 매이지 않습니다. 자유롭습니다. 성경 말씀은 어떤 특정한 개인이나 단체 때문에 권위가 있는 것이 아니라 말씀 자체가 권위가 있습니다.

벧엘의 늙은 선지자가 크게 외칩니다. 징계를 선포했습니다. 하나님의 사람이 여로보암과 백성에게 큰 소리로 외쳤듯이 이번에는 벧엘의 선지자가 큰 소리로 외쳤습니다. 심판을 선언하던 하나님의 사람이 이제는 자신이 심판의 선언을 듣게 되었습니다. 그 원인은 하나님의 말씀을 어긴 죄 때문이었습니다. 사람은 훌륭한 일을 하더라도 항상 범죄할 가능성이 높은 존재입니다. 그래서 항상 깨어서 기도해야 합니다. 영적인 각성을 하고 있어야 합니다.

하나님의 사람을 통하여 전달된 하나님의 말씀을 거역하거나 반역하는 것은 곧바로 하나님을 거역하는 것과 같은 죄악입니다. 하나님의 말씀은 신적 권위를 가진 말씀입니다. 그러므로 하나님의 사람들은 하나님의 말씀에 귀를 기울여야 합니다. 하나님의 말씀을 무시하는 것은 결국 하나님께 대한 반역입니다.

유다에서 왔던 선지자는 비참하게 죽었습니다. 하나님의 사람의 시체가 열조의 묘지에 들어갈 수 없었습니다. 일시적으로 못 들어가는 것이 아니라 영원히 열조의 묘지에 들어가지 못하게 되었습니다. 히브리인들은 이것을 가장 큰 불행으로 여겼습니다. 조상들이 묻힌 곳에 묻히는 것을 큰 영광으로 여겼고 묻히지 못하는 것을 가장 큰 불행으로 여겼습니다. 천연 동굴이나 인공적으로 만든 동굴을 묘실로 이용했습니다. 여하튼 하나님의 명령에 대해 불순종하는 것이 얼마나 큰 비극인가를 생각해 보게 합니다.

벧엘의 선지자는 자기가 데려온 유다의 선지자가 떡을 먹고 물을 마시자 그를 위하여 나귀에 안장을 얹었습니다. 늙은 선지자가 하나님의 사람을 위하여 나귀를 주고 안장을 지웠습니다. 아마도 벧엘의 늙은 선지자는 하나님의 사람이 벧엘을 벗어나 유다로 돌아갈 수 있기를 원했던 것으로 보입니다. 이것은 다른 지역으로 여행할 수 있도록 돕고 협력하는 자세입니다. 이미 하나님의 징벌이 임하는 것을 보고 그렇게 조치를 취한 것으로 보입니다. 그러나 이런 인간적인 노력은 하나님의 징벌을 피하는 데 전혀 도움이 되지 못했습니다. 하나님의 사람이 여로보암 앞에서 나라의 절반을 준다 해도 하나님의 명령을 따르겠다고 말할 때와는 너무나 다른 입장에 처해 있습니다. 하나님의 사람이라고 말하면서 계속하여 불순종하고 있음을 나타냅니다.

하나님의 사람이 떡을 먹고 물을 마신 후에 일어났습니다. 심판의 말씀을 듣고도 계속하여 식사를 했다고 생각됩니다. 징계가 임할 때 식사가 중요한 것이 아니라 회개했어야만 했습니다. 그러나 회개는 하지 않고 계속해서 식사만 했습니다. 이것이 돌이킬 수 없는 심판의 대상이 된 것입니다.

하나님의 사람이 길을 떠났습니다. 그런데 길에서 사자를 만났고 그 사자가 유다의 선지자를 죽였습니다. 벧엘의 늙은 선지자가 준비해 준 나귀를 타고 떠났지만 길에서 하나님의 징벌이 구체적으로 임하게 되었습니다. 노아 홍수 때 배에서 나온 비둘기가 마른 땅을 찾는 것처럼, 라반이 잃어버린 드라빔을 찾는 것처럼 심판하는 사자가 하나님의 사람을 찾았습니다. 동작의 주체가 목표물을 부지런히 찾을 때 사용되는 용어입니다. 하나님의 사자가 하나님의 사람을 뒤쫓아가서 덮쳤습니다.

하나님의 사람이 죽게 된 원인이 무엇입니까? 가야 할 길을 가다가 지체하여 상수리나무 그늘 아래서 머물렀기 때문입니다. 그 행동으로 인해 늙은 선지자에게 발견될 수 있는 여건이 만들어졌습니다. 하나님의 백성들은 지체하지 말아야 합니다.

두 번째로는 늙은 선지자의 거짓말에 속아 하나님의 명령을 따르지 않고 먹고 마셨던 점입니다. 그것이 원인이 되어 하나님의 사자가 덮치니 죽을 수밖에 없게 된 것입니다. 자기의 잘못된 죄가 자기를 죽음의 길로 몰아가는 것이지 다른 이유는 없습니다.

세 번째로는 그 시체가 길에 버려지게 되었고, 나귀와 사자는 그 시체 곁에 섰습니다. 길은 '그 길에서'라는 뜻입니다. 벧엘에서 유다로 내려가는 어떤 도로의 한 지점입니다. 이스라엘의 사자는 벧엘의 산간 지대와 요단 계곡의 숲속에 서식했습니다. 사람이 다니는 길에는 나타나지 않는 상황인데 이렇게 나타난 것은 하나님의 섭리 가운데서 이루어진 일임을 밝히고 있습니다.

유다의 선지자는 하나님의 말씀에 순종하는 길보다는 늙은 선지자가 제공하는 떡과 물을 먹으며 나귀를 얻어 타는 어그러진 길, 불순종의 길, 타락의 길을 선택했기 때문에 하나님의 징벌을 받게 된 것입니다. 결국 하나님의 사람은 하나님의 말씀만 믿고 순종하면서 살 때 행복과 평강이 임하게 됩니다.

하나님의 사람의 죽음 곁에 나귀와 사자가 서 있습니다. 배가 고파 잡아 먹은 것이 아닙니다. 그리고 나귀도 사자가 물어죽이지 않았습니다. 하나님께서 사자에게 하나님의 사람을 심판할 권한을 위임한 것입니다. 이것은 우리에게 큰 교훈을 주고 있습니다. 하나님께서 때때로 짐승을 통하여 사람을 깨우치고 있습니다. 발람이 어리석은 행동을 할 때 나귀가 말하도록 역사하셨습니다. 하나님의 말씀을 듣고 회개하지 않는 여로보암과 북방 이스라엘 백성에게 회개를 촉구하셨습니다.

이 광경을 목격한 사람들이 그 사실을 늙은 선지자가 사는 벧엘성에 이르러 전파했습니다. 그 소식을 들은 벧엘 선지자가 이는 여호와의 말씀을 어긴 하나님의 사람이라고 말하면서 여호와께서 그에게 하신 말씀대로 사자를 통해 그를 찢어 죽였다고 증거했습니다. 이 사건의 소문은 널리널리 퍼졌습니다. 정말 희귀하고 놀라운 광경이 아닙니까? 이 사건을 통하여 범죄하고 있는 여로보암 왕과 이스라엘 백성들은 회개의 기회로 삼아야만 했었습니다. 그러나 회개하지 않았습니다. 그 결과는 심판이 진행되는 것이지요.

그리고 아들들에게 명하여 나귀에 안장을 얹게 하였습니다. 벧엘의 선지자가 가서 보았을 때 그의 시체가 길에 버려져 있고, 사자와 나귀가 그 곁에 섰는데 사자가 시체를 먹지 않았고 나귀도 찢지 않았습니다. 아들들이나 늙은 선지자는 분주하게 움직였습니다. 하나님의 말씀이 그대로 이루어졌기 때문입니다. 이것은 앞으로 북이스라엘에 대한 하나님의 심판도 예언해 주는 것입니다.

유다의 선지자의 장례식이 거행되었습니다. 늙은 선지자가 하나님의 사람의 시신을 거두어 나귀에 싣고 성읍으로 돌아와 자기의 묘실에 장사하였습니다. 유다의 선지자를 위하여 슬피 울며 '오호라 나의 형제여'라고 불렀습니다. 가슴을 치며 통곡을 하였습니다. 이것은 미래의 북방 이스라엘이 통곡할 것을 예표해 주는 것입니다.

선지자의 죽음을 통해 하나님의 말씀은 그대로 이루어진다는 교훈을 배우게 됩니다. 말씀의 확실성을 배우라. 아마도 선지자가 우상숭배자들과 함께 식사를 한 것으로 인해 죽었다는 소식을 듣고 자신도 우상숭배를 일삼은 것이 얼마나 큰 심판거리인가를 깨달아야 했습니다. 하나님은 공의의 하나님이십니다. 거짓 선지자들은 자신들이 진짜인 것처럼 큰소리칩니다. 사람의 미혹을 받지 않도록 주의해야 합니다.

성도는 세상 것으로 행복할 수 없는 존재입니다. 성도는 영적인 존재로서 하나님의 것으로 만족해야 합니다. 마태복음 10장 38-39절에

"또 자기 십자가를 지고 나를 따르지 않는 자도 내게 합당하지 아니하니라 자기 목숨을 얻는 자는 잃을 것이요 나를 위하여 자기 목숨을 잃는 자는 얻으리라"라고 했습니다.

요한복음 12장 24-25절에 "내가 진실로 진실로 너희에게 이르노니 한 알의 밀이 땅에 떨어져 죽지 아니하면 한 알 그대로 있고 죽으면 많은 열매를 맺느니라 자기의 생명을 사랑하는 자는 잃어버릴 것이요 이 세상에서 자기의 생명을 미워하는 자는 영생하도록 보전하리라"라고 했습니다.

2. 당부와 예언

벧엘의 선지자는 아들들을 향해 당부와 예언을 했습니다. 어떤 내용입니까? 벧엘의 선지자가 하나님의 사람을 장사한 후에 아들들을 향하여 자기가 죽거든 하나님의 사람의 묘실에 자신을 장사하되 자기 뼈를 그의 뼈 곁에 두라고 당부했습니다.

하나님의 사람에 대한 늙은 선지자의 최대한의 경의의 표시입니다. 하나님의 사람이 예언한 것이 확실히 이루어질 것을 알고 있었기에 당부한 것입니다. 이스라엘의 역사를 볼 때 약 300년 후 요시야 왕이 종교개혁을 단행할 때 우상숭배자들의 묘실에서 뼈를 꺼내 불살랐지만 벧엘의 늙은 선지자의 묘실은 하나님의 사람으로 인하여 보존되게 되었습니다.

열왕기하 23장 18절에 "이르되 그대로 두고 그의 뼈를 옮기지 말라 하매 무리가 그의 뼈와 사마리아에서 온 선지자의 뼈는 그대로 두었더라"라고 했습니다. 요셉도 출애굽 할 때 반드시 자신의 유골을 조상의 선영에 묻기 위하여 메고 올라가라고 맹약시켰습니다. 벧엘의 늙은 선지자의 말이나 하나님의 사람의 죽음에 대하여 말할 수 있는 것은 하나님의 말씀의 신실성입니다.

또 벧엘의 늙은 선지자는 하나님의 사람이 벧엘에 있는 단과 사마리아 성읍들에 있는 산당에 대하여 예언한 모든 것이 이루어질 것이라고 예언했습니다. 사마리아는 이스라엘 전체를 상징하는 말로도 사용됩니다.

3. 여로보암의 악행

여로보암 왕이 이런 일이 있은 후에도 계속하여 악한 길에서 돌이키지 않았습니다. 그가 레위인이 아닌 보통 사람을 산당의 제사장으로 삼되 누구든지 자원하는 자를 산당의 제사장으로 삼았습니다.

유다에서 올라 온 하나님의 사람이 등장하여 벧엘 제단의 훼파를 예언했습니다. 벧엘의 늙은 선지자의 거짓말과 하나님의 사람의 불순종 그리고 하나님의 사람의 죽음과 장사하는 일련의 과정을 보면서 여로보암과 이스라엘 백성들은 회개를 해야 했습니다. 그러나 회개하지 않았습니다. 그 결과가 무엇일까요?

여로보암은 북방 이스라엘에 우상숭배의 전통을 세운 장본인으로 결국은 비참한 최후를 맞이하게 됩니다. 하나님의 심판은 무섭습니다. 더군다나 마음대로 제사장을 세운 것은 더욱 큰 죄가 되었습니다.

이 일이 여로보암 왕가에 죄가 되어 그 왕가는 결국 세상에서 사라지게 되었습니다. 여로보암의 죄를 봅시다. 벧엘과 단에 두 금송아지 우상을 세운 일입니다. 산당을 지은 것도 죄입니다. 절기를 7월 15일에서 8월 15일로 바꾼 것도 죄입니다. 일반 백성을 제사장으로 삼은 일도 죄가 되었습니다. 잘못된 종교 정책을 세운 일도 죄가 됩니다. 이런 죄가 가문은 물론 나라까지 멸망하게 하는 원인이 되었습니다.

제41강
열왕기상 14장 1-20절

아히야와 여로보암

여로보암 왕과 북방 이스라엘을 향한 하나님의 심판의 예언과 경고가 있었습니다. 하나님의 경고를 무시한 채 여로보암 왕은 계속하여 죄악된 길에서 떠나지 않았습니다. 여전히 벧엘과 단에서 금송아지 우상 숭배를 계속하였습니다.

하나님께서 남유다 출신 하나님의 사람을 파송하여 벧엘에서 금송아지를 섬기던 여로보암 왕과 이스라엘 백성에게 심판을 선언했습니다. 그리고 하나님의 사람은 늙은 선지자의 거짓말에 속아 죽임을 당했습니다. 그런 사건을 보면서도 여로보암 왕과 이스라엘은 회개하지 않았습니다.

하나님께서는 여로보암 왕을 가만 두셨을까? 그의 후손에 대한 심판은 없었을까? 십계명을 주실 때 "… 나를 미워하는 자의 죄를 갚되 아버지로부터 아들에게로 삼사 대까지 이르게 하거니와 나를 사랑하고 내 계명을 지키는 자에게는 천 대까지 은혜를 베푸느니라"라고 하지 않았던가요?

1. 아히야의 방문

북방 이스라엘의 여로보암 왕의 아들 아비야가 병이 들어 누웠습니다. 아비야는 '나의 아버지는 여호와이시다' 라는 뜻입니다. 여로보암이 우상숭배를 계속하고 있을 때에 병이 든 것입니다. 영적으로 혼돈상태일 때 나타난 현상임을 증명합니다. 하나님의 사람의 예언과 멸망 경고를 무시한 채 여전히 우상을 숭배할 때 찾아온 것은 왕자의 질병이었습니다.

벧엘과 단에다 금송아지 우상을 만들었습니다. 레위 지파의 제사장이 아니라 일반 백성으로 제사장을 삼았습니다. 백성들의 편의를 위하여 7월 15일의 장막절을 8월 15일로 바꾸었습니다. 이런 것들이 북방 이스라엘의 죄악이 되었습니다. 이게 왜 죄가 됩니까? 인본주의 사상이지 신본주의 사상이 아닙니다. 사람 중심의 생각이지 하나님 중심의 신앙이 아닙니다. 바로 그때에 아비야가 병들고 이스라엘 백성에 대한 심판이 선언된 것입니다.

여로보암이 아내에게 선지자 아히야를 방문하라고 지시했습니다. 여러 가지 방법을 써보지만 아들의 질병은 점점 더 깊어만 갔습니다. 어쩔 수 없이 아히야 선지자에게 자기 아내를 보냈던 것입니다.

여로보암이 아내에게 변장을 하고 실로에 있는 선지자 아히야에게 가라고 말했습니다. 왜 변장하고 가라고 했을까? 여로보암은 아히야가 두려웠던 것으로 보입니다. 자기 자신이 벧엘과 단에 금송아지 우상을 만들었기 때문이고 앞으로도 하나님의 말씀에 순종할 마음이 없었기 때문에 자신이 가지 않고 아내를 보내면서 변장하도록 했던 것입니다. 자기 자신의 권위를 손상시키지 않으려는 태도입니다.

그것도 벧엘에서 실로까지는 약 14킬로미터나 되는 곳입니다. 성막과 법궤가 있던 곳입니다. 여자의 몸으로 가기에는 험한 여행길이었습니다. 그러나 여로보암의 아내는 하나님의 사람을 향하여 길을 재촉했습니다.

아히야는 과거에 여로보암이 열 지파를 규합하여 이스라엘의 왕이 될 것을 예언한 사람입니다. 그 예언이 성취되었으니 신뢰할 수 있었습니다. 그렇지만 여로보암은 지금은 왕권을 유지해야 하고 북방 이스라엘을 결속해야 하기 때문에 본인은 만나고 싶지 않은 상황이었습니다.

아히야를 찾아갈 때 떡 열 개와 과자와 꿀 한 병을 가지고 가라고 했습니다. 그리하면 그가 아이가 어떻게 될지 알려줄 것이라고 말했습니다. 여로보암이 예물을 준비한 것을 볼 때 당시 일반적인 경향이었습니다. 그런데 중요한 것은 왕비로서 갖춘 예물이 아니라 가난한 농부가 하나님의 사람에게 드리는 예물의 내용이었습니다. 이것은 하나님의 사람을 완전히 속이기 위한 수단이었습니다.

아히야가 장래에 대하여 말할 수 있는 사람이라는 것을 알고 있었습니다. 그러나 여로보암은 어리석은 사람입니다. 아들 왕자의 운명이 자기의 종교 정책의 변화에 달려 있고, 자기 자신의 행동의 변화에서 찾으려는 것이 아니라 누군가에게 묻는 것에서 찾고 있습니다. 이것이 인간의 어리석음입니다. 자신이 변하면 모든 것이 변합니다.

2. 아히야의 멸망 선포

아히야는 늙었습니다. 눈이 어두워 밖을 보지 못하는 상황입니다. 물론 변장한 왕비의 모습도 보지 못합니다. 그렇다고 영적으로도 어두웠을까요? 사람은 영적인 존재입니다.

여로보암의 아내가 문으로 들어올 때 아히야가 발소리를 듣고 "여로보암의 아내여 들어오라 네가 어찌하여 다른 사람인 체하느냐?"라고 말했습니다. 자신이 여호와의 명령을 받아 흉한 일을 말할텐데 가서 여로보암에게 전해주라고 앞질러 말했습니다. 이것은 말씀하시는 주체가 아히야가 아니라 하나님이라는 뜻으로 여로보암과 왕비의 변장을 무력화시키는 말이었습니다. 여호와는 불꽃과 같은 눈을 가지신 분이십니다. 사람의 마음과 심장을 살피는 분이십니다.

아히야가 여로보암에 관한 여호와의 말씀을 전하기 시작했습니다. 왕비가 문을 열고 들어오기 직전에 여호와께서 알려주셨고 문을 열고 들어오자마자 여호와께서 여로보암의 악행을 책망하기 시작했습니다. 아히야가 눈이 어두워도 주변의 상황을 하나님이 알려주셨고, 변장을 하고 들어와도 발소리를 듣고 알 수 있었던 것은 하나님께서 함께하신 것으로, 신적 권위가 있었습니다.

"내가 너를 백성 중에서 들어 내 백성 이스라엘의 주권자가 되게 하고 나라를 다윗의 집에서 찢어내어 네게 주었거늘 너는 내 종 다윗이 내 명령을 지켜 전심으로 나를 따르며 나 보기에 정직한 일만 행하였음과 같지 아니하고 네 이전 사람들보다도 더 악을 행하고 가서 너를 위하여 다른 신을 만들며 우상을 부어 만들어 나를 노엽게 하고 나를 네 등 뒤에 버렸도다 그러므로 내가 여로보암의 집에 재앙을 내려 여로보암에게 속한 사내는 이스라엘 가운데 매인 자나 놓인 자나 다 끊어 버리되 거름 더미를 쓸어 버림 같이 여로보암의 집을 말갛게 쓸어 버릴지라 여로보암에게 속한 자가 성읍에서 죽은즉 개가 먹고 들에서 죽은즉 공중의 새가 먹으리니 이는 여호와께서 말씀하셨음이니라 하셨나니". 강조를 했습니다.

멀게는 여로보암을 말하지만 가깝게는 여로보암의 아들 아비야가 죽을 것을 가리킵니다. 역사를 보면 우상을 숭배하고, 선지자를 속이고, 하나님을 속이려고 했던 여로보암과 아내는 결국 하나님의 징계로 아들이 죽고 유다와의 전쟁에서도 패배하고 죽습니다.

여로보암은 크게 두 가지 면에서 실패한 사람입니다. 자신이 왕이지만 하나님이 진정한 왕이심을 인식하지 못했습니다. 중간에 망각한 것이지요. 사람은 종종 이런 함정에 빠집니다. 그러나 하나님은 영원히 하나님이시고 만왕의 왕이십니다. 사람은 사람일 뿐입니다.

또 한가지는 이스라엘 백성은 하나님의 언약 백성입니다. 이스라엘 백성을 자기 백성으로만 생각하면 실패합니다. 하나님의 언약 백성이기 때문에 하나님의 언약에 신실하면서 백성들을 언약으로 이끌어야 할 책임이 있는 것입니다. 그러므로 여로보암은 자신이 이스라엘의 왕이지만 언약에 신실하고 충성해야만 하는 왕이었습니다. 솔로몬 왕이 하나님의 법도와 율례를 떠나 우상숭배를 행한 것에 비하여 북이스라엘 왕이 된 여로보암은 더 악을 행하다가 멸망 받은 사람입니다.

다윗의 왕국을 찢어 열 지파로 모인 북이스라엘을 여로보암에게 맡겼을 때 여로보암은 다윗보다 더 하나님의 법도와 율례를 사랑하고 지켰어야 했습니다. 그러한 역사적인 사명을 인식하지 못했기 때문에 여로보암 왕국은 쉽게 멸망하게 된 것입니다. 그래서 다윗과 같지 않았다는 말씀이 선언되는 것이지요. 여로보암은 종교 정책에서 실패한 왕입니다. 하나님의 말씀이 아니라 우상숭배로 백성을 이끌었기 때문입니다.

우상숭배가 하나님의 노를 격발하게 한 것입니다. 하나님을 화나게 만들고 성나게 했던 것이지요. 그리고 하나님을 등 뒤로 버리는 것이었습니다. 전쟁터에서 도망하는 병사가 무거운 것들을 던져버리듯 하나님을 버렸습니다. 무가치하고 더러운 것들을 버리듯 버린 것입니다. 하나님을 무시하고 영광과 존귀를 돌리지 않았습니다.

3. 아히야의 멸망 선언

아히야 선지자가 여로보암의 아내에게 집으로 돌아갈 것을 지시하며 그녀의 발이 성에 들어갈 때에 아비야가 죽을 것이라고 예고했습니다. 온 이스라엘이 저를 위하여 슬퍼하며 장사할 것이며 여로보암에게 속한 자 중에 오직 이 아이만 묘실에 들어갈 것이라고 했습니다.

왜냐하면 여로보암의 가문에서 아비야만 여호와를 향하여 선한 뜻을 품은 까닭입니다. 아비야 왕자는 선한 사람이었습니다. 여로보암의 죄 때문에 아들 아비야에게 찾아온 것은 질병이었습니다. 이때가 여로보암 왕이나 이스라엘 백성이 회개할 기회였습니다. 그러나 회개하지 않았습니다.

사랑하는 자식이 병들 때 부모는 자기 자신을 돌아보는 기회로 삼아야 합니다. 아들의 질병이 아버지의 회개를 가져올 수 있다면 얼마나 좋겠습니까? 그러나 여로보암은 자기 자신의 죄를 고백하기는커녕 선지자까지 속이려고 노력했습니다. 결국 하나님의 심판이 찾아오게 된 것입니다.

아히야 선지자는 여로보암의 가문과 북이스라엘의 멸망을 예언했습니다. 여호와께서 이스라엘 위에 한 왕을 일으키시리니 그 날에 저가 여로보암의 집을 멸절시킬 것이라고 했습니다. 그 때가 바로 눈앞에 임박했습니다. 여로보암은 사랑하는 아내를 통하여 전달된 하나님의 심판의 메시지를 들어야 했습니다. 왕위와 가문에 임할 멸망의 소식을 들어야만 했습니다.

또 훗날 여호와께서 이스라엘을 쳐서 갈대같이 되게 하시고 그들을 약속의 땅에서 뽑아 유프라테스강 밖으로 흩으실 것이라고 했습니다. 왜냐하면 그들이 아세라 목상을 만들어 여호와를 진노하게 하였기 때문입니다. 여로보암이 자기와 함께 북이스라엘도 범죄하게 하였으므로 여호와께서 여로보암의 죄로 인하여 북이스라엘을 버리실 것입니다. 매인 자나 놓인 자나 다 멸망 받을 것입니다.

여로보암의 아내가 디르사로 돌아가서 집 문지방에 이를 때에 여로보암의 아들 아비야가 죽었습니다. 온 이스라엘이 아비야를 장사하고 위하여 슬퍼했습니다. 이렇게 하여 여호와께서 아히야 선지자를 통해 하신 말씀과 같이 되었습니다. 우상숭배가 얼마나 무서운 죄입니까? 나라가 멸망합니다. 왕가가 사라집니다. 다 죽임을 당합니다.

4. 여로보암과 나답

여로보암의 남은 행적은 이스라엘 왕 실록에 기록되었습니다. 여로보암이 이스라엘의 왕이 된 지 이십이 년 만에 죽었습니다. 여로보암의 뒤를 이어 그의 아들 나답이 즉위하게 되었습니다.

나답은 '자원하다'라는 뜻입니다. 북이스라엘의 2대 왕이 되었습니다. 주전 910년에서 909년까지 통치했습니다. 나답도 아버지 여로보암의 우상 정책을 그대로 따랐습니다. 회개하지 않았습니다. 2년 뒤에 바아사가 반란을 일으켜 나답과 그의 가문은 모두 비참한 죽음을 맞이하게 되었습니다.

이스라엘은 분열 왕국으로, 남방은 유다 왕국, 북방은 이스라엘 왕국입니다. 두 왕국이 초대 왕들부터 하나님의 말씀에 신실하지 못하여 다윗과의 언약을 깨뜨렸기 때문에 하나님의 경고와 심판이 임하게 되었습니다.

두 왕국의 왕들과 백성들이 하나님의 말씀에 대해 순종을 하는지 여부에 따라 왕국의 운명이 좌우된 것을 보여줍니다. 왕이나 백성들이 하나님의 말씀에 순종할 때에는 외세의 침입도 막아낼 수 있었고 종교적인 갈등도 없었지만, 하나님의 말씀에 불순종할 때에는 나라가 흔들렸던 것을 보게 됩니다.

제42강
열왕기상 14장 21-31절

르호보암의 행적

북왕조 이스라엘의 초기 역사를 살펴보았습니다. 북이스라엘의 초대 왕은 여로보암이었습니다. 열 지파를 차지하여 나라를 건국했지만 종교 정책은 하나님 중심이 아니라 우상숭배였습니다. 벧엘과 단에 금송아지 우상을 만들고 범죄하다가 멸망 당하는 왕가의 모습을 살펴보았습니다.

여로보암의 아들 아비야의 죽음은 하나님의 심판의 시작이었습니다. 여로보암의 뒤를 이어 나답이 북방 이스라엘의 두 번째 왕으로 등극했습니다. 하지만 우상숭배에서 벗어나지 못했습니다. 저와 여러분은 하나님만을 사랑하고 경외하는 가정들이 됩시다.

1. 초대 왕 르호보암

남왕조, 남방 유다는 어떠했습니까? 남방 유다의 초대 왕은 르호보암입니다. 르호보암이 남방 유다의 왕이 되어 하나님의 백성인 유다를 다스리게 되었습니다. 르호보암은 솔로몬의 아들입니다.

르호보암이 왕위에 오를 때에 나이가 41세였습니다. 르호보암이 왕으로 등극한 장소와 통치를 수행한 장소는 당시 수도였던 예루살렘이었습니다. 르호보암이 통치한 장소를 밝히는 것은 이스라엘이 분열되었다는 것과 르호보암이 유다 한 지파를 다스렸다는 것을 알려주고 있습니다. 이것은 하나님의 예언대로 성취된 것임을 보여주고 있습니다.

솔로몬 왕이 범죄하였을 때 하나님께서 두 번이나 경고하셨습니다. 만약 범죄하면 가나안 땅에서 끊어버리겠다. 성전도 던져버리겠다. 이 얼마나 무서운 경고의 말씀입니까? 그리고 우상숭배를 할 때 이스라엘 왕국의 분열을 예언했습니다. 나라를 찢어 신하에게 주겠다. 이 얼마나 부끄럽고 수치스러운 일입니까?

르호보암이 솔로몬의 아들임을 밝히는 이유가 무엇일까요? 왕국의 분열의 책임이 솔로몬에게 있다는 저자의 의도입니다. 그리고 하나님의 신실하신 예언은 그대로 이루어졌음을 드러내고 있습니다.

르호보암은 분열 왕국인 남유다, 남방 유다의 제1대 왕으로, 41세에 왕으로 즉위하여 17년 동안을 통치했습니다. 주전 930년부터 913년까지입니다. 예루살렘은 하나님께서 선택하신 성입니다. 예루살렘은 평화의 도시로서 하나님의 임재와 능력이 머무는 장소로 인식되었으며 언약의 장소였습니다.

르호보암은 여호와께서 자기 이름을 두시려고 선택한 예루살렘에서 17년간 통치하였습니다. 예루살렘은 무엇보다도 하나님의 성전이 있는 성읍입니다. 일반적인 국가가 아니라 하나님의 뜻대로 통치해야 하는 사명이 있었지만 르호보암 역시 하나님의 성전이 있는 곳을 잡다한 우상숭배의 장소로 만들어 버렸습니다.

르호보암의 어머니는 암몬 사람인 나아마였습니다. 왕의 어머니를 기록한 것은 태후로서의 위치는 물론이고 막강한 영향력을 의미합니다. 두 번이나 이름을 말한 것은 강조의 의미로 특별한 영향력을 가리킵니다.

나아마는 '사랑스러운 여성' 혹은 '아름다운 여성'이라는 뜻입니다.

나아마가 암몬 출신인 것으로 볼 때 암몬의 밀곰(Milcom) 또는 몰렉
(Molech)으로 불리는 우상을 맹신했던 것으로 보입니다.

밀곰을 섬기는 방법이 무엇입니까? 신생아를 제물로 바치는 사악한
종교였습니다. 이렇게 사악한 종교를 섬기는 어머니 밑에서 성장한 르
호보암은 어머니의 영향을 받을 수밖에 없었을 것입니다. 남방 유다,
하나님의 선민, 하나님의 백성으로 하여금 우상을 숭배하도록 유도하
여 하나님의 진노를 받을 수밖에 없었습니다.

그래서 어머니의 신앙 교육이 중요합니다. 하나님을 어려서부터 잘
믿도록 가르쳐야 합니다. 부지런히 가르쳐야 합니다. 신명기 6장을 생
각해 봅시다. 얼마나 열심히 그리고 자세히 가르쳐야 합니까? 어려서부
터 마땅히 행할 길을 가르치면 늙어도 떠나지 않는 것입니다.

2. 르호보암과 유다의 악

르호보암 왕과 남방 유다 백성의 범죄를 지적합니다. 남방 유다가
여호와 보시기에 조상들의 행한 모든 것보다 더 범죄하여 여호와의 노
를 격발하였습니다. 남유다는 산 위와 모든 푸른 나무 아래에 산당과
우상과 아세라 목상을 세웠습니다.

여호와의 눈은 하나님께서 내리시는 판정을 뜻합니다. 르호보암과
유다 나라의 행위가 하나님의 판단으로 볼 때 악했습니다. 남방 유다는
예루살렘에 하나님의 성전이 있었기 때문에 하나님께 제사를 드렸겠지
만 우상숭배도 병행했습니다. 혼합주의입니다. 이것이 가증한 일이었
습니다.

역대기 성경을 볼 때 르호보암 왕뿐만 아니라 남방 유다도 우상을
숭배했습니다. 처음 3년은 북방 이스라엘에서 경건한 사람들이 올라왔
기 때문에 다윗과 솔로몬의 길로 행하여 나라가 강성했지만 그후에 나
라가 여호와의 율법을 버리고 우상을 숭배하면서 점점 쇠퇴하여 세력

을 잃게 되었습니다.

하나님은 남방 유다를 사랑했습니다. 그러나 하나님의 뜨거운 사랑에 비해 남방 유다는 우상을 섬기고 우상을 사랑했습니다. 그 결과 하나님의 질투가 불같이 일어나게 되었습니다. 이스라엘과 하나님은 언약관계에서 남편과 아내 같았습니다. 그런데 언약을 깨뜨리고, 하나님을 버리고 우상을 숭배할 때 질투심이 발동하는 것은 당연한 일입니다.

하나님의 진노는 사랑하기 때문에 바로잡으려는 거룩한 분노입니다. 성도도 거룩한 분노가 있어야 합니다. 의분이죠. 왜냐하면 하나님을 세우고, 교회를 세우며, 나라를 세워야 할 사람들이 우상을 세웠기 때문입니다. 여러분도 세워야 할 것이 무엇인지를 알아야 합니다.

산당이란 '높은 곳'이라는 뜻입니다. 산마루나 언덕 그리고 산꼭대기를 말합니다. 우상에게 제사했던 장소입니다. 성전이 건축되기 이전에는 산당에서 우상에게 제사도 하고 하나님께 예배도 드렸습니다.

풍요의 여신을 상징하는 아세라 목상과 남신 바알을 상징하여 돌기둥이 세워졌습니다. 제례식을 가진 이후에는 종교적인 매춘을 했습니다. 르호보암 왕이 산당을 장려한 것은 우상숭배를 장려한 것입니다. 이것이 가증스러운 죄악이었습니다.

또 남유다에 남색하는 자가 있었습니다. 이방 신전에서 일하는 제의적 남창을 말합니다. 아세라 여신을 위한 제의 의식의 하나였던 매음 행위에 동원된 사람들입니다. 남방 유다도 우상숭배는 물론이고 윤리 도덕적으로 타락한 나라였음을 밝히고 있습니다. 남유다는 신정국가로서 하나님의 거룩을 드러내지 못하고 가나안의 이방 종교를 나타냈기에 하나님의 진노와 징계가 불가피했습니다.

남방 유다는 여호와께서 이스라엘 자손 앞에서 쫓아내신 가나안 원주민들의 모든 가증한 일을 본받아 행했습니다. 하나님은 이스라엘에게 가나안 땅에 살고 있는 일곱 족속을 다 쫓아내는 사명을 주셨습니다. 그러나 이스라엘 백성은 그들을 다 쫓아내지 않고 살도록 하였습니다. 하나님께서는 종교적인 타락을 걱정하여 진멸까지 명령했지만 이스라엘은 불순종하여 우상숭배를 배우고 본받는 결과를 가져왔습니다.

결국 르호보암이 다스리던 남방 유다도 북방 이스라엘과 별로 다를 바가 없었습니다. 우상숭배에 빠졌습니다. 르호보암은 초기 3년은 하나님의 뜻을 따랐습니다. 역대하 11장 17절에 "그러므로 삼 년 동안 유다 나라를 도와 솔로몬의 아들 르호보암을 강성하게 하였으니 이는 무리가 삼 년 동안을 다윗과 솔로몬의 길로 행하였음이더라"라고 했습니다. 23절을 봅시다. "르호보암이 지혜롭게 행하여 그의 모든 아들을 유다와 베냐민의 온 땅 모든 견고한 성읍에 흩어 살게 하고 양식을 후히 주고 아내를 많이 구하여 주었더라". 그러나 시간이 갈수록 르호보암 왕은 죄악에 물들기 시작했습니다. 물론 여로보암보다는 덜했지만 많이 다르지 않았습니다. 우상숭배하는 점에서는 많이 다르지 않았습니다. 르호보암의 통치를 보면 도덕적인 타락과 영적인 타락으로 하나님의 진노를 불러왔습니다.

3. 애굽 왕 시삭

우상숭배를 하던 남방 유다를 하나님께서 심판하십니다. 하나님께서 애굽 나라를 사용하였습니다. 시삭이 유다를 공격해 왔습니다. 때는 르호보암 제5년에 애굽 왕 시삭이 예루살렘을 침공했습니다. 주전 926년 경입니다. 시삭은 애굽의 제22왕조를 세운 인물로, 세숀크 1세입니다. 주전 945-924년까지 통치했던 왕입니다. 과거 솔로몬 왕의 신하 여로보암이 애굽으로 피신했을 때 도왔던 왕입니다.

시삭이 150개의 성읍을 점령했는데 120개의 성읍이 남유다와 북이스라엘의 성읍이었습니다. 그러니까 남북 왕조가 다 점령된 상황이었습니다. 남유다는 하나님의 성전에 있던 보물과 솔로몬 왕궁의 보물을 애굽 나라에 다 **빼앗기게** 되었습니다.

그리고 르호보암은 솔로몬의 금 방패까지 다 **빼앗기고**, 놋 방패로 대체하게 되었습니다. 왕궁 문을 지키는 시위대 장관의 손에 맡겼습니다. 왕이 여호와의 전에 들어갈 때마다 시위하는 자들이 그 방패를 들고 갔다가 시위소로 도로 가져갔습니다.

이것은 솔로몬 시대의 영광, 찬란했던 영광이 사라졌다는 뜻입니다. 죄로 말미암아 그렇게 된 것입니다. 죄는 성도를 하나님으로부터 멀어지게 만듭니다. 하나님과 단절하게 만듭니다. 개인적으로나 국가적으로 망하게 만듭니다.

그런데 중요한 점은 하나님의 성전을 찾을 때에 계속적으로 방패를 들고 시위하게 하였습니다. 이게 무슨 의미일까요? 하나님의 전에 경배하러 가는 것을 국가적인 공식 행사로 삼았다는 의미이고, 남유다의 르호보암은 스마야의 심판 예언을 듣고 회개했습니다. 시삭의 침공으로 겸손하게 회개했습니다. 그 결과 남유다는 하나님의 은총으로 다윗 왕조가 존속할 수 있었습니다. 회개하는 자가 천국을 차지합니다.

4. 르호보암과 아비얌

르호보암의 남은 사적과 모든 행적은 유다 왕 실록에 기록되었습니다. 왕실의 서기관이 궁중에서 일어나는 모든 일을 낱낱이 기록하였습니다. 우리가 이 세상을 살면서 선악간의 모든 행위가 낱낱이 기록되는 것과 같습니다.

르호보암과 여로보암 사이에 항상 전쟁이 있었습니다. 아마도 영토 문제 때문에 소규모의 다툼이 계속된 것으로 보입니다. 두 나라의 싸움이나 다툼을 하나님은 허락하지 않으셨습니다. 이것도 죄가 되었습니다.

르호보암이 죽어 다윗성에 장사되었습니다. 그 어머니가 암몬 사람 나아마였음을 다시 한번 강조했습니다. 암몬의 밀곰 우상을 숭배하게 된 요인을 밝히고 있습니다. 이것은 솔로몬의 그릇된 정략 결혼이 문제가 된 것입니다. 하나님의 말씀에 순종하지 않고 이방 여인과 통혼한 것이 죄가 되어 후손까지 하나님의 징계의 대상이 된 것을 밝히고 있는 것입니다.

르호보암의 아들 아비얌이 왕이 되었습니다. 아비얌은 '바다의 아버지' 라는 뜻이고, 아비야(대하12:16)는 '나의 아버지는 여호와시다' 라는 의미입니다. 이점에 대하여 카일은 본명이 아비얌이나 즉위 후 아비야로 개명했다고 주장했으나 반대로 생각하는 라이트훗트, 또 기록자의 실수로 '멤' 을 '헤' 로 오기했다는 주장도 있습니다. 세 번째 견해가 많은 지지를 받습니다.

북이스라엘의 여로보암은 처음부터 타락했지만 남유다의 르호보암은 삼 년 동안은 다윗과 솔로몬의 길을 걸었습니다. 그러나 그도 나중에는 타락의 길을 걸었습니다. 남북 왕조가 멸망한 것은 왕과 백성의 책임이었습니다. 우상숭배와 이방인과의 통혼이 원인이었습니다. 영적인 죄와 윤리적인 죄악으로 인해 멸망 받게 된 것입니다. 우리 모두 영육간에 깨어나는 복이 임하기를 바랍니다.

제43강
열왕기상 15장 1-8절

남유다 왕 아비얌

　　남방 유다의 르호보암 왕이나 북방 이스라엘의 여로보암 왕은 하나
님의 말씀을 기준으로 볼 때 악한 왕이었습니다. 남유다의 르호보암 왕
의 뒤를 이은 왕은 어떠했을까요? 여러분은 하나님의 기준선에 이른 사
람입니까?

　　15장 전체의 내용을 봅시다. 1-8절까지는 남유다의 제2대 왕 아비
얌의 통치에 대하여, 9-24절까지는 남유다의 제3대 왕 아사의 통치에
관하여, 25-32절까지는 북이스라엘의 제2대 왕 나답의 통치와 바아사
의 반란에 대하여, 33-34절은 바아사의 통치 기간과 평가에 대하여 기
록하고 있습니다.

　　르호보암과 여로보암이 두 왕국의 초대 왕이었지만 인본주의적인
왕들이었습니다. 뒤를 이은 남북 왕조의 왕들도 거의 다 인본주의적이
었습니다. 그래도 남유다의 아비얌과 아사는 다윗 가문의 왕위를 보존
하며 하나님의 은총을 누렸습니다. 그러나 북이스라엘의 나답에게는
여로보암에게 내려졌던 멸망의 선고가 실행되어 왕위가 끊어졌습니다.
이것이 다른 점입니다.

　　남유다는 인간의 패역이 있었지만 사무엘하 7장의 다윗과의 언약으

로 인해 왕위를 계속적으로 이어갈 수 있었습니다. 이것도 하나님의 은 총입니다.

1. 아비얌의 통치

르호보암의 뒤를 이은 왕은 아비얌입니다. 그러니까 유다의 제2대 왕은 아비얌입니다. 느밧의 아들 여로보암 왕 제십팔 년에 아비얌이 유 다의 왕이 되었습니다. 아비얌의 즉위 년도를 여로보암 십팔 년에 맞추 어 기록하고 있습니다. 이렇게 남방 왕과 북방 왕의 즉위 년도를 연관 해서 소개하는 것이 열왕기서의 특징입니다.

아마도 이렇게 기록한 것은 남북 왕조를 비교하려는 저자의 의도로 보입니다. 남유다와 북이스라엘은 근본적으로 다른 나라가 아니라 하 나님의 백성으로 부름 받은 한 민족으로서 불가분의 관계성이 있는 나 라입니다.

아비얌은 르호보암의 장남이라기보다는 르호보암이 사랑하는 아내 의 장자였을 뿐입니다. 르호보암에게는 25명의 처첩들이 있었고, 28명 의 아들들이 있었습니다. 르호보암은 아비얌의 어머니 마아가를 편애 한 것으로 보입니다. 아비얌이 왕이 되어 3년을 통치했을 때 르호보암 은 죽습니다.

아비얌의 행적입니다. 아비얌의 행적은 간략하게 기록되었습니다. 유다 나라를 예루살렘에서 삼 년 동안 치리했습니다. 아비얌은 르호보 암의 죄악을 답습했습니다. 마음이 다윗의 마음과 같지 않았으며 하나 님 앞에 온전하지 못했습니다. 이것은 하나님의 심판이 내포된 것입니 다. 그리고 아사를 등장시켜 개혁을 주도하려는 하나님의 섭리가 있었 습니다.

아비얌의 어머니는 아비살롬의 딸 마아가였습니다. 마아가를 역대 하 13장 2절에서는 미아가로 기록하는데 필사상 오기로 보입니다. 아비살롬은 압살롬을 말하며 딸이 아니라 손녀로 보아야 할 것입니다. 왜냐하면 딸이란 명칭에 딸의 의미도 있지만 손녀, 후손의 의미도 있기 때문입니다.

열왕기서에는 왕의 모친의 이름을 종종 드러냅니다. 이것이 특징인데 남유다 왕들이 모친의 영향을 많이 받았음을 말해 줍니다. 특별히 한국 사회는 아버지의 영향보다 어머니의 영향을 많이 받습니다. 어머니의 교육입니다. 특별히 신앙 교육은 더욱 그렇습니다. 어머니가 기도의 눈물로 기른 자녀들이 많습니다. 새벽기도도 어머니가 거의 대부분입니다. 여러분도 깨어서 자녀를 위하여 눈물로 기도하여 신앙 교육을 잘 시키기 바랍니다.

2. 아비얌의 평가

아비얌 왕은 하나님 앞에 온전하지 못했습니다. 아비얌 왕이 자기의 아버지를 본받아 모든 일에 같은 죄를 범했습니다. 아비얌의 통치에 대한 종합적인 평가입니다. 아비얌은 단순히 아버지가 행한 죄를 반복할 뿐만 아니라 전반적으로 삶의 자세가 하나님의 법을 준행하는 것보다 우상을 숭배하고 하나님 앞에 범죄하는 방향으로 치달았던 인물입니다.

이런 아비얌의 마음과 삶은 평생 하나님을 믿고 순종했던 다윗 왕의 마음과 같지 않아서 하나님 여호와 앞에서 온전하지 못한 왕이 되었습니다. 저자의 의도는 르호보암의 그릇된 통치와 우상숭배가 아들 아비얌에게도 지속되었음을 드러내는 데 있었던 것입니다. 우상숭배라는 큰 잘못 때문에 다른 것은 묻혀버리고 부정적인 뜻만을 드러내게 된 것입니다. 결국 하나님의 통치가 있는 이스라엘, 신정국가, 신정정치가 있는 하나님의 백성에게는 군사력이나 정치적인 문제보다 더 중요한 것이 영적이고 도덕적인 문제임을 말해 주고 있습니다.

하나님보다 우상을 숭배하는 마음에 성령이 임했겠는가? 하나님이 기뻐하셨겠는가? 마음이 온전할 수가 없었습니다. 마음의 뿌리가 문제였던 것입니다. 다윗 왕도 실수한 면이 있습니다. 그러나 하나님을 전적으로 의지했습니다. 통회 자복한 다음에 다시는 그런 짓을 하지 않았습니다. 하나님은 다윗을 모본, 기준이 되는 자로 삼으셨습니다. 솔로몬도 다윗과 같지 않았고, 르호보암이나 아비얌도 다윗과 같지 않았습니다.

그리고 북방 이스라엘 여로보암과의 전쟁을 계속했습니다. 아비얌은 신실하지 못했지만 하나님께서는 다윗을 위하여 예루살렘에서 아비얌에게 등불을 주셨습니다. 그 등불이 무엇일까요? 아비얌의 아들을 일으켜 예루살렘을 견고하게 하셨습니다. 아비얌의 그릇된 점이 종교 정책이 있고 부족한 점이 많이 있었지만 하나님께서 은혜와 복을 주신 이유가 무엇인가?

그것은 아비얌이 훌륭해서가 아니라 다윗과의 언약 때문입니다. 하나님께서 나단 선지자를 통하여 다윗의 왕위를 영원히 견고하게 하시겠다고 약속하셨습니다. 하나님은 언약에 신실하신 분이십니다. 그리고 훗날 예수 그리스도, 메시야도 다윗의 후손으로 태어나셨습니다.

등불이 무엇을 말합니까? 여기서 등불은 후손을 의미합니다. 다윗 왕조를 이을 후계자를 말합니다. 솔로몬 왕이 우상을 숭배할 때도 하나님은 한 지파를 주어 다윗의 명맥을 이어가도록 하셨습니다. 솔로몬에게 말씀하신 약속이 르호보암과 아비얌으로 이어지고 있음을 밝히고 있습니다.

열왕기상 11장 36절에 "그의 아들에게는 내가 한 지파를 주어서 내가 거기에 내 이름을 두고자 하여 택한 성읍 예루살렘에서 내 종 다윗이 항상 내 앞에 등불을 가지고 있게 하리라"라고 했습니다. 선지자 아히야의 예언이었습니다. 아비얌이 3년 동안 통치하고 아들 아사에게 왕권을 이어줄 수 있었던 것은 다윗과의 언약을 지키신 신실하신 하나님의 은혜였습니다.

특별히 하나님께서 다윗의 후손으로 하여금 남유다를 통치하도록 섭리하시고, 예루살렘이라는 독특한 성읍, 이스라엘의 왕도요 정치와 종교의 중심지를 다스리도록 하신 것은 솔로몬에 대한 징계 후에도 여전히 다윗과의 언약을 기억하셨기 때문입니다. 결국 하나님은 남유다 중심으로 선민을 이끌어 가시고 있었음을 드러내고 있습니다. 이것은 하나님께서 선택하신 예루살렘과 다윗 왕조의 후손을 중심으로 구속 역사를 전개해 나아가실 것을 예시하는 것입니다. 북방 이스라엘은 200여 년 동안 무려 아홉 왕조가 등장하여 극도로 혼란스러웠지만, 남방 유다는 350여 년 동안 다윗 왕조만 통치한 것은 다윗과의 언약을 지키신 하나님의 은혜였고 똑같이 우상숭배에 빠졌어도 다윗과의 언약 속에 구속 역사를 이루어 가신 하나님의 특별한 은총이었습니다.

다윗이 헷 사람 우리아의 일 외에는 평생 여호와 보시기에 정직하게 행하고 하나님이 명하신 모든 일을 어기지 않았기 때문입니다. 다윗 왕은 신실했습니다. 다윗은 한 가지를 제외하고는 하나님 마음에 합당한 사람이었습니다.

밧세바를 취한 일이나 우리아를 죽인 것은 무서운 범죄였습니다. 그러나 철저히 회개했습니다. 여호와의 명령에 순종함에 있어서 정직했습니다. 결국 다윗은 자신의 판단이나 다른 사람의 생각 중심이 아니라 하나님의 명령 중심의 사람으로 살아갔습니다. 이것이 하나님 마음에 합당한 사람의 모습입니다. 하나님께 인정 받은 사람으로서 다른 왕들의 기준이 되었습니다. 일평생 하나님의 사람으로서 충성을 다했습니다.

3. 아비얌의 행적

역대하 13장에 아비얌의 기록이 나옵니다. 르호보암과 여로보암 사이에 일평생 동안 전쟁이 있었던 것처럼 아비얌과 여로보암 사이에도 전쟁이 있었습니다. 하나님은 남북 왕국이 전쟁하는 것을 원하셨을까?

열왕기상 12장 24절을 보면 "여호와의 말씀이 너희는 올라가지 말라 너희 형제 이스라엘 자손과 싸우지 말고 각기 집으로 돌아가라 이 일이 나로 말미암아 난 것이라 하셨다 하라 하신지라 그들이 여호와의 말씀을 듣고 그 말씀을 따라 돌아갔더라"라고 했습니다.

남과 북이 전쟁을 했습니다. 하나님의 명령이나 말씀에 순종하지 않았습니다. 그것도 지속적인 전쟁이었습니다. 열왕기상 14장 30절에 "르호보암과 여로보암 사이에 항상 전쟁이 있으니라"라고 했습니다. 예수님께서는 분쟁하는 나라마다 망할 것이라고 하셨습니다.

남방의 아비얌 왕은 40만 군대로 북방 이스라엘 여로보암 왕의 80만 군대를 물리쳤습니다. 벧엘을 비롯한 북이스라엘의 중요한 성을 빼앗았습니다. 이것이 훗날에 교만으로 나타납니다. 아비얌이 겨우 행한 일이 전쟁이었다는 의미입니다. 처음에는 기도하여 승리했지만 나중에는 종교적으로 타락하게 되어 우상숭배를 허용하여 르호보암의 죄악에서 벗어나지 못했습니다.

아비얌이 온전하지 못함에도 불구하고 유다를 승리로 이끈 것은 유다를 존속시키시려는 하나님의 의도였습니다. 이것이 다윗과의 언약이기 때문입니다.

아비얌의 남은 사적과 행적은 유다 왕 실록에 기록되었습니다. 아비얌의 정치력이나 군사력 그리고 경제적인 문제들이 기록되었을 것입니다. 그렇지만 신정국가로서 제일 중요한 것은 하나님을 왕으로 삼고, 왕이신 하나님을 높이는 것입니다.

아비얌이 죽어 다윗성에 장사되고 그 아들 아사가 왕위를 계승하게 되었습니다. 아사는 남방 유다의 3대 왕입니다. 주전 911년 경부터 871년까지 통치했습니다. 왕이 되자 10년 동안 종교개혁을 단행하여 우상을 타파하고 국토를 요새화했습니다. 남방 유다의 평화를 추구했습니다. 구스의 백만 대군이 공격해 올 때 기도하여 물리치기도 했습니다. 그러나 북방 이스라엘과 전쟁하기 위하여 아람의 벤하닷의 지원을 청했다가 선지자 하나니에게 책망을 받기도 했습니다.

아사 왕의 통치

열왕기서에는 문학적인 특성이 있습니다. 문학적인 독특성이 열왕기서의 기록 목적과 매우 깊은 관련을 맺고 있습니다. 여러 왕들의 통치 기록이 하나의 틀을 가지고 있습니다. 나름대로 서론과 결론이 있습니다. 약간의 차이점은 있으나 대부분 많은 공통점을 가지고 기록되었습니다.

서론에 있어서 중요한 공통점은 왕의 등극과 함께 상대 나라의 왕의 재위 기간을 언급하는 점입니다. 또 남방 유다의 경우에는 왕의 나이를 언급하고, 심지어 왕의 어머니까지 언급했습니다. 북방 이스라엘의 경우에는 아버지를 언급하는 것이 독특합니다. 마지막으로 왕들의 도덕성이나 영적인 면을 언급하는데, 기준점은 다윗 왕이었습니다.

결론에 있어서는 자세한 정보를 얻을 수 있는 자료를 언급하고, 왕의 사망에 대하여 말할 때 남방 유다의 경우에는 장사지낸 것에 대하여 말하지만 북방 이스라엘의 경우에는 언급이 없습니다. 그리고 왕위가 아들에게 계승되었는지를 말해 줍니다. 북방 이스라엘의 경우에는 왕위가 찬탈되지 않았을 때를 말합니다.

그리고 중요한 점은 하나님의 신실성을 언급하는 것인데 다윗과의 언약을 지키심을 강조하고 있습니다. 우리 모두 신실하신 하나님을 사랑하고 언약에 신실하여 영육간에 하나님의 은혜와 복을 받읍시다.

1. 통치 기간

북방 이스라엘의 왕 여로보암 제이십 년에 아사가 남방 유다의 왕이 되었습니다. 아사는 남방 유다의 3대 왕이었습니다. 남방 유다의 왕 아사의 즉위 시기를 북방 이스라엘의 왕 여로보암 통치 20년으로 밝히고 있습니다. 북방 이스라엘의 초대 왕 여로보암이 20년을 통치할 때 남방 유다는 세 명의 왕, 르호보암과 아비얌과 아사가 세워진 것입니다.

그런데 중요한 점이 있습니다. 그게 무엇일까요? 역대하 13장 20절을 보면 "아비야 때에 여로보암이 다시 강성하지 못하고 여호와의 치심을 입어 죽었고"라고 말했습니다. 남방 유다와 북방 이스라엘과 전쟁이 있었습니다. 남방 유다가 승리한 이유가 조상들의 하나님 여호와를 의지했기 때문이었습니다. 그 전쟁에서 북방 이스라엘 병사가 오십만 명이 전사했습니다. 남방 아비얌 왕 때의 일입니다.

그 결과 북방 이스라엘은 패전의 후유증으로 어려움을 겪었습니다. 반대로 남방의 아사 왕은 평화적인 조건에서 종교개혁을 단행할 수 있었습니다. 그러니까 북방 이스라엘은 더 이상 남방 유다에게 위험한 나라가 아니었습니다.

아사가 왕이 되어 남방 유다를 사십일 년을 다스렸습니다. 남방 유다 왕들의 통치 중심지는 예루살렘이었습니다. 저자가 예루살렘을 강조한 이유는 예루살렘에 하나님의 임재가 있었고, 성전이 있었기 때문입니다. 물론 언약궤도 성전에 있었습니다. 그러므로 저자의 주된 관심은 이스라엘에서 유다, 유다 중에서도 예루살렘이 관심사였습니다.

특별히 아버지 아비얌은 3년을 통치했지만 아사는 41년을 통치했습니다. 대부분 선한 왕들의 통치 기간이 길었던 것을 볼 수 있습니다. 아사 왕은 하나님 앞에 정직하게 행하고 성실했던 왕으로 볼 수 있습니다. 아사가 남방 유다에서 41년을 통치할 때 북방 이스라엘에서는 왕이 여섯 번이나 바뀌었습니다. 나답과 바아사, 엘라와 시므리, 오므리와 아합입니다. 이것은 북방 이스라엘 왕들은 악했다는 것을 반증합니다. 만약에 하나님께서 여로보암에게 약속한 말씀을 기억하면서 선한 왕으로 등극했다면 통치 기간도 오래갔을 것입니다. 물론 혼란스러운 일도 없었을 것입니다.

아사의 할머니는 압살롬의 손녀인 마아가였습니다. 아사의 모친으로도 소개되는데 마아가는 원래 아사의 선왕 아비얌의 어머니입니다. 그러니까 마아가는 아사의 할머니입니다. 왜 할머니를 어머니라고 표기했을까?

아사가 어린 나이이기 때문에 마아가가 태후의 지위와 영향력을 나타냈기 때문에 아사의 모친으로 묘사했을 것이다. 아니면 아사의 어머니가 일찍 죽었기 때문에 할머니가 대신 양육하고 어머니 지위를 누렸을 것이다. 그렇게 이해합니다. 여하튼 아사 왕은 선한 왕으로 아름다운 족적을 남겼습니다. 우리도 선한 일에 힘쓰는 성도가 됩시다.

2. 아사의 종교개혁

아사가 그 조상 다윗과 같이 여호와 보시기에 정직하게 행했습니다. 아사 왕의 마음이 다윗과 같이 하나님 앞에 온전했습니다. 일평생 하나님을 떠나지 않고 잘 섬겼습니다. 아사 왕은 르호보암이나 아비얌과는 달랐습니다. 이 마음이 제일 중요한 마음입니다.

종교의 타락과 우상숭배로부터 종교개혁을 단행하였습니다. 남색하는 자를 그 땅에서 쫓아냈습니다. 남색하는 자는 '동성 연애자들'이 아니라 음란한 이교 의식에 동원된 '남창들'을 말합니다. 르호보암 왕 때 생겨난 남창들을 아사 왕은 가증한 자들로 보고 척결했습니다. 이스라엘 나라에서 우상을 없애는 것과 남색하는 자들을 없애는 것과 같은 것입니다.

또 조상들이 섬기던 우상을 없앴습니다. 솔로몬 시대부터 유행했던 아세라, 아스다롯, 밀곰, 그모스, 바알 등의 우상을 말합니다. 아사는 남색하는 자만이 아니라 보잘것없는 우상까지 파괴했습니다. 이것은 혼합주의를 버리고 오직 유일하신 여호와 하나님만을 사랑하는 충정심에서 나타난 것입니다.

아사 왕의 종교개혁은 오뎃의 아들 아사랴 선지자의 훈계를 따라 이루어졌습니다. 역대하 15장에 나타납니다. 신정국가가 하나님의 통치를 거절하고 우상에 이끌릴 때에 하나님은 선지자 아사랴를 예비하시고 아사 왕의 종교개혁을 도우셨습니다.

아세라 상을 만든 조모 마아가를 태후의 위에서 폐위시키기까지 했습니다. 아사 왕의 종교개혁은 단호했습니다. 단순히 열조가 만든 우상을 제거하는 데 목적을 둔 것이 아니라 어떤 종류든지 하나님 앞에 가증스러운 것은 제거했습니다. 여호와 신앙을 회복하고 진리를 수호하기 위한 노력이었습니다. 당시 태후까지 폐위시켰습니다.

개인적인 사사로운 정이나 혈통을 떠난 정치를 펼친 왕이었습니다. 혼합주의 노선을 배격하고 신앙의 개혁과 왕권의 회복을 노력한 왕이었습니다. 이것이 아사의 특별한 점이었습니다.

그 우상을 찍어 기드론 시냇가에서 불살랐습니다. 솔로몬 왕 시대에 우상들이 밀집되어 있었습니다. 예루살렘의 앞산, 멸망의 산, 범죄의 산이라는 별명이 있을 정도였습니다. 감람산이 우상의 산으로 변해 있었습니다. 이것이 명실공히 하나님의 말씀에 입각한 정치가 아니겠습니까? 아사 왕은 중요한 인물임을 나타내고 있습니다.

그러나 아사 왕의 잘못도 나타납니다. 우상숭배를 타파하면서 근원지인 산당은 없애지 못한 점입니다. 이것이 남방 유다에게 또다른 우상숭배를 제공하게 되었습니다. 14절을 봅시다. "다만 산당은 없애지 아

니하니라 그러나 아사의 마음이 일평생 여호와 앞에 온전하였으며"라
고 했습니다. 아사 왕이 산당을 완전히 제거하지 않았습니다. 이것이
우상숭배의 부활을 예고합니다. 아마도 예루살렘 성전이 건축되기 이
전에 산당에서 예배했던 것을 볼 때 완전히 제거하는 것이 쉽지는 않았
을 것입니다.

그러나 아사 왕의 마음이 일평생 여호와 하나님 앞에 온전했습니다.
다윗이 실수했지만 정직했던 것처럼, 아사 왕도 부분적으로 우상을 제
거하였지만 마음은 온전히 하나님을 사랑했습니다. 실수가 없다는 것
이 아니라 삶의 전반적인 방향이 하나님을 향해 나아갔던 사람입니다.

아버지 아비얌과 달리 자기 자신을 구별하여 각종 금은, 집기들을
여호와의 전에 바쳤습니다. 이것이 훌륭한 점입니다. 아비얌은 여로보
암과의 전쟁에서 얻은 전리품을 다 드렸습니다. 솔로몬 왕과 비교하여
아사 왕이 더 정직하게 성전에 바쳤습니다.

3. 아사와 바아사의 전쟁

남방 유다의 아사 왕과 북방 이스라엘의 바아사 왕 사이에 일생 동
안 전쟁이 계속되었습니다. 바아사는 잇사갈 지파 아히야의 아들로 나
답과 여로보암의 온 가족을 죽이고 왕위에 올라 24년을 통치한 왕입니
다. 여로보암이 세운 금송아지 우상을 숭배하고, 악을 행하여 선지자
예후로부터 심판이 선언된 사람입니다.

북방의 이스라엘 왕 바아사가 남방 유다를 침공하여 라마를 건축
하고 사람들이 유다 왕 아사에게 왕래하지 못하도록 시도했습니다.
왕권 교체가 모든 것을 바꾸지는 못했습니다. 전쟁을 멈추게도 못했
습니다. 아사 왕 시대에 바아사 왕이 침략해 왔기 때문에 전쟁이 계속
되었습니다.

아비얌이 여로보암과의 전쟁에서 승리한 다음에 10년간 평화를 누

렸습니다. 이 시간에 아사 왕은 우상을 제거하고 성읍을 수축했습니다. 구스 사람 세라가 무수한 군대를 이끌고 공격해 오지만 여호와의 도우심으로 승리했습니다. 아사 왕 15년의 일입니다. 여호와께 감사하고 기뻐하는 대축제가 열렸습니다. 아사 왕 16년에 바아사가 다시 침략했습니다. 그리고 바아사가 라마 성읍을 건축했습니다. 그 이유가 무엇인가? 라마를 건축한 것은 남방 유다를 침략하기 위한 전초 기지로 삼고 남북 왕래를 막는 정치적인 목적 때문이었습니다.

여기에 대하여 아사 왕은 여호와의 전과 왕궁 창고에 남아 있는 모든 은금을 거두어 사신을 시켜서 다메섹의 아람 왕 벤하닷에게 보내며 당부했습니다. 뭐라고 당부했습니까? '나와 당신, 내 부친과 당신의 부친 사이에도 동맹을 체결하였는데 내가 당신에게 예물을 보내니 북방 이스라엘 왕 바아사와 맺은 동맹을 파기하고 저로 내 땅에서 물러가게 해주기를 바란다'는 당부였습니다. 이것은 범죄행위와 같습니다. 진정한 왕 하나님께 의논하지 않고 외적으로만 해결하려고 했기 때문입니다.

벤하닷이 아사 왕의 요청을 듣고 그 군대장관들을 보내어 북방 이스라엘의 성 곧 이욘, 단, 아벨벧마아가, 긴네렛 온 땅, 납달리 온 땅을 쳤습니다. 이 소식을 들은 바아사가 라마성 건축을 중단하고 디르사에 거했습니다. 수비 전략으로 바꾼 것입니다.

그때 아사 왕이 유다 전역에 총동원령을 내려 바아사가 라마를 건축하던 자재들을 가져오게 했습니다. 그리고 그 건축 자재로 베냐민 땅 게바와 미스바를 건축하였습니다. 아람과 북방 이스라엘과 대치 상황에서 게바와 미스바를 건축한 것입니다.

아사 왕의 남은 사적과 모든 권세와 행한 일과 성읍을 건축한 일은 유다 왕 실록에 기록되었습니다. 아사 왕이 늙었을 때 발에 병이 들었습니다. 노년에 발병이 났을 때 하나님을 의지하지 않고 의사만 의지했음을 시사하는 대목입니다. 아사 왕이 죽어 다윗성에 장사되고 그 아들 여호사밧이 왕위를 계승하였습니다.

역사적으로 애굽의 100만 대군과 전쟁을 하여 승리하지만(대하14:9-15) 동족 이스라엘과의 전쟁에서 아람의 군대를 물질을 주고 끌어들임으로써 하나님의 거룩한 땅을 더럽히게 됩니다.

이것이 아사 왕의 온전하지 못한 면입니다. 아사 왕의 그릇된 점입니다. 약점입니다. 이방 민족을 끌어들인 것은 잘못된 정책입니다. 심지어 하나님의 뜻을 전달한 선견자를 옥에 가두는 일까지 했습니다. 이것은 큰 과오입니다.

역대하 16장 7-10절을 봅시다. "그 때에 선견자 하나니가 유다 왕 아사에게 나와서 그에게 이르되 왕이 아람 왕을 의지하고 왕의 하나님 여호와를 의지하지 아니하였으므로 아람 왕의 군대가 왕의 손에서 벗어났나이다 구스 사람과 룹 사람의 군대가 크지 아니하며 말과 병거가 심히 많지 아니하더이까 그러나 왕이 여호와를 의지하였으므로 여호와께서 왕의 손에 넘기셨나이다 여호와의 눈은 온 땅을 두루 감찰하사 전심으로 자기에게 향하는 자들을 위하여 능력을 베푸시나니 이 일은 왕이 망령되이 행하였은즉 이 후부터는 왕에게 전쟁이 있으리이다 하매 아사가 노하여 선견자를 옥에 가두었으니 이는 그의 말에 크게 노하였음이며 그 때에 아사가 또 백성 중에서 몇 사람을 학대하였더라"라고 했습니다.

이렇게 아사가 과오를 범하였음에도 불구하고 전쟁에서 승리한 것은 하나님과 다윗과의 언약 때문이었습니다. 아사가 우상을 타파하려고 노력했기 때문에 하나님께서 은총을 베푸신 줄로 믿습니다. 우리가 선한 일을 할 수 있는 것은 우리 안에 역사하는 하나님의 은총입니다. 하나님의 일을 하는 자는 반드시 하나님의 은총 속에 강건해야 합니다.

제45강
열왕기상 15장 25-34절

나답의 통치와 바아사의 반란

앞 단락에서는 남방 유다의 제2대 왕 아비얌과 제3대 왕 아사의 행
적과 통치에 대하여 기술하였습니다. 지금까지는 남방 유다를 중심으
로 기록하였다면 이제부터는 북방 이스라엘로 옮겨서 기록하게 됩니
다. 북방 이스라엘에 대하여 무엇을 기록할까요?

1. 나답의 통치

유다 왕 아사 제2년에 여로보암의 아들 나답이 북이스라엘의 왕이
되어 2년을 다스렸습니다. 그러니까 북방 이스라엘의 여로보암 왕을
이어 나답이 제2대 왕이 되었습니다.

나답이 여호와 보시기에 악을 행하되 이스라엘로 하여금 범죄하게
한 그 부친 여로보암의 길을 답습했습니다.

여로보암 왕가의 완전한 몰락을 다루는데, 선지자 아히야를 통하여
예언한 대로 이루어진 것입니다. 열왕기상 14장 14절에 "여호와께서 이
스라엘 위에 한 왕을 일으키신즉 그가 그 날에 여로보암의 집을 끊어
버리리라 언제냐 하니 곧 이제라"라고 말씀하셨습니다. 선지자 아히야

가 예언한 대로 현실에서 성취된 것을 보게 됩니다.

여로보암의 뒤를 이어 북방 이스라엘의 제2대 왕이 된 나답은 블레셋에게 빼앗긴 깁브돈을 탈환하기 위해 출정했습니다. 출정은 했지만 부하인 바아사에게 암살을 당하고 맙니다. 가족도 전멸되었습니다. 여로보암 왕가가 23년 만에 완전히 막을 내리게 되었습니다.

이것은 다윗 왕조를 유지하던 남방 유다와 극명한 대조를 이루는 것입니다. 하나님은 언약에 신실하십니다. 사무엘하 7장의 내용을 그대로 지키시고 이루어 가셨습니다. 기독교는 언약의 종교요, 말씀의 종교입니다.

북방 이스라엘의 제2대 왕이 된 나답은 통치 기간이 2년 정도였습니다. 남방 왕 아비얌은 3년 정도 통치했습니다. 나답의 짧은 통치 기간과 아비얌의 짧은 기간이 어떤 관계가 있는 것인가?

아비얌의 통치 기간이 짧은 것은 아비얌의 죄에 대한 하나님의 심판으로 이해할 수 있습니다. 나답의 경우도 죄에 대한 하나님의 심판으로 보게 됩니다. 여호와 앞에 온전히 살지 못한 죄악에 대한 심판의 의미가 담겨져 있습니다.

여로보암의 후손이라 할지라도 하나님의 말씀에 순종하면서 하나님의 뜻대로 살려고 노력했더라면 하나님의 심판을 받지 않고 후손들이 왕위에 올랐을 것입니다. 그러나 불행하게도 나답은 죄 가운데 빠져서 여로보암에게 선포된 심판을 받게 된 것입니다.

나답에 대한 전반적인 평가는 여호와 앞에 악을 행한 사람이라는 것입니다. 남방 유다의 아사가 여호와 보시기에 정직히 행한 것에 반하여 나답은 악을 행한 사람으로, 대조적이었습니다. 열왕들에 대한 평가의 기준이 세상 사람들과 많이 다릅니다. 출신 배경이나 업적이 아니라 하나님과의 올바른 관계에서 평가하고 있기 때문입니다.

나답은 자기 아버지의 길로 행한 사람이었습니다. 북방 이스라엘의 초대 왕 여로보암의 길입니다. 여로보암의 패역한 행위를 본받았습니다. 나답은 우상숭배를 했습니다. 금송아지를 섬겼습니다. 남방의 아비얌도 르호보암의 잘못된 삶을 본받았습니다.

그러므로 나답이나 아비얌이 짧은 기간 동안 통치하게 된 이유는 우연한 일이 아니라 하나님의 징벌이었습니다. 하나님은 남유다나 북이스라엘의 왕들이 선할 때는 통치 기간을 길게 하셨고, 악할 때는 공의로운 심판을 하셨습니다. 하나님은 남북 왕조의 통일을 앞당기려는 목적을 갖고 계셨습니다.

사람은 종종 착각을 하며 삽니다. 영혼을 생각하지 않고 사는 사람들이 태반이나 됩니다. 생각한다고 할지라도 물질로 풍요로워질 것처럼 생각하는 경향도 있습니다. 그러나 어리석은 생각입니다. 하나님은 오늘 밤에 우리의 영혼을 불러가실 수 있기 때문입니다. 하나님께 대하여 풍요로운 삶을 삽시다.

2. 바아사의 반란

나답이 북이스라엘의 왕이었을 때 바아사가 반란을 일으켰습니다. 잇사갈 족속 아히야의 아들 바아사가 나답을 배신하여 블레셋 땅 깁브돈에서 나답을 죽였습니다. 나답은 2년동안 왕위에 있다가 바아사의 모반으로 살해되었습니다. 당시 나답과 이스라엘 군대는 깁브돈을 포위하고 있었습니다.

유다 왕 아사 제3년에 바아사가 이렇게 나답을 죽이고 왕이 되었습니다. 바아사는 왕위를 찬탈하는 데 성공했습니다. 바아사가 왕이 될 때에 여로보암 가문의 모든 사람을 한 사람도 남기지 않고 다 죽였습니다. 이것은 아히야 선지자가 여로보암의 가문이 끊어질 것을 예언한 대로 이루어진 것입니다.

나답이 이렇게 비참하게 된 이유는 하나님 보시기에 악을 행했기 때문입니다. 특별히 여로보암의 길로 행하면서 우상을 숭배했기 때문에 그런 결과를 가져오게 된 것입니다. 결국 하나님께서 나답이 우상숭배와 여로보암의 죄악된 길에서 돌이키지 않음을 보시고 바아사를 일으켜 죽게 하신 것입니다. 이것이 하나님의 심판입니다.

하나님의 은총을 망각하여 우상숭배에 빠지고, 바아사의 반란으로 나답은 살해되고 여로보암의 가문은 멸족을 당합니다. 아히야의 예언이 성취된 것입니다. 열왕기상 14장 9-10절을 봅시다. "네 이전 사람들보다도 더 악을 행하고 가서 너를 위하여 다른 신을 만들며 우상을 부어 만들어 나를 노엽게 하고 나를 네 등 뒤에 버렸도다 그러므로 내가 여로보암의 집에 재앙을 내려 여로보암에게 속한 사내는 이스라엘 가운데 매인 자나 놓인 자나 다 끊어 버리되 거름 더미를 쓸어 버림 같이 여로보암의 집을 말갛게 쓸어 버릴지라"라고 했습니다.

16절에 "여호와께서 여로보암의 죄로 말미암아 이스라엘을 버리시리니 이는 그도 범죄하고 이스라엘로 범죄하게 하였음이니라"라고 했습니다. 왕의 사명은 자신과 백성으로 하여금 하나님의 뜻에 순종하도록 가르쳐야 하는데, 나답은 반대였습니다. 그러므로 하나님의 징벌이 임하게 된 것인데 이 징벌은 여로보암의 범죄와 이스라엘 전체의 범죄에 대한 징벌이었습니다.

결국 바아사의 반란으로 나답이 죽은 것은 북방 이스라엘의 종말을 의미하는 것입니다. 여로보암으로 시작한 북방 이스라엘 나라가 이렇게 반역의 역사 속에 사라지게 된 것입니다. 나답이 여로보암의 악한 행위를 따라간 것에 대해 하나님은 바아사의 반란으로 엄중하게 심판하신 것입니다. 북방 이스라엘은 계속하여 모반의 역사, 반역의 역사를 이루다가 멸망하였습니다.

바아사가 나답을 죽일 때는 적을 죽이듯 죽였다는 것입니다. 왕위를 찬탈하기 위하여 그렇게 했습니다. 바아사는 하나님의 심판의 도구가 된 것입니다. 깁브돈은 '언덕'이라는 뜻으로 갓 지파의 성읍이었습니다. 레위 지파의 고핫 자손에게 준 땅입니다. 깁브돈은 블레셋과 이스라엘의 격전지였습니다.

나답이 깁브돈을 사수하기 위하여 전병력을 동원하고 블레셋과 대치하는 상황에서 바아사가 모반을 일으켜 살해했던 것입니다. 남방 유다가 혈연적인 왕권을 계승하고 있을 때 북방 이스라엘은 모반에 의해서 왕이 살해되고 왕권을 유지하는 상황이었습니다. 이것도 하나님의 징계 중의 하나입니다.

여로보암이 다윗과 같이 하나님의 언약을 기억하고 하나님을 사랑하며 백성을 위한 정치를 펼쳤다면, 북방 이스라엘도 남방 유다처럼 모반과 반역의 살해 방법이 아니라 혈연을 통해 왕권을 유지했을 것입니다. 그러나 여로보암은 우상을 만들고 하나님 대신 금송아지를 섬긴 왕이었습니다. 그러므로 바아사의 반란을 통하여 여로보암 왕가를 멸망시킨 것입니다.

하나님께서 바아사를 통하여 나답을 왕위에서 폐하시고 여로보암 왕가를 멸절시키셨습니다. 완전히 멸망시킨 것은 바아사의 입장에서는 왕권을 장악하기 위한 방법이었지만 하나님의 심판이었습니다. 실로 사람 아히야의 말과 같이 되었다고 기록하고 있습니다.

여로보암 왕가가 찬탈 당하고 멸망 받게 된 이유가 무엇입니까? 여로보암이 범죄하였을 뿐만 아니라 이스라엘 나라로 하여금 죄악에 빠지게 만든 책임입니다. 여로보암의 죄악이 하나님을 얼마나 크게 분노하게 했는가? 사랑의 하나님이시지만 악에 대하여는 공의의 하나님이십니다. 바울은 너희가 전에는 어두움이더니 이제는 주 안에서 빛이라고 가르쳐 주었습니다. 빛의 자녀들처럼 행하라고 했습니다. 착함과 의로움과 진실입니다.

3. 나답과 아사와 바아사

나답의 남은 사적과 행한 일은 이스라엘 왕의 실록에 기록되었습니다. 2년의 짧은 기간이었지만 나답이 이룬 행적은 깁브돈을 포위하여 공격하려 했다는 것밖에 없습니다. 내세울 업적이나 영향력이 없었던 사람이었습니다.

남유다 왕 아사와 북이스라엘 왕 바아사 사이에 일생 동안 전쟁이 끊임없이 계속되었습니다. 특별히 통치 말기에 있었던 남방 유다 왕국의 아비얌과의 전투에서 크게 패배함으로써 여로보암 왕가에 대한 북방 이스라엘 백성들의 영향력은 낮은 수준이었습니다. 나답은 이런 상황에서 지도력이 없던 사람이기 때문에 여로보암 왕가에 대한 반발이 심화되고 있었습니다.

바아사가 반란을 일으키므로 나답은 살해되고 여로보암 왕조는 2대 만에 무너졌습니다. 하나님은 낮은 자를 높이기도 하시고 높은 자를 낮추기도 하십니다. 역사의 주관자는 하나님이시기 때문입니다.

성경은 하나님과의 관계가 어떠한 관계인가를 말해 주고 있습니다. 여러분은 하나님과 어떤 관계 속에 놓여져 있습니까? 여러분의 가정은 하나님과 어떤 관계 속에 있는 가정인가요? 우리 교회는 어떤 상황일까요?

남방 유다와 북방 이스라엘 사이에는 항상 전쟁이 그치지 않았습니다. 항상 대립 관계 속에 놓여져 있었습니다. 여러분은 형제간에 어떤 상태에 놓여져 있습니까? 사랑하는 관계입니까? 아니면 미워하는 관계입니까?

하나님은 인간의 모든 행위와 은밀한 일을 선악간에 다 심판하십니다. 그리고 사람은 반드시 죽습니다. 그후에는 심판이 있습니다. 여러분은 칭찬과 영광과 존귀가 있는 생애를 살기를 바랍니다. 하나님 앞에서 영원토록 찬송하고 기도하는 삶을 살 수 있기를 바랍니다.

제46강
열왕기상 15장 33-16장 7절

바아사와 예후

25-32절은 북방 이스라엘의 두 번째 왕 나답의 통치와 그 기간에 있었던 바아사의 반란에 대하여 다루었습니다. 오늘은 유혈 혁명으로 북방 이스라엘의 세 번째 왕위를 차지한 바아사의 통치와 바아사를 향한 예후의 심판 선언을 말씀하시고 있습니다.

1. 바아사 왕

유다의 아사 왕 셋째 해에 아히야의 아들 바아사가 디르사에서 모든 이스라엘의 왕으로 즉위하여 이십사 년 동안을 다스렸습니다. 바아사가 등극하여 왕권을 행사한 곳은 '디르사'입니다. 디르사는 북방 이스라엘의 수도이며 북방 민족들의 공격으로부터 대비하기 위한 군사적 목적으로 여로보암이 세겜으로부터 천도한 성읍이었습니다.

디르사는 요단강 동편에서부터 에브라임 산지로 가는 길목에 위치하였고, 빼어난 경관을 지닌 전략적 요충지였습니다. 디르사는 여로보암 1세에서 시작하여 오므리에 이르기까지 40년 동안 북방 이스라엘의 수도가 되었습니다.

'모든 이스라엘' 혹은 '온 이스라엘'이란 전체를 의미하는 것이 아니라 남방 유다를 제외한 이스라엘을 의미하는 말입니다. 북방 이스라엘에 대한 바아사의 통치권이 나답에 비해서 강력했음을 의미합니다. 또 북방 이스라엘에 대한 여로보암 왕가의 통치 영향력이 완전히 없어진 것을 뜻하기도 합니다.

바아사가 여호와 보시기에 악을 행하되 여로보암의 길로 행하며 그가 이스라엘에게 범죄하게 한 그 죄 중에 행하였습니다. 이것이 바아사 왕에 대한 통치의 평가입니다. 바아사는 여로보암의 길로 행했습니다. 그리고 여호와 보시기에 악을 행했습니다.

그러면 여로보암의 길이 무슨 의미일까? 우상숭배를 총칭하는 말입니다. 죄악된 길을 뜻하기도 합니다. 바아사가 여로보암과 그 가계에 대한 심판의 도구가 되어 사용되고, 왕위를 차지했지만 자신도 여로보암의 길에서 벗어나지 못했습니다. 여로보암과 같은 죄악에 빠지고 말았습니다. 결국 바아사의 운명도 여로보암과 크게 다르지 않다는 것을 말해 주고 있습니다.

열왕기상 성경에서 남방 유다 왕국이나 북방 이스라엘 왕국이 똑같이 적용되는 원리가 한 가지 있습니다. 어떤 왕이든지 하나님의 명령에 순종하면 복을 받을 것이고 불순종하면 심판과 저주가 임하는 신명기적인 역사관의 원리입니다.

하나님이 세우는 왕국은 다윗 언약을 기반으로 하여 하나님이 택하신 왕조를 통해서 이루어질 것이지만, 왕들은 하나님의 뜻, 다윗과의 언약을 깨달아 성실하게 하나님 앞에 순종의 삶을 살아야 할 것을 가르쳐 줍니다.

남방 유다 왕국이 세 번째 왕으로 아사가 41년간 통치할 때 북방 이스라엘에서는 네 왕조 여섯 명의 왕이 교체되는 격변을 겪게 되었습니다. 심지어 시므리 왕조가 들어서지만 불과 일주일만에 명맥이 끊어지

328 | 강해설교 · 열왕기상

기도 하였습니다. 또 북방 이스라엘은 수도를 사마리아에서 디르사로 옮기게 되고, 불안정과 혼란스러운 왕국의 모습을 엿보게 됩니다.

2. 바아사와 예후의 예언

여호와의 말씀이 하나니의 아들 예후에게 임하여 바아사를 책망하며 심판을 경고하기 시작했습니다. 하나니는 '여호와는 은혜로우심'이라는 뜻으로, 주전 874년 북방 이스라엘과 벌인 전투에서 아람과 연합한 남방 유다 왕 아사를 책망하여 투옥된 선지자입니다. 아들 예후는 '그는 여호와'라는 뜻으로 북방 이스라엘 바아사의 죄악을 꾸짖고 그의 멸망을 예언하였으며, 남방 유다 왕 여호사밧이 하나님을 믿지 않고 악인을 도운 행위를 비난하기도 한 신실한 하나님의 선지자입니다. 두 선지자는 남방 유다에 속한 선지자이지만, 남방과 북방을 오가며 하나님의 뜻을 전한 선지자의 사명을 잘 감당한 인물입니다.

예후는 바아사 왕에게 무슨 책망을 했을까요? 근본적으로는 하나님의 심정은 남방 유다나 북방 이스라엘 백성이나 다 언약 백성으로서 회개하고 하나님께로 돌아오기를 원하셔서 예후 선지자를 보내신 것입니다.

하나님이 바아사를 티끌에서 들어 이스라엘의 왕으로 삼았으나 그가 도리어 여로보암의 길로 행하며 하나님의 백성 이스라엘로 하여금 범죄하게 하여 그들의 죄악으로 말미암아 하나님의 진노를 사게 하였습니다.

바아사 왕가가 하나님의 심판을 받게 된 근본적인 원인이 무엇인가를 밝히고 있습니다. 하나님께서는 바아사 왕가를 비천한 자리, 무가치한 자리, 낮은 자리에서 영광과 존귀가 있는 자리로 이끌어 주셨습니다. 이스라엘의 주권자가 되게 하신 분이 하나님이심을 밝히고 있습니다.

한나는 "가난한 자를 진토에서 일으키시며 빈궁한 자를 거름더미에서 올리사 귀족들과 함께 앉게 하시며 영광의 자리를 차지하게 하시는도다 땅의 기둥들은 여호와의 것이라 여호와께서 세계를 그것들 위에 세우셨도다"라고 했습니다.

하나님께서 낮은 자, 비천한 자 바아사를 높이셨습니다. 그러나 바아사는 감사하고 충성하는 것이 아니라 오히려 더 반역을 일삼았습니다. 차라리 왕으로 세우지 않았더라면 반역을 일삼지는 않았을 것입니다. 가룟 유다도 사도의 반열에 부름을 받지 않았다면 얼마나 좋았겠습니까? 우리는 어떤가요? 하나님께서 높이시고 올려주셔서 눈에 띄게 하였지만 더 불충성합니다. 원망과 불평의 기회로 삼는 경우도 허다합니다. 하나님의 은혜를 기억하지 않으면 이렇게 되는 법입니다.

그러므로 하나님께서 바아사와 그 집을 쓸어버려 그 집으로 하여금 느밧의 아들 여로보암의 집같이 되게 하겠다고 선포하셨습니다. 하나님의 뜻과 은혜를 망각한 바아사에 대한 하나님의 심판입니다. 일시적으로 불태우는 것이 아니라 지속적이고 철저하게 불태우겠다는 의미입니다. 하나님에 의한 심판입니다. 누가 막을 수 있겠습니까? 어떻게 막겠습니까? 하나님께서 말씀하십니다. '내가 쓸어버릴 것이다. 내가 불태워 버릴 것이다'.

여로보암의 집과 같이 될 것이다. 이것은 예언의 확실성을 강조하기 위하여 역사 속에 있었던 일을 말해 주는 것입니다. 하나님은 절대 주권자로서 낮은 자를 왕과 같이 높이실 수도 있지만 왕과 같이 존귀한 자도 비천한 사람처럼 낮추실 수도 있는 것입니다. 이런 하나님의 경고를 무시한 채 자기 마음대로 움직였던 바아사는 무서운 심판을 당해야 했습니다.

하나님의 심판이 어느 정도입니까? 바아사에게 속한 자가 성읍에서 죽은즉 개가 먹고 그에게 속한 자가 들에서 죽은즉 공중의 새가 먹을 것이라. 바아사는 하나님의 자비와 긍휼과 용서를 구해야 했습니다. 여로보암의 집이 망하는 것을 자기 눈으로 목격했기에 자기도 그와 같이 심판이 임하는 것에 대해 하나님의 긍휼과 자비와 용서를 구해야만 했습니다.

바아사에게 속한 자를 개가 먹고 공중의 새가 먹는다는 것은 가장 부끄러운 수치와 모욕을 뜻합니다. 사람이 죽으면 조상의 묘지에 묻히는 것이 좋은 것이 아닙니까? 그런데 길거리나 들판에 버려진다면 어떻게 되는 것입니까?

우리는 조상들이 누워있는 곳만이 아니라 아브라함과 이삭과 야곱이 들어간 천국을 바라보면서 순종하고 충성하는 삶을 살아서 하나님께 영광이요 교회에 큰 유익을 주는 성도들이 다 되기를 바랍니다.

3. 책망하신 이유

바아사의 남은 사적과 행한 모든 일은 이스라엘 왕 실록에 기록되었습니다. 바아사는 강력한 왕권을 가진 것처럼 보였습니다. 여로보암 못지 않게 강력한 통치를 했던 것이 사실입니다. 남방의 아사도 같은 통치력을 발휘하였습니다. 바아사가 북방 이스라엘을 21년 동안 통치한 반면 남방 유다의 아사 왕은 41년 간을 통치했습니다. 강력하지 않고는 할 수 없는 일이었습니다.

바아사가 죽어 디르사에 장사되고 그 아들 엘라가 왕위를 계승하였습니다. 여로보암은 세겜을 수도로 정했었고, 바아사는 디르사를 수도로 정했습니다. 훗날 오므리 왕이 사마리아를 수도로 정하기까지 디르사가 수도였습니다.

예루살렘 성읍이 하나님의 언약의 의미가 담긴 곳이라면 디르사는 인간적인 권모술수가 있었던 살인과 혼란의 본거지임을 의미합니다. 따라서 그곳에 장사된 것은 부정적인 의미가 강한 것입니다.

바아사가 죽자 그 아들 엘라가 아버지를 이어 북방 이스라엘의 네 번째 왕이 되었습니다. 엘라는 '상수리나무' 라는 뜻입니다. 과거 역사를 보면 다윗과 골리앗이 싸운 계곡입니다. 북방 이스라엘 왕국에 있어서 겉보기에는 왕위를 계승하는 것이 순조롭게 진행되는 것처럼 보입니다. 그러나 중요한 것은 하나님의 심판이 예언되어 있는 상황임을 알지 못하고 있습니다. 이것이 가장 큰 문제입니다.

여호와께서 예후를 통해 바아사를 책망하신 것은 그가 여로보암의 집과 같이 여호와 보시기에 모든 악을 행하며 그의 손의 행위로 여호와를 노엽게 하고, 또 그 집을 쳤기 때문입니다. 즉 여로보암의 가문을 몰살시켰기 때문입니다.

엘라가 바아사의 뒤를 이어 왕위에 오르긴 하였지만 바아사에게 선포된 멸망의 예언은 여전히 유효한 상황이었습니다. 하나님이 예후를 통하여 바아사 왕가 전체에 심판을 선언하셨습니다. 하나님의 심판은 여전히 유효할 뿐만 아니라 바아사 왕에게 임했듯이 엘라 왕에게도 임할 것이라는 뜻입니다. 그러므로 하나님을 사랑하여 계명을 지키는 자는 천 대까지 은혜를 베푸시지만 반대의 경우에는 삼사 대까지 갚으시는 하나님이십니다.

그렇게 심판과 저주가 임한 두 가지 이유가 있습니다. 그것이 무엇입니까? 첫째는 여로보암을 본받아 여호와 보시기에 악을 행한 것이 문제였습니다. 바아사가 자신의 뜻대로 직접적으로 행한 일을 지적하는 말입니다. 여로보암의 집을 본받아서 모든 악을 행한 것이 심판의 원인입니다.

바아사가 다윗 왕을 본받을 수 있었더라면 얼마나 좋았겠습니까? 그런데 우상을 만들고 숭배했던 여로보암을 본받은 것이 죄악이었습니다. 여러분은 주님을 본받는 성도가 되기 바랍니다. 은혜와 복이 있습니다. 심판과 정죄가 없는 길입니다.

둘째는 여로보암의 가문을 멸절시킨 것이 죄악이었습니다. 여로보암의 아들 나답을 죽이고 자신이 왕이 된 것이 죄였습니다. 바아사가 하나님의 뜻을 이루는 도구였으나 악의 도구로 사용되었기 때문에 심판과 저주가 기다리고 있었던 것입니다. 여러분은 의의 도구로 사용되기를 바랍니다.

제47강
열왕기상 16장 8-14절

엘라와 시므리

북방 이스라엘의 바아사 왕은 왜 하나님의 심판을 받았을까요? 두 가지 이유 때문이었습니다. 여로보암의 악한 행위를 본받은 점입니다. 다윗 왕을 본받았으면 하나님의 은총과 축복이 임할텐데 우상숭배자 여로보암을 본받은 것이 바아사 왕이 심판을 받게 된 주된 원인이었습니다.

또 바아사는 하나님의 도구였지만 의의 도구가 아니라 악의 도구였습니다. 악의 도구는 쓰임 받은 후에는 버려졌습니다. 여로보암 왕이 우상숭배를 해서 가문을 멸하는 데 사용되었던 사람이 바아사 왕이었습니다. 그리고 자신의 가문도 똑같이 우상을 숭배해서 멸망을 받게 된 것입니다.

1. 아사와 엘라

남방 유다 왕 아사 이십육년에 바아사 왕의 아들 엘라가 디르사에서 북방 이스라엘의 제4대 왕으로 취임했습니다. 그리고 북방 이스라엘을 2년 동안 통치했습니다.

그러나 바아사뿐 아니라 엘라도 여로보암과 다를 바가 없었습니다. 다윗과 같이 하나님을 사랑한 것이 아니라, 금송아지 우상을 숭배했으며 언약에 신실하지 못했습니다. 그 결과 하나님은 바아사 왕조도 심판하게 된 것입니다.

1절에 보면 이미 바아사 왕가에 대한 하나님의 심판은 유다의 선지자 예후에 의해 예언되었습니다. "여호와의 말씀이 하나니의 아들 예후에게 임하여 바아사를 꾸짖어 이르시되"라고 했습니다.

예후의 예언은 아히야의 예언과 비슷합니다. 3-4절에 "내가 너 바아사와 네 집을 쓸어버려 네 집이 느밧의 아들 여로보암의 집 같이 되게 하리니 바아사에게 속한 자가 성읍에서 죽은즉 개가 먹고 그에게 속한 자가 들에서 죽은즉 공중의 새가 먹으리라"라고 했습니다.

바아사는 여로보암의 통치를 보면서 그리고 하나님의 징계를 당하는 모습을 보면서 경각심을 가져야 했습니다. 하나님 앞에 잠잠하거나 큰 깨달음이 있어야만 했습니다. 자기 자신도 그런 길로 가면 안 될 것이고 가게 된다면 똑같은 징벌을 당할 것이라고 생각했어야 했습니다. 그러나 바아사 왕가는 여로보암과 똑같은 길을 걸어 똑같은 하나님의 심판을 받은 것입니다.

타산지석이라는 말이 있습니다. 다른 사람이 겪는 어려움과 고통을 보면서 깨달음을 가져야 한다는 교훈입니다. 그렇습니다. 우리는 그리스도인들로서 세상의 여러 사람들이 당하는 고난과 슬픔을 보면서 깊은 깨달음 속에서 자기 성찰을 해야 하는 사람들입니다.

엘라는 북방 이스라엘의 제4대 왕으로 등극하지만 2년이라는 짧은 기간을 통치하고 살해당했습니다. 얼마나 비참한 일입니까? 이것은 다른 사람의 모반에 관심을 두기보다 자기 자신의 우상숭배에서 대답을 찾아야 했습니다. 우상을 숭배하여 하나님의 진노를 사게 되고 그 결과 선지자 예후의 예언대로 살해 당했던 것입니다.

바아사 가문의 역사, 심판의 죽음은 우리에게 큰 교훈을 남기고 있습니다. 하나님의 예언의 말씀이 얼마나 정확한 말씀인가? 기독교는 언약을 믿는 종교입니다. 말씀의 종교입니다. 자기의 생각이나 주관적인 체험을 믿는 종교가 아니라 하나님의 말씀을 믿고 순종하는 종교입니다.

하나님의 말씀은 성령의 감동을 받은 사람들이 하나님께 받아서 우리에게 전해 준 말씀입니다. 이 말씀은 교훈과 책망과 바르게 함과 의로 교육하는 방법으로 사용됩니다. 그 결과는 하나님의 사람으로 온전하게 됩니다. 선한 일을 행할 수 있는 능력도 주십니다. 우리 성도들은 성경말씀만 믿고 의지하며 성경대로 살아서 하나님께 영광이요 은혜와 복을 받는 성도가 되기를 바랍니다.

2. 시므리와 엘라

바아사의 아들 엘라가 북방 이스라엘의 4대 왕으로 있을 때 있었던 일입니다. 엘라 왕이 디르사에 있는 궁내대신 아르사의 집에서 마시고 취해 있을 때였습니다. 술을 계속하여 마신 상황입니다. 취하고 또 취한 상태입니다.

엘라 왕이 술에 취해 있을 때 이스라엘 군대는 무엇을 하고 있었을까요? 당시 북방 이스라엘은 블레셋과 깁브돈에서 전투하는 대치 상황이었습니다. 정말 긴박했던 순간입니다. 나라의 국운이 달려 있는 전쟁이 벌어진 상황인데 왕은 술에 취해 있었습니다. 그때 무슨 일이 발생했을까요?

북방 이스라엘의 병거 절반을 관장하는 장군이 있었습니다. 이름은 시므리입니다. 이 시므리가 엘라 왕을 모반하게 됩니다. 그러니까 신복중 시므리가 모반하여 바아사의 가문을 멸절시키는 사건이 일어났습니다. 특이한 점은 병거를 절반이나 통치하던 장군이 전쟁터에 나간 것이 아니라 수도인 디르사에 머물고 있었던 점입니다. 시므리가 나라의 국운은 생각하지 않고 반란을 일으킨 것이지요.

인간의 모든 역사가 하나님의 섭리 속에 이루어지고 있음을 발견하게 됩니다. 그래서 세계 역사를 보거나 한국 역사를 보면 하나님의 뜻을 분별하고, 올바른 삶을 추구해야 할 것을 깨닫게 됩니다.

시므리가 아르사의 집에 들어가서 엘라 왕을 죽이고 스스로 북방 이스라엘의 왕이 되었습니다. 때는 유다 왕 아사 제27년이었습니다. 시므리는 나라의 복잡한 상황을 역이용하여 자기의 권력을 쟁취하는 기회로 삼았던 것입니다. 북이스라엘의 왕 엘라가 술에 취해 있을 때 시므리가 왕권을 찬탈한 사건은 아람의 벤하닷이 술에 취한 상태에서 북이스라엘의 아합에게 패전한 것과 마찬가지입니다.

시므리가 왕위에 오를 때 바아사의 일가 친척과 친구 가운데 남자는 한 사람도 남기지 않고 죽임으로써 바아사의 가문을 완전히 멸절시켰습니다. 엘라와 관련된 친인척은 물론 친구들까지 몰살시켰습니다. 여호와께서 집을 세우지 아니하시면 세우는 자의 수고가 헛되며 여호와께서 성을 지키지 아니하면 파수꾼의 깨어 있음이 헛됩니다.

이렇게 북방 이스라엘의 역사는 반역의 역사입니다. 솔로몬의 신복 여로보암이 북방 이스라엘을 세우더니 계속하여 하극상의 비극이 벌어지고 있습니다. 남방 유다는 다윗과의 언약대로 다윗의 자손이 이어서 왕위에 올랐습니다.

이것은 여호와께서 선지자 예후를 통해 바아사에게 하신 말씀을 이루신 것입니다. 과거 여로보암 가문에 대한 심판의 예언이 이루어진 것처럼 바아사 가문에 대한 심판의 예언도 아주 드라마틱하게 이루어진 것을 볼 수 있습니다. 불살라 버리듯 시므리가 바아사 왕가를 완전히 멸절시켰습니다. 하나님의 심판의 도구였습니다. 사람이 행한 일이지만 배경에는 하나님의 뜻을 이룬 사건이었습니다.

지금까지 북방 이스라엘의 왕들은 즉위한 지 2년을 넘기지 못하고 살해당했습니다. 그러니까 나답 왕과 엘라 왕 그리고 스가랴와 살룸, 브가히야 왕도 그렇게 죽었습니다.

이는 바아사와 엘라의 죄로 말미암은 것으로 그들이 자신들이 범죄할 뿐만 아니라 이스라엘로 하여금 같은 죄에 빠지게 하여 여호와를 진노하게 하였기 때문입니다. 바아사 왕가의 멸망은 바아사의 죄악과 엘라의 죄악 때문입니다. 근본적인 죄악은 우상숭배였습니다. 하나님을 사랑하고 의지했다면 이렇게까지는 안 되었을 것입니다.

그러나 헛된 것, 허무한 것을 추구했습니다. 우상숭배는 헛된 일입니다. 특별히 하나님의 선민, 하나님의 백성이 우상을 숭배하는 것은 정말 헛된 일입니다. 신명기 32장 21절에 "그들이 하나님이 아닌 것으로 내 질투를 일으키며 허무한 것으로 내 진노를 일으켰으니 나도 백성이 아닌 자로 그들에게 시기가 나게 하며 어리석은 민족으로 그들의 분노를 일으키리로다"라고 했습니다. 이것은 모세의 노래 중의 일부입니다.

전도서를 연구해 보면 하나님없이 살아가는 인생은 허무하고 헛된 인생임을 말해 줍니다. 북방 이스라엘의 초대 왕 여로보암이 벧엘과 단에 금송아지 우상을 만들어 놓고 숭배한 것이 헛된 일입니다. 허무한 일입니다. 이 죄악의 연속적인 범죄가 바아사와 엘라가 저지른 죄악이었습니다.

나 외에 다른 신을 네게 두지 말지니라. 우상을 만들지 말지니라. 하나님만 섬기고 사랑하는 성도가 됩시다. 나의 남은 생애는 보람된 일을 위해 삽시다.

3. 엘라의 행적

엘라의 남은 사적과 모든 행한 일은 이스라엘 왕 실록에 기록되었습니다. 사적은 행적입니다. 엘라의 행적에 대하여 거의 말해 주지 않습니다. 엘라의 죄악을 부각시키고 있습니다. 저자의 의도가 무엇일까요? 살기는 살았는데 한 일이 없어요. 행한 일이 없습니다.

저자는 엘라가 짧은 기간 동안 북방 이스라엘을 통치하면서 아버지 바아사처럼 하나님 앞에 죄악된 일만 일삼고 그 결과 반란에 의해서 비참하게 죽었음을 드러내고 있는 것입니다. 여러분은 행복한 죽음을 맞이할 수 있습니까?

잘 믿어야 잘 죽을 수 있습니다. 그러므로 근신해야 합니다. 깨어 있어야 합니다. 특별히 기도에 깨어 있어야 합니다. 하나님의 은혜와 복을 받아 깨어 있는 성도가 됩시다.

사무엘상 12장 24-25절에 "너희는 여호와께서 너희를 위하여 행하신 그 큰 일을 생각하여 오직 그를 경외하며 너희의 마음을 다하여 진실히 섬기라 만일 너희가 여전히 악을 행하면 너희와 너희 왕이 다 멸망하리라"라고 했습니다. 사무엘의 경고입니다. 하나님이 행하신 큰 일을 생각하면서 마음으로 진실히 하나님을 사랑하고 섬기라는 교훈입니다. 그리하면 만복의 근원자이신 하나님의 은총과 축복이 넘칠 줄로 믿습니다.

시편 37편 38-40절에 "범죄자들은 함께 멸망하리니 악인의 미래는 끊어질 것이나 의인들의 구원은 여호와로부터 오나니 그는 환난 때에 그들의 요새이시로다 여호와께서 그들을 도와 건지시되 악인들에게서 건져 구원하심은 그를 의지한 까닭이로다"라고 했습니다.

이스라엘의 두 번째 왕 다윗의 고백입니다. 범죄자들은 함께 멸망받습니다. 악인의 미래는 끊어집니다. 그러나 의인들은 여호와께서 구원하십니다. 하나님은 우리의 피난처요 요새이기 때문입니다.

이사야 1장 28절에 "그러나 패역한 자와 죄인은 함께 패망하고 여호와를 버린 자도 멸망할 것이라"라고 했습니다. 사랑하는 성도들은 의인과 함께 힘을 합하고 협력하여 승리합시다. 하나님이 기뻐하는 삶을 삽시다. 하나님의 은총과 복이 충만할 것입니다.

제48강
열왕기상 16장 15-20절

시므리의 칠 일

　지금까지 북방 이스라엘의 제3, 4대 왕인 바아사 왕과 엘라 왕은 아버지나 아들이나 여로보암 왕의 길로 행하여 악행을 일삼다가 하나님의 도구가 된 시므리에 의해 여로보암 왕이 당했던 심판과 동일한 심판을 받았습니다.

　오늘 말씀에서는 모반을 통하여 왕이 된 시므리가 이스라엘 백성들의 민심을 얻은 오므리에 의해 왕이 된 지 7일 만에 제거되는 극적인 사건을 다루고 있습니다. 시므리 왕은 이스라엘 왕 중에 가장 단명한 왕이었습니다. 그나마 시므리가 왕으로서 7일 동안 수행할 수 있었던 이유는 깁브돈에 출정했던 군대가 회군하여 디르사까지 돌아오는 데 7일이 소요되었기 때문인 것으로 보입니다.

1. 북이스라엘의 시므리 왕

　북이스라엘의 바아사 왕의 가문은 여로보암 왕이 바아사에 의해 죽임당하듯 시므리에 의해 멸해졌습니다. 북이스라엘의 제5대 왕은 시므리였습니다. 당시 남유다 왕은 아사입니다. 아사 왕 제27년에 시므리가 디르사에서 7일 동안 북이스라엘의 왕이 되었습니다. 시므리 왕은 7일 동안 북이스라엘을 다스리다가 살해 당했습니다. 이것이 인간 권력의 최후 장면입니다.

시므리는 엘라 왕을 배반하여 제5대 왕이 되었습니다. 시므리 왕은 7일밖에 왕위에 오르지 못했습니다. 그 이유가 무엇입니까? 왜 일주일밖에 왕 노릇을 하지 못했을까요? 여호와 앞에 죄악을 범했기 때문입니다.

무엇보다도 군부와 백성들의 지지를 얻지 못한 가운데 7일 동안 왕 노릇을 했습니다. 시므리가 백성들의 지지 기반 위에 모반을 일으킨 것이 아니라 자기 자신의 욕망을 채우기 위해서 모반을 했고, 엘라 왕을 죽이고 왕위를 찬탈했기 때문입니다.

생각해 보십시오. 이스라엘 군대는 블레셋을 대항하여 깁브돈에 진을 치고 대치하는 상황이었습니다. 엘라 왕이 왕궁에서 술을 많이 마시고 취하여 흥청거릴 때에도 군사들은 목숨 걸고 대치하는 상황이었습니다. 엘라 왕은 경박하고 무책임하게 술이나 마시고 흥청거렸습니다. 그것 못지 않게 엘라 왕을 죽이고 왕위를 찬탈한 시므리의 모습 역시 백성들이 받아들이기에는 너무나 비상식적인 행동이었습니다. 정말 정통성이 결여된 행동들이었습니다. 왕권을 자기들 마음대로 찬탈하거나 쟁취해도 되는 것일까요?

과거에 북방 이스라엘은 나답 왕 때에 깁브돈을 공격한 때가 있습니다. 그때 나답 왕은 바아사에 의해 살해되었습니다. 그 결과 여로보암의 왕가는 역사 선상에서 종말을 고하게 되었습니다. 그후 25년이 지난 지금 북방 이스라엘은 또다시 깁브돈을 공격하는 중이었는데, 그 기간 동안에 무슨 일이 일어났습니까?

엘라 왕은 신하 시므리에 의해 제거되고 시므리가 왕위에 오르지만 7일 만에 또 동료 오므리에 의해 제거되었습니다. 하나님 앞에 동일한 범죄에 대하여 동일한 장소에서 동일한 방법으로 제거된 것을 보게 됩니다. 이것은 북방 이스라엘 나라가 사람이나 왕에 의해서 세워지는 것 같지만 하나님이 배후에서 통치하심을 드러내고 있는 것입니다. 하나 님은 국가의 흥망성쇠와 개인의 생사화복을 주관하시는 절대 주권자이 십니다.

그러므로 성도는 깨어서 교회와 국가를 위하여 기도해야 합니다. 자 신과 다른 사람을 위하여 기도해야 합니다. 하나님의 통치가 모든 영역 에서 일어나도록 기도해야 합니다. 그렇지 않고 사람들의 모반이 일어 나고 쿠데타가 일어나면 세상은 살기가 힘들고 어려움이 많게 됩니다.

시편 105편 15절을 생각합시다. "나의 기름 부은 자를 손대지 말며 나의 선지자들을 해하지 말라". "각 사람은 위에 있는 권세들에게 복종 하라 권세는 하나님으로부터 나지 않음이 없나니 모든 권세는 다 하나 님께서 정하신 바라"(롬13:1)라고 했습니다.

2. 새 왕 오므리와 시므리의 죽음

시므리가 왕이 될 때 북방 이스라엘 군대는 블레셋과 깁브돈에서 진 을 치고 있었습니다. 북이스라엘 군대가 시므리가 모반하여 왕을 죽였 다는 소식을 들었습니다. 시므리가 모반했고 왕을 죽인 것입니다. 다른 백성과 군사들은 블레셋과 대치하고 있는 상황인데 그럴 수가 있습니 까? 시므리의 잔인함도 있거니와 백성들이 모반에 동조할 수 없는 이유 입니다.

그날에 북이스라엘 군대가 군대장관 오므리를 북이스라엘의 새 왕 으로 추대했습니다. 아주 신속하고 즉각적으로 취한 행동이었습니다. 이런 행동을 한 이유가 무엇입니까? 어떤 명분으로든 시므리를 왕으로 인정할 수 없다는 생각에서 행동한 것입니다. 또 오므리가 나름대로 왕 이 될 만한 자격이 있다는 백성들의 마음 때문이었습니다.

어떤 과정으로 문제를 해결했습니까? 오므리가 깁브돈에서 북이스라엘 군대를 이끌고 와서 디르사를 포위했습니다. 시므리가 모반한 소식이 진을 치고 있던 이스라엘 백성들에게 신속하게 전달되었고, 진중의 백성들은 오므리를 왕으로 추대하여 군사를 이끌고 디르사로 올라와 성을 포위하고 공격하였는데, 거침없이 진행되었습니다.

시므리가 성이 함락되자 왕궁에 들어가 불을 놓고 그 가운데서 죽었습니다. 바아사가 여로보암의 아들 나답을 죽이고 왕이 되어 24년을 다스릴 수 있었던 것은 나름대로 명분이 있고 백성들의 동의가 있었기 때문입니다. 그런데 시므리가 모반을 한 후 이렇게 비참하게 죽은 것은 그가 여호와 보시기에 악을 행하여 범죄한 까닭이었습니다.

시므리는 여로보암의 길로 행하며 그가 이스라엘로 하여금 범죄하게 한 그 죄 중에 행하였기 때문입니다. 여로보암의 죄는 여러 가지이지만 대표적인 죄악이 벧엘과 단에 금송아지 우상을 만들어 백성들로 하여금 영적으로 종교적으로 타락시킨 것입니다.

그리고 북방 이스라엘 백성들로 하여금 남방 유다에 있는 예루살렘 성전에 올라가지 못하도록 단절시킨 것입니다. 이것도 무서운 죄악입니다. 그리고 하나님의 사람이 외친 말을 좋게 여기지 않았습니다. 이런 것들이 여호와 앞에 무서운 죄악이 된 것입니다.

시므리는 왕위를 찬탈하려는 계획의 정당성, 엄청난 학살이 배경에 있는 것으로 보입니다. 바아사를 위한 하나님의 도구였지만 의의 도구가 아니라 자신도 흉악한 범죄자임을 기억하지 못했던 것입니다. 이것이 인간의 어리석음입니다. 다른 사람을 정죄하면서도 자기 자신에게는 관대하기에 인간의 비극을 가져오는 것입니다.

또 여로보암은 다윗의 후손, 솔로몬의 신하로서 감역관이었지만 이스라엘 나라를 분열시켰습니다. 열 지파를 떼어 자기가 왕이 되었습니다. 하나님의 섭리 가운데서 되었지만 주인을 배반하고 주인을 죽인 것과 같은 것입니다. 그래서 훗날 요람 왕을 죽인 예후에게 이세벨이 한 말이 무엇입니까? "주인을 죽인 너 시므리여 평안하냐"(왕하9:31)라고 말했습니다. 이세벨은 예후에게 시므리처럼 주인을 죽인 자라고 놀렸습니다.

비록 7일이지만 악을 회개하는 기회로 삼았다면 굉장히 길게 통치했을 수도 있었습니다. 악인이 심판 받는 이유는 하나님에게 문제가 있는 것이 아니라 악인 자신에게 문제가 있는 것이 아닙니까? 그러므로 살고 죽는 것은 자신에게 달려 있습니다. 사람은 자기의 생각대로 무슨 일이든지 처리하려고 합니다. 하나님께 물어야 합니다. 하나님의 뜻이 무엇인지 알아야 합니다. 북방 이스라엘은 점점 인본주의 사상에 물들어 혼란이 거듭되는 상황으로 전개되고 있음을 보게 됩니다.

시므리는 왕위를 찬탈하고 왕궁 위소로 피신했지만 파죽지세로 몰려오는 오므리의 군대를 목격하고 망연자실하여 자결한 것으로 보입니다. 시므리는 역대 어떤 왕보다 비참하게 죽었습니다. 이것은 장차 북방 이스라엘의 운명을 보여주는 것입니다.

창세기 13장 13절에 "소돔 사람은 여호와 앞에 악하며 큰 죄인이었더라"라고 했습니다. 롯은 그것을 보지 못했습니다. 땅의 겉만 보았습니다. 물과 푸른 초장만 보았지 사람들이 악하고 큰 죄인인 것을 보지 못했습니다. 그 결과는 비참함이었습니다. 일시적인 부귀영화는 있었지만 훗날은 거지 중의 왕 거지가 되었습니다.

창세기 18장의 내용을 보면 의인 열 명이 없는 사회였습니다. 결국 하나님의 심판을 받아 소돔은 사해 바다로 변했습니다. 창세기 19장 14절에도 롯이 심판에 대한 하나님의 말씀을 전하니까 사위들은 농담으로 여겼습니다. 이것이 얼마나 불쌍한 사람들의 모습입니까? 인간이 하나님 앞에 핑계할 것이 있을까요? 여호수아 24장 23절에 "이제 너희 중에 있는 이방 신들을 치워 버리고 너희의 마음을 이스라엘의 하나님 여호와께로 향하라"라고 했습니다. 우리의 마음과 생각과 행동을 하나님께로 향해 나아갑시다.

3. 시므리의 행위와 왕 실록

시므리 왕이 며칠이 되었든 우상숭배를 하고 여로보암이 만든 제도에 순응하며 하나님의 백성들로 하여금 타락한 길을 걷게 하고 다윗 왕가를 멀리한 것은 죄악 중의 죄악이었습니다.

우상숭배가 무엇입니까? 본질적으로 하나님의 존재를 인정하지 않는 것입니다. 인정한다고 하더라도 우상과 다를 바가 없다는 생각을 하는 것입니다. 그리고 자기 마음대로 생각하고 주관하는 것이 우상숭배하는 사람들의 특징입니다.

하나님께서 세우시고 다스리시는 신정국가를 통치하려면 하나님의 말씀을 곁에 놓고 읽으며 성령의 인도를 받아야 합니다. 항상 다윗처럼 하나님의 뜻을 묻고 결단하고 하나님이 원하는 대로 살아야 합니다. 그런데 북방 이스라엘의 왕들은 여로보암으로부터 시작하여 모든 사람들이 왕위를 찬탈하고 여로보암의 죄악된 길을 떠나지 않았습니다.

대부분의 왕들이 왕위를 찬탈하는 방법을 썼습니다. 그리고 시므리의 남은 행위와 모반에 대한 것은 이스라엘 왕 실록에 자세히 기록되어 있습니다. 남은 사적으로 행한 일들입니다. 중요한 점은 '열조와 함께 자매'라는 상투적인 말이 빠져 있습니다.

그 말 대신 모반한 일이 들어가 있습니다. 그것도 강조를 했습니다. 시므리의 전반적인 행동이 모반으로 규정되었습니다. 왕의 실록에는 모반한 사건이나 7일 동안의 통치가 자세하게 기록되어 있을 것입니다. 그러니까 북방 이스라엘의 나라에 있어서 모반의 역사가 계속되는 이유를 밝히는 데 목적을 가지고 기록하고 있습니다.

북방 이스라엘의 왕들은 진정한 왕이신 여호와의 존재와 사역과 통치를 거절하고 우상을 숭배하거나 정권 유지를 위하여 세속적인 방법을 사용합니다. 하나님의 뜻대로 왕위를 계승하는 것이 아니라 배신에 의한 왕권 교체의 역사를 반복했습니다. 현대 교회도 그렇습니다. 몇 년 전부터 사람을 준비하여 키우고 세우려고 생각하지 않고 무조건 자기 마음에 드는 사람을 세우려고 하다 보니까 다툼과 갈등이 조장되어 교회가 분열되는 경우가 종종 있습니다. 우리도 기도하면서 사람을 준비하고 키우며 세워가는 지혜가 필요합니다.

오므리의 통치

북방 이스라엘은 여로보암을 초대 왕으로 출발하여 반역에 반역을 거듭하는 상황이었습니다. 여로보암, 나답, 바아사, 엘라, 그리고 시므리가 등장하여 7일 동안 왕 노릇 하다가 오므리에게 왕권을 찬탈 당했습니다.

1. 내란과 오므리의 승리

전쟁터에서 시므리를 타도하고 백성들의 추대 속에 북이스라엘의 제6대 왕으로 오므리가 등극했습니다. 시므리 왕이 자결하여 죽자 북이스라엘의 왕권은 무난히 오므리에게 넘어오게 되었습니다.

한편 북이스라엘은 백성들이 둘로 나뉘어 내란에 휩싸이게 되었습니다. 이스라엘의 절반은 기낫의 아들 디브니를 왕으로 추대하여 좇고, 절반은 오므리를 계속하여 추종했습니다. 시므리를 좇던 사람들과 오므리를 반대하는 사람들이 연합하여 오므리와 갈등을 빚고 있었던 것입니다.

그 기간이 얼마나 되었을까요? 디브니를 추종하는 세력과 4년 간의 내분을 겪었습니다. 이스라엘이 남과 북으로 분열된 것도 복잡한 일인데 북이스라엘 안에 또 내분이 있다는 것은 정말 혼란스러운 일이었습니다. 하지만 오므리가 북이스라엘의 내분을 정복하고 12년동안 북이스라엘을 통치했습니다.

오므리의 추종 세력이 디브니의 추종 세력을 이기므로 디브니가 죽고 오므리가 왕이 되었습니다. 디브니는 명문가의 후손으로 시므리, 오므리와 함께 군부의 실세 중의 한 사람이었습니다. 오므리가 디브니를 제압했습니다.

오므리와 디브니의 싸움이 단기적으로 끝나지 않았습니다. 시므리가 왕위에 오른 것이 유다 왕 아사 27년이고 오므리가 북이스라엘의 공식적인 왕이 된 것이 아사 왕 31년이니까 두 사람의 치열한 싸움은 4-5년 걸렸음을 알 수 있습니다. 오므리의 군대가 더 강했기 때문에 디브니를 죽이고 왕위에 오르게 된 것입니다.

북이스라엘도 하나님의 언약 백성이고 신정국가의 형태라면 하나님의 뜻에 따라 왕이 선출되고 세워져야 마땅했습니다. 그런데 왕이 세워지는 것을 보면 약육강식의 논리와 같습니다. 이것은 큰 문제였습니다.

하나님께서 왕으로 선택하는 원리는 어디로 갔는지요? 하나님께서 기름 부으시는 원리도 사라져 갔습니다. 하나님 제일주의로 하나님의 통치를 받는 사람이 왕이 되는 것이 아니라 힘만 있으면 살해하고 자기가 왕이 되는 세상이 열리게 된 것입니다. 신정국가, 신정정치로부터 점점 멀어지는 모습을 보게 됩니다.

여로보암 왕만 하더라도 여호와의 종교를 완전히 무시하지는 않았습니다. 물론 자기 왕권을 유지하기 위하여 우상을 만들었습니다. 남북의 왕래를 차단시키려고 했습니다. 그러나 지금은 반역에 반역을 거듭하는 사회로 전락된 것입니다. 점점 타락하고 부패한 세상 나라와 비슷하게 되어 가고 있음을 보게 됩니다.

바울은 땅에 있는 지체를 죽이라. 부정과 사욕, 정욕과 탐심이니, 탐심은 우상숭배라고 했습니다. 하루하루를 하나님 앞에 살아야 합니다. 그래야 실수가 적은 사람이 됩니다.

2. 오므리와 사마리아 성

오므리 왕의 행적은 어떠했을까요? 다른 왕들보다 나았을까요? 남 유다 왕 아사 제31년에 오므리가 북이스라엘의 왕이 되어 12년 동안을 다스리되 그 중 6년을 디르사에서 다스렸습니다.

오므리의 즉위 연대를 아사 왕 31년으로 말한다면 8년 동안 통치한 것이고, 아사 왕 27년으로 말한다면 12년을 통치한 것입니다. 연도상 의 혼란은 디브니를 제거하고 공식 즉위한 연대를 말하고 있기 때문입니다.

오므리가 디르사에서 6년을 통치했습니다. 디르사는 초대 왕 여로 보암이 수도로 삼은 세겜에 이은 북이스라엘의 두 번째 수도였습니다. 북이스라엘에 내란이 있었지만 오므리가 주도권을 가지고 다스렸음을 시사하고 있습니다.

블레셋과의 전쟁 중에 시므리가 바아사 왕가에 대항하여 모반하였 을 때 오므리도 군부의 지지를 얻어 왕이 된 과도기였고 시므리와 디브 니를 제거했을 때 비로소 왕이 되어 디르사에서 6년을 통치했습니다. 또 사마리아로 옮겨 6년을 통치하였으니 모두 12년을 통치했던 것입니다. 이스라엘의 역사를 보면 오므리 왕조는 요람에 이르기까지 45년 동 안 지속되었습니다.

가장 두드러진 특징은 오므리가 왕이 되자마자 은 두 달란트로 세멜 에게서 사마리아산을 사고 그 산 위에 새로운 성을 건축한 것이었습니 다. 한 달란트는 약 34킬로그램입니다. 두 달란트니까 68킬로그램 정 도입니다. 성의 이름을 그 산의 주인이었던 세멜의 이름을 따서 사마리 아라고 명명했습니다.

그러니까 북이스라엘의 왕 오므리가 사마리아를 매입하여 성을 건축하고 수도로 삼았습니다. 사마리아는 북이스라엘의 수도였습니다. 오므리 왕은 나름대로 많은 업적을 쌓았습니다.

그런데 중요한 점이 무엇일까요? 불합리한 거래였을지도 모릅니다. 더 중요한 것은 토지를 매매할 수 있는 것인가? 레위기 25장 23절을 봅시다. "토지를 영구히 팔지 말 것은 토지는 다 내 것임이니라"라고 했습니다. 하나님의 율법을 완전히 무시한 행위였습니다.

토지가 누구의 것입니까? 레위기 성경이 가르쳐 줍니다. 하나님이 주신 기업입니다. 사람이 농사를 짓는다고 사람의 것입니까? 그러므로 오므리는 우상숭배는 물론이고 하나님의 율법을 어기는 죄악을 저지른 사람입니다.

오므리의 이런 행동은 아들, 아합에게도 나타납니다. 나봇의 포도원을 빼앗았습니다. 21장을 봅시다. 아합 왕은 악한 왕이지만 이렇게 무지하고 포악한 왕일 수가 없습니다. 나봇이 하나님의 기업을 매매할 수 없음을 알고 매매하거나 대토하지 않을 때 거짓 증인을 세워 죽였습니다. 나봇은 하나님의 언약을 신실하게 믿다가 죽임을 당했습니다. 아합 왕은 정말 포악한 왕이었습니다.

오므리의 토지 매입은 가나안 땅을 하나님의 기업으로 인정하지 않는 불신앙적인 처사입니다.

'사마리아'는 예루살렘 북방 약 67킬로미터, 지중해에서 40킬로미터 떨어진 내륙에 위치한 구릉 지역으로 삼면이 비옥한 골짜기와 비탈로 둘러싸여 있습니다. 오므리는 사마리아를 새로운 수도로 정하고 아람과 앗수르와 베니게 그리고 남유다로부터 나라를 지키려고 노력하였고, 왕권을 유지하려고 힘썼습니다. 다윗이 예루살렘을 점령하고 수도로 삼은 것처럼 오므리는 디르사를 버리고 사마리아를 중심으로 중앙집권적인 통치를 하였습니다.

오므리로부터 이어받은 우상숭배 사상은 아합 때도 여전하였습니다. 바알과 아세라 신을 숭배하는 시돈의 공주 이세벨과 결혼하여 수도 사마리아에 바알을 위한 신전을 건축하였습니다. 바알과 아세라 목상을 세우는 중대한 범죄를 저질렀습니다. 솔로몬에 의해 예루살렘이 우상숭배의 장소가 되었듯이 아합에 의해 사마리아가 우상숭배의 중심지가 되었습니다.

사마리아는 주전 724년 앗수르 왕 살만에셀 5세가 포위를 계속하여 3년 뒤 사르곤 2세에 의해서 함락됨으로써 북이스라엘은 주전 722년에 멸망 당했습니다.

훗날 예수님은 사마리아 지역을 여행하셨으며, 제자들의 선교와 사역을 통해 교회가 세워졌습니다. 오므리가 은 두 달란트로 세멜에게서 사서 성을 건축하고 사마리아로 명명하게 되었습니다.

3. 오므리에 대한 평가

오므리 왕은 여호와 보시기에 어떤 왕이었을까요? 이것이 가장 중요합니다. 하나님과의 관계입니다. 사람은 누구나 이 문제가 가장 중요한 것입니다. 사람과의 관계보다 하나님과의 관계가 가장 중요합니다.

하나님의 평가를 봅시다. 오므리가 여호와 보시기에 악을 행하되 이전의 모든 사람보다 더 악하게 행하였습니다. 이것이 하나님의 평가이고 구원 역사를 보는 관점이기도 합니다. 역사적인 평가로 볼 때 가장 악한 왕이었습니다.

왕을 평가할 때 업적보다 더 중요한 것이 하나님과의 관계입니다. 여러분은 어떤 것이 중요하다고 믿고 생각합니까? 하나님의 백성에게 하나님보다 더 중요한 분이 계신가요? 신본주의, 하나님 제일주의가 그래서 안전하고 행복한 길입니다. 이것이 가장 중요한 관념이요, 사상입니다.

오므리가 무슨 악을 행했습니까? 오므리 왕은 여로보암의 모든 악한 길로 행하며 그가 이스라엘로 하여금 죄를 범하게 한 그 죄 중에 행하여 여호와를 진노하게 하였습니다. 헛된 우상숭배 때문입니다. 여로보암의 길, 하나님의 진노를 격발하는 일이었습니다. 성경은 세속적인 역사책이 아니라 구속사적으로 기록하고 있습니다.

군사적으로도 다윗 왕과 솔로몬 왕 이후에 잃어버렸던 요단 동편을 점령하고 많은 경제적 부를 획득했음에도 역사적으로 가장 악한 행동을 한 왕이었다고 평가합니다. 오므리는 국토를 넓혔습니다. 경제적인 부귀영화도 따라오게 만들었습니다. 대단한 일을 했습니다.

그런데 영적으로는 어떠했을까요? 우상숭배의 가증한 일을 위해 법률로 제정한 일도 있습니다. 그 증거가 어디 있습니까? 미가서 6장 16절에 "너희가 오므리의 율례와 아합 집의 모든 예법을 지키고 그들의 전통을 따르니 내가 너희를 황폐하게 하며 그의 주민을 사람의 조소거리로 만들리라 너희가 내 백성의 수욕을 담당하리라"라고 했습니다.

여로보암으로부터 시작된 우상숭배가 이렇게 성장하고 말았습니다. 여기에 대한 하나님의 반응은 진노였습니다. 심판입니다. 정죄입니다. 여러분은 물질적으로는 가난해도 영적으로 부요한 성도가 됩시다. 세상에서는 알아주지 않아도 하나님께 인정받는 그리스도인이 됩시다.

오므리의 남은 사적과 그가 베푼 권세는 이스라엘 왕 실록에 기록되었습니다. 오므리가 죽자 사마리아에 장사되고 그 아들 아합이 왕위에 오르게 되었습니다. 오므리의 우상숭배로 인하여 자손들에게까지 징벌이 임하게 됩니다. 아합의 피를 개들이 먹었습니다. 이세벨은 예후의 창에 찔려서 죽었고 머리와 손, 발을 제외한 전부가 개들의 먹이가 되었습니다. 이것이 하나님의 심판이 아니고 무엇이겠습니까?

제50강
열왕기상 16장 29-34절

아합과 히엘

오므리가 내란을 잘 수습한 다음에 북방 이스라엘의 왕이 되었습니다. 그러나 이전의 어떤 왕들보다 더욱 악을 행했습니다. 우리는 하나님의 아들과 딸로서 처음보다 나중이 선하고 착한 사람이 됩시다. 예수를 닮고 아버지 하나님을 닮은 사람이 됩시다.

1. 아합의 통치

유다 왕 아사 제38년에 오므리의 아들 아합이 북이스라엘의 왕이 되었습니다. 아합이 사마리아에서 22년 동안 북이스라엘을 다스렸습니다. 그러니까 북이스라엘의 제7대 왕은 아합입니다. 아합 왕은 꽤 긴 시간 동안 통치했습니다.

아합 왕에 대하여 길게 기록하고 있습니다. 열왕기상 16-22장까지 일곱 장을 기록하고 있습니다. 크게 주목받는 것은 악한 왕으로 주목받게 되었습니다. 시므리 왕을 타도하고 왕이 된 오므리 왕은 여호와 보시기에 악한 왕이었습니다. 하나님 보시기에 악한 아버지의 잘못된 통치, 악행하는 것을 그대로 답습하고 이어받았습니다.

아합 왕은 북이스라엘의 초대 왕 여로보암의 길을 걷는 것을 가볍게 여겼습니다. 여로보암의 큰 잘못은 여호와 하나님을 버리고 우상을 숭배하는 종교 정책이었지 않습니까? 여호와 신앙을 멸절시키려고 벧엘과 단에다 금송아지 우상을 만들어 왕과 백성이 숭배하지 않았습니까? 종교 정책이 얼마나 중요합니까?

왜 아합 왕에 대하여 길게 기록한 것일까? 아합 왕이 귀해서일까, 아니면 아합에게 맞서서 영적인 전쟁을 한 것이 중요하기 때문일까? 후자 문제 때문입니다. 종교 전쟁, 영적인 전쟁, 영적인 전투가 중요했기 때문입니다. 그래서 길게 기록한 것입니다.

그렇습니다. 사람에게 있어서 영적인 전쟁만큼 중요한 것이 없습니다. 요즘 한국 사회를 보십시오. 이단과 사이비가 얼마나 무서운 영향을 끼쳤습니까? 유병헌 사건이나 박근혜 대통령에게 영향을 준 최태민과 최순실을 보십시오. 사상이 얼마나 무서운가, 종교가 얼마나 중요한가를 깨닫게 만듭니다.

한 사람만의 문제가 아니라 한 나라 전체를 뒤흔들고 있습니다. 세계적으로 이렇게 망신을 당한 적이 또 있습니까? 세월호는 무엇이며, 최순실 게이트는 무엇입니까? 그런데 더 중요한 것은 진정성 없는 사과를 하는 자세입니다.

사람은 진실해야 합니다. 정직해야 합니다. 예수님의 별명이 '진실'입니다. '아멘'입니다. 그리고 빛의 열매도 진실이고, 하나님의 형상을 닮은 것도 진실입니다. 정직입니다.

아합과 같은 왕이 통치할 때 하나님께서는 하나님의 백성을 어떻게 지키셨는가? 그리고 하나님을 사랑하고 신뢰하는 여호와 신앙, 하나님을 믿는 믿음을 어떻게 지켰는가에 목적을 두고 기록했기 때문에 좀 길게 기록한 것입니다.

아합은 소수의 군사력으로 아람의 공격을 두 번이나 막아냈습니다. 때로는 시돈과 동맹을 맺어 대처했습니다. 군사력은 뛰어났지만 우상을 숭배하여 신앙적으로 하나님 앞에서 여로보암보다 더 큰 죄악을 범한 악한 왕이 되었습니다.

오므리도 이전의 왕보다 악하더니 아합도 그런 평가를 받게 되었습니다. 시간의 흐름 속에 점점 더 악하게 된 것입니다. 하나님 대신 바알을 숭배했습니다. 여호와를 버리고 우상을 숭배했습니다. 이것이 죄악입니다. 하나님은 하나님을 존중히 여기는 자를 존중히 여기십니다. 우리 모두 하나님을 사랑해서 하나님의 사랑을 받는 성도가 됩시다.

2. 아합의 종교적 악행

아합 왕은 이전에 있었던 모든 사람보다 여호와 보시기에 더욱 악을 행했습니다. 여로보암의 죄악된 길을 따르는 것을 가볍게 여겼습니다. 그 이유가 무엇이며 누구에게 영향을 받은 것일까요?

아합 왕의 마음과 정신이 문제였습니다. 아합 왕은 근본적으로 여로보암의 죄악된 길을 따라가면서 가볍게 여긴 것입니다. 이것이 아합을 가장 악한 왕으로 몰아가는 결정적인 요인이었습니다.

또 아합 왕에게 영향을 끼친 사람들은 누구일까? 아버지 오므리 왕의 영향과 아내 이세벨의 영향입니다. 주변 사람의 영향입니다. 아버지의 영향과 아내의 영향이었습니다. 그래서 친구도 집 안에 있지만 원수도 집 안에 있는 법입니다.

아합에게 영향을 준 사람, 아내는 어떤 사람입니까? 아내의 이름은 이세벨입니다. 이세벨은 시돈 왕 엣바알의 딸로 아합과 정략적인 결혼을 했습니다. 엣바알이란 '바알과 함께 하는 자'라는 뜻입니다. 이 정략적인 결혼 때문에 하나님을 의지하지 않고 이웃 나라와 동맹 관계만 중요하게 생각하다가 북이스라엘로 하여금 우상숭배하는 죄악에 빠지게 만들었습니다.

열왕기하 9장 22절에 "요람이 예후를 보고 이르되 예후야 평안하냐

하니 대답하되 네 어머니 이세벨의 음행과 술수가 이렇게 많으니 어찌 평안이 있으랴'라고 했습니다.

이세벨의 음행과 술수가 무엇일까요? 음행과 술수가 많았기 때문에 나라가 평안할 시간이 없었습니다. 이세벨은 우상숭배자였습니다. 바알신을 섬겼습니다. 우상숭배 이후에는 반드시 성적으로 문란한 행동을 하는 것이 우상숭배자들의 특징입니다.

요한계시록 성경에서 우상숭배의 대명사가 이세벨입니다. 요한계시록 2장 20절에 "그러나 네게 책망할 일이 있노라 자칭 선지자라 하는 여자 이세벨을 네가 용납함이니 그가 내 종들을 가르쳐 꾀어 행음하게 하고 우상의 제물을 먹게 하는도다"라고 하면서 두아디라 교회를 책망했습니다. 이세벨이 국모 자리에 앉음으로써 하나님 대신 바알이 자리를 차지하게 만들었습니다.

아내와 남편이 서로 주고 받는 영향이 크기에 사도 바울은 고린도후서 6장 14-16절에서 "너희는 믿지 않는 자와 멍에를 함께 메지 말라 의와 불법이 어찌 함께 하며 빛과 어둠이 어찌 사귀며 그리스도와 벨리알이 어찌 조화되며 믿는 자와 믿지 않는 자가 어찌 상관하며 하나님의 성전과 우상이 어찌 일치가 되리요 우리는 살아 계신 하나님의 성전이라"라고 했습니다.

아합은 사마리아 성 안에 건축한 사당 안에 바알을 위하여 단을 쌓고 아세라 목상을 만들어 세웠습니다. 이세벨이 만들었다 할지라도 북이스라엘을 통치하는 왕은 아합입니다. 아합 왕은 이전의 모든 왕보다 이스라엘의 하나님을 진노하게 만들었습니다.

아합 왕이 바알을 숭배함에 있어서 자신이 점점 철저하게 숭배하게 되었습니다. 몸과 마음까지 다 빼앗겼습니다. 그리고 속박된 사람처럼 되었습니다. 그 결과로 사당을 세운 것입니다. 이것이 멸망의 요인으로 작용했습니다. 솔로몬이 예루살렘 성전을 건축하듯이 아합은 바알 사당을 건축하였습니다. 이것이 무서운 죄가 되었습니다. 사마리아를 우상의 도시로 만든 것입니다. 예후가 오므리 왕조의 마지막 왕 요람을 제거하고 바알 숭배자들을 숙청하기까지 지속되었습니다.

사랑하는 성도님들은 성전을 건축할지언정 우상의 신전은 짓지 마십시오. 하나님을 섬기고 사랑할지언정 우상이나 귀신을 섬기는 일이 없기를 바랍니다. 아세라 여신은 다산의 신, 행복의 여신, 바다의 여신으로 여겨졌던 신입니다.

3. 여리고와 여호수아

아합 왕 시대에 벧엘 사람 히엘이 여리고 성을 건축하게 되었습니다. 히엘이 여리고 성을 건축하기 위하여 터를 닦을 때 맏아들 아비람을 잃고, 문을 세울 때 막내아들 스굽을 잃었습니다.

왜 그랬을까요? 성경에서 대답을 얻어야 합니다. 여리고는 '종려의 성읍' 입니다. 베냐민 지파에게 할당된 땅입니다. 역사를 보면 하나님의 경고가 있었습니다. 하나님의 경고를 무시한 처사입니다.

여호수아 6장 26절에 "여호수아가 그 때에 맹세하게 하여 이르되 누구든지 일어나서 이 여리고 성을 건축하는 자는 여호와 앞에서 저주를 받을 것이라 그 기초를 쌓을 때에 그의 맏아들을 잃을 것이요 그 문을 세울 때에 그의 막내아들을 잃으리라"라고 했습니다.

이것이 여호수아의 선포입니다. 500년 전의 여호와의 경고였습니다. 그런데 히엘이 일어나 여리고 성을 건축하려고 터를 팔 때 맏아들 아비람이 죽고, 문을 세울 때 막내아들 스굽이 죽었습니다. 하나님의 말씀은 시대를 초월하여 반드시 성취됩니다. 하나님의 언약은 변함이 없습니다. 항상 있고 살아 있는 말씀입니다.

마태복음 5장 18절에 "진실로 너희에게 이르노니 천지가 없어지기 전에는 율법의 일점 일획도 결코 없어지지 아니하고 다 이루리라"라고 했습니다. 하나님의 말씀과 경고를 무시하면 악을 행하게 됩니다.

역대하 36장 16-17절에는 "그의 백성이 하나님의 사신들을 비웃고 그의 말씀을 멸시하며 그의 선지자를 욕하여 여호와의 진노를 그의 백성에게 미치게 하여 회복할 수 없게 하였으므로 하나님이 갈대아 왕의 손에 그들을 다 넘기시매 그가 와서 그들의 성전에서 칼로 청년들을 죽이며 청년 남녀와 노인과 병약한 사람을 긍휼히 여기지 아니하였으며" 라고 했습니다.

하나님이 보낸 사신을 비웃던 시드기야 왕 시대의 모습입니다. 왕은 예레미야 선지자의 말을 듣지 않습니다. 하나님의 사람을 통해서 전달된 하나님의 말씀을 멸시하기까지 했습니다. 이런 죄 때문에 회복할 수 없는 상황에 빠지게 되었습니다. 하나님은 어쩔 수 없이 갈대아 왕 느부갓네살의 손에 넘기셨습니다.

제사장과 백성들은 우상숭배를 계속했습니다. 예루살렘 성전에는 거룩한 것을 두어야 하는데 이방 민족이 섬기는 우상으로 가득하게 만들었습니다. 그래서 하나님은 조상들과의 언약 때문에 선지자들을 부지런히 보냈습니다. 그러나 왕과 백성이 하나님의 사람을 모두 다 비웃었습니다. 멸시했습니다. 회복할 수 없는 지경이었습니다.

그래서 갈대아 왕 느부갓네살에게 맡겼습니다. 결과가 무엇입니까? 하나님의 성전에서 칼로 청년들을 죽였습니다. 노인과 병약한 사람들도 긍휼히 보지 않았습니다. 성전에 있는 금은과 보물, 왕과 방백들을 사로잡아 다 바벨론으로 끌고 갔습니다. 성전은 불탔습니다. 모든 백성은 갈대아 왕과 자손의 노예가 되었습니다. 바사가 통치할 때까지 노예 생활을 했습니다. 70년을 그렇게 했습니다.

시드기야 왕은 왕자들이 죽는 모습을 직접 보았습니다. 그리고 두 눈이 뽑혔습니다. 어찌 하오리이까? 주여! 하나님의 백성이 쓸데없는 일에 관심을 가질 때 있을 수 있는 일임을 가르쳐 주고 있습니다. 나의 남은 생애는 하나님의 영광을 위하여 삽시다. 기도하는 일과 말씀 연구하는 일에 주력합시다.

제51강
열왕기상 17장 1-7절

아합과 엘리야

　　열왕기상 12장으로부터 16장까지는 통일 왕국이 분열된 이후 남유다와 북이스라엘을 다스렸던 초기 왕들의 사적을 연대기적으로 소개했습니다. 그러면서 두 왕국의 역사가 어떤 방향으로 흘러갔는지에 관하여 교훈하였습니다.

　　북방 이스라엘의 여러 왕들의 패역이 있었는데 아합 왕 때 가장 절정을 이루었습니다. 17장부터 열왕기하 2장까지는 엘리야의 영적 전쟁을 보여줍니다. 아합의 우상숭배로에 대한 하나님의 징벌로 가뭄이 3년 6개월 동안 계속되었습니다.

　　이런 어려움을 통하여 생명의 주인은 여호와 하나님이심을 말씀하시고 있습니다. 그러므로 우상을 버리고 생명의 주인이신 여호와께 돌아오라는 교훈을 주고 있는 것입니다. 과연 누가 생명의 공급자인가? 자연적인 육신의 생명이나 영적인 생명의 주인은 누구신가? 만약 하나님이라고 믿는 사람이라면 하나님의 말씀과 그 말씀을 수종드는 목회자를 귀하게 여길 것입니다. 다 연관되어 있기 때문입니다.

1. 엘리야의 선포

엘리야는 길르앗에 우거하던 디셉 사람입니다. 길르앗이라는 말은 폭넓게 사용되었습니다. 바산과 헤르몬 이남의 온 땅을 포괄하는 지명입니다. 주요 성읍으로는 길르앗 라못, 길르앗 야베스, 숙곳, 마하나임, 미스바, 거라사 등이 있습니다.

길르앗은 곡창지대와 목초지로 유명했습니다. 자주 이방의 침략을 받기도 했습니다. 의미적으로는 '증거의 돌무더기, 기념을 위해 쌓은 돌무더기' 라는 뜻입니다. 신앙적으로 암흑기에 엘리야 선지자가 활동을 했습니다. 엘리야는 '나의 하나님은 여호와시다' 라는 뜻입니다.

엘리야가 아합 왕에게 말하기 시작했습니다. '엘리야 자신이 섬기는 이스라엘의 하나님 여호와를 두고 맹세를 하는데 엘리야의 말이 없으면 수 년 간 우로가 없을 것이라' 라고 선언했습니다. 그리고 자신은 그릿 시냇가로 몸을 숨겼습니다. 시내가 마르자 시돈 땅으로 가서 사르밧 과부의 공궤를 받았습니다.

엘리야는 하나님만 참 신이심을 증명하고 바알과 아세라의 선지자들을 기손 시냇가에서 죽였습니다. 그러고는 이세벨의 칼을 피하여 호렙산으로 도망쳤습니다. 그곳에서 죽기를 구하지만 하나님의 책망과 위로의 음성을 듣습니다. 그리고 나봇의 포도원을 빼앗은 아합 왕을 책망하고 하나님을 멸시한 아하시야의 죽음을 예언했습니다. 훗날 회오리바람을 타고 하늘로 승천했습니다.

세례 요한이 활동할 때 그를 엘리야로 알았고, 예수님의 기적과 능력을 보고서 엘리야로 오해하기도 했습니다. 변화산에서도 모세와 엘리야가 등장했습니다. 모세가 율법을 대표한다면 엘리야는 선지자를 대표한다고 말할 수 있습니다.

엘리야는 그 시대에 쓰임받은 하나님의 사람이었습니다. 하나님의 섭리에 순종한 사람이었습니다. 엘리야의 예언에 대해서 아합 왕은 큰 반응을 보이지 않았습니다. 우스개소리로 여겼던 것으로 보입니다.

엘리야 선지자가 자기 말이 없으면 수 년 동안 비가 오지 않는다는 심판의 말을 전하는 것이 얼마나 큰 사명입니까? 하나님의 이름으로 맹세하는 형식이었습니다. '여호와 앞에' 서는 것은 기도하는 자세입니다. 또 제사장과 재판관 앞에 서는 심정입니다. 그리고 여호와 앞에 서는 것은 헌신과 충성과 복종을 표시하는 것입니다.

결국 엘리야 선지자는 기도의 사람이고 하나님을 재판장처럼 믿고 심판을 선언하며, 하나님께만 복종하고 하나님만 경외한다는 의미입니다. 그리고 우로가 없는 것은 하나님이 살아 계신 증거이고 참된 하나님이심을 드러내는 것입니다.

엘리야는 여호와는 살아 계신 하나님이시고 바알이나 아세라는 죽은 신임을 말하고 있습니다. 그래서 '여호와의 사심으로' 라는 말로 표현했습니다. 엘리야는 하나님이 하나님이심을 드러내기 위하여 그리고 자신이 주의 종이 된 것과 주의 말씀대로 모든 일이 이루어질 것을 믿고 간구했습니다.

혹독한 재난이 있을 때 백성이나 짐승이나 식물이 죽어가는 고생을 하게 됩니다. 그렇게 될 때 하나님의 백성이 할 수 있는 일이 무엇일까요? 솔로몬이 봉헌 기도에서 올린 말씀을 기억하는 것입니다. 하나님의 이름을 인정하고 죄에서 떠나야 합니다.

2. 엘리야와 그릿 시내

여호와께서 엘리야에게 말씀하셨습니다. 이곳을 떠나 동으로 가서 요단 앞 그릿 시냇가에 숨고 그 시냇물을 마시라고 했습니다. 하나님께서 까마귀를 명하여 거기서 너를 먹이게 할 것이라고 했습니다.

우상숭배의 대상이 바알이었습니다. 바알이 비와 이슬을 내린다고 생각하고 있었기 때문에 아합이 엘리야의 예언을 더욱 우습게 여겼던 것입니다. 아합은 엘리야의 예언에 대해 가볍게 여기고 하나님의 선지자들을 죽였습니다. 오히려 왕권에 도전하는 세력으로 오해하였습니다. 그래서 하나님이 엘리야에게 피하라고 지시하신 것입니다.

피하는 것은 하나님의 지시였습니다. 아합이 엘리야를 해하려고 찾았을 것입니다. 하나님은 엘리야 선지자를 아합의 손에 넘겨줄 수가 없었습니다. 안전한 장소로 피하게 하셨습니다. 하나님은 우리의 피난처요 힘이시니 환난 중에 만날 큰 도움이십니다.

엘리야 선지자는 하나님의 지시를 받아 그릿 시냇가로 피신하였습니다. 사람들의 발길도 없는 도피처로 제격이었습니다. 그러나 가뭄이 계속되어 시냇물까지 마르자 그곳을 떠날 수밖에 없었습니다. 이스라엘 백성이 출애굽하여 광야에 머물면서 만나와 메추라기로 배를 채웠습니다. 엘리야도 그곳에서 하나님만 의지하는 훈련을 받았습니다. 영적인 훈련시간이었습니다.

아합 왕과 이세벨은 엘리야의 예언대로 가뭄이 계속되자 그를 찾았을 것이고, 바알을 숭배하는 상황에서 하나님을 믿는 엘리야를 미워했을 것입니다. 그래서 더욱 영적인 능력이 필요하여 훈련을 시킨 하나님이십니다.

하나님께서 시냇물을 마시라고 명령하셨습니다. 하나님으로부터 물을 공급받아 마시는 것은 앞으로 전개될 사건과 연관성이 있습니다. 앞으로 3년 6개월 동안 이스라엘 백성들은 고생을 하게 될 것입니다. 바알을 숭배했던 사람들도 고생이었습니다. 그러나 엘리야는 하나님의 은혜와 사랑으로 보존되며 바알 우상숭배자들과의 대결에서 하나님의 능력으로 승리할 것을 예표해 주는 것입니다.

바알과 하나님의 대결에서 하나님이 승리하십니다. 바알 선지자와 엘리야의 대결에서 엘리야가 승리합니다. 하나님은 살아 계신 하나님이십니다. 생명의 하나님, 구원의 하나님이십니다. 능력이 많으신 하나님이십니다. 전능하신 하나님이십니다.

하나님의 아들과 딸들은 말과 행동의 반경이 있습니다. 아무렇게나 말하고 아무렇게나 행동할 수 있는 것이 아닙니다. 하나님께서 말씀하신 대로 말하고 행동해야 하는 것입니다. 엘리야의 행동은 철저하게 성경 중심적이었습니다.

아합 왕에게 무슨 말을 해야 하는지, 그리고 어디 가서 숨어야 하는지, 또 누구를 만나야 하는지를 배우게 됩니다. 아브라함의 신앙을 생각해 봅시다. 여호와의 말씀을 좇아갔습니다. 따라갔습니다. 그것이 믿음의 사람의 행동 반경입니다.

3. 엘리야의 도피 생활

엘리야가 여호와의 말씀을 따라 요단 앞 그릿 시냇가로 가서 머물렀습니다. 엘리야는 까마귀들이 아침 저녁으로 물어온 떡과 고기를 먹고 시냇물을 마셨습니다. 땅에 비가 내리지 않고 얼마 후에 그 시내도 말랐습니다.

성경에서 까마귀는 부정한 새로 각인되어 있습니다. 거룩한 사역에 부름 받은 하나님의 사람들을 영접하고 대접한 사람들은 어떤 사람들이었습니까? 가난하고 연약하며 짐승이나 사람이나 부정하게 여기는 까마귀나 이방 여인들이었습니다. 그것도 먹을 것이 없는 과부였습니다.

바울의 말씀이 생각납니다. "그러나 하나님께서 세상의 미련한 것들을 택하사 지혜 있는 자들을 부끄럽게 하려 하시고 세상의 약한 것들을 택하사 강한 것들을 부끄럽게 하시며 하나님께서 세상의 천한 것들과 멸시 받는 것들과 없는 것들을 택하사 있는 것들을 폐하려 하시나니 이는 아무 육체도 하나님 앞에서 자랑하지 못하게 하려 하심이라"라고 했습니다(고전1:27-29). 또 사도행전 10장의 베드로와 고넬료 사건이 기억납니다.

하나님은 이미 까마귀에게 명령을 하신 상황이었습니다. 사람의 생명이나 자연의 생명은 하나님의 손에 달려 있습니다. 만물의 주관자가 하나님이십니다. 생명의 근원자가 하나님이십니다. 사람의 살고 죽는 것은 하나님의 손에 달려 있습니다. 그릿 시냇가는 하나님의 도우심으로만 살 수 있는 장소였습니다.

엘리야 선지자가 한 곳에서만 있었던 것은 아닙니다. 사역한 장소를 생각해 봅시다. 요단 시냇가에서 시작하여 시돈 지방의 사르밧, 이스라엘 땅에서 갈멜산, 기손 시냇가로부터 이스르엘 지방, 남방 유다 브엘세바와 광야, 호렙산으로 시작하여 요단 계곡에 이르렀습니다.

까마귀들이 떡과 물을 가져왔습니다. 아침과 저녁으로 가져왔습니다. 부정한 짐승이지만 엘리야를 위하여 하나님의 심부름을 할 때는 부정한 새가 아닙니다. 하나님의 심부름꾼입니다. 하나님의 사자를 공궤하는 손길입니다. 겉으로만 정결해 보이던 이스라엘 백성이나 아합과는 너무나 대조적입니다.

늦은 가을비나 겨울에 내리는 큰 비는 여름 가뭄을 해갈하여 굳은 땅을 부드럽게 만듭니다. 경작이 가능하도록 하는 비입니다. 하나님은 백성들이 하나님의 율법에 순종할 때 늦은비와 이른비를 내려주신다고 약속했습니다. 하나님의 말씀에 순종하지 않는 상황에서 노아의 홍수처럼 내리는 비는 심판의 비입니다.

엘리야의 활동은 여호와 신앙을 수호하고, 바알숭배를 타파하는 면에서 의미가 큰 것입니다. 하나님의 사람은 상황이 어떠하든지 하나님의 말씀을 전하는 자입니다. 주저함이나 보탬이 있을 수 없는 것이었습니다. 하나님의 사람에게 시련이 없거나 고통이 없는 것이 아닙니다. 그런 가운데에서도 하나님의 말씀에 순종해야 하는 것입니다. 그래서 사도 바울은 사랑하는 형제들아 견고하며 흔들리지 말며 항상 주의 일에 더욱 힘쓰는 자들이 되라고 권면했습니다. 어려우면 어려울수록 기도하고 승리하기를 바랍니다.

제52강
열왕기상 17장 1-7절

하나님의 사람, 엘리야

하나님의 사람은 지도자입니다. 지도자는 사람을 세우는 사람입니다. 특별히 하나님의 사람을 세우는 사람입니다. 하나님의 영광과 하나님 나라의 발전을 위하는 사람이 필요한 때입니다.

한국 교회를 보나 한국 사회를 볼 때에 더욱 지도자가 필요한 때임을 느끼게 만듭니다. 엘리야는 영적인 지도자였습니다. 여기 모인 모든 분들이 엘리야와 같은 하나님의 사람이 되기를 바랍니다.

지도자가 되려면 첫 번째로 자기 자신이 하나님에 대한 확신이 있어야 합니다. 확신이 있을 때 다른 사람에게도 믿음을 심어줄 수가 있기 때문입니다. 믿음의 사람이 믿음의 지도자를 만들어내는 법입니다.

1. 확신을 가지라(Convicition).

열왕기상 17장 1절에 "내가 섬기는 이스라엘의 하나님 여호와께서 살아 계심을 두고 맹세하노니 내 말이 없으면 수 년 동안 비도 이슬도 있지 아니하리라"라고 말했습니다. 이 말은 하나님의 사람 엘리야가 아합 왕에게 선포한 내용입니다.

그 당시 이스라엘은 윤리적으로나 도덕적으로 그리고 영적으로 타락한 시대였습니다. 우상숭배로 인한 나태와 안일이 이스라엘 백성들의 마음을 사로잡고 있었습니다. 많은 하나님의 백성들이 하나님께로부터 등을 돌린 상황이었습니다. 그중에 대표자가 아합 왕과 아내 이세벨이었습니다.

하나님을 경외하는 소수의 사람들은 굴로 숨었습니다. 책임을 감당하다가 죽고 싶지 않았습니다. 침묵을 지키면 아무런 일이 발생하지 않기 때문에 말하지 않으려고 굴로 숨었습니다.

열왕기상 16장 30-33절에 "오므리의 아들 아합이 그의 이전의 모든 사람보다 여호와 보시기에 악을 더욱 행하여 느밧의 아들 여로보암의 죄를 따라 행하는 것을 오히려 가볍게 여기며 시돈 사람의 왕 엣바알의 딸 이세벨을 아내로 삼고 가서 바알을 섬겨 예배하고 사마리아에 건축한 바알의 신전 안에 바알을 위하여 제단을 쌓으며 또 아세라 상을 만들었으니 그는 그 이전의 이스라엘의 모든 왕보다 심히 이스라엘 하나님 여호와를 노하시게 하였더라"라고 했습니다.

아합 왕은 지금까지 반역한 어떤 사람보다 더욱 반역의 사람이었습니다. 왕들 중에 가장 악한 왕이고 하나님을 떠나 우상을 숭배하는 왕이었습니다. 특히 하나님을 경외하는 백성들을 우상숭배자로 만들어가고 있었습니다.

그때에 선지자 엘리야는 하나님을 증거하기 위해 나섰습니다. 어떻게 엘리야는 확신을 가질 수 있었을까요? 어떻게 하나님을 믿지 않는 왕 앞에서 심판을 선언할 수 있었을까?

1) 엘리야는 하나님의 실존을 확실히 믿었습니다. 기독교는 허구나 추상적인 신, 상상의 신을 믿지 않습니다. 실존적인 하나님을 믿습니다. 실제로 존재하는 하나님을 믿습니다. 엘리야는 하나님에 대한 확신의 사람, 믿음의 사람이었습니다.

근거가 무엇입니까? 열왕기상 17장 1절에 "이스라엘의 하나님 여호와께서 살아 계심을 두고 맹세하노니 내 말이 없으면 수 년 동안 비도 이슬도 있지 아니하리라"라고 한 것입니다. 하나님이 살아 계신 분이심을 엘리야는 확실히 믿었습니다. 아합과 이세벨은 우상을 숭배했지만 엘리야는 하나님을 경외했습니다.

기독교는 사람을 믿음의 사람으로 변화시킵니다. 확신에 찬 사람으로 만들어 갑니다. 믿음이 없이는 하나님을 기쁘시게 할 수 없습니다. 믿는 자가 되기 바랍니다. 믿음은 역사하는 힘이 많습니다. 믿는 자에게는 능치 못할 일이 없는 줄로 믿습니다. 우리 성도님들이 확신에 찬 믿음의 사람들이 되기를 바랍니다.

2) 엘리야는 하나님의 대리자임을 확신했습니다. 우리들은 바쁘게 살다보니까 종종 자기 자신이 누구인지 묻지 않고 자신을 잊고 살아갈 때가 많습니다. 우리들은 하나님의 대리자입니다. 하나님의 아들과 딸이지만 하나님을 보여주고 하나님 대신 돌보고 선언해야 하는 대리자입니다.

열왕기상 17장 1절에 "내가 섬기는 이스라엘의 하나님 여호와께서 살아 계심을 두고 맹세하노니 내 말이 없으면 수 년 동안 비도 이슬도 있지 아니하리라"라고 했습니다. 엘리야는 종이었습니다. 사람의 종이 아니라 살아 계신 하나님의 종이었습니다.

우리는 하나님의 대리자인 줄로 믿습니다. 하나님의 종이기에 종종 기적이 있습니다. 능력을 나타내십니다. 병도 고칩니다. 집도 사게 합니다. 사람이 살게도 합니다. 지금 세대의 젊은이들은 이 사실을 알지 못하고 헤매는 자들이 참으로 많습니다.

엘리야 시대의 지도자는 부패하고 타락했습니다. 이스라엘 백성들도 하나님을 사랑하지 않았습니다. 이스라엘의 영광이 점점 사라지고 있었습니다. 그런데 선지자 엘리야 만큼은 '나는 여호와의 종이다',

'나는 하나님의 대리자' 라는 확신이 있었습니다.

이 사람을 불러서 하나님이 일을 하셨습니다. 대리자를 통해서 설교하고 심판을 선언하셨습니다. 우리는 하나님 앞에서 제자리를 찾아야 합니다. 여러분은 하나님의 종입니다. 종의 자리를 찾기 바랍니다. 세상의 종이 아닙니다. 돈의 종도 아닙니다. 세상을 위하여 부름받은 사람도 아닙니다. 하나님을 위해서 부름받은 종입니다. 교회의 일꾼이요, 스스로 된 종입니다.

3) 엘리야는 하나님의 자원을 가지고 있었습니다. 엘리야의 말이 없으면 우로(비와 이슬)가 있지 않으리라. 비가 내리지 않으리라. 어떻게 그런 일이 있을 수 있을까요? 엘리야가 무슨 마술사입니까? 그렇지 않습니다.

신약 성경 야고보서에 "엘리야는 우리와 성정이 같은 사람이로되"라고 말합니다. 엘리야는 우리와 똑같은 사람입니다. "엘리야는 우리와 성정이 같은 사람이로되 그가 비가 오지 않기를 간절히 기도한즉 삼 년 육 개월 동안 땅에 비가 오지 아니하고 다시 기도하니 하늘이 비를 주고 땅이 열매를 맺었느니라"(약5:17-18)라고 말했습니다.

엘리야는 기도의 사람이었습니다. 기도의 능력이 있었습니다. 자연 만물을 움직이는 기도자였습니다. 왕과 대적할 수 있었던 이유도 기도의 사람이었기 때문입니다. 하나님을 자원과 같이 소유한 사람은 기도의 사람입니다.

신명기 11장 16-17절에 하나님의 언약이 무엇이었습니까? "너희는 스스로 삼가라 두렵건대 마음에 미혹하여 돌이켜 다른 신들을 섬기며 그것에게 절하므로 여호와께서 너희에게 진노하사 하늘을 닫아 비를 내리지 아니하여 땅이 소산을 내지 않게 하시므로 너희가 여호와께서 주신 아름다운 땅에서 속히 멸망할까 하노라"라고 하셨습니다.

이스라엘 백성들은 하나님의 언약을 잊었지만 선지자 엘리야는 기억했습니다. 마음에 담고 기억하고 있었습니다. 하나님의 언약을 알고 있는 엘리야는 하나님께 기도드렸습니다. 비오지 않기를 간절히 기도 드렸습니다. 지금 세상은 진리가 메말라 버렸습니다. 하나님의 말씀, 성령의 능력, 기도의 능력이 필요한 시대입니다. 이 시대에 하나님을 확신하는 지도자, 언약을 믿고 기도하는 지도자가 되기를 바랍니다. 엘리야 같은 기적과 능력을 행사할 수 있기를 바랍니다.

2. 교통이 있어야 합니다(Communion).

사람을 세우는 지도자는 기도의 사람입니다. 하나님을 만나는 사람이 사람을 세웁니다. 하나님의 일을 힘차게 하기 전이나 일을 감당한 후에도 기도의 밀실을 찾아야 합니다. 하나님과 만나는 교제의 시간, 교통의 시간이 있어야 합니다. 그렇지 않으면 결과적으로 실패하는 것입니다. 여러분은 기도의 밀실이 있습니까? 은밀한 중에 보시는 하나님을 만나는 사람이 지도자입니다. 하나님을 매일같이 만나는 사람입니까?

핵심적인 단어가 있습니다. '명령, 약속, 대답, 그리고 시험' 입니다. 하나님은 종종 명령을 내리십니다. 약속을 하시기도 합니다. 우리의 답변을 기다리십니다. 종종 시험도 하십니다.

하나님께서 무슨 명령을 내리십니까? 2-3절에 "여호와의 말씀이 엘리야에게 임하여 이르시되 너는 여기서 떠나 동쪽으로 가서 요단 앞 그릿 시냇가에 숨고"라고 명령하셨습니다.

사람은 종종 이렇게 생각할 수 있습니다. 할 일 많은 세상에 왜 숨으라고 하십니까? 제가 아니면 아합 왕을 상대할 사람이 누가 있겠습니까? 숨으라니요? 하나님이 좀 이상해지셨나? 하나님, 생각 좀 해 보십시오. 다시 한번 생각해 보시라니까요?

우리는 숨는 것을 좋아하지 않습니다. 스타가 되는 것을 좋아합니다. 왕궁에서 살고 싶습니다. 시냇가에 가서 숨으라고요? 뭔가 착오가 있는 것으로 생각됩니다. 그러나 하나님의 사람 엘리야는 지도자가 되기 위하여 숨는 시간이 필요했습니다. 하나님을 만나는 시간이 필요함을 하나님은 잘 아셨습니다. 영적인 성숙의 시간이 필요한 것입니다.

지도자는 혼자 보내는 시간이 꼭 있어야 합니다. 전능하신 하나님에게 배울 필요가 있는 사람이 지도자입니다. 능력은 하나님께 있습니다. 하나님으로부터 능력을 공급받아야 합니다.

예수님도 같은 방법을 사용하셨습니다. 주님도 때때로 하나님을 만나서 밤이 맞도록 기도하셨습니다. 겟세마네 동산에서 기도드렸습니다. 하나님과 친밀한 관계를 맺으셨습니다. 하나님을 만나야 지도자가 되는 줄로 믿습니다. 하나님을 생각하고, 하나님의 말씀을 생각하는 데서 지도력이 생기는 줄로 확실히 믿습니다.

무슨 약속입니까? 하나님은 명령을 내리실 때 공급하는 것이 있습니다. 4절에 "그 시냇물을 마시라", "내가 까마귀들에게 명령하여 거기서 너를 먹이게 하리라"라고 말씀하셨습니다.

약속은 간단하지만 그 내용은 의미가 있었고 하나님의 사람 엘리야를 보호하기에 충분했습니다. 생명을 유지하기에 충분했습니다. 일을 준비하는 데 충분했습니다. 모자람이 없었습니다. 일용할 양식과 필요한 것들을 채워주는 하나님이십니다.

하나님은 우리의 부족을 채워 주는 분이십니다. 필요에 따라 공급해 주는 분이십니다. 선지자 엘리야도 까마귀가 식당 봉사자로 나타날 줄은 꿈에도 몰랐습니다. 하나님이 공급하는 방법대로 순종하면 약속은 하나님이 이루실 줄로 믿습니다. 하나님과의 교통에서 누릴 수 있는 영광입니다.

반응은 무엇인가? 곧 물러났는가? 이유와 핑계를 대며 물러가지 않았는가? 열왕기상 17장 5-6절입니다. "그가 여호와의 말씀과 같이 하여 곧 가서 요단 앞 그릿 시냇가에 머물매 까마귀들이 아침에도 떡과 고기를, 저녁에도 떡과 고기를 가져왔고 그가 시냇물을 마셨으나"라고 했습니다.

우리의 경험과 많이 다릅니다. 우리는 종종 하나님과 논쟁을 하려고 합니다. 불순종했거나 순종하더라도 말이 많았을 것입니다. 조목조목 따졌을 수도 있습니다. 그러나 하나님의 사람 엘리야는 순종했습니다. 하나님과 친밀한 교제를 원했습니다. 순종하는 대답은 아주 중요합니다. 순종하려는 자세와 배우려는 자세가 역력히 보입니다.

엘리야는 사르밧 과부의 집으로 인도되었고 과부의 집에 필요를 채우는 공급자가 되었습니다. 사도행전 9장의 사울을 보십시오. 살기가 등등했습니다. 그러나 부활하신 주님을 만났을 때 변했습니다. 다메섹에서 예루살렘으로 돌아왔습니다. 그런데 아무도 사울을 만나거나 기뻐하지 않았습니다. 심지어 그리스도인 된 것을 믿는 사람도 없었습니다. 사도행전 9장 26절에 "사울이 예루살렘에 가서 제자들을 사귀고자 하나 다 두려워하여 그가 제자 됨을 믿지 아니하니"라고 했습니다.

주님은 아나니아를 보내셨습니다. 그런데 하나님께 조언을 하는 아나니아를 보게 됩니다. 아나니야가 '다 좋은 데요 그 사람은 성도들에게 적지 않은 해를 끼친 사람입니다' 라고 항변했으나 그래도 가라고 하셨습니다. 가서 안수했습니다. 형제라고 부릅니다. 순종이 제일입니다. 믿음의 세계는 순종이 기적을 낳는 것입니다. 우리는 하나님과 종종 싸움을 하려고 합니다. 어리석은 짓입니다.

그리고 시험이 있습니다. 7절입니다. "땅에 비가 내리지 아니하므로 얼마 후에 그 시내가 마르니라". 순종했는데 왜 강이 마릅니까? 하나님은 믿음을 심어주실 뿐만 아니라 성장시키는 분이십니다. 믿음의 시련을 통해서 장성한 사람으로 키우십니다.

아브라함의 경우도 그렇습니다. 가나안 땅에 도착했을 때 기근이 들었습니다. 풍년이 아니라 흉년이 왔습니다. 아브라함은 애굽으로 내려갔습니다. 내려가서 고생했습니다. 가나안 땅으로 다시 올라왔을 때 하나님은 아브라함을 시험했습니다. 아들을 바치라. 그런데 그런 시험을 통해서 아브라함의 믿음이 성장된 것을 보게 됩니다.

기독교인의 삶에 시험이 없는 것이 아닙니다. 하나님은 반드시 시험하십니다. 재정문제, 건강문제, 사랑문제 등등 여러 가지 문제를 가지고 시험 당할 수 있습니다. 엘리야도 시내가 마르는 모습을 보고 앉아 있었습니다. 하나님이 지켜 주시겠다고 하시더니 물이 말라 버렸습니다. 우리 같으면 물을 찾아 나섰을 것입니다. 그런데 엘리야는 앉아 있습니다. 왜 그랬을까요?

그는 기도드렸습니다. 야고보서 5장 17절에 "그가 비가 오지 않기를 간절히 기도한즉 삼 년 육 개월 동안 땅에 비가 오지 아니하고"라고 했습니다. 엘리야 자신이 구한 기도의 응답이었습니다.

때때로 우리들은 주님처럼 되기를 원합니다. 기도를 드립니다. 그런데 약간만 어려운 일을 당하면 '어떻게 된 것입니까?' 항의를 합니다. 주님은 '네 기도에 응답을 하는 중이야'라고 대답하십니다. 히브리서 5장 8절에 "그가 아들이시면서도 받으신 고난으로 순종함을 배워서"라고 가르쳐 주십니다. 주님은 고난을 통하여 순종을 배우셨습니다. 시험의 때에 굳게 매달리는 것이 아름답습니다. 매달리기 바랍니다.

하나님은 죽음의 자리에서 생명의 자리로, 가난한 사람을 부하게도 하시는 살아 계신 분이십니다. 능력은 하나님께 있는 줄로 믿습니다.

엘리야와 사르밧 과부

북이스라엘의 일곱 번째 왕 아합에게 하나님의 재앙을 선포한 엘리야 선지자를 위하여 하나님은 피난처를 준비해 놓으셨습니다. 하나님의 말씀을 전하는 선지자 엘리야의 목숨을 건 외침이었습니다. 선지자의 사명은 왕과 백성이 하나님의 뜻대로 살도록 외치는 것입니다.

하나님은 3년 6개월 동안 비가 오지 않는 가뭄 속에서 엘리야 선지자를 위하여 먹을 떡과 마실 물도 준비하셨습니다. 그리고 보호해 주셨습니다. 하나님이 준비한 사람으로 하여금 대접하고 공궤하도록 유도하셨습니다.

1. 하나님의 지시

그릿 시내가 마르게 되자 하나님은 새로운 장소로 엘리야를 인도하셨습니다. 그곳이 사르밧입니다. 하나님은 항상 선지자들이 위기를 당할 때마다 안전한 피난처를 준비하셨습니다. 엘리야 선지자에게 하나님의 말씀이 항상 임했고 전적으로 순종할 때 인도해 주셨습니다. 엘리야 선지자의 순종하는 모습과 아합 왕과는 대조적이었습니다. 이스라엘 백성들과도 대조적이었습니다.

사람이나 짐승 그리고 모든 만물의 생명이 하나님께 달려 있습니다. 사람이 하나님의 형상과 모양대로 멋지게 지음 받았지만 불순종하여 범죄함으로써 타락했습니다. 타락의 결과는 하나님으로부터 멀어지는 것과 비참하게 살다가 죽는 것이었습니다. 자연만물까지 징벌이 임하게 되고 영원한 죽음까지 따라오게 되었습니다. 인간에게 죽음이 없다면 세상은 어떻게 되었을까요?

죽음의 문제는 인간이라면 누구나 당하는 일입니다. 그것이 육체적인 죽음이든 영원한 죽음이든 모든 인간에게 똑같이 다가오는 문제입니다. 사르밧 여인도 죽음을 준비하고 있었습니다. 나이가 많아서가 아닙니다. 병이 들어서도 아닙니다. 다만 먹을 양식이 없어서였습니다. 얼마나 비극적인 일입니까? 먹을 것 때문에 죽음을 준비한다는 것이 말입니다.

사르밧 과부는 자신만 죽는 것이 아니라 아들과 함께 죽으려고 준비하고 있었습니다. 이것은 정말 더 비참한 상황임을 느끼게 만듭니다. 사르밧 과부는 홀로된 지 오래되었고 아들과 함께 먹을 양식이 한 끼의 식사가 될 빵 한 조각 정도의 가루뿐이었습니다. 여인이 빵을 굽기 위한 나무 조각을 줍고 있었습니다. 이 가련한 여인의 생애를 바꾸어 놓을 사람이 눈 앞에 와 있습니다. 이것이 소망이요 희망입니다. 예수님은 우리들에게 있어서 이런 분이십니다.

이 하나님의 사람은 사르밧 사람이 아닙니다. 요단강 앞의 그릿 시냇가에 숨어 까마귀가 물어다 주는 양식으로 살아 가던 사람입니다. 시냇물이 마르자 국경을 넘어 시돈까지 넘어왔습니다. 여기까지 오게 된 이유는 하나님의 지시하심을 따라 왔습니다. 이 사람이 '나의 하나님은 여호와시다' 라는 뜻의 엘리야 선지자였습니다.

여호와께서 엘리야에게 말씀하셔서 오게 된 것입니다. '너는 일어나 시돈에 속한 사르밧으로 가서 거기서 유하라' 라고 말씀하셨습니다. 엘리야를 사르밧으로 보낸 분은 하나님이십니다. 사르밧 과부에게 명하여 엘리야를 공궤하라고 지시하셨다는 것입니다. 그러니까 사르밧 과부로 하여금 엘리야를 대접하게 하신 분도 하나님이십니다.

시돈에 속한 사르밧은 고대 베니게의 상업의 중심지로 두로와 함께 지중해 연안의 최대 항구도시였습니다. 사르밧은 '물들이다, 염색하다' 라는 뜻입니다. 염색 공업이 발달되었던 곳이고 신약에서는 사렙다로 불려지는 곳입니다. 엘리야 당시 시돈은 이세벨의 부친인 시돈 왕 엣바알이 다스리는 지역으로 우상숭배의 본거지라고 말할 수 있습니다.

엘리야 자신은 가기 싫은 곳이었지만 하나님의 명령을 따라 순종했습니다. 순종의 사람에게 하나님이 공궤할 사람을 준비시켜 놓으셨던 것입니다. 까마귀까지 동원하신 하나님이십니다. 부정한 짐승을 순종의 짐승으로, 이방인 과부를 엘리야를 공궤하는 사람으로 삼으셨습니다. 그래서 순종이 제사보다 나은 것입니다. 우상의 본거지에 하나님의 사람이 찾아 온 것도 신비하고, 사르밧 과부 같은 믿음의 여인이 있는 것도 하나님의 신비입니다. 하나님이 행하시는 일은 그렇습니다.

2. 엘리야와 사르밧 과부

엘리야가 하나님의 지시를 따라 사르밧으로 갔습니다. 엘리야는 일어나서 갔습니다. 이르렀고 보았습니다. 무엇을 보았습니까? 사르밧으로 가서 성문에 이르렀을 때입니다. 한 과부가 그곳에서 나뭇가지를 줍고 있었습니다. 그 여인이 엘리야를 공궤할 여인입니다. 그래서 보라! 입니다. 하나님이 준비한 사람입니다. 마치 마중나온 여인과 같은 느낌을 받았습니다. 그 여인은 땔감을 준비하는 상황이었습니다.

엘리야가 사르밧 과부를 불러 마실 물을 한 그릇 달라고 요청했습니다. 고대 사회에서 목마른 나그네에게 물을 대접하는 것은 신성한 의무였습니다. 마치 아브라함의 종이 이삭의 아내를 찾을 때의 장면과 비슷합니다. 그리고 예수님께서 사마리아 여인을 만났을 때의 장면이 떠오르게 합니다.

그녀가 물을 가지러 갈 때 엘리야가 다시 불러 떡도 한 조각 가져다 달라고 했습니다. 그러나 극심한 가뭄이 계속되는 상황에서 물과 떡을 달라는 것은 염치없는 일입니다. 뿐만 아니라 지금 엘리야가 숨어 있는 곳이 이스라엘이 아닙니다. 시돈입니다. 아합과 이세벨에게 밀고한다면 포상금도 받을 수 있는 상황입니다. 엘리야의 목숨이 달려있는 상황입니다. 그런데 이렇게 말한 이유가 무엇일까요? 가뭄 속에서 물과 떡을 요구한 것은 그 과부가 하나님이 준비한 사람인가를 확인하려는 뜻일 것입니다.

엘리야는 과부에게는 낯선 남자입니다. 낯선 남자가 나타나더니 물을 좀 달라. 그리고 떡까지 달라는 것이었습니다. 평상시 같으면 아무것도 아닐 텐데 이 여인에게는 너무나 엄청난 요구였습니다. 그래서 과부는 이렇게 대답을 했습니다. "당신의 하나님 여호와의 살아 계심을 두고 맹세하노니 나는 떡이 없고 다만 통에 가루 한 웅큼과 병에 기름 조금 뿐이라. 내가 나뭇가지 둘을 주워다가 나와 내 아들을 위하여 음식을 만들어 먹고 그 후에는 죽으리라"라고 했습니다.

손바닥을 가릴 정도의 적은 가루와 병사가 전쟁터에 나갈 때 휴대할 수 있는 정도의 작은 용기에 있는 기름뿐이었습니다. 이것은 지극히 적은 양을 가리킵니다. 과부의 빈궁한 상태를 지칭합니다. 하나님은 능력이 많으시고 하나님은 풍성하다는 것을 드러내기 위함입니다.

아마 우리가 이런 말을 듣는다면 '아 그래요? 정말 죄송합니다. 잘못 구했습니다' 라고 말하는 것이 정상적인 대답일 것입니다. 실례한 것으로 알아 취소하는 것이 상례입니다. 사과도 해야 할 것입니다.

그런데 엘리야 선지자는 그렇게 대답하지 않았습니다. 이렇게 대답했습니다. "두려워하지 말고 가서 네 말대로 하려니와 먼저 그것으로 나를 위하여 작은 떡 한 개를 만들어 내게로 가져오고 그 후에 너와 네 아들을 위하여 만들라"라고 했습니다. 두려워하지 말라. 위로의 말씀입니다. 하나님 이외에 두려움을 내쫓을 사람이 있습니까?

하나님 중심적인 생각이 없었다면 황당한 이야기입니다. 하나님의 사람이 아니라 아주 나쁜 사람의 말처럼 들릴 것입니다. 앞뒤가 잘 맞지 않는 말로 여겨집니다. 그렇지 않습니까? 하나님 사람에게 가져오라. 바치라.

그 다음은 더욱 어이없는 말입니다. 음식을 만들어 먼저 나를 위해 구워가지고 오라는 말입니다. 선지자에게 먼저 가지고 와서 대접하고 나서 그 후에야 너와 네 아들을 위하여 떡을 구워 먹으라는 말입니다. 믿음의 결단을 촉구하는 말입니다. 믿음의 자리로 나가라는 뜻입니다. 과부의 헌신이 육신적인 생명뿐만 아니라 영적인 생명까지 살리는 결과를 가져왔습니다. 믿음은 결단입니다.

사르밧 과부는 순종했습니다. 순종한 것은 믿음입니다. 믿음의 영역입니다. 하나님을 사랑하는 표현입니다. 하나님의 사람에게 복종하는 순종입니다. 이것이 믿음이요 신앙입니다. 절망을 희망으로 바꾸는 사건, 가난이 풍부로 바뀌는 사건입니다. 먼저 그의 나라와 의를 구하면 이렇게 되는 줄로 믿습니다.

그 결과가 무엇입니까? 이스라엘의 하나님의 역사가 있었습니다. 하나님의 개입입니다. "나 여호와가 비를 지면에 내리는 날까지 그 통의 가루가 떨어지지 아니하고 그 병의 기름이 없어지지 아니하리라"라고 했습니다. 이것이 은혜요 복입니다.

3. 가루통과 기름병

사르밧 과부는 엘리야의 말에 순종했습니다. 그러자 여호와께서 엘리야를 통해 하신 말씀대로 엘리야와 과부 모자가 오랜 기간 동안 먹지만 가루통에 가루가 떨어지지 않습니다. 기름병에 기름이 떨어지지 않습니다. 사르밧 과부와 아들은 죽지 않고 살게 되었습니다.

하나님은 자녀들의 삶을 책임지고 인도하는 분입니다. 여호와를 찾는 자들에게 부족함이 없게 하십니다. 시편 34편 9-10절에 "너희 성도들아 여호와를 경외하라 그를 경외하는 자에게는 부족함이 없도다 젊은 사자는 궁핍하여 주릴지라도 여호와를 찾는 자는 모든 좋은 것에 부족함이 없으리로다"라고 했습니다.

여호와께 예배하는 자들에게도 부족함이 없습니다. 이사야 51장 14절에 "결박된 포로가 속히 놓일 것이니 죽지도 아니할 것이요 구덩이로 내려가지도 아니할 것이며 그의 양식이 부족하지도 아니하리라"라고 했습니다.

하나님의 사람이 여러분의 생애를 바꾼다고 생각합니까? 하나님의 사람을 먼저 귀하게 여긴다면 여러분은 어떻게 된다고 믿습니까? 복은 하나님의 사람에 대한 태도에서 결정되는 것입니다.

하나님의 사람을 사랑하여 대접하는 것이 진정한 대접입니다. 그리고 하나님의 사람의 말에 순종할 때 기적이 있습니다. 3년 6개월 동안 가루통에 가루와 기름병에 기름이 떨어지지 않았습니다. 물질의 축복입니다. 지금도 마찬가지입니다. 하나님의 사람을 귀중히 보고 믿음으로 대접하면 하나님의 복이 임하는 법입니다.

하나님의 사람을 대접하는 것이 예수 그리스도를 대접하는 것과 같고 예수님을 대접하는 것이 하나님을 대접하는 것과 같기 때문입니다. 우리 성도들도 믿음으로 하나님의 사람들을 대접해서 영육간에 하나님의 복을 받기를 바랍니다.

제54강
열왕기상 17장 17-24절

아들의 소생

상당히 오랫동안 사르밧 과부의 집에 있는 가루통에 가루가 다하지 않고 기름병에 기름이 떨어지지 않았습니다. 엘리야 선지자도 사르밧 과부가 살고 있는 지붕밑 다락방에서 기거하면서 굶지 않고 살았습니다. 하나님은 하나님의 사람을 보호하고 생존하게 하십니다.

1. 과부의 하소연

그러던 어느날 과부의 아들이 병들었습니다. 병세가 악화되어 위중하다가 갑자기 죽었습니다. 과부에게는 절망적인 사건입니다. 하나밖에 없는 아들입니다. 하나님의 사람 엘리야를 만나 죽음의 문턱에서 겨우 삶의 소망을 얻고 행복하게 살고 있었는데 어느날 갑자기 죽음이 찾아왔기 때문입니다.

어떤 의미에서는 자기의 생명보다 귀한 아들이었습니다. 아들의 죽음 앞에 가루통의 가루와 기름병의 기름의 축복이 사라지고 슬픔과 절망과 비애만이 가득한 순간이었습니다. 사람에게는 이런 시간이 반드시 찾아오게 되어 있습니다. 여러분 같으면 어떻게 감당하겠습니까? 그리고 하나님은 왜 이 귀한 가정에 이런 고난을 허락하신 것일까요?

사르밧 여인은 엘리야 선지자에게 무슨 항의를 했습니까? "하나님의 사람이여 당신이 나와 더불어 무슨 상관이 있기로 내 죄를 생각나게 하고 또 내 아들은 죽게 하려고 내게 오셨나이까?"라고 말했습니다.

이 여인의 말이 원망의 말이요 가시돋힌 말같이 보입니다. 풀어서 해석하면 상관없는 선지자가 나타나더니 지금까지 죽지 않고 살게 하였다는 것입니다. 그런데 아들이 죽은 것은 나의 죄 때문인데 죽을 때 버려두지 않고 하나님의 사람을 보내서 내 죄를 기억나게 하고 아들을 죽게 해서 내 죄를 톡톡히 치르게 하는 것이냐는 고백입니다.

과부가 엘리야를 하나님의 사람으로 지칭했습니다. 하나님은 참되신 분, 진실로 하나님이십니다. 그리고 엘리야는 하나님이 진정으로 사용하시는 사람입니다. 과부는 하나님도 인정하고 하나님의 사람도 인정했습니다.

그러나 강한 원망의 말을 합니다. 당신과 내가 무슨 상관이 있기에 이런 일이 발생한 것입니까? 이 일은 당신으로 말미암아 발생한 것이 아닙니까? 아무 상관도 없는 사람이 와서 우리 집에 이런 어려움이 생기게 만들었습니까? 어려움의 근원이 하나님과 하나님의 사람에게 있다는 주장이었습니다.

그릇된 신 관념을 바로잡기 위한 고난이었습니다. 여호와 하나님은 저주나 하는 신이 아닙니다. 언약에 신실하신 하나님이십니다. 아브라함과 후손들을 축복하는 하나님이십니다. 하나님의 사람도 사람들이 저주받고 고통 당하는 것을 즐거워하는 사람이 아닙니다. 다른 사람들이 잘 되고 형통하면 좋아하는 사람들입니다.

고대인들은 자기 집안의 일이 발생하면 자기 자신의 죄 때문에 발생한 것으로 이해했습니다. 사르밧 여인도 자기 아들의 죽음이 자신의 죄 때문이라고 생각했습니다. 그러나 아들의 죽음은 어머니의 죄 때문이 아니라 영원한 형벌의 자리에서 영생의 자리로 옮기는 사건이 되었습니다. 그리고 하나님과 하나님의 사람에 대한 바른 신앙심을 가지도록 만들기 위한 방법이었습니다. 과부를 구원하는 구원의 하나님의 섭리입니다.

2. 엘리야의 간구

하나님의 사람인 엘리야에게는 참 난감한 일이었습니다. 하나님의 지시하심을 따라 오긴 왔는데 이렇게 어려운 일이 발생할 줄은 몰랐습니다. 하나님은 왜 이스라엘에도 과부가 많은데 하필이면 바알을 섬기는 시돈에까지 오게 해서 만나게 하셨을까? 사르밧에서 처음 만나는 과부의 집에 들어가게 하고 이렇게 신세를 지며 지내게 하는 것일까? 하나님의 사람을 참 난처하게 만드는 이유가 무엇일까?

'과부에게 너를 부양하도록 했다.' 지금까지는 까마귀에게 부양하도록 하시더니 이번에는 과부에게 부양권을 맡기셨습니다. 먼저는 날짐승 까마귀요 이번에는 이방인 과부입니다.

여러분, 여인이 주인공입니까 아니면 엘리야가 주인공입니까? 엘리야를 위해서 여인을 등장시키지만 하나님의 사람이 주인공입니다. 그러면 어떻게 과부인지를 알 수 있었겠는가? 문패도 번지수도 없는 주막인데 …. 그래서 물을 달라. 먹을 것도 좀 달라. 이런 요구로 말미암아 상대의 신상과 생활을 알게 되었습니다.

하나님의 사람, 마지막 재료, 나무 줍기, 아들과 함께 죽는다, 남편이 없다는 등등이 소개되고 있습니다. 더욱 10절을 생각해 봅시다. 저자는 이 여인이 과부임을 드러내고 있습니다. 보라. 거기에는 성문에 들어서자마자 기다리고 있음을 가리키고 있는 말입니다.

엘리야를 사르밧으로 보낸 분은 하나님이요, 14절을 볼 때 이미 엘리야 선지자에게 가루통과 기름병에 가루와 기름이 떨어지지 않을 것을 가르쳐 주신 분도 하나님이셨습니다. 그런데 아들의 죽음에 대해서는 아무 말씀도 하시지 않았습니다.

과부의 아들이 죽었을 때 사르밧 과부가 뭐라고 말했습니까? "하나님의 사람이여 당신이 나와 더불어 무슨 상관이 있기로 내 죄를 생각나게 하고 또 내 아들을 죽게 하려고 내게 오셨나이까?"

그래서 엘리야는 20절에서 부르짖습니다. "여호와께 부르짖어 이르되 내 하나님 여호와여 주께서 또 내가 우거하는 집 과부에게 재앙을 내리사 그 아들이 죽게 하셨나이까?" 절박한 심정으로 기도했습니다. 죽은 아이를 과부로부터 받아 안고 자기가 쉬는 다락방으로 데리고 올라갔습니다. 다락방은 시원하고 좋은 곳입니다. 그러니까 환대를 받고 있는 상황에서 아들이 죽었던 것입니다.

엘리야는 19-21절에서 세 번이나 같은 행동으로 기도했습니다. 절박한 부르짖음입니다. 호소입니다. 안타까운 상태에서 부르짖고 있었습니다. "내 하나님 여호와여 주께서 또 내가 우거하는 집 과부에게 재앙을 내리사 그 아들이 죽게 하셨나이까?" "내 하나님 여호와여 원하건대 이 아이의 혼이 몸으로 돌아오게 하옵소서"라고 간구했습니다.

엘리야의 기도가 겉보기에는 원망의 기도같이 보이지만 전능하신 하나님을 믿는 엘리야의 간절한 소원입니다. 재앙을 선으로 바꾸어 주시옵소서. 강한 호소입니다. 꼭 들어달라는 청원입니다.

세 번이나 같은 자세로 기도한 것은 완전한 하나님을 의지하는 엘리야의 심정입니다. 영혼은 하나님만이 오고갈 수 있게 합니다. 아무도 할 수 없는 일입니다. 살려 달라는 호소입니다. 우리가 할 일은 기도입니다. 기도합시다. 때를 얻든지 못 얻든지 항상 깨어서 기도합시다.

3. 과부와 아들

22절에 "여호와께서 엘리야의 소리를 들으시므로 그 아이의 혼이 몸으로 돌아오고 살아난지라"라고 했습니다. 생명의 축복이 하나님의 사람을 통해서 왔습니다. 이것은 예수 그리스도가 우리의 길과 진리와 생명이심을 증명하는 내용입니다.

사랑하는 성도들이여! 예수 그리스도를 믿는 믿음으로 충만해서 살아 움직이는 성도가 됩시다. 자신도 살고 다른 사람도 살리는 영을 받기 바랍니다. 하나님은 믿음의 사람들의 기도를 들으십니다. 예수 그리스도의 기도 때문에 우리가 살고, 십자가에서의 기도나 주기도 때문에 응답을 받습니다.

두 이야기는 한 여인이 겪은 이야기입니다. 남녀간의 사랑 이야기가 아니요 성공한 사람의 이야기도 아닙니다. 이것은 하나님의 계시입니다. 하나님을 나타내는 행동입니다. 하나님의 선지자를 사르밧으로 보내셨습니다. 죽음의 문턱에 있는 여인을 구합니다. 아들을 구합니다.

24절의 고백이 무엇입니까? "여인이 엘리야에게 이르되 내가 이제야 당신은 하나님의 사람이시요 당신의 입에 있는 여호와의 하나님의 말씀이 진실한 줄 아노라"라고 했습니다.

엘리야 선지자여! 당신은 하나님의 사람입니다. 지식적인 고백이 아니라 실제적인 고백입니다. 과부가 하나님의 사람을 믿고 순종할 때 자기 집의 일용할 양식과 죽은 아들을 되돌려 받는 영광이 있었습니다. 엘리야를 통해서 역사하시는 하나님을 알게 되었습니다. 믿게 되었습니다.

이것은 엘리야 선지자의 개인 능력이나 성품이 아닙니다. 엘리야는 나약한 사람입니다. 때로는 이기적인 말도 했습니다. 그러나 하나님께서 엘리야를 말씀의 사람으로 사용하셨습니다. 하나님의 말씀, 계시의 말씀, 약속의 말씀을 가지고 달려간 사람이 엘리야입니다. 하나님이 엘리야에게 말씀하신 대로 2-3년 동안 가루통과 기름병에 기름이 떨어지지 않았습니다.

여호와의 말씀은 진리입니다. 죽은 자를 살립니다. 없는 것을 있게 합니다. 하나님은 이런 목적으로 사용하시려고 엘리야를 택하셨습니다. 그러나 아합과 이스라엘 백성들은 여호와의 말씀을 무시했습니다. 그래서 이방인에게 은혜를 베푸셨습니다.

누가복음 4장 25-26절에 "내가 참으로 너희에게 이르노니 엘리야 시대에 하늘이 삼 년 육 개월간 닫히어 온 땅에 큰 흉년이 들었을 때에 이스라엘에 많은 과부가 있었으되 엘리야가 그 중 한 사람에게도 보내심을 받지 않고 오직 시돈 땅에 있는 사렙다의 한 과부에게 뿐이었으며"라고 하셨습니다.

구약 시대에는 하나님의 선지자들을 통해서 계시를 나타내셨습니다. 신약 시대에는 예수님을 통해서 나타내셨습니다. 여러분은 하나님의 말씀의 능력을 믿습니까? 그리스도 안에서 생명이 있습니다. 부활의 영광이 있습니다. 믿으면 영생합니다. 일용할 양식을 얻습니다.

사르밧 과부를 통해 하나님의 종을 보호하는 하나님의 섭리를 보게 됩니다. 오묘한 섭리입니다. 그리고 사르밧 과부의 믿음을 나타냅니다. 엘리야가 과부 집에 있을 때 무슨 일이 발생했는가? 하나밖에 없는 독자가 병들어 죽었습니다. 매우 난처한 일이 발생한 것입니다. 아들이 죽자 엘리야에 대해 죄를 깨우치고 재앙을 내리는 사람으로 오해했습니다. 엘리야가 심판을 외친 자인 것은 사실이지만 인간의 약점을 잡아 저주하는 사람은 아니었습니다. 하나님이 그런 분이신가요?

하나님의 참된 모습을 발견하게 됩니다. 죽은 아들을 소생시키는 것을 목격함으로써 잘못된 신관이 교정됩니다. 마음을 쏟아 외치는 자를 외면하지 않는 자비하신 하나님이십니다. 생명의 근원자이십니다.

아들의 죽음은 죄에 대한 심판이라기보다는 하나님의 하시는 일을 나타내기 위한 것이었습니다. 결국 성도들은 어려운 일을 당할 때 좌절이나 근심과 걱정이 아니라 하나님의 깊으신 뜻을 이해하는 사람이어야 합니다. 그래야 영적으로 성숙하고 영육간에 하나님의 은총과 복을 받게 됩니다.

제55강
열왕기상 18장 1-15절

오바댜와 엘리야

누가 과연 생명의 공급자일까? 사람일까 아니면 자연일까 그것도 아니라면 천지만물을 창조하신 살아 계신 하나님일까? 아합 왕 시대에 왕비 이세벨은 바알 신을 숭상하던 여인이었습니다. 이스라엘 나라를 바알과 아세라 신을 숭배하는 나라로 만들어 버렸습니다.

하나님의 심판은 가뭄으로 나타났습니다. 삼 년 육 개월 동안 이스라엘에 우로가 있지 않았습니다. 온 이스라엘에 사람이나 짐승 그리고 동물이나 식물이 다 메말라 죽어갔습니다.

'엘리야 Narrative', 과연 생명의 주인은 누구신가? 생명의 공급자는 누구신가? 아합과 이세벨의 바알 신이 참된 신인가 아니면 엘리야가 믿는 여호와 하나님이 참된 신이실까? 여호와만이 참된 하나님이시기 때문에 바알을 버리고 여호와께로 돌아오라는 교훈을 하고 있는 것입니다.

1. 아합 왕과 엘리야 선지자

3년의 세월이 흐른 뒤에 무슨 일이 발생했을까요? 여호와께서 엘리

야에게 가서 아합을 만나라고 하면서 이제 땅에 비를 내리겠다고 말씀
하셨습니다. 이에 엘리야 선지자는 아합 왕을 만나기 위해 사마리아로
갔는데 그때 사마리아 지방에는 유난히 가뭄이 심했습니다.

엘리야에게 가장 중요한 사건은 여호와의 말씀이 엘리야에게 임한
것입니다. 여호와의 말씀이 임할 때 사람은 변합니다. 사명의 사람으
로, 소명이 있는 사람으로 바뀝니다. 말씀이 임하지 않으면 평범한 사
람이지만 하나님의 말씀이 임한 사람은 삶의 방향이 달라집니다. 목표
도 달라집니다. 생명의 가치가 있습니다. 하루를 살아도 존귀한 삶을
살게 됩니다.

엘리야에게 하나님의 말씀이 임했을 때 북이스라엘에서 활동하며
바알 숭배자의 대표격인 아합과 이세벨과의 영적인 전투를 벌이게 되
었습니다. 예수님도 광야에서 사탄에게 시험을 받을 때 하나님의 말씀
으로 물리치셨습니다.

사람이 떡으로만 살 것이 아니라 하나님의 입으로부터 나오는 말씀
으로 살 것이니라. 주 너의 하나님을 시험하지 말라. 다만 여호와 하나
님만 경배하라. 이렇게 하나님의 말씀으로 물리치셨습니다.

바울은 에베소서 6장 17절에서 "성령의 검 곧 하나님의 말씀을 가지
라"라고 했습니다. 성도가 세상과 죄악과 사탄을 물리칠 수 있는 유일
한 공격 무기는 하나님의 말씀입니다. 오늘 예배드리는 모든 성도님들
에게 하나님의 말씀이 임하는 복이 있기를 바랍니다.

엘리야 선지자는 그릿 시대에서 약 6개월 정도, 그리고 사르밧 과부
의 집에서 약 3년 정도를 산 것으로 보입니다. 그 다음에 여호와의 말씀
이 임했습니다. 하나님의 계시가 임했습니다. 그 동안은 하나님께서 엘
리야 선지자를 보호해 주셨습니다. 아합 왕과 이세벨의 핍박으로부터
보호해 주셨습니다. 아마 갈멜산에서 전투하여 승리하기 위한 영적인
훈련 기간이었을 것입니다.

"너는 가서 아합에게 보이라 내가 비를 지면에 내리리라". 3년의 침

묵을 깨고 새로운 사명을 주셨습니다. 단순히 가서 몸을 보이라는 것이 아닙니다. 아합 왕에게 가서 엘리야 자신의 모습을 보이라는 명령은 아합 왕에게 하나님께서 주시는 메시지와 하나님을 깨닫고 느끼게 하라는 의미였습니다.

아합 왕이 이세벨과 더불어 거짓된 바알 우상을 숭배한 것이나 이스라엘 백성을 그릇된 길로 인도하는 것, 그 결과 3년 6개월 동안 비가 오지 않게 만든 것을 깨닫고 회개하고 하나님께로 돌아오라는 말입니다. "내가 비를 지면에 내리리라". 자연계를 누가 주관하십니까? 아합입니까 아니면 바알입니까? 아닙니다. 전능하신 하나님이십니다. 천지만물을 창조하신 창조주 하나님이십니다.

북이스라엘의 왕은 아합이고 왕비는 이세벨입니다. 아합과 이세벨이 바알신을 숭배하지만 사마리아에 가뭄이 더욱 심해졌습니다. 이것은 바알신의 허구성을 드러내는 것입니다. 여호와 하나님이 참신입니다. 생명의 주인은 여호와 하나님이십니다. 인간의 생사화복을 주관하시는 분은 여호와 하나님이십니다.

2. 아합 왕과 궁내대신 오바댜

아합 왕이 왕궁 맡은 자 오바댜를 불렀습니다. 오바댜는 여호와 하나님을 경외하는 사람이었습니다. 엘리야 선지자를 통하여 하나님께서 일하실 때에 주변에 아합과 오바댜, 사르밧 과부와 아들, 엘리야와 사환 등이 등장했습니다. 오바댜는 '여호와의 종, 여호와를 섬기다' 라는 신앙적인 이름입니다. 왕궁 맡은 자라는 고위직에 있었던 인물입니다.

이세벨이 여호와의 선지자들을 학살할 때에 오바댜가 일백 인을 오십 명씩 나눠 굴에 숨기고 떡과 물을 공급하였습니다. 오바댜는 신앙적인 갈등이 심했던 입장에 서 있었습니다. 바알을 숭배하는 왕과 왕비 아래에서 섬기는 것이 얼마나 고통스러웠겠습니까? 그러나 상황에 굴

복하지 않고 하나님을 믿는 사람답게 여호와의 선지자 백 명을 오십 명
씩 나눠서 숨겨주었던 인물입니다. 정말 대단한 믿음의 사람입니다.

오바댜는 말로만 하나님을 사랑하는 자가 아니라 실제적으로 하나
님을 섬기고 사랑하는 자였습니다. 영적으로 신앙의 핍박을 받고 있었
지만 상황에 굴복하지 않았습니다. 더 적극적으로 어려운 상황을 타개
하고 나갔습니다. 여호와를 경외하는 마음이 있었고, 그 신앙심이 백
명의 선지자들을 숨겨줄 수 있었습니다. 믿음은 행동을 수반합니다. 이
론만이 아니라 실제적인 것입니다.

아합이 오바댜에게 전국의 샘과 시내를 돌아다니자고 하면서, 짐승
에게 먹일 꼴을 찾을 수 있을지도 모른다고 말했습니다. 가뭄이 다가오
자 바알 때문에 가뭄이 든 것이 아니라 오히려 여호와 때문에 가뭄이
왔다는 생각을 하는 사람들이 있어서 엘리야를 죽이려고 했던 것입니
다. 하나님의 사람, 선지자들을 제거하는 작업이 시작되자 엘리야는 하
나님이 숨기셨습니다. 그때 오바댜가 백 명의 하나님의 사람을 숨겨주
는 역할을 했습니다.

숨겨주고 먹였습니다. 숨기는 것도 대단한 일인데 먹이는 일까지 했
습니다. 엘리야에게 사르밧 과부를 준비하신 하나님께서 이번에는 오
바댜를 준비하여 사용하셨습니다. 오바댜는 보이는 아합 왕을 두려워
하기보다 보이지 않는 하나님을 더 두려워했던 사람입니다. 갈멜산 주
변에는 동굴이 2,000여 개가 있습니다. 오바댜는 동굴을 이용하여 선
지자들이 피신하게 했습니다.

아합 왕과 왕궁 맡은 자가 짐승의 꼴을 찾아나선 것은 정말 심각한
가뭄이었음을 밝히고 있습니다. 아합 왕은 어떻게 하든 말과 노새를 살
려야지 다 죽일 수는 없지 않느냐고 말했습니다. 아합과 오바댜가 전국
을 둘로 나눈 뒤 두 사람이 각각 자기의 맡은 곳으로 찾아 돌아다녔습
니다.

이러한 하나님의 진노는 바알을 숭배했기 때문인데 아합 왕은 그것

을 인정하지 않는 입장이었습니다. 백성들은 먹을 양식이 없어서 죽어 가고 있는 상황인데 아합 왕은 짐승을 생각했습니다. 하나님의 사람들은 죽이려고 하면서 동식물은 귀중히 여기는 이유가 무엇입니까? 군사력과 사업적인 이유 때문 아니겠습니까? 사람이 귀한 존재이지요. 아합 왕과 왕궁 맡은 자 오바댜가 각각 다른 길로 갈 때 하나님의 지시를 받은 엘리야 선지자가 우연이 아니라 의도적으로 오바댜를 만나게 되었습니다. 하나님의 사람은 하나님의 사람을 만나면 문제가 해결됩니다. 우리는 예수님을 만나면 문제가 해결될 줄로 믿습니다.

3. 오바댜와 엘리야

오바댜가 돌아다니던 중에 엘리야 선지자와 마주치게 되었습니다. 오바댜가 엘리야를 알아보고 엎드려 '내 주 엘리야여 당신이시니까?' 하고 문안 인사를 했습니다. 엘리야가 '그러하다' 고 대답하며 아합 왕에게 '가서 네 주에게 말하기를 엘리야가 여기 있다' 라고 말하라는 것이었습니다. 오바댜는 엘리야의 지시를 따르기가 어렵다고 설명했습니다.

오바댜가 엘리야를 주라고 부른 것은 하나님의 선지자에 대한 존경심과 이스라엘의 흥망성쇠가 달려 있기 때문에 그렇게 부른 것입니다. 그러나 엘리야는 네가 주인으로 섬길 분은 아합도 나도 아닌 하나님이심을 드러내고 있는 것입니다.

오바댜는 엘리야에게 '자신이 무슨 죄를 지었기에 선생은 선생의 종을 아합의 손에 붙여 죽이려고 하느냐' 라고 반문했습니다. '아합 왕이 사람을 보내어 선생을 찾지 아니한 족속이나 나라가 없는데 저희가 엘리야가 없다고 하면 저희로 선생을 보지 못하였다고 맹세하게 하였습니다' . 그런 상황인데 아합 왕에게 가서 엘리야가 여기 와 있다고 전하라는 것입니다.

그런데 문제는 자신이 엘리야를 떠났을 때 여호와의 신이 엘리야를 알지 못하는 다른 곳으로 데려갈 것이고 자신이 아합에게 보고하였을 때 아합이 엘리야를 찾지 못하면 자기를 죽일 것이라고 설명했습니다.

오바댜는 어려서부터 여호와를 경외한 사람입니다. 이세벨이 여호와의 선지자들을 학살할 때 자신이 여호와의 선지자 일백 명을 보호한 사실을 듣지 못하였느냐고 물었습니다. 지금 선생이 아합 왕에게 엘리야가 여기에 와 있다고 전하라고 하는데 그러면 아합 왕이 자기를 죽일 것이라고 재강조하였습니다.

엘리야가 자신이 모시는 만군의 여호와의 사심을 가리켜 맹세하는 바 자신이 오늘 아합을 만날 것임을 확증했습니다. "내가 오늘 아합에게 보이리라". 엘리야의 굳은 의지를 보여줍니다.

오바댜는 어떤 사람인가? 아합의 통치 아래서, 여호와 신앙을 버리는 세상에서, 믿는 자가 다 숨어버린 세상에서, 고위직에 있으면서, 아합의 두터운 신임을 받는 사람임에도 하나님을 경외했던 인물이었습니다.

아합의 광신적인 우상숭배와 이세벨의 압제 아래서 하나님을 섬긴다는 것이 어떻게 가능했을까? 하나님의 선지자를 백 명씩이나 숨겨주고 보호하였습니다. 대단하지 않습니까? 만약 아합 왕에게 발각된다면 죽음을 면치 못했을 것입니다. 극형에 처할 수도 있습니다. 오바댜 같은 믿음의 사람이 있었기에 이스라엘이 존재했던 것입니다.

지금 시대도 그렇습니다. 원리가 똑같습니다. 시대적인 상황만 다를 뿐입니다. 기도하는 성도가 있기에 그리고 살아 있는 교회가 있기에 아직도 세상은 존재하는 것입니다. 만약에 이 시대의 백성들이 모두 다 이기주의자가 된다면 세상은 심판받고 또 멸망할 것입니다. 하나님의 사람, 엘리야와 같은 사람 그리고 오바댜와 같은 사람이 됩시다.

제56강
열왕기상 18장 16-20절

엘리야와 아합 왕

앞절에서는 하나님의 선지자 엘리야와 아합 왕궁을 맡은 자 오바댜가 만나서 대화하는 것을 중심으로 기록했습니다. 이제부터는 아합 왕과 엘리야의 만남과 대화를 중심으로 기록하고 있습니다. 하나님의 사람 엘리야와 북이스라엘의 일곱 번째 왕 아합과는 무슨 내용의 대화를 했을까요?

1. 선지자와 왕

오바댜가 아합 왕에게 찾아가서 엘리야의 말을 전해 주었습니다. 오바댜는 목숨을 걸고 하나님의 사람 엘리야가 시키는 대로 순종한 사람이었습니다. 엘리야의 명령을 따라 오바댜는 엘리야가 출현하였다고 아합 왕에게 말했습니다.

오바댜가 처음에는 뭐라고 말했습니까? "내가 무슨 죄를 범하였기에 당신이 당신의 종을 아합의 손에 넘겨 죽이게 하려 하시나이까 당신의 하나님 여호와께서 살아 계심을 두고 맹세하노니 내 주께서 사람을 보내어 당신을 찾지 아니한 족속이나 나라가 없었는데 그들이 말하기를 엘리야가 없다 하면 그 나라와 그 족속으로 당신을 보지 못하였다는

맹세를 하게 하였거늘 이제 당신의 말씀이 가서 네 주에게 말하기를 엘
리야가 여기 있다 하라 하시니 내가 당신을 떠나간 후에 여호와의 영이
내가 알지 못하는 곳으로 당신을 이끌어 가시리니 내가 가서 아합에게
말하였다가 그가 당신을 찾지 못하면 내가 죽임을 당하리이다 당신의
종은 어려서부터 여호와를 경외하는 자라 이세벨이 여호와의 선지자들
을 죽일 때에 내가 여호와의 선지자 중에 백 명을 오십 명씩 굴에 숨기
고 떡과 물로 먹인 일이 내 주에게 들리지 아니하였나이까 이제 당신의
말씀이 가서 네 주에게 말하기를 엘리야가 여기 있다 하라 하시니 그리
하면 그가 나를 죽이리이다"라고 말했습니다.

이런 오바댜의 말에 대하여 엘리야는 한마디로 답했습니다. 뭐라고
했습니까? "내가 섬기는 만군의 여호와께서 살아 계심을 두고 맹세하
노니 내가 오늘 아합에게 보이리라"라고 했습니다. 이 한마디에 오바댜
의 마음과 생각이 변했습니다. 엘리야의 말에 순종하여 아합 왕을 찾아
갔습니다. 이것이 현대 교회의 그리스도인들이 배워야 할 자세입니다.

아합 왕이 오바댜의 보고를 듣고 엘리야를 만나기 위해 갔습니다.
다른 일을 제쳐두고 엘리야를 만나기 위해 떠났습니다. 물론 아합 왕은
말과 노새를 위하여 푸른 풀을 찾고 있던 상황이었습니다. 아합 왕이
엘리야에게 집중하고 있는 상황이었음을 느끼게 합니다. 왜냐하면 엘
리야가 이스라엘 나라에 가뭄의 재앙을 불러일으킨 장본인으로 생각했
기 때문입니다. 심지어 이스라엘을 괴롭게 하는 사람으로 여겼습니다.

아합 왕이 엘리야 선지자를 보자 무슨 말을 했을까요? '그대가 이스
라엘을 괴롭게 하는 자이냐'라고 물으며 호통을 쳤습니다. 아합 왕이
엘리야 선지자를 보자마자 다그치듯 외친 말입니다. 아합 왕은 엘리야
를 보았지만 엘리야 선지자는 하나님께서 가서 보이라고 해서 보이고
있는 상황입니다. 그러니까 엘리야는 여호와의 명령에 순종하고 있는
것입니다. 두 사람의 대면은 여호와의 섭리 속에서 만남이 이루어지고
있습니다.

개인적으로 좋지 않은 행동이 사회 전반에 악영향을 끼치듯 엘리야의 말과 행동이 다른 사람은 물론 이스라엘 전체에 괴로움, 해롭게 함, 고통을 안겨주고 있다는 선언입니다. 마치 아간 한 사람의 범죄로 말미암아 이스라엘 민족이 전쟁에서 패배한 것처럼, 아담 한 사람의 타락이 온 인류 전체에 영향을 끼쳤듯이 고통과 아픔과 죽음을 안겨주었다는 뜻입니다.

심지어 아합 왕은 엘리야의 말과 행동이 자기가 믿는 풍요의 신인 바알까지 화가 나게 만들었다고 주장했습니다. 인간은 이렇게 자기 자신에 대해서 잘 모릅니다. 지금의 가뭄이 엘리야 때문입니까 아니면 아합 왕과 이세벨 때문입니까? 사람은 종종 다른 사람에게 책임을 전가하는 성향이 있습니다. 아합 왕은 하나님의 사람, 엘리야에게 책임을 전가하고 있습니다. 우리는 순종하여 책임질 줄 아는 성도가 됩시다.

2. 답변과 대결

엘리야 선지자는 내가 이스라엘을 괴롭게 한 것이 아니라 왕과 왕의 아버지 집이 이스라엘을 괴롭게 하였다고 반박했습니다. 엘리야 선지자의 답변입니다. 이스라엘을 괴롭게 하는 자는 자신이 아니라 아합 왕과 왕의 가문 때문이라고 지적했습니다. '당신의 아버지 집'은 오므리 왕조를 가리킵니다.

오므리는 누구입니까? 아합 왕의 아버지입니다. 오므리가 이스라엘의 새로운 왕조를 연 다음에 가증스러운 우상숭배 정책을 펼쳤습니다. 갈수록 우상을 숭배함으로써 여호와의 진노를 격발시켰던 왕입니다. 아합은 오므리의 아들로 왕의 자리를 이어받았지만 우상숭배 정책을 바꾸지 않았습니다.

엘리야 선지자의 지적을 봅시다. 아합 왕뿐만 아니라 왕조 전체에 대해 화살을 돌리고 있습니다. 하나님은 오므리의 죄악을 잊지 않으셨습니다. 열왕기상 16장 25-26절에 "오므리가 여호와 보시기에 악을 행하되 그 전의 모든 사람보다 더욱 악하게 행하여 느밧의 아들 여로보암의 모든 길로 행하며 그가 이스라엘에게 죄를 범하게 한 그 죄 중에 행하여 그들의 헛된 것들로 이스라엘의 하나님 여호와를 노하시게 하였더라"라고 했습니다.

하나님은 오므리의 범죄를 잊지 않으시고 그 후에 심판하셨습니다. 후손인 아합 왕까지 심판하셨습니다. 아합 왕은 아버지 오므리보다 더 악하게 우상을 숭배하여 하나님의 심판을 받게 된 것입니다.

엘리야 선지자는 아합 왕이 여호와의 명령을 버리고 바알신을 섬겼기 때문에 가뭄이 임한 것임을 밝혔습니다. 아합 왕과 그 왕가가 범죄한 내용이 무엇입니까? 여호와의 명령, 즉 십계명을 비롯하여 계명, 명령이나 율법의 말씀을 버렸습니다.

아합 왕은 하나님이 아니라 바알을 숭배했습니다. 그리고 하나님의 율례와 법도보다 자기 생각을 앞세우거나 왕권을 동원하여 나봇의 포도원까지 빼앗았습니다. 그리고 나봇을 죽였습니다. 얼마나 나쁜 짓을 많이 했습니까?

아합 왕은 엘리야가 이스라엘을 괴롭히는 자로, 엘리야는 아합 왕을 여호와의 명령을 어긴 자로 지적했습니다. 그 다음에 엘리야가 제안을 합니다. 이스라엘과 모든 선지자를 모아 갈멜산으로 나아오라는 것입니다. 이는 엘리야가 자신의 말을 증거하기 위한 것이었습니다. 이스라엘을 괴롭히는 자가 아니라는 것을 드러내기 위함입니다. 이것은 하나님만이 참 신임을 나타내기 위함이었습니다.

이세벨의 녹을 먹는 바알 선지자 사백오십 명과 아세라 선지자 사백 명을 갈멜산으로 모이게 하여 자기에게 내보내라고 도전장을 낸 것입니다. 엘리야 자신과 우상 선지자와 대결해 보자는 것이었습니다. 여호와가 참 하나님인지 아니면 바알이 참 신인지를 드러내기 위한 대결을 제안한 것입니다. 가뭄의 원인이 누구에게 있는지, 여호와인지 아니면 바알인지, 능력이 많으신 신이 어떤 신인지 대결하자는 것이었습니다.

참된 신이 여호와 하나님이시고, 바알 신의 헛됨과 무능력을 드러내기 위한 엘리야의 제안입니다. 바알 선지자와 아세라 선지자들은 이세벨의 돌봄 속에 먹고 마시는 사람들이었습니다. 아마도 이스라엘 전체에 바알이나 아세라신을 숭배하기 위해서 선지자들을 양육하고 있었음을 시사합니다.

본래 선지자는 여호와께 기름 부음을 받고 왕과 백성에게 하나님의 뜻과 계획, 말씀을 받아 전하는 사람이었습니다. 물론 바알 선지자와 아세라 선지자는 질적으로 달랐습니다. 하나님의 말씀을 받아 전하는 사람이 아니라 주술적인 방법으로 백성을 오도하고, 행동이나 말을 비정상적으로 하는 사람들이었습니다.

비정상적인 사람들이라는 말은 자기 자신의 이권을 개입시켜서 말하거나 우상숭배를 위한 목적으로 말과 행동을 하던 자들이라는 뜻입니다. 모세는 이와 같은 자들을 경계했습니다.

신명기 13장 1-5절을 봅시다. "너희 중에 선지자나 꿈 꾸는 자가 일어나서 이적과 기사를 네게 보이고 그가 네게 말한 그 이적과 기사가 이루어지고 너희가 알지 못하던 다른 신들을 우리가 따라 섬기자고 말할지라도 너는 그 선지자나 꿈 꾸는 자의 말을 청종하지 말라 이는 너희의 하나님 여호와께서 너희가 마음을 다하고 뜻을 다하여 너희의 하나님 여호와를 사랑하는 여부를 알려 하사 너희를 시험하심이니라 너희는 너희의 하나님 여호와를 따르며 그를 경외하며 그의 명령을 지키며 그의 목소리를 청종하며 그를 섬기며 그를 의지하며 그런 선지자나 꿈 꾸는 자는 죽이라 …"라고 했습니다.

그들의 목적이 무엇입니까? 하나님을 잊게 만듭니다. 믿게 만드는 것이 아니라 애굽에서 인도하여 낸 여호와를 잊게 만듭니다. 속량하신 하나님을 배반하게 만듭니다. 하나님을 떠나게 만드는 것입니다. 우리는 하나님의 은혜와 사랑을 잊지 않는 성도가 됩시다.

3. 갈멜산의 대결

아합 왕이 이스라엘 모든 자손에게 연락했습니다. 바알과 아세라 상을 섬기는 모든 선지자들을 갈멜산으로 모이도록 소집했습니다. 갈멜은 '동산, 과수원' 입니다. 갈멜산은 울창한 숲으로 뒤덮여 있습니다. 지중해 연안 중앙부에 돌출한 산악 지대로 남동쪽으로 24킬로미터 정도입니다.

주변은 에스드렐론 평원이 내려다 보입니다. 그 평원이 사마리아 고지까지 이어집니다. 최고 높은 곳이 546미터입니다. 낮은 곳은 169미터입니다. 갈멜산 꼭대기에서는 평야와 바다를 한 눈에 내려다 볼 수 있습니다. 많은 동굴이 있고 무성한 숲으로 우거진 산입니다.

고대로부터 우상을 숭배하던 장소였습니다. 갈멜산은 바다로부터 몰려오는 비가 내리는 육지의 첫 지점이기 때문에 '기후의 신'을 섬기는 장소였습니다. 엘리야 선지자는 자신과 바알 선지자와 대결하기에 가장 최적의 장소로 갈멜산을 정했습니다.

대결 장소는 '번제의 장소' 라는 높은 곳으로 참 신과 거짓 신, 여호와와 바알, 엘리야와 우상을 숭배하던 선지자들의 대결이었습니다. 하나님만이 유일한 신임을 드러내기 위한 대결이었습니다.

38-39절을 봅시다. "이에 여호와의 불이 내려서 번제물과 나무와 돌과 흙을 태우고 또 도랑의 물을 핥은지라 모든 백성이 보고 엎드려 말하되 여호와 그는 하나님이시로다 여호와 그는 하나님이시로다"라고 고백했습니다.

우리도 지금 이 고백을 합시다. 여호와만이 하나님이십니다. 여호와만이 나의 하나님이십니다. 여호와만이 우주의 참 하나님이십니다. 그리고 영원토록 하나님만 믿고 사랑하는 성도가 됩시다.

갈멜산 대결

하나님은 하나님의 일을 하실 때 사람을 사용하여 이루어 가십니다. 노아의 가정과 새와 짐승의 구원이 필요할 때 노아와 가족을 부르시고 방주를 준비하도록 하셨습니다. 이스라엘 백성이 애굽에서 430년 동안 종 노릇할 때, 이스라엘의 구원을 위하여 모세를 불러다 쓰셨습니다. 물론 아론도 부르셨습니다.

그러면 하나님은 어떤 사람을 사용하는가? 사람은 외적인 요인을 보고 쓰지만 하나님은 중심을 보시고 사용하십니다. 사람의 인격을 보십니다. 준비된 상태도 보십니다. 그리고 하나님을 사랑하고 의지하는 자를 사용하십니다.

선지자 엘리야와 아합 왕이 갈멜산에서 대결하게 되었습니다. 엘리야와 아합 왕은 불같은 성격의 소유자입니다. 아합 왕은 엘리야를 보자 모욕적인 말로 시작했습니다. 열왕기상 18장 17절에 "이스라엘을 괴롭게 하는 자여 너냐?"라는 말을 했습니다. 엘리야는 다윗 왕 앞에 나단 선지자처럼 "내가 이스라엘을 괴롭게 한 것이 아니라 당신과 당신의 아버지의 집이 괴롭게 하였으니 이는 여호와의 명령을 버렸고 당신이 바알들을 따랐음이라"라고 대답했습니다. 왕의 말에 맞받아치는 엘리야의 모습을 보면 검투사들이 결투하는 장면과 같습니다.

누가 주도권을 가졌느냐? 물론 하나님의 사람, 엘리야 선지자입니다. 지도력을 발휘한 사람은 엘리야입니다. 바알과 아스다롯의 선지자들이나 아합 왕은 도전장을 받았을 뿐입니다. 누가 참 하나님인가? 누가 참 하나님의 사람인가?

하나님의 사람이 세상을 살아갈 때 어떻게 처신해야 하는지를 가르쳐 줍니다. 아합 왕은 850명의 선지자들, 일방적인 응원 속에 있고 하나님의 사람 엘리야는 혼자였지만 그의 배경에는 하나님이 계셨습니다. 상대는 태양을 숭배하는 사람들이라서 값비싼 옷을 입었습니다. 목걸이를 정교하게 만들고 옷에는 멋진 문양으로 수를 놓았습니다. 왕도 버금 수레를 타고 왔습니다. 혼자였던 엘리야 선지자는 신앙적인 행동을 합니다. 이것이 우리가 배워야 할 진리입니다.

1. 결단 촉구

사람은 순간순간 선택을 해야 하는 존재입니다. 어떤 것을 선택하느냐에 따라 영생과 영벌이 결정나기도 합니다. 또 선택하는 것을 보면 그 사람을 알 수 있습니다. 세속적인 이야기이지만 순간의 선택이 10년을 좌우한다는 말이 있습니다.

열왕기상 18장 21절에 "엘리야가 모든 백성에게 가까이 나아가 이르되 너희가 어느 때까지 둘 사이에서 머뭇머뭇 하려느냐 여호와가 만일 하나님이면 그를 따르고 바알이 만일 하나님이면 그를 따를지니라 하니 백성이 말 한마디도 대답하지 아니하는지라"라고 했습니다.

'선택하라'. 결단하라. 이것이 엘리야 선지자의 선언입니다. 엘리야는 우유부단한 사람이 아니었습니다. 백성을 그런 자리로 이끌지도 않았습니다. 줏대 없는 사람도 아닙니다. 바알 아니면 여호와 하나님! 마음을 정하라. 선택하라. 둘은 없다는 것입니다. 하나뿐이다. 우상 아니면 하나님, 거짓 아니면 진실, 천국 아니면 지옥이 있을 뿐입니다.

여호수아는 "나와 내 집은 오직 여호와만을 섬기겠노라"라고 이스라엘 백성들 앞에 선포했습니다. 우리도 순간순간 날마다 그리고 항상 하나님이냐 아니면 우상숭배냐? 세상이냐 아니면 하나님의 교회냐를 선택해야 합니다. 중간은 없습니다.

사랑하는 성도들이여! 좋은 것을 선택합시다. 영원한 것을 선택합시다. 하나님께 영광이 되고 교회에 유익이 되며 자신이 살 수 있는 것을 선택합시다. 이런 사람이 지도자입니다.

2. 대결 방법

열왕기상 18장 22절에 "엘리야가 백성에게 이르되 여호와의 선지자는 나만 홀로 남았으나 바알의 선지자는 사백오십 명이로다"라고 했습니다. 엘리야의 이 말은 맞지 않는 말이었습니다. 나중에 하나님이 숨겨둔 자가 있었기 때문입니다. 그러나 하나님이 행하신 상황을 모르는 엘리야는 홀로 서 있었습니다. 혼자 하나님만 굳게 의지하고 섰습니다. 홀로서기를 했습니다. 그리스도인은 '홀로서기'를 해야 합니다.

야곱도 홀로 남았을 때 하나님 앞에 위골이 되도록 기도드렸습니다. 여러분도 홀로 있을 때 성공해야 많은 사람 앞에서 성공할 수 있는 것입니다. 엘리야는 '나는 하나님 편에 서 있다', 혼자이지만 떳떳하게 서 있었습니다. 이 사람이 지도자입니다. 지도력이 있는 사람입니다.

그리고 뭐라고 말했습니까? 방법을 제시했습니다. 송아지 둘을 가져오게 하고 각을 떠서 나무 위에 놓고 불은 붙이지 말고, 24절에 "너희는 너희 신의 이름을 부르라 나는 여호와의 이름을 부르리니 이에 불로 응답하는 신 그가 하나님이니라"라고 했습니다. 백성들도 그 말이 옳다고 대답했습니다.

역사적으로 바알은 가나안의 많은 신들 중 으뜸가는 신으로 사람들은 '하늘의 주' 라고 생각했습니다. 바알의 제사장들은 번개와 천둥이 치는 것을 볼 때마다 '저것이 바알의 소리' 라고 생각했습니다. 그러니까 바알을 불의 신으로 믿었습니다.

엘리야는 불로 응답하는 것을 요구함으로써 바알을 시험대에 올려 놓은 것입니다. 대단한 믿음의 배짱입니다. 바알은 불의 신이니 불로 응답할 수 있지 않겠는가? 매우 공정한 시합이었습니다. 사람들은 다 좋다고 생각했습니다. 불의 신이기 때문에 쉽게 이길 것으로 생각한 것입니다. 바알을 믿는 모든 사람들은 아주 유리하다고 생각했습니다.

우리가 세상을 살아갈 때 상대를 더 유리하게 만들어 주기도 합니다. 그러나 공의가 살아 있습니다. 당장은 손해를 보는 것 같고 어려움을 겪는 것처럼 보이지만 멀지 않습니다. 우리가 진리에 서 있는 한 이깁니다. 하나님이 우리 편입니다.

3. 의식 거행과 바알의 무응답

엘리야는 하나님을 굳게 믿고 서서 당당하게 말했습니다. 당신들이 먼저 실행하시오. 25절에 "엘리야가 바알의 선지자들에게 이르되 너희는 많으니 먼저 송아지 한 마리를 택하여 잡고 너희 신의 이름을 부르라 그러나 불을 붙이지 말라"라고 제안했습니다. 영적인 전쟁에서 믿음이 아주 중요합니다. 믿음의 사람이 지도자입니다.

바알을 믿는 선지자들은 열심히 그리고 많이 아침부터 저녁까지 바알이여, 바알이여, 우리에게 응답하소서!라고 주문을 외웠습니다. 그러나 "아무 소리도 없고 아무 응답하는 자도 없으므로 그들이 그 쌓은 제단 주위에서 뛰놀더라"라고 했습니다.

시편 115편 5-7절에 "입이 있어도 말하지 못하며 눈이 있어도 보지 못하며 귀가 있어도 듣지 못하며 코가 있어도 냄새 맡지 못하며 손이 있어도 만지지 못하며 발이 있어도 걷지 못하며 목구멍이 있어도 작은 소리조차 내지 못하느니라"라고 했습니다. 우상은 그런 것입니다. 사람의 수공물입니다.

태양이 가장 이글이글 탈 때 엘리야는 조롱하듯 말했습니다. 27-28절에 "정오에 이르러는 엘리야가 그들을 조롱하여 이르되 큰 소리로 부르라 그는 신인즉 묵상하고 있는지 혹은 그가 잠깐 나갔는지 혹은 그가 길을 행하는지 혹은 그가 잠이 들어서 깨워야 할 것인지 하매 이에 그들이 큰 소리로 부르고 그들의 규례를 따라 피가 흐르기까지 칼과 창으로 그들의 몸을 상하게 하더라"라고 했습니다.

사람이 인간적인 열심 때문에 구원을 받는다면 이 사람들이 구원을 받아야 할 것입니다. 이 얼마나 열심입니까? 아주 철저하게 그리고 열심히 찾고 부르짖었습니다. 그러나 엘리야는 하나님만을 믿고 의지했습니다. 믿음으로 우상과 영적인 전쟁을 하듯 싸웠습니다. 우리가 믿는 믿음의 대상은 영원히 여호와 하나님이십니다. 믿음의 대상을 믿는 것이 중요하지 그렇지 않으면 아무리 열심히 하여도 은혜와 복이 없는 것입니다.

4. 엘리야와 여호와의 응답

지도자는 일을 비밀리에 하지 않고 항상 공개적으로 합니다. 엘리야를 보십시오. 엘리야의 차례가 되었습니다. 바알 선지자들은 지쳤습니다. 엘리야는 모든 백성에게 말하기를 30절에서 "내게로 가까이 오라 백성이 다 그에게 가까이 가매 그가 무너진 여호와의 제단을 수축하되"라고 했습니다.

'내게로 가까이 오라.' 이 명령은 사소한 명령이 아닙니다. 상대와 대면의 문제, 믿음을 심어주는 문제, 지도자에 관한 한 핵심적인 원리입니다. 공개적으로 일을 하는 것, 다 보는 앞에서 일하는 것이 아주 중요한 공식입니다.

이단의 특성은 비밀이나 기호, 암호나 예식 같은 것들이 있다는 것입니다. 소수가 특권의식을 가지고 진리를 공유합니다. 그러나 기독교는 모든 일을 공개적으로 하되 어떤 비밀도 감춰 놓지 않고 드러내 놓고 일합니다. 이것이 진리의 단체와 비진리 단체의 차이점일 것입니다. 기독교는 비밀이 없습니다. 하나님과의 관계에서는 더욱 그렇습니다.

가까이 나아오라. 멀리 있으면 무슨 속임수를 썼다고 말할 수도 있습니다. 그러나 엘리야는 백성들에게 가까이 오라. 하나님의 영광이 드러나고 모든 것이 명확해지기 때문입니다.

어느날 병정들이 예수님을 잡으러 왔습니다. 마가복음 14장 48-49절에 "예수께서 무리에게 말씀하여 이르시되 너희가 강도를 잡는 것 같이 검과 몽치를 가지고 나를 잡으러 나왔느냐 내가 날마다 너희와 함께 성전에 있으면서 가르쳤으되 너희가 나를 잡지 아니하였도다 그러나 이는 성경을 이루려 함이니라"라고 말씀하셨습니다.

예수님은 항상 공개적으로 사역을 하셨습니다. 갈릴리 바다에서나 회당에서 가르치셨습니다. 성전에서나 빈 들, 다락방에서나 산에서 말씀하셨습니다. 대제사장들과 장로들과 서기관들은 비밀리에 체포하려고 했습니다. 이것이 다른 점입니다.

우리는 자신과 주님을 위해 일어서야 합니다. 알려지지 않은 것이라고 생각하지 말아야 합니다. 영원히 속일 수 있다는 생각도 하지 말아야 합니다. 나중에 다 알게 되어 있습니다. 다 보게 됩니다. 지도자는 그것을 알고 있는 사람입니다. 엘리야 선지자처럼 '내게로 가까이 나아오라' 라고 말할 수 있어야 합니다.

지도자는 담대합니다. 모세나 여호수아 모두 담대한 하나님의 사람들입니다. 이스라엘 각 지파대로 사람들을 뽑아 제단을 만들도록 했습니다. 나무를 정렬하고 희생으로 드릴 소의 각을 떠서 그것들을 제단 위에 올려놓았습니다. 희생제물이 거의 준비가 되었습니다.

33절에 "또 나무를 벌이고 송아지의 각을 떠서 나무 위에 놓고 이르되 통 넷에 물을 채워다가 번제물과 나무 위에 부으라"라고 했습니다. 이것이 하나님을 믿고 담대하게 외치던 엘리야 선지자의 명령입니다.

네 통의 물을 번제물과 나무 위에 부으라. 3년 동안 가뭄이 있었습니다. 물을 구하는 것은 쉬운 일이 아니었습니다. 산길을 내려가서 통에 물을 길어다가 부었습니다. 다시 그리하라. 얼마나 힘든 순종입니까? 가물 때에 물을 구하는 것도 어렵고 길어 나르는 것은 더욱 순종하기 힘든 일입니다. 34절입니다. '세 번째로 그리하라 하여 세 번째로 그리하니'라고 했습니다.

사람이 불로는 도저히 붙일 수가 없는 상황이 되었습니다. 제물과 나무들이 다 흥건히 젖어버렸습니다. 속일 수가 없습니다. 태울 수 있는 방법은 기적뿐입니다. 하나님의 능력뿐입니다. 하나님으로부터 오는 불이 아니면 할 수가 없는 일이었습니다.

엘리야는 대담한 사람입니다. 큰 능력을 믿고 행하는 하나님의 사람이었습니다. 불가능한 것을 가능하게 하실 분은 하나님이라는 것을 알고 있습니다. 하나님을 어떻게 믿습니까? 할 수 없는 분으로 믿습니까? 무능력하고 무기력한 우상같이 생각합니까? 우리 하나님은 천지만물을 창조하신 분이십니다. 엘리야의 하나님은 나의 하나님이십니다. 불의 하나님이십니다. 불로 응답하는 하나님이십니다. 엘리야의 하나님, 나의 하나님! 이런 믿음의 담대함이 중요합니다.

지도자는 기도의 사람입니다. 엘리야는 기도의 사람이었습니다. 위대한 지도자는 항상 기도를 드리는 사람입니다. 36-37절에 "저녁 소제를 드릴 때에 이르러 선지자 엘리야가 나아가서 말하되 아브라함과 이삭과 이스라엘의 하나님 여호와여 주께서 이스라엘 중에서 하나님이신 것과 내가 주의 종인 것과 내가 주의 말씀대로 이 모든 일을 행하는 것을 오늘 알게 하옵소서 여호와여 내게 응답하옵소서 내게 응답하옵소서 이 백성에게 주 여호와는 하나님이신 것과 주는 그들의 마음을 되돌이키심을 알게 하옵소서"라고 기도드렸습니다.

여호와는 살아 계신 하나님이시고, 자신은 하나님의 종임을 밝히고 있습니다. 자신은 대리자입니다. 거짓 선지자들은 여섯 시간 이상 기도했지만 엘리야의 기도는 그런 기도가 아니었습니다. 짤막한 기도였습니다. 하나님을 나타내는 기도였습니다. 자신의 신분을 밝히는 기도였습니다. 백성들로 하여금 하나님을 믿게 하는 기도였습니다.

바울은 에베소서 6장에서 '영적 전쟁을 위하여 하나님의 전신갑주를 입으라'라고 말했습니다. 에베소서 6장 18절에 "모든 기도와 간구를 하되 항상 성령 안에서 기도하고"라고 했습니다. 기도의 사람이 지도자입니다.

엘리야가 기도했을 때 어떤 결과가 있었습니까? 38절입니다. "이에 여호와의 불이 내려서 번제물과 나무와 돌과 흙을 태우고 또 도랑의 물을 핥은지라"라고 했습니다. 39절에서는 "모든 백성이 보고 엎드려 말하되 여호와 그는 하나님이시로다 여호와 그는 하나님이시로다"라고 하였습니다.

예기치 못한 변화, 기적 중의 기적이 일어났습니다. 아침에는 바알 선지자들이 판을 쳤지만 저녁 때는 살아 계신 하나님께 예배가 시작되었습니다. 신실한 하나님의 사람이 백성과 더불어 하나님을 예배하게 만들었습니다. 이것이 지도자가 하는 일입니다. 기도해야 예배가 됩니다.

5. 처단하라

남은 일은 청소한 것뿐이었습니다. 희생 제물은 없었습니다. 제단은 사라졌습니다. 유일한 쓰레기는 바알과 아세라 신을 섬기는 거짓 선지자들이었습니다. 하나님의 사람 엘리야는 과감하게 지시를 내렸습니다.

40절을 봅시다. "엘리야가 그들에게 이르되 바알의 선지자를 잡되 그들 중 하나도 도망하지 못하게 하라 하매 곧 잡은지라 엘리야가 그들을 기손 시내로 내려다가 거기서 죽이니라"라고 했습니다.

거짓 선지자의 종말이 무엇인가? 신명기 13장 1-5절에서 모세가 가르쳐 주었습니다. '죽이라'. 이것이 거짓 선지자의 종말입니다. "너희 중에 선지자나 꿈 꾸는 자가 일어나서 이적과 기사를 네게 보이고 그가 네게 말한 그 이적과 기사가 이루어지고 너희가 알지 못하던 다른 신들을 우리가 따라 섬기자고 말할지라도 너는 그 선지자나 꿈 꾸는 자의 말을 청종하지 말라 이는 너희의 하나님 여호와께서 너희가 마음을 다하고 뜻을 다하여 너희의 하나님 여호와를 사랑하는 여부를 알려 하사 너희를 시험하심이니라 너희는 너희의 하나님 여호와를 따르며 그를 경외하며 그의 명령을 지키며 그의 목소리를 청종하며 그를 섬기며 그를 의지하며 그런 선지자나 꿈 꾸는 자는 죽이라 이는 그가 너희에게 너희를 애굽 땅에서 인도하여 내시며 종 되었던 집에서 속량하신 너희의 하나님 여호와를 배반하게 하려 하며 너희의 하나님 여호와께서 네게 행하라 명령하신 도에서 너를 꾀어내려고 말하였음이라 너는 이같이 하여 너희 중에서 악을 제할지니라"라고 했습니다.

지금은 은혜 시대에 살고 있습니다. 하지만 거짓된 사람들에게는 심판이 기다릴 뿐입니다. 회개의 기회가 많이 있습니다. 이것을 역이용하지 말아야 합니다. 즉시 회개하여 구원을 얻는 것이 사는 길입니다. 하나님은 회개하는 사람을 사용하십니다.

그리고 하나님은 자기만 홀로 일하지 않고 하나님을 좋아하고 사랑할 줄 아는 사람을 사용하십니다. 예수님은 항상 소수를 데리고 시작하셨습니다. 숫자가 문제가 아닙니다. 하나님은 무엇이나 하실 수 있는 분이십니다. 이런 믿음의 사람이 지도자로 성장할 수 있습니다.

또 한가지는 문제보다 가능성을 바라보는 사람을 사용하십니다. 엘리야는 자신이 일을 하려고 하지 않았습니다. 하나님이 일을 하시도록 기도했습니다. 하나님이 하실 일을 사람이 일하면 망가집니다. 그것을 알고 있는 사람이 지도자입니다.

모세가 열두 정탐꾼을 파송합니다. 가나안 땅을 차지하러 정탐꾼들을 먼저 보낸 것입니다. 여호수아와 갈렙은 사람들만 보지 않고 하나님을 바라보았습니다. 열 명의 정탐꾼들, 다수의 사람들은 하나님을 보지 않고 사람들만 보고서 환경만 보니 못 들어간다고 보고했던 것입니다.

자신의 능력보다는 하나님께서 사용하신다는 확신을 가진 사람을 쓰십니다. 자신의 능력을 믿는 사람은 교만해집니다. 부정적인 사람은 하나님이 사용하시지 않습니다. 정직한 사람을 사용하십니다.

엘리야는 우리와 같은 사람이었습니다. 평범한 사람이었습니다. 그러나 하나님께서 능력있게 사용했습니다. 이유는 하나님을 믿는 믿음에서 다른 이들과 달랐습니다. 하나님이 사용하도록 내맡긴 사람입니다. 우리도 하나님께서 크게 그리고 존귀하게 사용하는 복이 있기를 바랍니다.

제58강
열왕기상 18장 41-46절

기도하라(Communication)

하나님과 교회를 위한 지도자는 기도의 사람입니다. 하나님과 교제할 줄 아는 사람이 교회의 지도자입니다. 교회의 지도자는 천상천하 유아독존이 아닙니다. 독불장군은 지도자가 아닙니다. 하나님과 사람 사이에서 교통하고 대화하고 이야기를 나누는 사람이 지도자입니다.

기도에 대하여 가장 많이 언급한 야고보서에서 엘리야 선지자는 기도의 사람이라고 말합니다. 유대인들의 전통에 의하면 초대교회가 야고보서를 기록한 야고보에게 '낙타무릎'이라는 별명을 붙여주었습니다. 왜냐하면 기도하기 위하여 무릎을 많이 꿇다 보니까 낙타 무릎과 같이 변해 버렸기 때문입니다.

그렇게 기도한 야고보는 어디서 기도를 배웠을까요? 누구의 기도를 본받았을까요? 아마도 엘리야 선지자를 본받았다고 생각합니다. 물론 예수님에게 배웠겠지요? 그러니까 야고보서에서 엘리야 선지자를 언급했고, 야고보가 낙타무릎이 될 수 있었던 것은 엘리야 선지자의 기도를 본받았기 때문이라고 생각합니다.

엘리야 선지자는 기도의 선지자였습니다. 그것도 무능했던 선지자가 아니라 능력있는 하나님의 선지자였습니다. 엘리야는 특별한 인물이라기보다는 우리와 같은 성정을 가진 사람이었습니다. 하늘에서 뚝 떨어진 존재가 아니었습니다. 엘리야도 때로는 의심하기도 하고 현실 앞에서 당혹스러워하기도 하고 때로는 실망하기도 했습니다.

그러나 엘리야는 낙심하지 않고 살아 계신 하나님께 기도했습니다. 야고보가 자기의 표준으로 엘리야를 선택한 이유가 바로 여기 있습니다. 엘리야가 우리와 같은 성정을 가진 사람이라면 우리들도 엘리야처럼 기도하면 하나님께서 응답해 주실 줄로 믿습니다.

열왕기상 17장 1절(약5:17)에서 엘리야가 비가 오지 않도록 기도하는 것을 보았습니다. "디셉 사람 엘리야가 아합에게 말하되 내가 섬기는 이스라엘의 하나님 여호와께서 살아 계심을 두고 맹세하노니 내 말이 없으면 수 년 동안 비도 이슬도 있지 아니하리라"라고 했습니다.

열왕기상 18장 16-18절에 아합 왕과 대면하게 될 때도 먼저 기도를 드렸습니다. "오바댜가 와서 아합을 만나 그에게 말하매 아합이 엘리야를 만나러 가다가 엘리야를 볼 때에 아합이 그에게 이르되 이스라엘을 괴롭게 하는 자여 너냐 그가 대답하되 내가 이스라엘을 괴롭게 한 것이 아니라 당신과 당신의 아버지의 집이 괴롭게 하였으니 이는 여호와의 명령을 버렸고 당신이 바알들을 따랐음이라"라고 했습니다.

그리고 갈멜산에서 불을 내리게 한 것도 바로 기도였습니다. 열왕기상 18장 36-37절에 "저녁 소제 드릴 때에 이르러 선지자 엘리야가 나아가서 말하되 아브라함과 이삭과 이스라엘의 하나님 여호와여 주께서 이스라엘 중에서 하나님이신 것과 내가 주의 종인 것과 내가 주의 말씀대로 이 모든 일을 행하는 것을 오늘 알게 하옵소서 여호와여 내게 응답하소서 이 백성에게 주 여호와는 하나님이신 것과 주는 그들의 마음을 되돌이키심을 알게 하옵소서"라고 했습니다.

이제 엘리야는 비가 오도록 기도하려고 합니다. 비가 내릴 것이라고 하나님이 이미 약속하셨습니다. 열왕기상 18장 1절입니다. "많은 날이 지나고 제삼년에 여호와의 말씀이 엘리야에게 임하여 이르시되 너는 가서 아합에게 보이라 내가 비를 지면에 내리리라"라고 하셨습니다.

하나님이 약속하셨음에도 왜 엘리야는 기다리지 않고 기도를 했을까? 기도는 약속을 실행으로 바꾸어 주는 믿음이기 때문입니다. 하나님의 말씀, 언약이 실행되는 것을 원하는 것이 기도입니다. 하나님은 목적을 정해 주실 뿐만 아니라 수단도 정해 주십니다. 기독교인의 삶은 내가 무엇을 시도하는 삶이 아니라 하나님께 의뢰하는 삶입니다. 기독교인의 삶은 불가능한 삶인데 초자연적인 도움이 요구되는 삶이기 때문입니다.

1. 엘리야의 권고

엘리야의 기도는 진지한 기도입니다. 간절한 기도였습니다. 열왕기상 18장 41절에 "엘리야가 아합에게 이르되 올라가서 먹고 마시소서 큰비 소리가 있나이다"라고 말했습니다. 하늘에는 아무 징조도 없는데 무슨 큰 비 소리가 엘리야의 귀에 들렸을까요? 엘리야는 하나님과 끊임없이 대화를 나누었다고 봅니다. 하나님의 약속을 믿었고 비가 올 것을 알고 있었습니다. 구름은 없었지만 믿음으로 하나님의 언약을 믿었습니다. 하나님은 언약에 신실하신 분이시기 때문입니다.

아합 왕은 어떤 감흥도, 감동도 없었습니다. 영적으로 무감각 그 자체였습니다. 아합 왕은 얼굴을 땅에 대고 회개하는 대신 저녁을 먹으러 나갔습니다. 그러나 하나님의 사람 엘리야는 갈멜산 꼭대기에 올라가서 땅에 꿇어 엎드려 그 얼굴을 무릎 사이에 넣고 기도했습니다. 기도하는 자세를 볼 때 얼마나 간절히 그리고 진실하게 간구했는지를 알 수 있습니다. 정말 진지한 기도를 하였습니다.

우리 주님도 세상에서 마지막날 밤을 어떻게 지내셨습니까? 겟세마네 동산에서 기도하셨습니다. 기도하실 때 "할 만하시거든 이 잔을 내게서 지나가게 하옵소서 그러나 나의 원대로 마옵시고 아버지의 원대로 하옵소서"(마26:39)라고 기도했습니다. 내 뜻대로 마옵시고 아버지의 뜻대로 되기를 원하였습니다. 신체적인 행동은 마음에서 나온 것을 반영하는 것입니다. 땀방울이 핏방울처럼 되었습니다.

야고보는 엘리야가 간절히 기도했다고 기록했는데 원래의 뜻은 '그는 그의 기도 속에서 기도했다' 라는 뜻입니다. 심오한 생각으로 기도했습니다. 하나님께 사로잡혀 기도했습니다. 진지하게 기도했습니다.

2. 기도의 응답

엘리야 선지자는 기도하면서 기대하는 사람이었습니다. 기도 속에 기대감이 있었습니다. 열왕기상 18장의 세 구절을 봅시다. '아무것도 없나이다'(왕상18:43), '사람의 손 만한 작은 구름이 일어나나이다'(왕상18:44), 그리고 '큰 비가 내리는지라'(왕상18:45)입니다. 아무것도 없는 데서 시작하여 작은 구름으로, 작은 구름에서 큰 비로 이어지는 하나님의 응답을 생각해 보기 바랍니다. 약속한 대로 행하시는 하나님, 기대한 대로 행하시는 하나님이십니다.

엘리야는 기대하며 기도했습니다. 사환에게 올라가 바다쪽을 바라보라고 지시했습니다. 하나님의 응답을 바라보면서 기도하는 사람이 믿음이 있는 기도자입니다. 일곱 번까지 다시 가라고 명령합니다. 손만한 작은 구름이 떠오를 때 아합 왕에게 비에 막히지 아니하도록 마차를 갖추고 내려가라고 말했습니다(왕상18:43-44).

엘리야는 사환에게 일곱 번까지 가라고 말했습니다. 일곱 번이라는 말이 우리들을 부끄럽게 만듭니다. 우리들은 한 번 혹은 두 번 하다가 지쳐버리는 경향이 있습니다. 바라보다가 지치는 상태입니다. 종을 보내고 또 보냈습니다. 종을 통해서 하나님의 응답을 기대하면서 자신은 간절히 바라보는 기도를 드렸습니다.

사도행전 12장에 베드로가 옥에 갇혔습니다. 교회는 베드로를 위하여 기도했습니다(행12:5). 하나님이 감옥에서 나오도록 했습니다. 마가 요한의 집으로 갔을 때 모인 무리가 기도했습니다(행12:12). 베드로가 문을 두드릴 때 로데라는 소녀가 문틈으로 베드로를 알아보고 뛰어 들어가 베드로라고 말했습니다. 그때 사람들의 반응은 '미쳤다'라고 말했습니다. 신학적인 지식이 있는 자는 '베드로의 천사'가 왔다고 생각했습니다. 그래도 베드로가 노크를 계속하자 다들 놀랐습니다.

엘리야는 3년 6개월 동안 까마귀를 통해서 이방인 과부를 통해서 양식을 제공받았습니다(왕상17:4-6). 하나님 앞에서 기대하는 마음으로 기다리는 것을 배웠습니다. 기도하는 사람은 하나님 앞에서 겸손하게 기대하며 기다리는 자세를 배워야 합니다.

마태복음 7장 7-12절을 기억해야 합니다. 기대하는 마음으로 구하고 찾고 문을 두드려야 합니다. 얻게 됩니다. 찾게 됩니다. 문이 열려지게 됩니다. 낙심하지 말고 기도하기 바랍니다.

3. 아합과 엘리야

기도의 효과가 무엇인가? 45절에 "조금 후에 구름과 바람이 일어나서 하늘이 캄캄해지며 큰 비가 내리는지라 아합이 마차를 타고 이스르엘로 가니"라고 했습니다.

하나님이 약속한 비가 많이 내리므로 메마른 땅에 큰 효과가 있었습니다. 이슬비나 보슬비가 아니었습니다. 대지를 촉촉하게 적시는 가뭄을 겨우 해결하는 비도 아니었습니다. 지속되던 가뭄을 해갈하기에 충분한 비였습니다. 흠뻑 적시게 하는 장맛비입니다.

오늘날은 하나님의 은혜가 메마른 시대입니다. 개인적으로도 메마르고 교회적으로도 메마른 시대입니다. 하나님의 은혜와 사랑에 감격하여 찬송을 부르는 사람이 적은 시대에 살고 있습니다. 감격 속에서 올리는 기도 소리가 끊어진 지 오래입니다. 우리들이 하나님의 큰 은혜의 사람들이 될 수는 없을까요?

또 엘리야 자신에게 영향을 끼치는 기도의 효과가 있었습니다. 열왕기상 18장 46절에 "여호와의 능력이 엘리야에게 임하매 그가 허리를 동이고 이스르엘로 들어가는 곳까지 아합 앞에서 달려갔더라"라고 했습니다. 땅에 새로운 힘을 주어 움이 돋게 된 것처럼 엘리야도 역동적인 능력을 발휘하게 되었습니다. 하나님의 능력이 임하게 되었습니다.

위대한 기도는 위대한 축복을 가져옵니다. 살아 계신 하나님께 투자하는 사람은 반드시 여러 배의 보상을 받게 될 줄로 믿습니다. 비가 오지 않기를 기도할 때 비가 오지 않았습니다. 또한 비 오기를 기도할 때 흡족할 만큼 비가 내렸습니다.

'헌신하지 않고는 기도하지 말라' 라는 말이 있습니다. 야고보는 "너희가 얻지 못함은 구하지 아니함이요 구하여도 받지 못함은 정욕으로 쓰려고 잘못 구함이니라"(약4:2-3)라고 지적했습니다.

기도하지 못하게 하는 것은 사탄의 역사입니다. 영적으로 자신이 교만해져서 기도하지 않게 하는 것이 사탄의 전략입니다. 기도하지 않는 것은 알아보면 교만입니다. 겸손한 사람은 하나님을 의지하고 하나님 앞에 기도합니다.

주님이 바쁘신 생활 가운데 하신 일이 무엇입니까? 새벽 오히려 미명에 예수께서 일어나 한적한 곳으로 가서 거기서 기도하셨습니다(막1:35). 아버지와 끊임없는 대화를 하셨습니다. 하나님의 능력이 나타나게 한 것은 기도였습니다. 그래서 주님은 영원한 지도자이십니다. 우리들도 변함없이 기도하는 삶을 살기를 바랍니다. 하늘의 응답을 받기를 바랍니다. 하나님의 언약이 이루어지는 복을 받아 누립시다.

제59강
열왕기상 19장 1-8절

헌신하라(Commitment)

영적인 전쟁에서나 세속적인 전쟁에서 '적을 안다'는 것은 아주 중요한 일입니다. 사도 바울도 고린도 교인들에게 "우리는 그 계책을 알지 못하는 바가 아니로라"(고후2:11)라고 말했습니다. 성경은 사탄의 존재와 전략에 대하여 다 알려 주었습니다. 대적자 사탄, 악령, 마귀, 용, 속이는 자라고 정의했습니다. 그러므로 사탄을 대적하기 위하여 하나님의 전신갑주를 입어라. 하나님의 전신갑주를 취하라고 명령했습니다.

엘리야를 볼 때 영적인 전쟁에서 네 가지 위험성이 있음을 발견하게 됩니다. 그것이 무엇일까요?

1. 상황만 보는 위험성입니다.

열왕기상 19장을 보면 영적인 전쟁에서 승리하는 것이 인간의 약점을 드러낼 수 있는 조건이 됩니다. 사람이 승리하여 기쁘고 즐겁기 때문에 적에게 노출되는 경향이 있습니다. 갈멜산에서의 승리 후에 얼마나 엘리야를 쉽게 실의의 구렁텅이에 빠지게 만들었던가요?

　엘리야 선지자의 활동으로 여호와 하나님이 살아계심을 보여주었고 엘리야가 하나님의 사람임을 보여 주었습니다. 말씀이 살아 있는 하나님의 말씀임도 보여 주었습니다. 그런데 얼마되지 않아 엘리야는 실의와 좌절감에 빠졌습니다. 갈멜산에서 위대하신 하나님을 나타냈습니다. 그리고 우상숭배가 얼마나 허무한 일인가를 드러냈습니다. 엘리야가 하나님의 사람임을 왕과 백성들 앞에 증거했습니다.

　그러나 아합 왕의 부인 이세벨의 반격이 시작되었습니다. 정치적인 보복입니다. 그 사실을 알고 엘리야는 유다 지역으로 도피했습니다. 아합의 손길이 미치지 못하는 곳으로 떠나게 되었습니다. 절망과 실의에 빠진 엘리야의 모습입니다. 인간은 하루 아침에 흔들리는 존재입니다. 자기 뜻대로 어떤 일이 되지 않을 때 사람은 쉽게 흔들리고 나쁜 상황에 빠질 수 있습니다.

　성도는 세상에서 일어나는 무슨 사건이든지 하나님의 관점에서 바라보아야 합니다. 지혜로운 자의 눈이 필요합니다. 하나님은 위로와 용기를 주시는 분이십니다. 찾아오셔서 어루만져 주시고 고쳐주시는 분이십니다. 그러므로 하나님만 바라보아야 합니다. 이러한 상황에서 빨리 벗어날 수 있는 것이 있다면 그것은 헌신입니다. 몸과 마음, 물질과 은사를 동원하여 드리는 것입니다. 죽으면 죽으리라. 그것이 모범적인 답입니다.

　엘리야도 우리와 같은 성정을 가진 사람입니다. 야고보가 증명해 주었습니다(약5:17). 바울은 "그런즉 선 줄로 생각하는 자들아 넘어질까 조심하라"라고 교훈했습니다. 엘리야는 승리 뒤에 패배, 갈멜산 정상에서 멸망의 구렁텅이로 떨어지게 되었습니다. 사탄은 항상 이런 식으로 하나님의 사람들을 공격해 왔습니다.

　하나님의 사람이 하나님은 바라보지 않고 주변 환경이나 상황만을 바라볼 때 위험해집니다. 엘리야 선지자의 활동으로 이스라엘 백성들 앞에서 참패를 경험한 아합 왕은 속이 뒤틀린 상태에서 갈멜산으로부

414 | 강해설교 · 열왕기상

터 마차를 타고 평지 이스르엘로 내려갔습니다(왕상18:45). 이스르엘에 있는 자기 집까지는 약 56킬로미터 정도였습니다. 아마도 저녁 늦게 도착했을 것으로 보입니다. 마라톤은 42.195킬로미터입니다. 엘리야는 56킬로미터를 달렸습니다.

아합 왕은 피곤한 몸으로 이세벨에게 상황을 보고했습니다. 열왕기상 19장 1절을 볼 때 엘리야가 행한 일과 바알 선지자들을 기손 강가에서 죽인 것을 다 말해 주었습니다. 이세벨은 사자를 엘리야에게 보냈습니다. 내일 이맘 때에 네 생명도 끝이라는 것입니다. 그렇지 않으면 신들이 벌 위에 벌을 내림이 마땅하다고 말했습니다. 그 소식을 듣고 엘리야는 살기 위하여 유다로 도망했습니다. 브엘세바에 이르러 거기에 사환을 머물게 했습니다.

지금까지 엘리야를 인도하시고 역사하신 분은 하나님이십니다. 그런데 갑자기 자기의 주변 환경, 사람을 보기 시작했습니다. 하나님의 사람들이 범하기 쉬운 죄 중의 하나입니다. 베드로도 주님을 바라볼 때와 바람과 풍랑을 볼 때 상황이 달랐습니다. "주여 나를 구원하소서!" 가장 짧은 기도를 올렸습니다. 주님은 물 속에서 베드로를 건져 주셨습니다. 그러면서 '믿음이 적은 자여 왜 의심하였느냐?' 라고 책망하셨습니다.

지금 여러분의 눈은 누구를 향하고 있습니까? 주님입니까 아니면 상황입니까? 자신입니까 아니면 하나님입니까? 주님을 바라볼 수 있기를 바랍니다. 눈을 열어달라고 기도합시다. 사도 바울은 "주 안에서 항상 기뻐하라 내가 다시 말하노니 기뻐하라"라고 말합니다(빌4:4). 바울은 감옥에 있는 상황이지만 하나님을 바라보았습니다. 그러므로 갇힌 중에도 기뻐했습니다. 엘리야는 하나님을 믿고 바라보다가 자신을 보고, 이세벨을 보기 시작했습니다. 그러니까 도망하는 길밖에 없다고 생각했습니다.

남쪽으로 약 193킬로미터나 떨어진 브엘세바까지 도망쳤습니다. 우리는 하나님이 자기 마음을 채워주실 분으로 믿어야 합니다. 우리를 통해서 일하실 수 있도록 해야 합니다. 사도 요한은 요한일서 4장 4절에 "너희 안에 계신 이가 세상에 있는 이보다 크심이라"라고 말했습니다. 세상보다 크신 하나님, 만유보다 크신 하나님을 믿습니다.

요한복음 10장 29절에 "그들을 주신 내 아버지는 만물보다 크시매 아무도 아버지 손에서 빼앗을 수 없느니라"라고 했습니다. 하나님을 바라보지 않는 위험성을 공부해야 합니다. 상황을 보는 위험성, 사람을 보는 위험성을 알고, 우리 모두 하나님만 바라봅시다.

2. 어리석은 기도의 위험성입니다.

기도하지 않는 것도 위험한 일이지만 그릇된 기도를 올리는 것도 위험합니다. 어리석은 자의 기도는 응답도 없거니와 하나님의 뜻과 반대이기 때문입니다. 자신과 악한 왕비를 약 193킬로미터나 떼어놓고도 어리석은 기도를 올리는 엘리야의 모습이 우리의 모습은 아닌지 생각하게 만듭니다.

엘리야는 로뎀 나무 아래 앉아서 죽기를 구했습니다. "여호와여 넉넉하오니 지금 내 생명을 거두시옵소서. 나는 내 조상들보다 낫지 못하니이다"(왕상19:4). 정말 놀라운 기도입니다. 자신을 위협하는 사람은 한 사람도 없는데 이렇게 기도합니다. 누가 뭐라고 하는 사람이 아무도 없는데 이렇게 기도합니다. 여러분도 이런 기도를 올린 적은 없습니까?

혈혈단신으로 850명의 거짓 선지자들을 죽이던 엘리야가 이게 무슨 꼴입니까? 한 여자의 복수심에 불타는 모습을 보고 도망하고 심지어 그릇된 기도까지 올리고 있는 엘리야의 나약한 인간의 모습이 혹시 나의 모습은 아닐까? 사람이 상황 판단이 정확하지 않으면 왜곡된 삶을 살게 되고, 그릇된 생각과 마음을 품게 되어 있습니다. 정말 죽기를 원했다면 도망갈 필요가 뭐 있습니까? 이세벨에게 목숨을 맡기면 되지 않겠습니까?

사람은 능력있는 하나님을 잃어버렸을 때 그릇된 기도를 하게 됩니다. 하나님이 문제를 해결해 주실 줄로 믿읍시다. 하나님을 잃어버릴 때 사람이 보이고, 문제가 커 보입니다. 하나님이 위대하게 보일 때 문제는 작아지고, 웃으면서 세상을 살 수 있습니다. 기도는 내가 원하는 것을 구하는 것보다 하나님이 원하시는 것을 구하는 것이 정석입니다.

하나님의 뜻이 나의 뜻이 되고, 하나님의 말씀이 나의 말이 될 때 행복합니다. 하나님의 기쁨으로 가득찰 때 인간은 최고의 행복을 누리게 됩니다. 하나님, 내가 원하는 것을 이루기보다는 하나님이 원하시는 것을 이루게 하시옵소서.

이세벨의 손에 죽는 한이 있더라도 현명한 기도를 올려야 하는데, 하나님의 뜻대로 구해야 합니다. 지금까지 우리가 그릇된 기도를 올렸지만 참아주시고 또 올바른 깨우침을 주셔서 마침내 응답해 주시는 사랑의 하나님께 감사하게 됩니다.

3. 자신의 필요를 채우지 않는 위험성입니다.

우리에게는 자신의 필요를 소홀히 여기는 어리석음이 있습니다. 자신을 소홀히 여기는 위험성입니다. 엘리야를 봅시다. 오랜 시간 하나님의 일을 했습니다. 갈멜산에서 격투를 했습니다. 갈멜산에서 이스르엘까지 약 56킬로미터를 아합 왕의 마차 앞에서 달렸습니다. 마라톤 선수라도 지쳤을 것입니다. 그리고 이세벨의 체포령 때문에 약 193킬로미터를 달렸습니다. 하룻길을 걸어서 광야로 들어갔습니다. 빗자루를 만드는 나무 아래에서 죽기를 구했습니다.

자신이 지치고 힘이 들면 좋은 결정을 내릴 수 없는 게 사람입니다. 다 필요없다고 생각합니다. 다 그만두고 싶어합니다. 엘리야가 달리고 또 달려서 고갈 상태에 빠졌습니다. 낙심하고 축처진 상태에 있었습니다. 지쳐서 로뎀나무 아래서 누워 잤습니다. 천사가 어루만집니다. 일어나서 먹으라. 머리맡에 숯불에 구운 떡과 한 병의 물이 있었습니다. 먹고 마시고 다시 누웠습니다(왕상19:5-6). 사람은 영적인 필요와 육신적인 필요를 채워야 합니다. 하나님의 위로도 받아야 합니다. 사람의 칭찬도 받아야 합니다. 밥도 먹어야 합니다.

하나님은 종의 식사를 위하여 천사를 동원했습니다. 다시 잠이 들었을 때 깨우면서 먹으라고 말했습니다. 하나님은 하나님의 종을 사랑하십니다. 지치지 않게 보살피십니다. 하나님은 엘리야의 육체적인 필요를 채워주셨습니다. 여러분은 어떤 상태입니까? 'burn out' 혹은 'rust out' 녹슬고 고철이 되는 것보다는 낫다고 생각하는가?

열왕기상 19장 8절에서 엘리야가 일어나서 먹고 마신 후 식물의 힘을 의지하여 사십주 사십야를 행하여 하나님의 산 호렙에 이르렀습니다. 호렙까지는 남쪽으로 약 193킬로미터나 더 가야 됩니다. 그러니까 이세벨의 위협을 받고 약 380킬로미터나 도망쳤습니다. 자신을 돌볼 시간이 필요합니다. 영적인 힘에 문제가 되지 않아야 합니다. 육체적인 건강에도 이상이 없어야 합니다. 너무 무리하면 위험에 빠집니다.

4. 내가 없으면 안 된다는 위험성입니다.

엘리야가 굴 속에 있었습니다. 여호와의 음성이 들려옵니다. 엘리야야, 어찌하여 굴 속에 있느냐? 내가 하나님을 위하여 열심이 특심하지만 이스라엘 자손이 주의 언약을 버리고 주의 단을 헐며 칼로 주의 선지자들을 죽였음이오며 오직 나만 남았습니다. 저희가 내 생명도 찾습니다(왕상19:9-10).

나만 유일하게 존재하고 있습니다. 내가 잡히면 하나님의 일은 누가 하겠습니까? 나만 홀로 남아 있습니다. 나! 나! 나! '내가 아니면 되나 보자' 라는 생각을 가지기 쉽습니다. 물론 설립자도 중요하고 관리자도 중요합니다. 장례식을 치러줄 사람도 있어야 합니다. 혼자 다 할 수는 없는 일입니다.

인간은 하나님의 손에 잡힌 도구입니다. 승리는 우리가 아니라 하나님이 하셔야 합니다. 합력하여 선을 이루는 하나님의 능력을 믿습니다. 로마서 8장 28절을 봅시다. 나는 이해할 수 없지만 하나님을 믿어야 합니다. 좋게 해 주실 줄로 믿고 하나님의 뜻대로 될 줄로 믿어야 합니다.

하나님은 바알에게 무릎을 꿇지 않은 하나님의 사람을 칠천 명이나 숨겨 놓으셨습니다. 엘리야는 하나님이 행하신 일을 잘 몰랐습니다. 아니 하나님이 행하신 일을 잊고 있었습니다. 자신만 남았다는 교만과 오만한 생각과 독선만이 남았습니다.

하나님이 엘리야야! 산에 서 있으라. 하나님이 엘리야 앞으로 지나가셨습니다. 크고 강한 바람이 지나갔습니다. 바람이 산을 가르고 바위가 부숴지지만 하나님은 계시지 않았습니다. 지진에도 계시지 않았습니다. 뜨거운 불에도 계시지 않았습니다. 세미한 소리의 주님의 음성이 들렸습니다. 엘리야는 겉옷으로 얼굴을 가리고 굴 어귀에 섰습니다. 어찌하여 여기 있느냐?

하나님은 웅장함 속에서도 말씀하시지만 세미함 속에서도 말씀하십니다. 침묵 가운데서도 말씀하십니다. 조용한 가운데서도 응답해 주십니다. 세미한 음성이 우리의 자신감으로 다가옵니다. 주님의 나지막한 음성이 우리의 생애를 바꾸어 놓습니다. 이제는 주님의 음성을 듣는 하나님의 사람들이 됩시다.

제60강
열왕기상 19장 1-2절

종교(Religion)

전도서 3장 11절에 "하나님이 모든 것을 지으시되 때를 따라 아름답게 하셨고 또 사람들에게는 영원을 사모하는 마음을 주셨느니라 그러나 하나님이 하시는 일의 시종을 사람으로 측량할 수 없게 하셨도다"라고 했습니다.

하나님께서 인간, 사람들에게는 영원을 사모하는 마음을 주셨습니다. 철학자들도 '이데아 세계가 있다'. '영혼은 영원히 불멸하는 존재다'. 이런 식으로 고대로부터 현대까지 그렇게 생각하고 있습니다. 철학이란 지혜를 사랑하는 것이 아닙니까? 그러므로 하나님께서 인간을 종교적인 존재로 창조하셨습니다.

첫째로, 보편적인 현상으로서의 종교를 생각해 봅시다.

사람은 종교적인 존재입니다. 사람마다 혹은 지방마다 그리고 민족마다 약간의 표현 방법이 다를 뿐입니다. 우상을 숭배하는 경우도 있고 불교나 유교 그리고 샤머니즘도 볼 수 있습니다. 물론 기독교는 여호와 하나님을 믿는 종교입니다.

잠언 1장 7절에 "여호와를 경외하는 것이 지식의 근본이거늘 미련한
자는 지혜와 훈계를 멸시하느니라"라고 했습니다. 전도서 12장 13-14
절에 "일의 결국을 다 들었으니 하나님을 경외하고 그의 명령들을 지킬
지어다 이것이 모든 사람의 본분이니라 하나님은 모든 행위와 모든 은
밀한 일을 선악 간에 심판하시리라"라고 했습니다.

어느 나라 어떤 민족이든지 종교는 인간 생활의 한 부분이자 전체입
니다. 인간 영혼의 가장 깊은 근원과 접촉하게 만듭니다. 인간의 사상
에 영향을 끼칩니다. 사상만이 아니라 인간의 감정을 자극하여 인간의
행동을 지도하게 만듭니다. 박근혜 대통령을 봅시다. 최태민의 최면술
에 걸리고 최순실의 영향을 받아 나라를 어지럽게 만들었습니다.

그런데 종교에 대하여 반드시 필요한 요소로 보는 사람들도 있지만
가장 악하고 해롭다고 생각하는 사람들도 있습니다. 유물론적인 사고
방식을 가진 자들입니다. 공산주의자들이지요. 그런데 종교는 삶의 전
부입니다. 모든 것의 핵심이 믿음 생활입니다. 아브라함도 여호와를 믿
으며 말씀을 따라 가는 삶을 살았습니다. 욥은 시련과 고통 가운데서도
하나님을 찬양하고 기뻐하는 삶을 살았습니다.

심지어 죄수들에게 가장 효과적이고 인간을 변하게 만드는 것이 무
엇인가? 종교입니다. 군대나 교도소 그리고 병원에도 다 종교적인 활동
이 있습니다. 종교 활동을 금지하는 나라를 봅시다. 북한, 중국 등 자유
롭지 못한 나라들입니다. 후진국과 같습니다. 그러므로 종교의 의의나
놀라운 감화력을 부정할 수 없는 것입니다. 회의론자요, 철학자인 데비
드 흄은 '종교가 전혀 없는 사람을 찾아보라. 만약 찾는다면 그들은 짐
승에 가깝다는 것을 알게 될 것이다'라고 했습니다. 철학은 지혜 사랑
에서 나온 말입니다.

둘째로, 종교의 본질을 생각해 봅시다.
종교란 무엇인가? 종교의 본질이 무엇인가? 세계의 종교와 인간 생

활을 연구하여 종교에 대하여 답하려고 노력합니다. 대학에는 비교종교학까지 있습니다. 저는 비교종교학에 대한 연구도 해보았습니다. 그런데 문제는 이 방법은 세계 종교의 생활을 통찰할 수는 있지만 종교의 성격을 규명짓지는 못합니다. 다만 성경만이 종교에 대하여 올바른 개념을 가르쳐 줍니다.

종교는 인간과 하나님과의 관계를 말하는 것입니다. 사람과 하나님의 관계를 가지는 것도 사람에 의해서 세워지는 것이 아니라 하나님의 특권으로, 하나님의 거룩한 말씀으로만 관계를 유지하고 행하십니다.

종교라는 말, Religion은 라틴어의 relegere에서 온 것으로 '다시 읽는다, 반복하다, 주의깊게 통찰하다' 라는 뜻입니다. 구약성경에는 종교를 '주를 경외하는 것' 으로 나타냈습니다. 경외는 이방 종교의 공포적인 의미라기보다는 두려운 생각으로 하나님을 존경하는 감정, 불순종에 대응하는 형벌에 대한 공포라고 할 수 있습니다. 하나님의 말씀에 대한 이스라엘 백성들의 호응이라고 표현할 수 있습니다. 종교란 하나님에 대한 인간의 반응, 계시의 말씀에 대한 사람의 반응일 것입니다.

신약성경에서 하나님의 계시에 대한 인간의 호응은 신앙의 형태로 표시되었습니다. 신약성경에서 종교 대신 '공경(딤전2:10), 경외(히5:7)' 라는 말이 있지만 일반적으로 '신앙' 이라는 말로 종교적인 태도를 나타냅니다.

하나님의 말씀을 통하여 진리를 깨닫고, 예수 그리스도를 통하여 계시를 알게 되며, 우리의 구원을 위하여 자신을 하나님께 맡기는 것입니다. 진리를 믿고 신뢰하며 응답하는 것이 신앙, 믿음입니다. 그리고 성경대로 하나님에 대하여 사랑과 봉사를 하게 되는 존재입니다. 결국 종교의 특징으로 말하자면 경건, 경외, 신앙, 의존감 등이 다 포함되는 것입니다.

종교는 하나님에 대한 의식적이고 자발적인 영적 관계로, 생활 전체에서 예배행위로 표현하는 것입니다. 하나님은 스스로 기뻐하는 찬양과 예배와 봉사를 결정하십니다. 하나님은 성경에 위배되는 예배는 받지 않으십니다. 영과 진리로 예배해야 합니다.

셋째로, 종교의 자리는 어디인가?

종교의 자리에 관한 일반적인 견해가 있습니다. 종교의 자리를 지성에 있다고 보는 학자들이 있습니다. 헤겔과 같은 철학자들입니다. 종교를 일종의 지식이나 철학으로 봅니다. 슐라이어마허는 감정으로 보았습니다. 지성과는 관계없고 우월적 존재에 대한 의존감으로 이해했습니다. 또 종교의 자리를 의지에 둔 학자도 있습니다. 양심의 명령에 따라 행동한다고 주장합니다. 종교를 실천적 도덕이라고 말합니다. 대표적인 사람이 임마누엘 칸트일 것입니다.

그러나 성경은 뭐라고 하는가? 종교는 마음(heart)에 자리합니다. 마음은 인간의 전 도덕 생활의 중심으로, 영혼의 인격적 기관이기 때문입니다. 마음에서부터 생활, 사상, 의욕, 정서가 나옵니다.

사람이 하나님께 바쳐야 할 것은 마음입니다. 신명기 30장 6절에 "네 하나님 여호와께서 네 마음과 네 자손의 마음에 할례를 베푸사 너로 마음을 다하며 뜻을 다하여 네 하나님 여호와를 사랑하게 하사 너로 생명을 얻게 하실 것이며"라고 했습니다.

잠언 23장 25-26절에 "네 부모를 즐겁게 하며 너를 낳은 어미를 기쁘게 하라 내 아들아 네 마음을 내게 주며 네 눈으로 내 길을 즐거워할지어다"라고 했습니다.

마음에서 지성이 나옵니다. 로마서 10장 13-14절에 "누구든지 주의 이름을 부르는 자는 구원을 받으리라 그런즉 그들이 믿지 아니하는 이를 어찌 부르리요 듣지도 못한 이를 어찌 믿으리요 전파하는 자가 없이 어찌 들으리요"라고 했습니다.

히브리서 11장 6절에 "믿음이 없이는 하나님을 기쁘시게 하지 못하나니 하나님께 나아가는 자는 반드시 그가 계신 것과 또한 그가 자기를 찾는 자들에게 상 주시는 이심을 믿어야 할지니라"라고 했습니다.

감정도 마음에서 출발합니다. 시편 28편 7절에 "여호와는 나의 힘과 나의 방패이시니 내 마음이 그를 의지하여 도움을 얻었도다 그러므로 내 마음이 크게 기뻐하며 내 노래로 그를 찬송하리로다"라고 했습니다.

시편 30편 12절에 "이는 잠잠하지 아니하고 내 영광으로 주를 찬송하게 하심이니 여호와 나의 하나님이여 내가 주께 영원히 감사하리이다"라고 했습니다.

마음에서 의지도 나옵니다. 로마서 2장 10-11절에 "선을 행하는 각 사람에게는 영광과 존귀와 평강이 있으리니 먼저는 유대인에게요 그리고 헬라인에게라 이는 하나님께서 외모로 사람을 취하지 아니하심이라"라고 했습니다.

야고보서 1장 27절에 "하나님 아버지 앞에서 정결하고 더러움이 없는 경건은 곧 고아와 과부를 그 환난중에 돌보고 또 자기를 지켜 세속에 물들지 아니하는 그것이니라"라고 했습니다. 이렇게 하나님을 믿는 자가 전 생활, 전 인생을 통하여 하나님께 헌신하게 됩니다.

넷째로, 종교의 기원 문제입니다.

종교는 어디서부터 시작된 것인가? 진화론의 영향을 받은 자들은 인간이 본래 비종교적인 존재인데 진화하여 종교적인 존재로 바뀌었다고 말합니다. 하나님의 계시를 믿는 기독교에서는 인간은 본래 종교적인 존재로 창조되었다고 주장합니다.

자연주의적인 견해가 있습니다. 무지한 대중을 손아귀에 넣기 위해 신경과 공포를 농락하는 승려들의 교지와 지배자들의 기교의 산물이라고 했습니다. 돌이나 나무, 뼈나 발톱을 신성한 것으로 여기는 서물숭배가 종교로 발전했다고 합니다.

정령숭배 사상으로 선조들의 영혼에 대한 예배가 종교의 형태로 발전했다는 주장도 있습니다. 심지어 자연 숭배사상으로 자연을 숭배하다가 발전된 것이 종교라고 보기도 합니다.

그러나 성경은 종교의 기원을 하나님의 특별계시에 두고 있습니다. 하나님을 인정하는 종교가 기독교입니다. 하나님의 자기 계시, 특별 계시가 있었기 때문에 인간이 하나님을 알게 됩니다. 경외하는 마음도 일어나게 됩니다. 하나님의 계시 때문에 예배와 봉사가 가능한 것입니다.

일반 계시나 자연 계시만으로는 부정확합니다. 불완전한 계시는 아니지만 인간이 타락한 죄인이라서 하나님의 특별 계시가 아니면 하나님을 자세히 알 수 없고 능력과 신성을 이해할 수 없습니다.

출애굽기 3장 14절에 보면 하나님께서 모세에게 "나는 스스로 있는 자니라"라고 말씀하셨습니다. 모세가 이스라엘 백성들을 누가 보냈냐고 묻는다면 "스스로 있는 자가 나를 너희에게 보내셨다"라고 말하라고 가르쳐 주셨습니다.

또 창세기 12장을 연구해 봅시다. 하나님께서 아브라함을 갈대아 우르 지방에서 부르시고 가나안 땅으로 인도하셨습니다. 아브라함이 생각으로만 갔습니까? 감정적으로만 갔습니까? 그리고 굳은 결심으로만 믿었습니까? 아닙니다. 여호와의 말씀을 따라갔습니다. 이것이 기독교입니다. 하나님에 대한 인간의 반응이요 하나님의 계시에 대한 사람의 반응을 기독교라고 말합니다. 그러므로 종교의 기원을 말할 때 하나님의 계시로부터 출발합니다.

제61강
열왕기상 19장 9-18절

세 가지 사명

아합 왕의 부인 이세벨의 위협을 피하여 엘리야가 이스라엘을 떠나 브엘세바 남쪽의 광야에 이르렀습니다. 엘리야 선지자는 낙심하고 절망한 나머지 하나님 앞에 해서는 안 될 기도, 죽기를 간구하였습니다. 그러나 하나님께서는 엘리야 선지자를 위로해 주시고 호렙산으로 가게 하셨습니다.

사람은 성공한 다음에 허무에 빠집니다. 무엇인가를 이룬 다음에 허전해집니다. 그런 공간을 채울 수 있는 분이 누구일까요? 여러분의 일생을 행복하게 하고 기쁘게 하실 수 있는 분이 누구일까요?

1. 하나님의 현현

아합 왕과 이세벨의 핍박으로 인하여 엘리야는 실의에 빠져 이스라엘을 벗어나 유다 땅으로 도망쳤습니다. 엘리야는 하나님의 사자의 도움으로 40주야를 행한 끝에 하나님의 산 호렙에 이릅니다.

한 굴에 도착했습니다. 엘리야 선지자가 호렙산 굴에서 은둔 생활을 할 때 하나님께서 엘리야에게 나타나셨습니다. 특정한 굴입니다. 어떤 굴일까? 알 수는 없지만 모세에게 임했던 하나님의 현현과 연관된 것으로 보여집니다. 모세가 여호와의 영광이 나가실 때 섰던 곳으로 반석의 틈을 가리킬 수 있습니다. 이를테면 아담을 찾아오신 하나님, 도망자 요나를 찾아오신 하나님이 실의에 빠진 엘리야를 찾아오셨습니다.

그런데 하나님의 음성이 역동적으로 들려옵니다. 놀라운 일입니다. 큰 기대감을 갖게 합니다. 엘리야의 이름을 부르면서 '네가 어디 있느냐' 라고 묻습니다. '네가 여기서 무엇을 하느냐?' 역동적으로 묻습니다.

왜 하나님은 하나님의 사람을 찾아오는 것일까요? 전지 · 전능하신 하나님께서 엘리야가 무슨 일을 하는지, 왜 여기에 와 있는지 몰라서 물으실까요? 그렇지 않습니다. 하나님은 다 알고 계십니다. 하나님의 이 질문, 엘리야야! 네가 여기 왜 와 있느냐? 이 말씀은 엘리야 자신의 현재 상황과 자신의 정체성을 되돌아보게 만드는 질문입니다.

엘리야 선지자는 갈멜산에서 바알 선지자와 아세라 선지자와 대결을 했습니다. 하나님이 살아 계신 하나님이심을 드러냈습니다. 자신이 하나님의 선지자임도 나타냈습니다. 영적인 전쟁에서 승리했습니다. 기도의 능력을 보여주었습니다. 비도 오게 기도했습니다. 그러나 이세벨이 엘리야의 생명을 빼앗으려 할 때 도망쳤습니다. 이스라엘에서 해야 할 일이 아직도 남아 있는데 도망쳤습니다. 그리고 나약한 모습으로 죽기를 기도하고 있습니다.

그래서 하나님이 질문을 하십니다. 엘리야야! 왜 네가 여기 와 있느냐? 네가 살아야 할 곳이 어디이며 앞으로 해야 할 일이 무엇인지 알고 있느냐? 삶의 장소와 사명을 깨닫게 하기 위하여 질문을 하고 있습니다. 엘리야야, 왜 네가 여기 있느냐?

하나님은 새로운 힘과 능력을 주시기 위하여 찾아오십니다. 피곤한 자에게 능력을 주시며 무능한 자에게 힘을 더해 주시기 위해서 찾아오십니다. 엘리야 선지자는 브엘세바 지역의 한 로뎀나무 아래에 앉아 슬

품에 잠겨 있었습니다. 엘리야 자신은 이스라엘 자손이 하나님의 언약을 버리는 것을 보고 자신은 여호와를 위하는 열심이 특심하다고 말했습니다.

질투심이 많았다는 말입니다. 이게 무슨 말일까요? 하나님과 이스라엘 백성 사이는 신랑과 신부처럼 밀접한 관계입니다. 그런데 신부된 이스라엘 백성이 바알과 아세라 신에 빠졌습니다. 하나님의 질투심, 시기심을 엘리야 자신이 대신 나타냈습니다. 갈멜산에서 대결하고 기손강에서 전부 죽인 것은 질투 때문이었습니다. 하나님을 대신한 엘리야의 질투입니다.

그런데 아합 왕과 이세벨은 주의 단을 무너뜨리며 선지자들을 죽였고 이제는 자기 홀로 남았는데 자기마저 죽이려고 찾고 있다고 한탄했습니다. 엘리야 선지자는 하나님의 선지자로 자신만 혼자 남아 바알 선지자들과 대결했다고 말합니다. 외로운 영적 싸움이었음을 나타내는 말입니다. 이것이 엘리야 선지자의 잘못된 생각이었습니다. 왜 그렇습니까?

이세벨과 싸우지 못한 상황이었으며, 오바댜가 숨겨둔 100명의 생도와 하나님이 숨겨 놓은 순결한 칠천 명, 그리고 엘리사도 있었습니다. 그러므로 엘리야는 도망자이고, 은둔자이며, 쫓기는 자였을 뿐입니다.

2. 세미한 음성

왜 하나님의 종이 세상에서 고난을 당해야 하는가? 그리고 왜 악인은 세상에서 득세를 하는가? 그런데도 하나님은 왜 침묵하시는가? 하나님의 산에서 하나님을 만남으로써 의문이 해소되었습니다. 엘리야는 새로운 힘과 사명도 받게 되었습니다. 성도들의 모든 문제는 하나님을 만나는 데서 해결됩니다.

하나님께서 엘리야에게 '너는 나가서 여호와 앞에서 산에 서 있으라' 라고 지시하셨습니다. 하나님은 엘리야 선지자 앞에 어떤 모습으로 나타나셨는가? 하나님의 현현입니다. '너는 여호와 앞에 서라'.

구약에서 여호와 앞에 서는 것은 중보자가 기도할 때 하는 자세입니다. 또는 소송 당사자가 하나님 앞에 나아가 당시 제사장과 재판장 앞에 서는 것은 재판을 받기 위한 것이었으며, 그리고 엘리야나 엘리사에게 여호와 앞에 서라는 것은 선지자로서 헌신과 충성, 복종을 하라는 의미입니다.

하나님은 실의와 절망 가운데 있는 엘리야 선지자를 책망하기 위함이 아니라 하나님의 선지자로, 하나님의 종으로 다시 여호와 앞에 세우고자 하셨습니다. 헌신과 충성과 봉사를 할 수 있는 기회와 능력을 주시기 위하여 여호와 앞에 세우는 것입니다. 모세를 하나님 앞에 세우셔서 구원자로 삼으셨듯이 엘리야를 다시 사용하시기 위해서 세우신 것입니다.

그리고 여호와께서 지나가시자 강풍이 산을 가르고 바위를 부쉈습니다. 하나님을 보고 살 사람이 없기 때문에 하나님이 지나가실 때 흔적밖에 없었습니다. 흔적이 바람이었습니다. 그러나 바람 가운데나 바람 후에 지진 가운데나 지진 후에 온 불 가운데에도 여호와는 계시지 않았습니다. 외적인 이적이나 기적 속에 하나님은 계시지 않았습니다.

불길이 지나간 후에 세미한 소리가 엘리야에게 들렸습니다. 작고 평온한 가운데 들려오는 작은 소리가 있었습니다. 그 음성 속에 하나님이 계셨습니다. 하나님의 말씀이 사람을 변화시킬 수 있습니다. 엘리야는 지금까지 불로 응답받고, 물로 응답을 받았습니다. 갈멜산에서 이적을 보였지만 아합 왕이나 이세벨 그리고 이스라엘은 회개하지 않았습니다.

엘리야가 그 소리, 작은 소리, 평온한 소리를 듣고 겉옷으로 얼굴을 가리고 굴 어귀로 나와 섰습니다. 엘리야야 엘리야야 네가 어찌하여 여기 있느냐는 소리가 다시 들렸습니다. 엘리야는 먼저 대답과 같이 동일하게 대답했습니다. 사람을 변화시키는 것은 하나님의 음성, 하나님의 말씀, 성경 말씀입니다. 엘리야도 세미한 음성을 듣고 겉옷으로 얼굴을 가렸습니다. 하나님의 임재를 느꼈습니다. 하나님을 두려워하고 경외하는 마음이 일어났습니다.

다시 한번 "엘리야야 네가 왜 여기 있느냐?" 자신을 돌아보고 정체성을 확인하기 위한 질문을 하십니다. 하나님의 종으로서 갈 길과 해야 할 일을 깨닫게 됩니다.

3. 세 가지 사명

하나님이 엘리야에게 무엇을 가르쳐 주었는가? 여호와께서 엘리야에게 광야 길로 다메섹으로 돌아가라고 지시했습니다. "네 길을 돌이키라"가 하나님의 명령입니다. 방향 전환입니다. 언약의 공동체, 하나님의 언약 백성에게로 돌아가라. 이것이 하나님께 복종하는 것입니다.

그리고 첫째로, 다메섹에 이르면 하사엘에게 기름을 부어 아람 왕을 삼으라고 하셨습니다. 하사엘은 본래 아람 왕 벤하닷의 군대장관이었으나 벤하닷을 죽이고 왕위에 올랐으며, 북이스라엘을 괴롭힌 왕입니다. 하사엘을 북이스라엘에 대한 징계와 심판의 도구로 사용하실 것을 암시하고 있습니다. 역사를 보면 엘리야는 하사엘과 예후에게 기름을 붓지 않았습니다. 하사엘은 엘리사가 기름을 붓습니다. 엘리사가 기름을 붓지만 하나님이 엘리야에게 명령을 하신 것입니다.

두 번째 사명은 님시의 아들 예후에게 기름을 부어 이스라엘의 왕으로 삼으라고 지시하셨습니다. 예후는 '그는 여호와이시다'라는 뜻입니다. 예후는 아합의 아들 요람의 군대 지휘관 중 한 사람이었으나 요람을 비롯하여 아합의 가문을 멸한 사람입니다. 그리고 이스라엘의 열 번째 왕으로 아합 가문을 멸망시키고 바알 숭배자들을 숙정했습니다.

세 번째 사명은 아벨므홀라 사밧의 아들 엘리사에게 기름을 부어 엘리야 자신을 대신하여 선지자가 되게 하라고 지시했습니다. 엘리야 대신 엘리사가 선지자로 활동하게 됩니다. 엘리사는 아합 왕의 말기부터 아하시야 왕의 전 통치 기간인, 주전 849-799년까지 반세기 동안 북이스라엘에 영향을 준 선지자입니다.

하사엘의 칼을 피하는 자를 예후가 죽이고 예후의 칼을 피하는 자는 엘리사가 죽일 것이라고 말씀하셨습니다. 하사엘은 아람 왕 벤하닷을 죽이고 왕위에 오른 사람이고, 예후는 요람을 죽이고 북이스라엘의 왕이 된 사람이며, 엘리사는 엘리야의 후계자로 이스라엘의 선지자였습니다.

이 세 사람이 전혀 관계가 없는 것 같으나 공통점이 있습니다. 공통점은 하나님의 특별한 심판 계획을 이루는 데 사용된 인물들입니다. 북이스라엘의 우상숭배에 대한 징계의 도구가 된 사람들이었습니다. 누구도 하나님의 심판에서 벗어날 수 없었습니다. 여러분은 하나님의 심판을 알고 있습니까? 시간과 물질과 인생 전반에 걸친 심판이 있습니다.

그러나 하나님은 이스라엘 가운데 바알에게 무릎을 꿇지 않고 그 입을 바알에게 맞추지 않았던 자 칠천 명을 남기겠다고 했습니다. 이것이 하나님이 하시는 일입니다. 엘리야에게 새로운 사명도 주셨지만 용기도 주셨습니다. 그것이 무엇입니까?

혼자가 아니라는 것입니다. 나만 혼자 남았다는 생각을 버리라는 것입니다. 나 혼자가 아닙니다. 하나님은 칠천 명을 남겨 놓으셨습니다. 바알에게 무릎을 꿇지 않은 사람들입니다.

이스라엘의 국가적인 흥망성쇠는 절대적으로 하나님의 주권에 달려 있었습니다. 하나님을 사랑하여 믿고 의지할 때 가장 강력했습니다. 반대로 우상을 숭배하고 이웃 나라를 의지할 때 약하게 되었습니다. 이 세상 사람들이 다 배신하고 배교할 때 여러분은 남은 자가 되어서 하나님의 거룩한 교회를 지키고 세우는 하나님의 사람들이 되기를 바랍니다.

제62강
열왕기상 19장 11-13절

신 론

하나님에 대하여 생각해 봅시다. 인간이 하나님을 아는 지식과 인간을 아는 지식이 중요한데, 하나님에 대하여 말할 때 철저하게 성경을 기초로 하여 말하게 됩니다. 특별히 하나님의 존재와 사역에 대하여 말합니다.

1. 하나님의 존재(The Being of God)

1) 하나님의 본질

하나님에 관한 지식에 대하여 몇가지 이유로 부정적인 입장을 취하는 사람들이 있었습니다. 인간은 하나님을 알 수 없는 존재라고 말합니다. 물론 절대적으로 완전한 지식을 가지고 하나님을 알며 신적 존재의 무한한 심연을 측량할 수는 없습니다.

그렇지만 인간이 부분적으로는 하나님을 알 수 있습니다. 그 부분적으로 아는 지식도 참되고 진실한 지식입니다. 인간이 하나님에 관하여 아는 지식은 두 가지로 설명할 수 있습니다.

(1) 선천적 지식 혹은 생득적 지식입니다. 인간이 하나님에 대하여 본유적 혹은 생득적 지식을 가진다는 말은 태어나면서부터 하나님을 알 수 있는 능력이나 지식을 가지고 태어난다는 말이 아닙니다.

인간이 하나님의 계시를 접촉할 때 자발적으로 성장한다는 의미에서 생득적이라고 말합니다. 인간이 성장할 때 필연적으로 발전하는 지식이며, 자기가 임의로 선택하여 얻은 지식이 아닙니다. 나면서부터 가지는 지식은 일반적인 성질의 것입니다.

(2) 후천적 지식입니다. 후천적 지식이란 하나님의 일반계시와 특별계시에서 나옵니다. 정신 속에서 자발적으로 일어나는 것이 아니라 지식에 대한 의식적이며 끊임없는 추구의 결과로 생겨나는 것입니다.

후천적 지식은 감각과 반성, 연구와 토론 등의 과정을 통해서만 얻어질 수 있는 것입니다. 그러므로 인간의 의지와 자원적인 탐구와 끊임없는 노력을 필요로 하는 지식입니다. 하나님께서 하나님을 계시해 주셨기 때문에 인간은 하나님의 존재에 관하여 참된 지식을 소유할 수 있는 것입니다.

하나님의 계시에 의해서 알려진 하나님의 존재에 관하여 생각해 봅시다. 하나님을 정의하는 일은 불가능한 일이지만 하나님의 존재에 관하여 서술하는 것은 있을 수 있는 일입니다. 하나님에 대한 정의가 많이 있어 왔지만 하나님을 무한 완전한 영으로 기술하는 것이 가장 적절한 서술 방법이었습니다.

1) 하나님은 순결한 영이십니다. 예수께서 사마리아 여인에게 '하나님은 영이시니'(요4:24)라고 말씀하셨습니다. 예수님은 하나님을 정의하실 때 영이라고 표현하셨습니다. 하나님은 본질적으로 영이시고, 영의 특징들인 자의식적이며 자기 결정적인 존재라는 의미입니다.

하나님이 영이라고 할 때 초대교회 이단자 나스틱파와 중세 신비주의의 관념을 배격하게 됩니다. 그들은 하나님도 육체를 가졌다, 가견적이다, 육체적인 감각으로도 식별될 수 있다고 주장했기 때문입니다.

2) 하나님은 인격적이십니다. 하나님께서 영이라는 말은 인격적인 존재임을 뜻합니다. 영은 지적이며 도덕적인 존재이기 때문입니다. 하나님은 스스로 결정할 수 있는 이성적인 존재이기도 합니다.

하나님은 신구약 성경에 묘사되기를 오기도 하시고 가기도 하십니다. 인간과 대화도 하십니다. 인간에게 말씀도 하십니다. 인간의 경험 속에 들어오기도 하십니다. 사람을 사탄으로부터 보호도 하십니다.

예수님은 빌립에게 나를 본 자는 하나님을 보았거늘 왜 하나님을 보이라 하느냐고 반문하셨습니다. 요한복음 14장 9절입니다. "예수께서 이르시되 빌립아 내가 이렇게 오래 너희와 함께 있으되 네가 나를 알지 못하느냐 나를 본 자는 아버지를 보았거늘 어찌하여 아버지를 보이라 하느냐".

3) 하나님은 무한히 완전하신 분입니다. 시공간의 제한이 없으신 분이십니다. 어떠한 제한이나 불완전한 것이 없이 존재와 속성을 소유하십니다. 결핍도 없으신 분입니다. 하나님은 무한 완전성 때문에 모든 피조물과 구별되십니다.

무한히 완전하시기 때문에 위엄이 있고 모든 피조물을 초월하십니다. 무한성이 있기 때문에 신적 완전성을 가지시고, 모든 피조물과도 구별되시는 것입니다.

모세는 하나님의 무한성에 대하여 고백했습니다. 출애굽기 15장 11절에 "여호와여 신 중에 주와 같은 자가 누구니이까 주와 같이 거룩함으로 영광스러우며 찬송할 만한 위엄이 있으며 기이한 일을 행하는 자가 누구니이까?"라고 했습니다.

솔로몬은 열왕기상 8장 27-28절에서 "하나님이 참으로 땅에 거하시리이까 하늘과 하늘들의 하늘이라도 주를 용납하지 못하겠거든 하물며 내가 건축한 이 성전이오리이까? 그러나 내 하나님 여호와여 주의 종의 기도와 간구를 돌아보시며 이 종이 오늘 주 앞에서 부르짖음과 비는 기도를 들으시옵소서"라고 했습니다.

시편 96편 4-6절에 "여호와는 위대하시니 지극히 찬양할 것이요 모든 신들보다 경외할 것임이여 만국의 모든 신들은 우상들이지만 여호와께서는 하늘을 지으셨음이로다 존귀와 위엄이 그의 앞에 있으며 능력과 아름다움이 그의 성소에 있도다"라고 했습니다.

이사야 57장 15절에 "지극히 존귀하며 영원히 거하시며 거룩하다 이름하는 이가 이와 같이 말씀하시되 내가 높고 거룩한 곳에 있으며 또한 통회하고 마음이 겸손한 자와 함께 있나니 이는 겸손한 자의 영을 소생시키며 통회하는 자의 마음을 소생시키려 함이라"라고 했습니다.

예레미야 23장 24절에 "여호와의 말씀이니라 사람이 내게 보이지 아니하려고 누가 자신을 은밀한 곳에 숨길 수 있겠느냐 여호와가 말하노라 나는 천지에 충만하지 아니하냐".

4) 하나님(본질)과 완전성(속성)은 단일하십니다. 하나님은 복합적이지 않으시며 분리할 수 없습니다. 단일성은 하나님의 근본적인 특성 중의 하나입니다. 본질과 특성이 단일하십니다.

하나님은 스스로 존재하는 분으로 무엇이 첨가되신 분이 아니십니다. 그러므로 성경은 하나님을 말할 때 진리의 하나님, 생명의 하나님, 빛이신 하나님, 사랑의 하나님을 말합니다.

2) 하나님의 명칭

성경은 하나님의 이름을 때때로 단수형으로 말합니다. 출애굽기 20장 7절에 "너는 네 하나님 여호와의 이름을 망령되게 부르지 말라 여호와는 그의 이름을 망령되게 부르는 자를 죄 없다 하지 아니하리라"라고 했습니다. 시편 8편 1절에서는 "여호와 우리 주여 주의 이름이 온 땅에 어찌 그리 아름다운지요 주의 영광이 하늘을 덮었나이다"라고 했습니다. 이런 경우에 하나님의 특수한 이름을 말하는 것이 아니라 하나님의 일반적인 의미의 명칭을 의미합니다. 우리가 공부할 것은 인격적인 명칭들만 생각할 것입니다.

⑴ 구약의 명칭들을 생각해 봅시다.

1) 하나님은 지고하시고, 들어올리신 분, 초월하신 의미의 이름들이 있습니다. 엘(El)과 엘로힘(Elohim)입니다. 하나님은 강하시고 권능이 있는 분으로 경외의 대상이라는 사실을 강조합니다.

엘욘(Elyon)은 숭고한 자, 존귀와 예배의 대상으로서의 하나님의 지고성과 관련된 이름입니다. 아도나이(Adonai)는 보통 주(Lord)라고 합니다. 하나님은 전 인류의 소유자이며 통치자임을 의미합니다. 이스라엘 민족은 여호와(Jehovah)를 부르지 못하고 아도나이로 사용하였습니다.

2) 인간과 교제하기 위하여 자신을 낮추셨다는 의미로 사용된 이름도 있습니다. 족장시대에 샤다이(Shaddai) 혹은 엘-샤다이(El-Shaddai)라고 불렀습니다. 출애굽기 6장 2-3절에 "하나님이 모세에게 말씀하여 이르시되 나는 여호와이니라 내가 아브라함과 이삭과 야곱에게 전능의 하나님으로 나타났으나 나의 이름을 여호와로는 그들에게 알리지 아니하였고"라고 했습니다.

이 명칭도 하나님을 높이기는 하지만 하나님께서 그 백성에게 축복과 위안의 근원이 되신다는 사실을 나타내는 이름입니다. 자연까지 지배하여 목적대로 사용하십니다. 특별히 여호와(Yahweh)라는 이름은 은혜의 하나님으로 계시하신 것입니다.

출애굽기 3장 14절에 "하나님이 모세에게 이르시되 나는 스스로 있는 자이니라 또 이르시되 너는 이스라엘 자손에게 이같이 이르기를 스스로 있는 자가 나를 너희에게 보내셨다 하라"라고 한 것에 근거하여 하나님의 불변성을 가리키는 이름입니다.

무엇보다 언약 관계에서 불변하심을 의미합니다. 언약이나 말씀을 신실하게 실행하십니다. 말라기 3장 6절에 "나 여호와는 변하지 아니하나니 그러므로 야곱의 자손들아 너희가 소멸되지 아니하느니라"라고 했습니다.

만군의 여호와는 천사의 많은 수를 가리키는 말로 천군천사의 호위를 받으며 그의 백성을 위해 천지를 통치하시며 모든 피조물에게서 영광을 받으실 영광의 왕으로서의 하나님이십니다.

(2) 신약의 명칭들을 봅시다.

1) '하나님(데오스, God)'은 가장 공통적인 이름입니다. '나의 하나님, 너의 하나님, 우리의 하나님, 너희들의 하나님'이라고 하여 소유격과 관련을 맺고 있습니다. 그 이유는 그리스도 안에서 하나님의 자녀들의 하나님이시고, 각자의 하나님으로 말할 수 있기 때문입니다. 국가적인 관념이 종교에 있어서 개인적인 관념으로 바뀌어졌습니다.

'엘, 엘로힘', '엘욘'의 공통적인 번역입니다. 엘욘은 종종 지극히 높으신 하나님, 지극히 높으신 분으로 번역했습니다. '샤다이, 엘-샤다이'는 전능자, 전능하신 하나님으로 번역하였습니다.

2) 주(큐리오스, Lord)라는 말로 하나님과 그리스도에 대해서 사용되었습니다. 아도나이와 여호와를 대신하는 이름입니다. 만물의 소유자요, 하나님의 백성의 소유자입니다. 지배자로서의 하나님을 의미합니다. 왕의 권세와 권위를 가지신 분입니다.

여호와와 관련하여 '알파와 오메가', '지금도 계시고 과거에도 계셨고 장차 오실 분', '처음과 나중'이라는 말로도 나타납니다.

3) 아버지(Pater, Father)입니다. 구약 성경에서 하나님과 이스라엘 백성과의 특수한 관계를 말합니다. 하나님은 이스라엘의 아버지이십니다. 신명기 32장 6절에 "어리석고 지혜 없는 백성아 여호와께서 이같이 보답하느냐 그는 네 아버지시요 너를 지으신 이가 아니시냐 그가 너를 만드시고 너를 세우셨도다"라고 했습니다.

이사야 63장 16절에 "주는 우리 아버지시라 아브라함은 우리를 모르고 이스라엘은 우리를 인정하지 아니할지라도 여호와여, 주는 우리의 아버지시라 옛날부터 주의 이름을 우리의 구속자라"라고 했습니다.

때로 하나님을 창조자, 창조주로 말합니다. 고전도전서 8장 6절에 "그러나 우리에게는 한 하나님 곧 아버지가 계시니 만물이 그에게서 났고 우리도 그를 위하여 있고 또한 한 주 예수 그리스도께서 계시니 만물이 그로 말미암고 우리도 그로 말미암아 있느니라"라고 했습니다.

에베소서 3장 14-16절에 "이러므로 내가 하늘과 땅에 있는 각 족속에게 이름을 주신 아버지 앞에 무릎을 꿇고 비노니 그의 영광의 풍성함을 따라 그의 성령으로 말미암아 너희 속사람을 능력으로 강건하게 하시오며"라고 했습니다.

히브리서 12장 9절에 "또 우리 육신의 아버지가 우리를 징계하여도 공경하였거든 하물며 모든 영의 아버지께 더욱 복종하며 살려 하지 않겠느냐"라고 했습니다.

야고보서 1장 17절에 "온갖 좋은 은사와 온전한 선물이 다 위로부터 빛들의 아버지께로부터 내려오나니 그는 변함도 없으시고 회전하는 그림자도 없으시니라"라고 했습니다.

삼위일체 하나님과의 관계에서 제1위를 아버지 하나님으로 명명합니다. 특히 그리스도와의 관계에서 그렇습니다. 아버지 하나님, 아들 하나님이라고 표현합니다. 또 하나님의 영적인 자녀로서의 성도들에 대한 윤리적인 관계를 나타냅니다. 아버지와 자녀, 아들과 딸입니다.

제63강
열왕기상 19장 19-21절

자신감(Confidence)과 멘토링(Mentoring)

여러분은 세상에 무엇을 남기고 싶습니까? 호랑이처럼 가죽을, 세상 사람처럼 이름 석자를? 아니면 무엇을 남길 것입니까? 하나님의 사람의 특징은 자신감입니다. 성경에 나타난 인물들은 모두 확신의 사람, 믿음의 사람, 자신감을 가졌던 인물들이었습니다. 자신감은 교만이나 오만이 아니고, 자기 확신도 아닙니다. 하나님의 영광, 다른 사람의 유익만 된다면 그것이 행복임을 잘 알고 있는 사람입니다.

엘리야는 자신감이 있는 사람이었습니다. 물론 이세벨로부터 도망할 때는 그렇지 않았습니다. 하지만 하나님이 준비한 위로의 떡과 물을 먹고 힘이 생겨서 하나님의 산으로 갔습니다. 무엇이 자신감 있게 만드는 것인가? 열왕기상 19장 12-13절에서 엘리야는 동굴 속에서 세미한 하나님의 음성을 들었습니다. 열왕기상 21장 17절에 가서야 여호와의 말씀이 엘리야에게 임한 것이 나타납니다. 엘리야는 하나님의 음성을 듣고 자신감이 생겼습니다.

모세도 섣불리 애굽인을 죽였습니다. 그 일로 미디안으로 도망하여 40년 동안 생각하는 시간이 있었습니다. 바울도 다메섹 도상에서 예수님을 만난 다음에 아라비아로 가서 재정비하는 시간을 삼 년 동안 가지게 되었습니다. 홀로 있는 시간이 하나님의 사람들에게는 꼭 있어야 합니다. 야곱도 얍복강가에서 홀로 남았을 때 하나님을 만났습니다. 영적 재활의 시간이 필요합니다.

하나님과 교제함으로써 새로운 능력을 얻는 엘리야가 엘리사를 부르는 장면이 나옵니다. 엘리야는 엘리사를 자기 후계자로 불렀습니다. 엘리사는 새로운 전사로서의 삶을 시작하게 되었습니다. 엘리사는 부름을 받았을 때 주저함이나 망설임이 없었습니다. 이것이 하나님의 소명을 받은 자의 특징입니다.

엘리야가 겉옷을 엘리사에게 걸쳐주었습니다. 엘리사는 엘리야를 따르기로 작정했습니다. 부모와 작별하고 농기구를 불사르고 부리던 소 두 마리를 잡은 다음 불에 고기를 삶아 백성들에게 주어 먹게 했습니다. 좀 특이한 면이 보입니다. 하지만 엘리사는 그렇게 했습니다.

엘리야의 사역이 끝이 난 것인가? 엘리야는 하나님께 더 이상 쓰임받지 못하는 사람일까? 엘리야의 생애는 마무리지어야 하는 것일까? 그렇지 않습니다. 엘리야는 엘리사에게 모든 것을 위임해야 하지만 그렇다고 모든 것이 끝이 아니었습니다. 더 영화롭고 존귀한 자리가 기다리고 있었습니다. 그것이 무엇이겠습니까?

하나님은 신실하신 분이라서 사람이 바뀌었다고 하나님의 사역을 그만두는 분이 아닙니다. 엘리야의 노력도 헛된 것들이 아니었습니다. 미래가 준비되어 있었습니다. 엘리사에게 선지자의 특권을 넘겨주더라도 엘리야의 특권은 남아 있었습니다.

엘리야가 엘리사에게 멘토(Mento) 역할을 하는 중요한 사역이 남아 있었습니다. 우리 뒤를 따라오는 사람들에게 멘토링의 역할을 하는 것이 중요합니다. 누구나 시간 문제일 뿐이지 주님이 허락하는 시간까지만 세상에 존재하고 떠나가는 것은 확실합니다. 그렇지 않습니까? 다만 우리 뒤를 따르는 사람들에게 무엇을 남길 것인가? 유산이라면 무슨 유산을 후배와 후손들에게 남길 것인가? 이것이 중요한 질문입니다.

지금만큼 경건한 사람이 필요한 시대가 있었습니까? 지금만큼 능력이 많은 사람이 또 필요하겠습니까? 지금만큼 기도하는 하나님의 사람이 필요한 세대가 또 있었겠습니까?

그런데 어느 때부터인가? '보고 배울 수 있는 사람이 없다'는 것을 발견하게 되었습니다. 기다려지는 사람, 그 사람의 말을 듣고 싶은 사람, 그 사람의 모습만 보아도 행복한 사람이 점점 없어지고 있다는 사실입니다. 어디서 그런 사람을 만날 수 있을까요? 믿음에 대하여, 기도에 대하여, 인생에 대하여, 교회생활에 대한 멘토가 필요한 시대입니다. 여러분이 그런 사람으로 성장할 수는 없을까요?

책을 읽거나 텔레비전을 보는 것이 지식적인 전달 매개체로서는 좋지만 인격이 성숙되거나 성장하는 데는 문제가 많이 있습니다. 영적인 성장은 더욱 이루어지지 않습니다. 그리스도 안에서 성장한다는 것은 누군가와 좋은 만남 속에서 이루어지는 일입니다. 엘리야가 엘리사에게 어떤 영향을 끼쳤을까? 세 가지로 요약할 수 있습니다.

1) 엘리야가 주도권을 가지고 행동했습니다. 19절에 "엘리야가 거기서 떠나 사밧의 아들 엘리사를 만나니 그가 열두 겨릿소를 앞세우고 밭을 가는데 자기는 열두째 겨릿소와 함께 있더라 엘리야가 그리로 건너가서 겉옷을 그의 위에 던졌더니".

엘리야가 엘리사를 만나러 갔습니다. 이것이 아주 중요한 장면입니다. 하나님의 명령을 따라서 엘리야가 엘리사를 만나기 위하여 행동했습니다. 기다리고만 있지 않았습니다. 적극적으로 찾아가서 밭을 갈고 있는 엘리사에게 접근하여 겉옷을 벗어 던졌습니다. 이것은 엘리사가 엘리야를 이어 선지자가 될 것을 상징적으로 보여주는 행동이었습니다.

엘리야가 먼저 행동을 하였습니다. 찾아나섰습니다. 기다리고 있지 않았습니다. 먼저 손을 내밀었습니다. 사람을 먼저 찾아갔습니다. 하나님도 아담을 먼저 찾아오셨습니다. 예수님도 삭개오를 먼저 찾으셨습니다. 성령이 찾아오셨습니다. 잃어버린 양을 찾아나서는 것이 중요합니다. 발견하자마자 의사를 분명히 전달했습니다. 미적미적하지 않았습니다. 망설이지도 않았습니다. 지체하거나 시간을 보내면서 재보지 않았습니다.

그러므로 선배가 후배를 찾아나서야 합니다. 나이 많은 사람이 나이 적은 사람을 찾아야 합니다. 믿음이 좋은 사람들이 믿음이 약한 사람들을 만나야 합니다. 기다리고만 있으면 안 됩니다. 약한 사람 옆에서 그가 성장하도록 돕고 섬기는 일을 하는 것이 멘토의 중요한 사역입니다. 사람을 지도하고 섬기기 위해서 기도해야 합니다. 엘리야는 기도의 선지자였습니다. 기도하면 응답해 주실 줄로 믿습니다.

2) 두 번째 중요한 것은 엘리야는 엘리사가 일할 수 있도록 길을 열어 놓았습니다. 옷을 두른 후에 소를 버리고 엘리야에게로 달려갔습니다. 열왕기상 19장 20-21절입니다. "그가 소를 버리고 엘리야에게로 달려가서 이르되 청하건대 나를 내 부모와 입맞추게 하소서 그리한 후에 내가 당신을 따르리이다 엘리야가 그에게 이르되 돌아가라 내가 네게 어떻게 행하였느냐 하니라 엘리사가 그를 떠나 돌아가서 한 겨릿소를 가져다가 잡고 소의 기구를 불살라 그 고기를 삶아 백성에게 주어 먹게 하고 일어나 엘리야를 따르며 수종 들었더라"라고 했습니다.

엘리사가 부모에게 작별인사를 하고 나서 엘리야를 좇으며 수종 들었습니다. 엘리야는 많은 시간을 할애해서 엘리사를 훈련시키고 가르쳐 주었을 것이 확실합니다. 엘리야는 자신과 삶을 통해서 엘리사를 훈련하고 교육했습니다. 지금과 같이 책이 많다거나 교육 여건이 형성된 것이 아니었기 때문입니다.

엘리야 자신이 교육 교재였고, 시청각 자료였습니다. 오늘날 많은 사람들이 텔레비전에 나오거나 라디오 방송에 출연해서 설교를 하고 좌담을 해야 하는 것으로 이야기를 합니다. 그러나 삶을 같이 나눌 수 있는 사람을 만나는 것이 더 중요합니다. 교제를 통해서 사람이 변하기 때문입니다. 예수님도 제자들과 3년 동안 함께 하셨습니다.

관계를 잘 유지할 때 멘토로서 멘토링을 성공적으로 이룰 수 있습니다. 어떤 일만 한다면 관계가 좋게 형성되지는 않을 것이지만 깊은 관심을 가져줄 때 좋은 관계가 형성되고 깊은 사랑이 오고갈 수 있습니다.

3) 세 번째로는 모본, 표본이 되었습니다. 이것이 멘토, 멘토링에서 가장 강력한 힘을 발휘할 수 있는 부분입니다. 보여주는 것이 강력한 힘을 발휘하는 것이 사실입니다. 말한 것은 대부분 잊어버리지만 행동으로 한 것은 거의 잊지 못하는 것입니다. 본을 보이는 것을 통해서 수련생들이 행동하게 될 것입니다.

엘리사가 부름 받은 시간과 엘리야가 불말과 불병거를 타고 승천하는 사건(왕하2:1-12) 사이에 얼마나 많은 시간이 흘렀는지 모릅니다. 다만 정기적으로 엘리야와 엘리사가 동행한 것은 사실입니다. 그 말은 엘리야와 아합 왕이 나봇의 포도원 때문에 맞섰을 때 아합 왕이 회개하는 것을 보았다는 것을 뜻합니다(왕상21:17-29). 또 아합의 아들 아하시야가 이스라엘의 하나님 대신 블레셋 우상들과 상담하려 한 것에 대해 그를 벌하도록 엘리야가 보냄을 받았을 때도 엘리사는 같이 동행했습니다(왕하1:1-17).

엘리사는 가르치기 전에 배웠습니다. 1) 소를 버리고 엘리야에게 달려갔습니다(왕상19:20). 제자의 자세 중에 이런 자세가 중요합니다. 영적으로 은혜와 복을 받은 사람들은 항상 이렇게 해야 할 것입니다. 동기부여가 되어 있었습니다. 하나님의 사람을 따르기 위해서 하던 일을 버렸습니다. 엘리야가 알고 있는 것을 다 가르쳤을 것입니다.

사람들은 문제는 가지고 있지만 해결하려고 노력하지 않습니다. 불평을 가지고 있지만 힘쓰고 애쓰는 시간이 없습니다. 원리는 배우려고 하지만 실제적으로 행동해 보려고 하지는 않습니다. 엘리사는 성장을 위해서 버리고 달려갔습니다.

2) 엘리사는 겸손한 마음을 가졌습니다. 열왕기상 19장 21절을 보면 엘리야를 수종 들었습니다. 종이라는 말입니다. 사무엘상 2장 11절에서처럼 '섬기는 사람'입니다. 엘리사는 엘리야를 섬겼습니다. 배우면서 엘리야의 부족을 채워주려고 했습니다. 종의 자세입니다. 엘리야의 종처럼 그리고 노예처럼 섬겼습니다. 기독교는 섬기면서 성장하는 종교입니다. 주님은 섬기는 자로 있었습니다.

바울은 디모데에게 디모데후서 2장 2절에서 "또 네가 많은 증인 앞에서 내게 들은 바를 충성된 사람들에게 부탁하라 그들이 또 다른 사람들을 가르칠 수 있으리라"라고 했습니다. 겸손한 사람이 직분을 맡아야 합니다.

3) 엘리사는 정말 충성스러웠습니다. 믿기 어려울 정도였습니다. 최후의 마지막 순간까지 함께했습니다. 세 번씩이나 떠날 기회를 주었습니다. 그러나 열왕기하 2장 2절에 "엘리야가 엘리사에게 이르되 청하건대 너는 여기 머물라 여호와께서 나를 벧엘로 보내시느니라 하니 엘리사가 이르되 여호와께서 살아 계심과 당신의 영혼이 살아 있음을 두고 맹세하노니 내가 당신을 떠나지 아니하겠나이다 하는지라 이에 두 사람이 벧엘로 내려가니"라고 대답했습니다. 4절과 6절에서도 그랬습니다.

충성심은 그 사람의 인격과 관련되어 있습니다. 충성은 아주 중요합니다. 멘토하는 사람이나 받는 사람이나 상호관계이기 때문에 중요합니다.

마지막에 둘이 같이 있었습니다. 열왕기하 2장 11절입니다. "두 사람이 길을 가며 말하더니 불수레와 불말들이 두 사람을 갈라놓고 엘리야가 회오리 바람으로 하늘로 올라가더라"라고 했습니다. 엘리야는 많은 사역을 했지만 마지막에 가장 중요한 것을 다른 사람에게 유산으로 주고 떠났습니다. 다른 사람의 삶 속에 자신을 심어주고 떠났습니다. 엘리사에게 자신의 대를 이어 선지자가 되게 하고 떠났습니다.

엘리사는 망토, 겉옷을 가진 다음에 첫 마디 "엘리야의 하나님 여호와는 어디 계시나이까"(왕하2:14)라고 했습니다. 하나님을 느낄 수 있는 영적인 감각을 얻었습니다. 하나님의 임재를 느끼는 사람이 되었습니다. 이것보다 더 중요한 일이 있습니까?

제64강
열왕기상 20장 1-12절

아람과 이스라엘(1)

열왕기상 17-19장까지는 하나님의 사람 엘리야 선지자를 통하여 하나님의 섭리가 무엇인가를 다루었습니다. 20장에서는 아람 왕 벤하닷과 이스라엘 왕 아합 사이에 벌어졌던 전쟁에 대해 소개하고 있습니다. 하나님의 선민 이스라엘을 향하신 보호하심의 섭리를 부각하는 저자의 의도가 엿보입니다.

또 북이스라엘의 7대 왕 아합의 정책과 악정에 대항하여 하나님 중심적인 신앙을 회복하기 위한 하나님의 사람 엘리야의 활동에 관하여 기록해 주고 있습니다. 엘리야 선지자가 바알 선지자와 영적인 전쟁을 한 것은 여호와 하나님이 참 신이시니 하나님께로 돌아오라는 자비한 주님의 모습을 보여주기 위함입니다.

갈멜산에서 불로 응답하신 것이나 비를 내려주신 것은 하나님의 자비와 긍휼을 보여주신 사건이었습니다. 그러나 이적과 기적을 보면서도 이세벨을 비롯한 북이스라엘 백성들은 하나님께로 돌아오지 않았습니다. 회개할 줄 모르는 백성이 되었습니다.

이번에는 아람과 북이스라엘과의 전쟁을 통하여 교훈하시는 것이 또 있었습니다. 그것이 무엇일까요?

1. 아람 왕 벤하닷

아람과 이스라엘 사이의 전쟁이 있었습니다. 아람 왕 벤하닷이 전군을 소집했습니다. 아람 왕 벤하닷은 지나친 패권의식이 강한 사람이었습니다. 벤하닷은 지방 영주 삼십이 명을 규합하여 큰 세력을 이루게 되었고, 말과 병거들도 많았습니다.

아람 왕 벤하닷은 자기들의 힘과 군사적인 숫자만 믿고 이스라엘을 송두리째 먹으려고 공격했습니다. 이스라엘을 신속하게 공격하여 사마리아를 쉽게 포위했습니다. 벤하닷이 사신을 보내어 사마리아 성에 있는 이스라엘 왕 아합의 은금과 처자를 자신의 소유로 삼겠다고 전하였습니다. 이스라엘은 더 이상 저항할 수 없다는 것을 감지했습니다.

이스라엘 왕 아합이 벤하닷에게 자신과 자신의 것은 모두 벤하닷의 것이라고 회답했습니다. 벤하닷이 다시 사신을 보내어 앞서 사신을 보낸 것은 아합의 은금과 처자를 자기에게 보내라는 것이었습니다. 네게 있는 모든 것이 다 내 것이라. 아내와 자식도 내 것이라. 이게 전쟁입니다.

또 내일 이맘때 자기의 부하들을 보내어 아합 왕의 왕궁과 그의 신하들의 집을 뒤져 모든 귀한 것들을 가져가겠다고 통보했습니다. 이런 상황에서 여러분은 할 수 있는 일이 무엇이겠습니까? 북이스라엘 왕과 백성이 할 수 있는 일이 무엇이겠습니까?

아람의 군대는 강했습니다. 전쟁에 능한 정예 군사들이었습니다. 이스라엘은 오합지졸입니다. 할 수 있는 일이 있다면 하나님께로 돌아가는 일이었습니다. 승리하게 하실 분은 오직 여호와 하나님밖에 없었습니다. 그리고 승리하게 하신 하나님의 명령에 순종해야 했습니다. 신명기 20장을 연구해 보면 대적의 목숨을 한 사람도 살리지 말고 죽이라는 명령이 있었습니다. 그러나 아합 왕은 어떻게 했습니까?

신명기 20장 1절에 "네가 나가서 적군과 싸우려 할 때에 말과 병거와 백성이 너보다 많음을 볼지라도 그들을 두려워하지 말라 애굽 땅에서 너를 인도하여 내신 네 하나님 여호와께서 너와 함께 하시느니라"라고 했습니다. 이것만 믿어도 됩니다.

그러면서 '두려워하지 말며 놀라지 말라. 떨지도 말라. 먼저 평화를 선언하라. 그러나 듣지 않으면 대적을 다 진멸하라. 한 사람도 남기지 말고 다 죽이라. 호흡이 있는 자를 하나도 살리지 말라' 고 하십니다. 왜 이렇게 다 진멸해야 할까요? 여호와의 명령입니다. 또 가증한 일, 우상 숭배로 이스라엘 백성을 미혹할 수 있기 때문입니다.

그런데 아합 왕은 벤하닷을 살려 주었습니다. 조약을 맺고 살려 주었습니다. 이것이 하나님의 명령에 대한 불순종입니다. 아합 왕의 잘못된 조약 때문에 가문과 백성들에게 하나님의 심판이 임하게 되는 것이었습니다. 이것이 범죄요 불순종입니다.

열왕기와 역대기 성경에 벤하닷이라 불리는 세 인물이 등장합니다. 첫 번째는 벤하닷 1세로 주전 900-860년까지 통치한 왕으로, 할아버지는 '헤시온'이고, 아버지는 '다브림몬'입니다. 이 왕은 북이스라엘 왕 바아사가 라마 성읍을 건축하여 남유다의 통행로를 차단하였을 때 남유다의 아사 왕의 은과 금을 받고 북이스라엘을 공격한 사람입니다.

두 번째는 벤하닷 2세로 주전 860-843년까지 통치한 사람입니다. 아합 시대에 북이스라엘을 두 번이나 침략하고 아합의 아들 요람 때도 침략하여 사마리아를 포위했던 인물입니다. 훗날 병이 들게 되고 하사엘로 하여금 선지자 엘리사에게 병세를 물어 보았으나 엘리사의 예언을 들은 하사엘에 의해 살해되었습니다.

세 번째는 벤하닷 3세입니다. 벤하닷 2세의 왕위를 찬탈하였던 하사엘의 아들로 주전 796-770년까지 아람을 통치한 사람입니다. 북이스라엘의 여호아하스 왕 때 공격해 왔으나 여호아하스의 아들 요아스에게 패배를 당한 사람입니다.

벤하닷은 하나님의 심판의 도구로서 범죄한 북이스라엘을 공격하게 됩니다. 이것은 신명기적인 저주의 도구로 사용된 것입니다. 역시 역사의 주관자는 하나님이십니다. 사람을 사용하시는 분도 하나님이십니다. 또 벤하닷은 북이스라엘이 하나님의 전능하심을 발견하게 하여 하나님께로 돌아가게 만드는 역할을 감당했습니다.

그리고 북이스라엘이 벤하닷을 물리치게 되었을 때 벤하닷을 살려준 것은 북이스라엘이 하나님의 심판을 받을 수밖에 없는 나라임을 나타내고 있습니다. 하나님의 명령에 대한 불순종이 왕과 백성을 심판의 자리로 인도하는 결과를 가져오는 것입니다. 순종합시다.

2. 아합의 대책

아람 왕 벤하닷의 요구에 대하여 아합 왕은 대책을 논의했습니다. 아합 왕이 북이스라엘의 모든 장로들을 불러 벤하닷의 요구를 들려주고 자신이 그에 대하여 거절하지 못하였다고 심정을 토로하였습니다.

모든 장로와 백성들은 벤하닷의 요구를 거절하도록 요청했습니다. 왕이 벤하닷의 사신에게 처음 요구는 들어줄 수 있으나 두 번째 요구는 들어줄 수 없다고 전했습니다. 어떤 결과를 가져왔을까요?

벤하닷의 요구에 대하여 아합 왕은 이미 봉신이 되겠다고 선언했습니다. 그러나 벤하닷의 첫 번째 요구는 들어줄 수 있으나 두 번째 요구는 너무 심한 요구였습니다. 그래서 대책 회의를 하기 시작했습니다. 장로들은 가문이나 지파를 대표하는 장로들이었습니다. 각 지파에 큰 영향을 끼치는 사람들이었습니다.

북이스라엘은 절박한 상황이었습니다. 풍전등화라는 말이 있습니다. 북이스라엘의 국운도 그런 상황이었습니다. 아합 왕은 장로들과 더불어 벤하닷의 요구를 수용해야 하는지 아니면 결사 항전을 해야 하는지를 의논했습니다. 심각한 논의였습니다. 숨겨진 것을 샅샅이 뒤져서 철저하게 찾아내려는 것과 같은 회의였습니다.

아람 나라에 봉신이 되는 것도 수용하기 어렵고, 더군다나 모든 것을 다 탈취하겠다는 것입니다. 아내와 자식도 벤하닷의 것이 됩니다. 왕궁은 물론이고 신하들의 집까지도 뒤져서 좋은 것은 다 가져가겠다는 것입니다. 국가적으로도 수탈 대상입니다. 이스라엘의 우상숭배가 결국 나라를 어지럽고 힘들게 만들었습니다.

아합 왕의 솔직한 고백을 듣고 난 백성과 장로들의 반응이 무엇입니까? "왕은 듣지도 말고 허락하지도 마옵소서". 아합 왕이여 벤하닷의 말에 순종하지 마시오. 절대 순종하지 마시오. 북이스라엘의 장로들은 타협안이 아니라 부정적인 결정을 내놓았습니다. 결사 항전의 의미입니다.

그런데 아합 왕은 아람의 사신에게 첫 번째 요구는 들어줄 수 있겠으나 두 번째 요구는 수용할 수 없다고 절충안을 내놓았습니다. 아합 왕은 유약하고 타협적인 사람이었습니다. 아내와 자녀 그리고 재산까지는 보내겠다는 것이었습니다. 다만 백성들의 집을 강탈하는 것은 안 된다는 뜻입니다. 결론은 아합 왕은 유약한 왕이었습니다. 여러분은 믿음이 강한 사람이 됩시다. 믿음이 좋은 사람, 믿음이 큰 사람이 됩시다.

3. 벤하닷의 경고와 아합의 항전

굴종적인 내용이지만 부분적으로는 항복할 수 없다는 아합 왕의 답신에 대하여 아람 왕 벤하닷은 어떤 반응을 보였을까요?

벤하닷이 아합의 회답을 받고 분노하여 사마리아를 부스러뜨려 한 줌 먼지도 남기지 않게 하겠다는 각오를 밝히는 전갈을 보내왔습니다. 강력한 경고로 답했습니다. '부스러진 것', '불탄 후 남은 재'와 같이 되리라. 이 말은 사마리아 성이 전쟁으로 인하여 화염에 휩싸여 재만 남게 될 것이라는 의미입니다. 잔인하고 포악한 공격으로 재만 남게 될 것이라.

이에 반하여 아합 왕은 어떤 자세로 임하게 되었습니까? 아합 왕이 "갑옷 입는 자가 갑옷 벗는 자 같이 자랑하지 못할 것이라"라고 응대함으로써 항전 의지를 밝혔습니다. 포악한 벤하닷의 답변에 대하여 아합 왕도 더 이상 참을 수가 없었습니다. 결사 항전을 선언하게 되었습니다. 굴종의 태도에서 항전의 자세를 취했습니다.

갑옷을 입는 자는 전쟁에 나가는 사람이고, 갑옷을 벗는 자는 전쟁에서 승리하여 살아 남은 자를 가리킵니다. 그러므로 아합 왕의 말은 전쟁을 시작도 하지 않았는데 다 이긴 것처럼 큰소리치지 말라는 조소의 말입니다. 아람 왕 벤하닷은 교만한 사람이었습니다. 군사력만 믿고 큰소리쳤던 것입니다.

벤하닷이 아합 왕의 응대를 듣고 부하들에게 사마리아를 공격할 준비를 갖추도록 명령했습니다. 벤하닷에게는 당대 최신형 무기와 같은 마병도 있습니다. 군사력도 강했습니다. 그리고 삼십이 명의 돕는 군주들이 있었습니다. 북방 이스라엘은 절체절명의 위기에 봉착했습니다. 이 싸움의 결과가 어떻게 되었을까요?

아람 왕 벤하닷의 월등한 전략과 군사력에도 불구하고 북이스라엘에게 참패를 당했습니다. 왜 그랬을까요? 그리고 굴욕적인 항복 후에 겨우 목숨만 건지는 입장이 되었습니다. 전쟁에서 승리한 이유가 아합 왕이 훌륭해서일까요? 아니면 또 다른 이유가 있는 것일까요?

벤하닷은 지방 군주들과 함께 장막에서 술을 마시는 상황이었습니다. 하나님께서 이스라엘 백성을 도와 승리하게 하셨습니다. 아합 왕을 후원하거나 범죄를 용납하시는 것이 아닙니다. 아람과 북이스라엘의 전쟁을 통해 하나님이 역사의 주인공이시며, 교만한 자를 물리치신다는 교훈을 주고 있는 것입니다. 우리 모두 겸손하여 영적으로 승리합시다.

제65강
열왕기상 20장 13-21절

아람과 이스라엘(2)

아람 왕 벤하닷이 북이스라엘을 공격하여 사마리아 성을 포위하고 굴욕적인 요구를 해 왔습니다. 북이스라엘의 왕 아합은 장로들과 의논하고 벤하닷의 요구를 거절하게 됩니다. 그러나 그 전쟁에서 북이스라엘이 승리하게 하신 하나님이십니다.

이 사건이 우리에게 무슨 교훈을 주는 것일까요? 북이스라엘의 왕과 백성들이 하나님 앞에 회개할 기회였습니다. 그러나 북이스라엘의 왕이나 백성들이 회개하지 않았습니다. 회개하는 사람이 천국을 차지하는 줄로 믿습니다.

1. 승리와 선제 공격

하나님은 한 선지자를 아합 왕에게 보내서 말하게 하셨습니다. 내용은 구원의 말씀입니다. 북이스라엘이 위기 속에 있지만 '보라, 새로운 국면이 전개되고 있다'. 아주 낮은 자세로 선지자가 구원의 말씀을 전해 주었습니다. 마치 낮은 신분의 사람이 왕 앞에 최대한의 예의를 갖추어 겸손하게 말하는 것처럼 겸손하게 말했습니다. 벤하닷의 사신은 매우 교만한 자세로 항복을 요구하고 여러 가지 조건을 요구했지만 하나님의 사람은 매우 낮은 자세로 승리의 말씀, 구원의 말씀을 전해 주었습니다.

아합 왕이나 북이스라엘 백성들이 절체절명의 위기 속에 있었지만 여호와 하나님을 찾거나 구하지 않았습니다. 그럼에도 불구하고 하나님은 하나님의 사자를 아합 왕과 이스라엘 백성에게 보내주셨습니다. 이렇게 구하지 않고 찾지 않아도 먼저 하나님께서 하나님의 사람을 보내주신 것은 아합 왕은 물론 북이스라엘 백성들이 회개하고 하나님께로 돌아오라는 부르심이었습니다.

여호와 하나님께서 아람 왕 벤하닷의 군대를 아합 왕의 손에 붙이셨습니다. 그러므로 아합 왕이 여호와가 참 하나님임을 알게 될 것입니다. 누구인지는 밝히지 않지만 하나님의 사람이 구원의 메시지를 가지고 아합 왕과 북이스라엘 백성들에게 좋은 소식을 전해 주었습니다.

아합 왕이 누구를 통해 아람 군대를 이기게 하실 것인지를 선지자에게 물었습니다. 선지자가 여호와께서 각 도의 방백의 용사들을 통해서 행할 것이라고 말씀하셨습니다. 아합이 누가 먼저 싸움을 시작할 것인지를 묻자 선지자는 왕이 먼저 하라고 지시했습니다.

아합 왕이 각 도의 방백의 용사를 모아보니 이백삼십이 명이었습니다. 또 북이스라엘 군사들의 수를 헤아리니 칠천 명이었습니다.

아합 왕은 여호와 하나님의 은혜와 능력을 체험했습니다. 그러면 하나님만 의지하는 것이 맞지 않습니까? 하나님만 사랑하는 것이 맞지 않겠습니까? 그러나 아합 왕은 하나님의 뜻을 거역했습니다. 말씀에 순종하지 않았습니다. 하나님의 은혜를 잊어버렸습니다.

하나님은 전쟁에서 승리하게 하여 아합 왕과 북이스라엘 백성이 하나님을 알고 하나님께로 돌아오기를 기다리셨습니다. 그러나 아합 왕이나 북이스라엘 백성들은 그렇게 하지 않았습니다.

아람 군대가 눈앞에 보입니다. 많은 군대였습니다. 대단한 위용이 있는 부대였습니다. 도저히 북이스라엘의 군사력으로는 물리칠 수 없는 세력이었습니다. 그런데 전능하신 하나님이 개입하시면 누가 당할 수 있겠습니까? 이 전쟁의 배후에 하나님이 계셨습니다. 능력이 많으신 하나님이 승리하도록 복을 주셨습니다.

전쟁에 나갈 사람이 누구이며 앞장서서 싸워야 할 사람이 누구인지 그리고 어떤 작전으로 싸워야 하는지를 가르쳐 주셨습니다. 하나님은 전쟁에 능한 여호와이십니다. 전쟁에서 승리하도록 역사하신 주체가 하나님이십니다. 하나님은 수적으로 전쟁하시는 분이 아니십니다. 믿음의 사람은 상대의 수와는 관계가 없습니다. 상황도 말하는 것이 아닙니다. 하나님이면 다 되는 것입니다.

2. 출전과 과소평가

북이스라엘 군사들이 정오에 공격을 개시했습니다. 그때 아람 왕 벤하닷은 장막에서 삼십이 명의 지방 군주들과 더불어 막사에서 술을 마시며 취해 있었습니다. 북이스라엘의 군사적인 전략에 대하여 벤하닷이 과소평가한 상황이었습니다. 수가 적다고 과소평가할 수 있는 것일까?

아합 왕은 군대의 상황을 파악한 다음에 출전 명령을 내렸습니다. 일반적으로 군사력이 열세일 경우에는 성에서 방어전략과 약간의 공격만 하는 것이 일반적이었지만 아합 왕의 군대는 정오에 출전을 하게 되었습니다. 그것도 선제공격이었습니다.

보통 중동 지역에서는 정오 때가 휴식과 수면 시간입니다. 너무나 덥고 힘이 드는 시간이었기 때문입니다. 아마도 적이 방심할 때의 기습작전일 수도 있습니다. 그러니까 군사적인 전략으로 볼 때는 실패할 수밖에 없는 상황이었습니다.

물론 초병이 이스라엘군의 움직임을 다 살피고 있었습니다. 그러나 중요한 것은 하나님께 순종하고 있는 상황입니다. 하나님의 명령에 복종하는 전쟁이었습니다. 하나님의 말씀을 따라 수행하는 전쟁이었습니다. 이것이 다른 점입니다.

북이스라엘 각 도의 방백의 용사들이 먼저 출전했습니다. 벤하닷이 보낸 정찰병이 벤하닷에게 사마리아 성에서 일단의 무리가 나왔다고 보고했습니다. 벤하닷이 이스라엘 군사들이 화친을 목적으로 와도 사로잡고, 싸우러 올지라도 사로잡으라고 명령을 했습니다.

벤하닷은 이미 술에 취한 상태입니다. 삼십이 명의 영주들도 장막에서 머물면서 전쟁할 생각을 하지 않는 상황이었습니다. 나태한 모습의 아람 군대와 왕과 영주들을 볼 수 있습니다. 아마도 우세한 군사력을 의지하는 마음에서 그렇게 했을 것입니다. 자만심과 교만입니다.

그런 시간적인 상황에서 하나님께서 역사해 주셨습니다. 하나님의 개입입니다. 전쟁의 승패는 하나님의 주권에 달려 있습니다. 다윗의 고백을 잊지 말아야 합니다. 최선을 다하되 전쟁은 여호와께 속한 것이라는 고백 말입니다.

벤하닷은 전투 지휘관들을 바꾸면서 평지에서 싸움을 하라고 지시했습니다. 그러나 벤하닷의 군대는 북이스라엘 군대 앞에 패배했습니다. 하나님이 이기게 하시면 이길 줄로 믿습니다. 하나님은 전능하신 분입니다. 사람의 강한 것이 하나님의 약한 것만 못합니다. 만군의 여호와의 이름으로 승리한 다윗처럼 우리들은 예수 그리스도의 이름으로 영적인 전쟁에서 승리할 수 있습니다.

아합 왕이 전쟁할 때 앞장서서 싸우라고 하나님은 말씀하셨지만 아합 왕은 전투 현장에 보이지 않았습니다. 그러다보니까 전쟁의 마무리 단계에서 벤하닷이 사로잡혀 왔을 때 살려달라는 호소를 들어주는 우를 범하게 되었습니다.

하나님은 자비와 긍휼이 풍성하셔서 북이스라엘이 전쟁에서 이기게 역사해 주셨습니다. 승리의 기쁨이 있게 만드셨습니다. 그런 체험을 하면서도 아합 왕이나 북이스라엘 백성들은 회개하지 않고 점점 더 하나님의 은혜를 망각하는 패역한 왕과 나라로 전락하게 되었습니다.

이런 왕과 백성들임에도 불구하고 전쟁에서 승리하게 하신 것은 전적인 하나님의 은혜, 전적인 하나님의 능력이었습니다. 북이스라엘의 기습 작전은 상대방에게 다 노출되었습니다. 일거수일투족을 다 보고하는 상황이었습니다. 정공법을 사용할 때는 군사력이 우세한 아람이 유리했습니다. 그러나 전쟁의 승패는 군사력의 우세에 달려 있지 않고 하나님께 순종하는 데 달려 있습니다. 이 전쟁은 하나님의 능력으로 승리한 전쟁이었습니다. 교만은 패망의 선봉입니다. 넘어짐의 앞잡이입니다.

3. 승리와 도주

성에서 나간 각 도의 방백들의 용사들과 그 뒤를 따르는 북이스라엘 군대가 닥치는 대로 적군을 쳐죽이자 아람 군대가 패주했습니다. 각 지파에서 파견된 용사들이 앞장섰습니다. 그리고 북이스라엘의 남아 있던 7,000명의 군사들이 선봉자들의 지휘를 따라 움직였습니다. 명령 체계로 볼 때나 위계 질서로 볼 때 철저했습니다.

북이스라엘의 군대는 소수였지만 할당된 임무를 잘 감당했습니다. 하나님의 도우심 속에 기적적인 전투력을 발휘하게 되었습니다. 조직적이고 체계적으로 일사 분란하게 움직였습니다. 아람 군대는 10만 명이 넘은 것으로 추정됩니다. 그러나 하나님께서 승리할 수 있도록 지혜와 능력을 주셨습니다. 그러니까 7,232명의 북이스라엘의 군대가 아람의 10만 대군을 물리친 것입니다. 이것이 기적입니다. 하나님의 능력입니다. 성도의 즐거움입니다. 나는 목회자로서 일평생 이런 기쁨을 맛보면서 살아왔습니다.

북이스라엘 군대가 추격하자 아람 왕 벤하닷이 말을 타고 마병들과 더불어 겨우 도주했습니다. 이렇게 아합이 아람 군대를 쳐서 크게 도륙했습니다. 아합 왕은 성 안에서 밖을 내다보면서 북이스라엘의 군대가 아람 군대를 물리치는 것을 보고 그제서야 전쟁터로 발걸음을 옮겼습니다. 아합은 온전히 순종하는 사람이 아니었습니다. 유불리를 따져서 움직이는 교활한 사람이었습니다.

군사력으로는 도저히 이길 수 없는 전쟁에서 승리하게 하신 하나님을 찬양해야 합니다. 막강한 군대를 무슨 수로 이기겠습니까? 북이스라엘이 아람의 10만 대군을 물리친 것은 전적으로 하나님의 은혜와 배려요, 자비와 긍휼입니다.

여러분은 영적인 전쟁에서 승리하고 있습니까? 바울은 에베소서 6장 11-12절에서 "마귀의 간계를 능히 대적하기 위하여 하나님의 전신 갑주를 입으라 우리의 씨름은 혈과 육을 상대하는 것이 아니요 통치자들과 권세들과 이 어둠의 세상 주관자들과 하늘에 있는 악의 영들을 상대함이라"라고 했습니다.

베드로 사도는 "근신하라 깨어라 너희 대적 마귀가 우는 사자 같이 두루 다니며 삼킬 자를 찾나니 너희는 믿음을 굳건하게 하여 그를 대적하라 이는 세상에 있는 너희 형제들도 동일한 고난을 당하는 줄을 앎이라"라고 했습니다. 악령과 대적하여 승리하는 성도가 됩시다.

또 우리는 하나님 나라의 확장을 위하여 치밀한 계획도 세워야 합니다. 철저하게 준비하는 자를 귀하게 사용하시는 하나님이십니다. 그리고 성도 한 사람 한 사람이 자기에게 할당된 분량의 일들, 교회로부터 맡겨진 일들을 잘 감당해야 합니다. 충성해야 합니다. 헌신하고 봉사해야 합니다. 그것이 여러분 자신의 영광과 존귀와 칭찬으로 바뀌는 시간이 올 것입니다.

제66강
열왕기상 20장 22-30절

아람과 이스라엘(3)

아람과 북이스라엘, 벤하닷과 아합 왕, 아람 군대와 북이스라엘 군대가 사마리아 성에서 전쟁을 했습니다. 북이스라엘은 하나님의 도우심으로 아람 군대 십만 명을 물리쳤습니다. 그리고 전쟁에서 승리했습니다. 2차 전쟁에서는 어떻게 되었을까요? 이겼다면 어느 나라 군대가 이겼을까요? 이스라엘이 이겼다면 이긴 이유가 무엇일까요?

1. 아람의 2차 공격

1차 전투에서 승리를 예고했던 선지자가 아합 왕에게 아람의 2차 침공을 대비하라고 조언했습니다. 아합 왕은 7,232명의 군대로 아람 군대 십만 명을 물리치고 승리한 것에 대해서 만족하고, 기쁜 생활을 하고 있을 때입니다.

먼저도 전쟁에서 승리할 것이라고 예언했던 하나님의 사람이 아합 왕을 다시 찾아서 아람 군대가 다시 침공할 것을 예언하면서 전쟁을 준비하라고 말해 주었습니다. 하나님께서 선지자를 아합 왕에게 보내면서 '너는 가라, 너는 힘을 길러라 그리고 너는 깨달아라, 너는 살피라'

라고 말씀하셨습니다.

네 개의 동사가 연이어 사용되면서 상전이나 왕이 종이나 신하에게 명령하듯 말하고 있습니다. 하나님의 사람이 아합 왕에게 강력하게 명령할 수 있는 이유는 개인적인 말을 전하는 것이 아니라 이스라엘의 하나님 여호와의 말씀을 대언하기 때문입니다.

하나님은 아람 군대를 격파하고 승리를 거둔 아합과 북이스라엘 군사들이 지나친 자신감으로 인하여 경계를 느슨히 하거나 정신 상태가 해이해질 수 있기 때문에 앞으로 있을 전쟁을 대비하라고 강력한 명령을 하셨습니다.

북이스라엘의 진정한 지휘관은 아합 왕이 아니라 하나님이셨습니다. 하나님은 선지자를 아합 왕과 북이스라엘에게 파송하여 용기를 북돋아 주셨고 작전 계획까지 가르쳐 주셨습니다. 전쟁에서 승리한 후에도 2차 침공을 가르쳐 주고 있는 것입니다. 미리 가르쳐 주는 것은 준비하라는 뜻입니다. 하나님은 자비와 은혜와 긍휼이 풍성하신 분이십니다. 때를 따라 돕는 은혜를 주시는 분이십니다. 하나님은 개인은 물론 역사와 교회를 인도해 가시는 분이십니다. 최종적인 결과는 항상 승리하도록 은혜와 복을 주시는 분이십니다.

언제 공격해 올 것인가? 하나님의 사람은 새해가 되면 아람 왕이 다시 침공해 올 것이라고 예고했습니다. '해가 돌아올 때'입니다. 새해입니다. '다음 해의 봄'입니다. 다음 해 봄이 오면 아람 왕 벤하닷이 다시 공격해 올 것입니다.

아합 왕과 북이스라엘 백성들은 아람의 군대가 많은 군사를 잃어버렸기 때문에 다시는 침공해 오지 않을 것이라고 생각했습니다. 전쟁에서 패전한 다음에 의욕이 상실되었을 것이라고 생각했습니다. 그러나 하나님은 선지자를 통하여 아람 군대가 새해에 다시 공격해 올 것을 가르쳐 주셨습니다.

하나님께서 미리 가르쳐 주시니 은혜의 하나님이십니다. 그리고 미리 다 알고 계셨으니 살아 계신 하나님이십니다. 하나님은 전지하신 분이십니다. 그러므로 북이스라엘 백성들은 겸손하게 하나님을 섬겨야 합니다. 우상숭배한 죄를 회개하면서 살아 계신 하나님을 믿고 사랑해야만 했습니다.

역사를 보면 이듬해 봄에 아람군이 북이스라엘을 공격해 왔습니다. 하나님의 사람의 말이 맞았습니다. 하나님의 말씀은 진실한 말씀입니다. 그래서 우리가 공부를 조금 해 보면 성경의 진정성에 대하여 알게 됩니다. 성경은 하나님의 말씀이기 때문에 진정성이 있습니다. 사람의 말은 믿을 수 없으나 하나님의 말씀은 믿을 만합니다. 그대로 믿고 순종하면 그대로 이루어집니다. 신구약 성경은 하나님의 말씀이요 우리의 신앙과 행위에 대하여 유일무이한 법칙입니다.

2. 아람의 준비

아람 왕의 신하들이 벤하닷 왕에게 뭐라고 보고했습니까? 이스라엘의 신은 산의 신이므로 1차 전투에서 자기들보다 강하였으나 만일 평지에서 다시 싸우게 되면 아람의 군대가 승리할 수 있다는 의견을 말했습니다. 아람 진영에서 일어난 일입니다. 벤하닷의 신하들이 벤하닷에게 새로운 작전 계획을 세우고 전쟁터에 가자고 했습니다. 신하들이 1차 전쟁에서 실패한 이유를 분석한 결과였습니다.

그러나 패전의 원인 분석이 맞는 것일까 아니면 그릇된 분석과 그릇된 작전 계획을 세우는 것일까? 패전의 원인은 이스라엘의 신 때문이라고 분석했습니다. 이스라엘의 신은 산의 신인데 평지에서 싸워야 이기지 산에서 싸웠기 때문에 졌다는 것이지요.

또 한가지는 돕는 역할을 했던 벤하닷의 32명의 영주들 때문이라는 것이었습니다. 그러나 패배의 원인은 벤하닷의 마음이 교만하여 방심한 것과 술을 마시고 취한 상태였기 때문입니다. 아람 군대의 신하들은 그릇된 신 관념을 가지고 있었습니다. 북이스라엘의 신에 대하여도 잘못된 분석을 했습니다. 전능하신 하나님을 잘 모르는 사람들이었습니다.

고대 사회는 다신론이었습니다. 그러나 이스라엘의 하나님은 어떤 하나님입니까? 신명기 6장 4-5절에 "이스라엘아 들으라 우리 하나님 여호와는 오직 유일한 여호와이시니 너는 마음을 다하고 뜻을 다하고 힘을 다하여 네 하나님 여호와를 사랑하라"라고 했습니다.

왜 아람 신하들은 이스라엘의 신은 산의 신이라고 주장했을까? 아마도 가나안 땅을 정복할 때 철병거가 많은 상대와 싸울 때 산악 지형을 이용했을 가능성이 큽니다. 또 이스라엘 백성들이 하나님과의 언약을 맺은 곳이 시내산이었습니다. 이스라엘 백성들은 성전이 건축되기 이전까지 산당 제사를 드렸기 때문에 생겨난 말로 생각됩니다. 그리고 사마리아가 산악 지형이다 보니까 산의 신으로 오해했습니다. 갈멜산에서의 엘리야의 기도 응답 때문일 수도 있습니다. 그래서 평지로 유도하여 전쟁을 하면 승산이 있다는 주장입니다.

또 지방 영주들 대신에 전투 지휘관을 전면에 내세우라고 조언했습니다. 지방 왕들을 제하고 대신에 총독을 두어 전투를 진행하라고 조언했습니다. 왕들은 왕들이 데리고 온 군사들을 통치하다 보니 일사분란하게 움직이지 못하여 전쟁에서 패배했으니, 이번에는 군사적인 통일을 위하여 전쟁하자고 제안했습니다.

그리고 잃어버린 군사들과 말과 병거를 보충한 후에 평지에서 싸우면 승리할 수 있다고 장담했습니다. 아람 왕이 신하들의 말대로 하기로 작정했습니다. 그러나 생각해 봅시다. 사람의 계획과 지혜가 얼마나 보잘것없는 것입니까? 전능하신 하나님, 지혜의 왕이신 하나님께서 이스라엘을 축복하고 있습니다. 사람이 계획을 세울지라도 발걸음을 인도하시는 분은 하나님이십니다.

하나님은 유대인이나 이방인이나 회개할 기회를 주십니다. 벤하닷을 비롯하여 신하들로 하여금 잘못된 신관을 버리고 회개하기를 원하셨지만 인간적인 모략만 내세우고 있는 상황이었습니다. 더군다나 하나님이 사랑하여 붙잡고 있는 나라를 공격할 기회만 엿보았습니다. 사람들이 하는 일은 다 이렇습니다. 하나님께서 붙잡고 있는 것은 생각지도 못하면서 산에서 싸우면 지고 평지에서 싸우면 이깁니까? 하나님은 무소부재하신 하나님이십니다.

3. 북이스라엘의 승리

새해가 되어 봄이 되자 아람 왕 벤하닷이 군대를 총동원하여 이스라엘을 치기 위하여 아벡으로 출전했습니다. 하나님의 사람 선지자가 예언한 것과 같이 전쟁하기 위하여 올라왔습니다. 작년의 패배를 설욕하려는 마음으로 올라왔습니다.

아벡은 벧산에서 다메섹으로 통하는 도로변에 있기 때문에 아람군이 집결하기에 적합한 장소였습니다. 역사를 보면 여러 나라가 북이스라엘을 공격하기 위하여 점령했던 전략적인 요충지였습니다. 아람의 벤하닷도 예외가 아니었습니다. 북이스라엘을 점령하기 위하여 아벡에 진쳤습니다.

이에 반하여 북이스라엘 군대도 총동원하여 아람 군대에 대하여 진을 쳤는데 북이스라엘군은 두 염소 새끼떼 같으나 아람군은 온 벌판을 뒤덮었습니다. 보잘것없는 상황이었습니다. 큰 무리와 작은 무리, 양떼보다 염소떼는 적은 무리였습니다. 양떼가 다수라면 염소떼는 소수였기 때문입니다. 연약한 군대를 말한 것은 하나님의 능력을 강조하기 위해서입니다.

이때에 하나님의 사람이 아합 왕에게 나아가 아람 사람들이 하는 말을 전해 주었습니다. 아람과의 전쟁에서 승리할 것을 예언했던 그 선지자가 다시 나타났습니다. 과거에 승리하게 하신 하나님께서 이번에도 아람의 군대를 이스라엘에게 붙이실 것이라고 예언해 주었습니다.

그들은 여호와는 산의 신이요 골짜기의 신은 아니라고 말했습니다. 그러나 오늘 하나님이 북이스라엘이 전쟁에서 이기게 하심으로써 북이스라엘은 여호와가 참 신인 줄 알게 될 것이라고 전해 주었습니다. 과거에 엘리야 선지자가 갈멜산에서 바알 선지자와 아세라 선지자들과 대결을 하여 하나님을 나타냈지만 아합 왕을 비롯하여 이스라엘 백성들은 회개하지 않았습니다. 이번에는 아람과의 전쟁을 통하여 전능하신 하나님의 능력을 보여주심으로써 또 회개의 기회를 주시는 하나님이십니다. 돌아갈 수 있는 기회였습니다.

북이스라엘과 아람이 대진한 지 칠 일째 되는 날이었습니다. 아마 전투를 하기 전에 탐색전을 벌인 것으로 보입니다. 아람 군대가 군사력은 막강했지만 먼저 패전한 경험이 있기 때문에 함부로 공격하지 않은 것으로 보입니다.

처음부터 전면전이 아니라 차츰차츰 전투를 시작하였습니다. 전투를 벌여 북이스라엘군이 아람군 보병 십 만을 죽였습니다. 군사적으로는 북이스라엘이 열세였지만 전쟁에서 하나님의 도우심으로 승리하게 되었습니다. 전능하신 하나님이십니다.

아람의 남은 군대가 아벡성으로 도망하여 들어갔습니다. 그런데 성이 무너져 이만칠천 명이 더 죽었습니다. 여기서 하나님의 전능하심이 다시 한 번 더 나타났습니다. 아벡 성벽이 무너졌습니다. 이만칠천 명이 죽었습니다. 여리고 성벽이 무너지듯 아벡 성벽이 무너진 것은 전적인 하나님의 능력입니다.

벤하닷은 아벡성의 골방으로 도망쳤습니다. 전쟁에서 패배했지만 벤하닷은 살아 남았습니다. 골방으로 들어갔습니다. 교만한 자를 낮추시는 하나님이십니다. 벤하닷이 하나님 앞과 사람 앞에 교만하더니 완전히 사면초가가 되었습니다. 우리 모두 겸손하여 영적인 전쟁에서 승리합시다.

제67강
열왕기상 20장 13절

계시(Revelation)

    종교의 개념은 계시 개념으로 귀결됩니다. 종교는 하나님의 계시에 대한 인간의 반응이요, 하나님에 대한 사람들의 반응이 종교이기 때문입니다. 이것이 가장 종교다운 종교라고 규정할 수 있습니다. 현상적인 종교의 개념은 모순된 이론이 많고 철학적이거나 윤리적인 수준에 머물기 때문입니다.

1. 계시에 관하여

    계시에 대한 일반적인 견해가 무엇인가? 첫째로, 본래 하나님은 불가해한 존재이십니다. 하나님은 감추어진 존재이기 때문에 인간으로서는 알 수 없는 분이십니다. 하나님의 영만이 하나님을 알 수 있습니다. 고린도전서 2장 10절에 "오직 하나님이 성령으로 이것을 우리에게 보이셨으니 성령은 모든 것 곧 하나님의 깊은 것까지도 통달하시느니라"라고 했습니다. 그러므로 인간이 하나님을 완전히 안다는 것은 불가능한 일입니다. 욥은 뭐라고 고백했습니까? "네가 하나님의 오묘함을 어찌 능히 측량하며 전능자를 어찌 능히 완전히 알겠느냐?"(욥11:7)라고 했습니다. 인간은 하나님을 완전히 알 수 없고 부분적으로만 알 따름입니다. 인간이 하나님을 아는 것은 하나님께서 계시해 주셨기 때문입니다.

성경은 하나님께서 스스로 자신을 나타내신 것입니다. 벗거나 열어서 보여주셨습니다. 드러내셨습니다. 그러므로 인간이 하나님을 알고, 예배하며, 교제할 수 있는 것입니다.

둘째로, 계시의 종류를 생각해 봅시다. 하나님의 계시는 두 가지로 구별됩니다. 자연계시와 초자연계시, 일반계시와 특별계시가 그것입니다. 이 둘은 어떻게 다른가?

자연계시와 초자연계시(Natural and supernatural revelation)의 구별은 하나님의 계시의 양식에 근거하고 있습니다. 모든 계시는 기원에 있어서는 초자연적입니다. 왜냐하면 하나님으로부터 오기 때문에 그렇습니다.

그러나 하나님은 자신을 계시하는 방법에 있어서는 차이점이 있습니다. 자연계시는 인간의 구조와 자연 현상을 통하여 전달되는 계시입니다. 말씀에서 주어진 계시가 아니라 무궁한 의미가 있는 사실들에서 구체화된 계시입니다. 자연에서 하나님의 선함과 지혜, 영원한 능력과 신성을 배울 수 있습니다.

초자연계시는 하나님께서 자연적 과정 속에서 간섭하시는 계시로, 꿈이나 구전과 같은 자연적 방법을 사용하실 때에도 하나님은 초자연적인 방법으로 그것들을 사용하십니다. 말씀과 사실의 계시인데 말씀은 사실을 해명하고 사실은 말씀을 예증해 주는 역할을 하게 됩니다. 시편 19편을 봅시다. 하늘과 하나님의 영광을 설명하고 있습니다.

일반계시와 특별계시(General and special revelation)로 구분됩니다. 하나님의 계시의 성격과 대상과 관련하여 정해집니다.

일반계시는 창조, 하나님과 인간과의 일반적인 관계에서 말하는 계시로, 하나님의 창조물이며 하나님의 형상의 소유자로서의 인간에게 말씀하시는 계시입니다. 일반계시는 인간창조의 목적을 실현시키는 데 목표가 있습니다. 인간이 하나님을 알고 하나님과 더불어 교통하는 곳에서만 얻어질 수 있는 계시입니다.

특별계시는 하나님의 속죄사역에 뿌리박고 있는 것으로 죄인인 인간에게 말씀하시며, 타락한 인간의 도덕적이고 영적인 요구에 적용되는 계시입니다. 특별계시의 목적은 죄인으로 하여금 예수 그리스도 안에 계시된 하나님의 속죄에 관한 특수한 지식을 통하여 하나님께로 돌아오게 하는 데 목적이 있습니다. 일반계시는 모든 사람에게 비추는 빛이라면 특별계시는 성령의 특별한 사역을 통하여 진리를 받아들이는 사람들의 길을 비추는 빛입니다.

하나님의 계시를 부정하는 경우가 있습니다. 일반계시나 특별계시를 모두 부정하는 경우가 있지만 특별계시를 더욱 부정합니다. 일반계시를 부정하는 경우도 있습니다. 하나님의 존재를 부정하는 무신론자는 모든 계시를 부정합니다. 불가지론자들은, 인간은 하나님을 알 수 없다고 믿기 때문에 하나님을 위대한 불가지자라고 합니다.

범신론자들은 가끔 하나님이 스스로 자신을 계시하신다는 사실을 믿는 체합니다. 그러나 계시의 관념은 범신론과 맞지 않습니다. 의식적이며 자발적으로 자신을 계시하는 인격적인 신의 존재를 인정하지는 않습니다. 범신론은 하나님과 인간을 하나로 봅니다.

특별계시도 부정합니다. 18세기 자연신론(Deism)은 하나님의 일반계시를 인정하면서도 초자연적인 계시의 필요성과 가능성, 실재성을 부정했습니다. 현대 자유주의 신학도 범신론적 관념론의 영향을 받아 특별계시를 부정합니다. 현대 자유주의 신학자들은 성경을 일반계시의 일부분으로 이해하고 자연과 초자연의 구별을 말살해 버렸습니다.

2. 일반계시란 무엇인가?

하나님의 일반계시와 특별계시가 병행하고 있지만 시간적으로 볼 때 일반계시가 특별계시보다 앞섭니다. 그러면 일반계시의 개념이 무엇인가? 일반계시는 인간에게 말씀하시는 형식으로 오는 것이 아니라 자연현상에서, 인간 정신의 일반적 구조에서, 경험 혹은 역사의 사실 속에서 볼 수 있는 신적사상의 구체적인 표현입니다.

하나님께서 창조나 자연의 세력과 힘, 양심의 소리, 세계의 섭리적 통치, 개인생활의 섭리적 지배 속에서 인간에게 말씀하십니다. 시편 19편 1-2절에 "하늘이 하나님의 영광을 선포하고 궁창이 그의 손으로 하신 일을 나타내는도다 날은 날에게 말하고 밤은 밤에게 지식을 전하니"라고 했습니다.

바울은 로마서 1장 20절에서 "창세로부터 그의 보이지 아니하는 것들 곧 그의 영원하신 능력과 신성이 그가 만드신 만물에 분명히 보여 알려졌나니 그러므로 그들이 핑계하지 못할지니라"라고 했습니다.

일반계시는 항상 자연적인 것만은 아니었습니다. 초자연적인 것도 섞여 있었습니다. 타락전에도 하나님은 행위언약에서 자신을 초자연적으로 인간에게 보여주셨습니다. 특별계시의 영역 밖에서도 초자연적인 방법으로 자신을 계시하셨습니다.

창세기 20장 2-3절에 "그랄 왕 아비멜렉이 사람을 보내어 사라를 데려갔더니 그 밤에 하나님이 아비멜렉에게 현몽하시고 그에게 이르시되 네가 데려간 이 여인으로 말미암아 네가 죽으리니 그는 남편이 있는 여자임이라 … 그는 선지자라 그가 너를 위하여 기도하리니 네가 살려니와 내가 돌려보내지 아니하면 너와 네게 속한 자가 다 반드시 죽을 줄 알지니라"라고 했습니다.

창세기 40장 5절에도 "옥에 갇힌 애굽 왕의 술 맡은 자와 떡 굽는 자 두 사람이 하룻밤에 꿈을 꾸니 각기 그 내용이 다르더라 아침에 요셉이 들어가 보니 그들에게 근심의 빛이 있는지라 … 해석은 하나님께 있지 아니하니이까 청하건대 내게 이르소서"라고 했습니다.

창세기 41장 1절에도 "만 이 년 후에 바로가 꿈을 꾼즉 자기가 나일 강 가에 서 있는데 보니 아름답고 살진 일곱 암소가 강 가에서 올라와 갈밭에서 뜯어먹고 그 뒤에 또 흉하고 파리한 다른 일곱 암소가 나일 강 가에서 올라와 그 소와 함께 나일 강 가에 서 있더니 …"라고 했습니다.

사사기 7장 13절에도 "기드온이 그 곳에 이른즉 어떤 사람이 그의 친구에게 꿈을 말하여 이르기를 보라 내가 한 꿈을 꾸었는데 꿈에 보리 떡 한 덩어리가 미디안 진영으로 굴러 들어와 한 장막에 이르러 그것을 쳐서 무너뜨려 위쪽으로 엎으니 그 장막이 쓰러지더라 … 이스라엘 사람 요아스의 아들 기드온의 칼이라 하나님이 미디안과 그 모든 진영을 그의 손에 넘겨 주셨느니라"라고 했습니다.

다니엘 2장 1절에도 "느부갓네살이 다스린 지 이 년이 되는 해에 느부갓네살이 꿈을 꾸고 그로 말미암아 마음이 번민하여 잠을 이루지 못한지라 … 왕의 명령이 내리매 지혜자들은 죽게 되었고 다니엘과 그의 친구들도 죽이려고 찾았더라 … 다니엘이 들어가서 왕께 구하기를 시간을 주시면 왕에게 그 해석을 알려 드리리이다"라고 했습니다. 그래서 다니엘이 느부갓네살 대왕의 꿈을 해석해 주었습니다. 큰 신상에 대한 꿈이었습니다.

일반계시의 불충분성이 무엇인가?

펠라기우스파(어거스틴 시대의 이단자), 자연신론자, 합리주의자들은 하나님의 일반계시를 인간의 현재적 요구에 극히 충분하다고 생각했습니다. 하지만 로마카톨릭파와 프로테스탄트는 일반계시의 불충분성을 지적하였습니다. 왜 일반계시는 불충분한 것인가? 어떤 면에서 불충분하다는 것일까?

1) 죄는 일반계시와 인간의 감수성을 모두 변화시켰습니다. 인간이 타락한 결과로 죄는 피조물 전반을 모두 오염시켰습니다. 자연은 신적 기원의 특징을 보여주고 있지만 불완전성으로 가득차 있습니다.

인간은 죄로 어두워졌기 때문에 자연에 나타난 하나님의 글씨도 읽을 수 없게 되었고 오류와 곡해에 사로잡히게 되었습니다. 인간은 죄로 말미암아 불의한 자가 되었습니다. 골로새서 1장 13절에 "그가 우리를 흑암의 권세에서 건져내사 그의 사랑의 아들의 나라로 옮기셨으니"라고 했습니다.

2) 일반계시는 하나님과 영적 사실에 관하여 인간에게 확실한 지식을 충분히 전달하지 못합니다. 일반계시를 통하여 하나님에 대한 지식이나 영적이며 영원한 사물에 관한 지식은 너무나 불확실하기 때문에 영원을 구축하기에는 신빙할 만한 것이 못 됩니다.

3) 일반계시는 종교를 위한 충분한 기초도 알려주지 못합니다. 자연계시에 기초를 둔 종교가 없습니다. 순수한 자연종교는 존재하지도 않습니다.

4) 일반계시는 그리스도의 기초로도 불충분합니다. 하나님의 선, 지혜, 권능에 관한 지식을 다소 인식할 수 있으나 구원의 유일한 길이신 그리스도를 배울 수는 없습니다. 마태복음 11장 27절에 "내 아버지께서 모든 것을 내게 주셨으니 아버지 외에는 아들을 아는 자가 없고 아들과 또 아들의 소원대로 계시를 받는 자 외에는 아버지를 아는 자가 없느니라"라고 했습니다.

요한복음 14장 6절에 "예수께서 이르시되 내가 곧 길이요 진리요 생명이니 나로 말미암지 않고는 아버지께로 올 자가 없느니라"라고 했습니다.

사도행전 4장 12절에 "다른 이로써는 구원을 받을 수 없나니 천하 사람 중에 구원을 받을 만한 다른 이름을 우리에게 주신 일이 없음이라"라고 했습니다.

일반계시는 구원의 은혜, 사죄, 속죄할 것을 하나도 알지 못하게 합니다. 하나님의 자녀들을 죄의 노예에서 해방되게 하고 영광스러운 자유를 얻도록 하는 데에도 이끌어 주지 못합니다. 그러므로 예수 그리스도 안에서 구원적인 은혜의 계시로 인하여 인간을 부요하게 하셔야만 했습니다.

일반계시의 가치와 의의는 무엇인가?

하나님의 최초의 계시가 중요한 의의를 가지고 있습니다. 이교 세계와의 관계에서 볼 때 하나님의 일반계시는 초자연적인 요소를 내포하고 있지만 세대에서 세대로 전해지는 동안 가끔 곡해되다가 마침내 이교에 대한 확고하고 영원한 기초가 되었습니다.

이교도들도 하나님의 자손임을 알게 되고(행17:28), 사람들이 하나님을 찾기도 하며(행17:27), 자연 속에서 하나님의 능력과 신성을 보기도 하고(롬1:19-20), 본성으로 율법의 일을 수행하기도 합니다(롬2:14). 이는 모두 다 일반계시의 영향 때문입니다.

그리스도교와의 관계에서 보면 특별계시를 주실 때 일반계시와 나란히 주시지 않았습니다. 하나님은 일반계시에서 구체화된 진리를 특별계시에 편입시켜 곡해를 시정하고 해석해 주었습니다. 그러므로 그리스도인들은 하나님의 일반계시를 신앙의 눈으로, 말씀에 비추어서 이해하는 사람들입니다. 자연 속에서 하나님의 손을 보고, 역사 속에서 하나님의 발자국을 보면서 삽니다. 또한 만물 속에서 하나님을 보기 때문에 세계를 정상적으로 보면서 사는 사람들입니다.

3. 특별계시

자연과 역사 속에 나타난 일반계시와 성경을 구체화한 특별계시는 고찰해야 합니다. 성경은 특별계시의 책으로 계시의 말씀과 사실, 사건은 서로 손잡고 걷고 있습니다. 말씀은 사실을 해석하고, 사실은 성경을 구체적으로 실현하는 것입니다.

특별계시의 필요성이 무엇인가? 자연과 역사 속에 나타난 일반계시와 함께 성경을 통하여 말씀하신 특별계시를 생각합니다. 특별계시는 성경 말씀으로 말씀과 사실(사건)이 서로 손을 잡고 걸어가는 것입니다. 말씀은 사실을 해석하고 사실은 말씀이 구체적으로 성취되는 것을 보여주고 있습니다.

왜 특별계시가 필요한가? 필요성에 대하여 생각해 봅시다. 죄가 세상에 들어오고 난 후 하나님의 일반계시는 흐려지고 부패해졌습니다. 자연과 인간구조 속에 나타난 하나님의 솜씨는 창조되었을 때와 같이 읽을 수 없게 되었습니다. 인간은 암흑과 무지, 오류와 불신앙의 종이 되었습니다.

인간은 하나님의 진리를 왜곡하게 되고, 계시의 흔적까지 없어졌습니다. 하나님과의 영적인 관계가 멀어지고, 절대적인 지식을 전달하지 못하는 존재가 되었습니다. 그래서 1) 일반계시에서 수집한 진리들을 정정하며 해석하기 위하여 특별계시가 필요하게 되었습니다. 2) 자연에 나타난 하나님의 솜씨를 인간이 다시 한번 읽을 수 있도록 계명해야 했습니다. 3) 하나님의 구속적 사랑의 계시를 인간에게 마련해 주어야 했습니다. 4) 죄의 권세에서 인간을 구속하고 하나님과 더불어 생명의 교제를 갖도록 인간의 영적 상태를 전적으로 변화시키는 것이 필요했습니다.

특별계시의 방법이 무엇인가?

1. 하나님의 현현입니다. 하나님은 멀리 계시지만 가까이 계신 분입니다.

1) 상징적으로는 하나님은 구약시대에 그룹(Cherubim) 사이에 임재하셨습니다. 시편 80편 1절에 "요셉을 양 떼 같이 인도하시는 이스라엘

의 목자여 귀를 기울이소서 그룹 사이에 좌정하신 이여 빛을 비추소서"
라고 했습니다.

시편 99편 1절에 "여호와께서 다스리시니 만민이 떨 것이요 여호와
께서 그룹 사이에 좌정하시니 땅이 흔들릴 것이로다"라고 했습니다.

불과 연기의 구름 속에서 보이셨습니다. 창세기 15장 17절에 "해가
져서 어두울 때에 연기 나는 화로가 보이며 타는 횃불이 쪼갠 고기 사
이로 지나더라"라고 했습니다. 출애굽기 3장 2절에 "여호와의 사자가
떨기나무 가운데로부터 나오는 불꽃 안에서 그에게 나타나시니라 그가
보니 떨기나무에 불이 붙었으나 그 떨기나무가 사라지지 아니하는지
라"라고 했습니다. 19장 9절에서도 "여호와께서 모세에게 이르시되 내
가 빽빽한 구름 가운데서 네게 임함은 내가 너와 말하는 것을 백성들이
듣게 하며 또한 너를 영영히 믿게 하려 함이니라 모세가 백성의 말을
여호와께 아뢰었으므로"라고 했습니다.

시편 78편 14-15절에 "낮에는 구름으로, 밤에는 불빛으로 인도하셨
으며 광야에서는 반석을 쪼개시고 매우 깊은 곳에서 나오는 물처럼 흡
족하게 마시게 하셨으며"라고 했습니다.

폭풍우 속에서 보이셨습니다. 욥기 38장 1절에 "그 때에 여호와께서
폭풍우 가운데에서 욥에게 말씀하여 이르시되"라고 했습니다. 40장 6
절에 "그 때에 여호와께서 폭풍우 가운데에서 욥에게 일러 말씀하시
되"라고 했습니다.

미풍 속에서도 보이셨습니다. 열왕기상 19장 12절에 "또 지진 후에
불이 있으나 불 가운데에도 여호와께서 계시지 아니하더니 불 후에 세
미한 소리가 있는지라"라고 했습니다.

2) 주의 사자의 현현입니다. 사자는 창조된 사자가 아닙니다. 하나
님과는 구별되지만 때로는 하나님과 동일시되는 경우도 있습니다. 창
세기 16장 13절에 "하갈이 자기에게 이르신 여호와의 이름을 나를 살피
시는 하나님이라 하였으니 이는 내가 어떻게 여기서 나를 살피시는 하

나님을 뵈었는고 함이라"라고 했습니다.

창세기 31장 11절에 "꿈에 하나님의 사자가 내게 말씀하시기를 야곱아 하기로 내가 대답하기를 여기 있나이다"라고 했습니다. 32장 28절에 "네 이름을 다시는 야곱이라 부를 것이 아니요 이스라엘이라 부를 것이니 이는 네가 하나님과 및 사람들과 겨루어 이겼음이니라"라고 했습니다.

3) 그리스도의 성육신입니다. 골로새서 1장 19절에 "아버지께서는 모든 충만으로 예수 안에 거하게 하시고"라고 했습니다. 2장 9절에 "그 안에는 신성의 모든 충만이 육체로 거하시고"라고 했습니다.

4) 그리스도 안에서 교회는 성령의 전입니다. 고린도전서 3장 16절에 "너희는 너희가 하나님의 성전인 것과 하나님의 성령이 너희 안에 계시는 것을 알지 못하느냐"라고 했습니다. 6장 19절에 "너희 몸은 너희가 하나님께로부터 받은 바 너희 가운데 계신 성령의 전인 줄을 알지 못하느냐 너희는 너희 자신의 것이 아니라"라고 했습니다.

에베소서 2장 21절에 "그의 안에서 건물마다 서로 연결하여 주 안에서 성전이 되어 가고"라고 했습니다.

5) 새예루살렘이 하늘에서 하나님으로부터 내려오고 하나님의 장막이 사람들 사이에 처질 때 하나님과 인간의 가장 충만한 동거의 실현이 있습니다.

2. 직접적인 계시의 전달 방법은 무엇인가?

1) 음성입니다. 계시의 대상에게 말씀으로 전하셨습니다. 창세기 2장 16절에 "여호와 하나님이 그 사람에게 명하여 이르시되 동산 각종 나무의 열매는 네가 임의로 먹되"라고 음성으로 말씀하셨습니다.

출애굽기 19장 9절에도 "여호와께서 모세에게 이르시되 내가 빽빽한 구름 가운데서 네게 임함은 내가 너와 말하는 것을 백성들이 듣게 하며 또한 너를 영영히 믿게 하려 함이니라 모세가 백성의 말을 여호와께 아뢰었으므로”라고 했습니다.

신명기 5장 4절에도 “여호와께서 산 위 불 가운데에서 너희와 대면하여 말씀하시매”라고 했습니다. 사무엘상 3장 4절에서도 “여호와께서 사무엘을 부르시는지라 그가 대답하되 내가 여기 있나이다”라고 했습니다.

2) 제비, 우림과 둠밈(제사장들이 하나님의 뜻을 알기 위해 사용한 성물)으로 계시하셨습니다. 사무엘상 10장 20절-21절에 “사무엘이 이에 이스라엘 모든 지파를 가까이 오게 하였더니 베냐민 지파가 뽑혔고 베냐민 지파를 그들의 가족별로 가까이 오게 하였더니 마드리의 가족이 뽑혔고 그 중에서 기스의 아들 사울이 뽑혔으나 그를 찾아도 찾지 못한지라”라고 했습니다.

3) 꿈 즉, 계시의 꿈입니다. 민수기 12장 6절에 “이르시되 내 말을 들으라 너희 중에 선지자가 있으면 나 여호와가 환상으로 나를 그에게 알리기도 하고 꿈으로 그와 말하기도 하거니와”라고 했습니다. 사무엘상 28장 6절에 “사울이 여호와께 묻자오되 여호와께서 꿈으로도, 우림으로도, 선지자로도 그에게 대답하지 아니하시므로”라고 했습니다.

요엘 2장 28절에 “그 후에 내가 내 영을 만민에게 부어 주리니 너희 자녀들이 장래 일을 말할 것이며 너희 늙은이는 꿈을 꾸며 너희 젊은이는 이상을 볼 것이며”라고 했습니다. 요셉의 꿈은 유명합니다.

4) 환상입니다. 선지자들이 많이 보았습니다. 이사야, 에스겔, 다니엘 등은 환상을 많이 보았습니다. 높이 들린 보좌에 앉아 계신 하나님을 본 것입니다.

5) 계시의 영을 통하여 하나님이 계시하셨습니다. 내적 조명을 통하여 선지자들에게 말씀하셨습니다. 믿는 자에게 성령을 주십니다. 마가복음 13장 11절에 “사람들이 너희를 끌어다가 넘겨 줄 때에 무슨 말을 할까 미리 염려하지 말고 무엇이든지 그 때에 너희에게 주시는 그 말을 하라 말하는 이는 너희가 아니요 성령이시니라”라고 했습니다.

누가복음 12장 12절에 "마땅히 할 말을 성령이 곧 그 때에 너희에게 가르치시리라"라고 했습니다.

요한복음 14장 17절에 "그는 진리의 영이라 세상은 능히 그를 받지 못하나니 이는 그를 보지도 못하고 알지도 못함이라 그러나 너희는 그를 아나니 그는 너희와 함께 거하심이요 또 너희 속에 계시겠음이라"라고 했습니다.

사도행전 6장 10절에 "스데반이 지혜와 성령으로 말함을 그들이 능히 당하지 못하여"라고 했습니다.

3. 이적도 계시의 전달 방법입니다. 하나님은 이적을 통하여 자신을 계시하십니다. 하나님의 특별한 권능의 현현이며 특별임재의 상징인 것입니다. 이적은 예언의 말씀을 확증하고 새 질서를 강조합니다. 이적 중의 이적은 성육신입니다. 이적 중의 최대의 이적이 성육신일 것입니다.

특별계시의 내용은 무엇인가?

1. 특별계시는 구속의 내용입니다. 특별계시는 하나님을 아는 지식만 전달하는 것이 아니라 죄인을 구원하시는 구원 계획, 예수 그리스도 안에서 어우러지는 하나님과의 화목, 그리스도의 구속사역으로 구원의 길, 성화, 하나님의 요구가 있습니다. 특히 인간의 갱신, 마음의 조명, 선한 의지는 인간으로 하여금 하늘 나라를 준비하게 합니다.

2. 특별계시는 말씀과 사실의 계시입니다. 하나님은 율법과 예언서, 복음서 뿐만 아니라 이스라엘의 역사, 구약의 의식적인 예배, 현현과 이적, 예수님 생애의 구속적 사실이나 사건을 통해서도 계시하셨습니다.

3. 특별계시는 역사적 계시입니다. 역사 속에서 주어진 하나님의 계시는 점진적으로 발전적인 성격을 가지고 있습니다. 점진적으로 명확해졌고, 성육신과 교회의 성령의 내재에서 절정을 이루는 것입니다.

제68강
열왕기상 20장 31-43절

아합과 선지자

    지금까지 전략상 열세였던 북방 이스라엘 군대가 막강한 아람의 군대를 물리친 사건을 기술해 주었습니다. 그런데 하나님의 은혜와 명령은 잊어버리고 아합 왕은 아람 왕 벤하닷을 살려 주었습니다. 이것이 얼마나 큰 불순종이었으며 어떤 결과를 가져왔을까요? 하나님의 심판이 아합 왕에게 임하게 되었습니다. 어느 정도의 심판일까요?

1. 벤하닷의 항복

    북이스라엘의 군사력이 수적으로 적고 전략적으로도 열세임에도 불구하고 아람의 벤하닷을 물리친 것은 하나님의 은혜와 복이었습니다. 아합 왕과 북방 이스라엘 군사들은 하나님의 은혜와 능력을 잊어버리면 안되는 사람들이었습니다.

    아람 왕 벤하닷이 갇혔을 때 벤하닷의 신하들이 벤하닷에게 무슨 조언을 했을까요? 이스라엘의 왕들은 인자한 왕으로 알려져 있으니 항복하면 생명을 보존할 수 있을 것이라고 조언했습니다. '이스라엘 왕가의 왕들은 모두 인자한 왕들입니다'.

물론 여기 나타난 '인자'는 '자비'와 '언약에 대한 신실함'을 말합니다. 인격적으로 인정이 많은 왕들로 생각하거나 국가간의 조약을 생각하여 이스라엘의 역대 왕들은 신의를 지킨다는 의미입니다. 그런데 아람 왕 벤하닷 2세의 아버지 벤하닷 1세가 북이스라엘 왕 바아사와 동맹을 배신하고 유다 왕 아사와 동맹을 맺어 북이스라엘을 공격했다는 점을 생각할 때 설득력이 없는 주장입니다.

지금 현상은 벤하닷이 자기를 낮추고 목숨을 구걸하는 상황입니다. 그러므로 아합 왕의 관대함과 자비와 인자를 구하는 길밖에 없었습니다. 실제로 아합 왕은 자비를 베풀었습니다. 이것이 왜 잘못된 일일까? 첫째로 북이스라엘로 하여금 승리하게 하신 하나님의 능력을 인정하지 않는 것과 같습니다. 하나님의 자비를 짓밟는 것입니다. 둘째로, 하나님의 언약에 대한 불순종이기 때문에 잘못입니다. 하나님의 언약을 믿고 벤하닷을 죽이는 것이 옳은 자세였습니다.

항복의 표시로 벤하닷은 굵은 베로 허리를 묶고 머리에 띠를 두르고 아합 왕에게 나아가 살려주기를 간청했습니다. 벤하닷의 신하들이 아합 왕을 찾아갈 때의 모습입니다. 굵은 베로 허리를 묶은 것은 참회의 표시이지만 아합의 동정심을 받아내기 위한 수단이었습니다. 줄이 머리에 있기도 하고 목에 있기도 하였습니다. 이것은 자기들의 목숨이 상대방의 손에 달려 있음을 의미합니다. 얼마 전까지도 큰소리치며 술을 마시던 자들이 이제는 생명의 보존을 위하여 별 방법을 다 사용하는 상황입니다.

벤하닷의 교만한 모습과 대조적으로 겸손하게 말합니다. 당신의 종입니다. 봉신이 되겠나이다. 제발 생명을 살려 주옵소서. 벤하닷의 이런 모습을 보면서 하나님 앞에서 아합 왕이 이렇게 회개해야만 했습니다. 그런데 아합 왕은 회개하지 않고 벤하닷의 생명을 구원하는 일에 관심을 가졌습니다.

아합 왕은 벤하닷의 신하들의 말을 듣고 벤하닷이 아직 살아 있었느냐고 묻고 반가워하며 그는 자기의 의형제라고 말했습니다. 나의 형제, 동맹국이야. 과거에 화친 조약을 맺은 사람이야. 아합 왕의 실수가 무엇입니까? 화친 조약을 생각하면서 벤하닷의 생명을 살려 주겠다는 말입니다. 이것이 하나님의 뜻과는 정반대의 결과를 가져왔습니다. 아람과의 전쟁에서 승리한 것이 아합 왕의 능력이었습니까? 하나님의 능력으로 승리한 것이라면 아합 왕은 이런 결정을 내릴 권한이 없는 것이지요.

벤하닷의 신하들이 일이 잘되어 간다고 판단하고 벤하닷은 참으로 아합 왕의 의형제라고 받아넘겼습니다. 아합 왕이 자기들에게 자비를 베푸는 것을 알아차리고 재빨리 대답을 그리고 서슴없이 했습니다. 의형제라는 말에 그렇다고 못을 박은 것입니다. 그러자 아합 왕이 벤하닷의 신하들에게 벤하닷을 데려오라고 지시했습니다.

벤하닷이 나아오자 아합 왕이 그를 자기 병거에 태웠습니다. 벤하닷이 아합 왕에게 자신의 부친이 아합의 부친에게서 빼앗은 성을 돌려주겠다고 약속했습니다.

또 자기의 부친이 사마리아에서 그리한 것처럼 아합 왕도 다메섹에 자신을 위하여 시장을 만들라고 말했습니다. 아람의 최대의 도시에 아합 왕을 위한 거리를 만들라. 시장을 만들라. 거리는 광장, 길입니다. 시장 혹은 상업 도로를 만들라는 것이었습니다. 결국 아합 왕은 경제적인 이득과 자기 이름을 날리는 데 혈안이 되어 하나님의 은혜와 능력을 잃어버리게 된 것입니다.

벤하닷의 두 가지 조건을 들은 아합은 벤하닷을 살려 주었습니다. 아합이 전쟁을 하나님의 능력으로 승리한 것이라면 벤하닷의 문제도 하나님께 묻고 대답했어야만 했습니다.

2. 아합과 벤하닷

아합 왕이 벤하닷의 약조를 받아들여 조약을 맺고 벤하닷을 놓아주었습니다. 아합 왕은 벤하닷을 처형해야 마땅했습니다. 그러나 아합 왕은 벤하닷이 생명에 대해 구걸하는 것을 보고 약조하고 들어주었습니다. 아합 왕은 전쟁의 승리가 자신의 전략에서 나왔거나 자기가 왕인 것처럼 승리감에 도취되어 하나님의 뜻을 망각하고 벤하닷을 살려 주었습니다.

그리고 아합 왕과 벤하닷은 약조를 맺었습니다. '약조'라는 말은 '언약'이라는 뜻입니다. 언약이란 직역하면 '언약을 자르다'입니다. 이것은 '신체의 일부를 자르다'(cut off the part of body)입니다.

고대 국가에서 국가간에 언약을 맺을 때나 개인적으로 약조를 맺을 때 짐승을 잡고 그 짐승 사이로 언약의 당사자가 지나갔습니다. 그렇게 함으로써 언약을 체결했습니다. 만약 언약을 어기면 갈라진 짐승처럼 비참하게 죽을 것임을 서약하는 것이었습니다. 아합 왕은 벤하닷과 그런 약조를 맺고 나서 살려 주었습니다.

이런 언약의 형식은 창세기 15장에도 나타납니다. 하나님께서 아브람에게 나타나셨습니다. "나는 네 방패요 너의 지극히 큰 상급이니라"라고 했습니다. 그러면서 상속자 문제를 거론했습니다. 하나님은 아브라함에게 상속자를 약속하셨습니다. 하늘과 별과 바닷가의 모래 같은 자녀를 약속했습니다. 땅도 약속했습니다.

그리고 "삼 년 된 암소와 삼 년 된 암염소와 삼 년 된 숫양과 산비둘기와 집비둘기 새끼를 가져올지니라"라고 말씀하셨습니다. 아브라함이 하나님의 말씀에 순종하여 짐승을 다 쪼갰습니다. 솔개가 시체 위에 내릴 때에는 새를 쫓았습니다. 그러다 어두울 때에 연기 나는 화로가 보이며 타는 횃불이 쪼갠 고기 사이로 지나더라고 했습니다. 이것이 하나님이 아브라함과 언약을 맺을 때 행하신 일입니다.

하나님은 하나님 자신을 두고 약조, 언약, 맹세하신 것입니다. 만약 아브라함에게 자녀를 주지 않거나 땅을 기업으로 주지 않는다면 손가락에 장을 지지는 것이 아니라 짐승과 같이 쪼개겠다는 표현입니다. 이 말씀은 하나님은 언약을 반드시 성취하시는 분이라는 의미입니다. 그래서 기독교는 약속의 종교입니다. 말씀의 종교입니다. 언약에 신실한 종들이 다 되어서 삶 가운데 하나님의 언약이 신실하게 성취되기를 바랍니다.

3. 하나님의 선지자

아합 왕은 아람 왕 벤하닷과의 사건으로 인하여 하나님의 선지자에게 책망을 듣게 됩니다. 이것은 단순히 선지자의 책망이라기보다는 하나님의 심판의 선언이었습니다. 선지자는 이상하고 기이한 행동, 상징적인 행동으로 메시지를 전달했습니다. 하나님은 말과 글을 통하여 하나님의 뜻을 나타내기도 하지만 때로는 행동으로도 말씀하십니다. 극적인 효과가 있을 수 있기 때문입니다.

선지자 무리 중 한 사람이 여호와의 말씀으로 인하여 동료 선지자를 향해 자기 자신을 치라고 하였습니다. 그러나 그 동료가 동료를 치는 것을 싫어했습니다. 이유없이 치는 것이 싫었기 때문입니다. 하나님의 말씀은 인간이 모두 이해할 수 있는 것이 아니며, 인간이 거부할 수 있는 말씀도 아닙니다. 어떤 이유와 조건에도 불구하고 믿고 순종해야 할 말씀입니다. 그러니까 아합 왕은 아람 왕 벤하닷을 어떤 이유에서든지 죽여야만 했습니다.

이에 한 선지자가 그 동료에게 여호와의 말씀을 듣지 아니하였으므로 사자에 의해 죽을 것이라고 선언했습니다. 이 선언대로 그 동료가 선지자의 곁을 떠나 길을 갈 때에 사자가 나타나 그를 죽였습니다. 하나님의 말씀에 대해 불순종한 하나님의 선지자는 사자에게 죽었습니다. 불신에 대한 심판입니다.

선지자가 또 다른 사람을 만나 자기를 치라 하므로 그가 상하도록 쳤습니다. 하나님의 말씀에 대한 즉각적인 순종의 사람입니다. 이 선지자는 순종하여 목숨을 잃지 않았습니다.

그 선지자가 가서 손수건으로 얼굴을 가리고 변장하여 길 가에서 왕을 기다렸습니다. 왕이 지나가자 그 선지자가 소리를 질러 왕을 세운 다음 한 비유를 말했습니다. 재판 비유를 말하기 시작했습니다.

자신이 전쟁터에 나갔었습니다. 한 사람이 한 포로를 끌고 와서 지키라고 하며 만일 저를 놓치게 되면 나의 생명으로 저의 생명을 대신하거나 은 한 달란트를 내어야 한다고 하였습니다. 그런데 자신이 일을 보는 동안에 포로가 도망하고 말았습니다. 군인은 아합이고 상관은 하나님이시며 포로는 벤하닷에 대한 비유였습니다.

아합 왕이 선지자에게 그가 스스로 결정하였으니 그대로 당하여야 한다고 판결했습니다. 이에 선지자가 급히 눈을 가린 수건을 벗자 왕이 그가 선지자인 것을 알아보았습니다. 선지자가 왕을 향하여 여호와가 죽이기로 작정한 자를 왕이 놓아주었으므로 왕이 그를 대신하여 죽고 왕의 백성이 그 백성을 대신하여 죽을 것이라고 선포했습니다.

이에 아합 왕이 침울한 심정이 되어 사마리아 왕궁으로 돌아갔습니다. 한 달란트는 34킬로그램입니다. 일반 노동자가 6,000일 동안 일을 해야 얻을 수 있는 돈입니다. 스스로 결정했으니 아합 왕이 당해야 했습니다.

아합 왕과 벤하닷 사이에 세 차례의 전쟁이 있었습니다. 이것은 선지자의 예언대로 성취된 것입니다. 하나님의 백성은 하나님의 말씀을 순종함에 있어서 가감이 없어야 합니다. 하나님의 백성은 하나님의 명령에 대하여 어떤 이유나 조건을 달지 말고 다 순종해야 합니다. 중요한 점이 무엇일까요? 성도의 삶에서 하나님의 말씀에 대한 순종 여부가 축복과 저주를 결정짓기 때문입니다.

　　로마서 5장 19절에 "한 사람이 순종하지 아니함으로 많은 사람이 죄인 된 것 같이 한 사람이 순종하심으로 많은 사람이 의인이 되리라"라고 했습니다. 여러분도 아담처럼 불순종하지 말고 예수님처럼 순종합시다.

제69강
열왕기상 21장 1-16절

아합과 나봇

하나님께서 가나안 땅에 들어간 이스라엘 열두 지파와 각 가문에게 땅을 분배하여 주셨습니다. 그러나 시간이 흐름에 따라 하나님의 율법의 규례를 어기고 타인의 땅을 자신의 것으로 삼으려는 데 대한 무서운 심판이 있었습니다. 하나님께서 주신 기업의 땅을 사람의 마음대로 사고팔아도 안 됩니다. 믿음도 그렇지만 재물도 부모가 주신 것을 귀하게 여기지 않는 사람들은 대부분 어려움을 겪습니다.

오늘 말씀에는 아합 왕이 나봇의 포도원을 빼앗는 장면이 대표적으로 나옵니다.

1. 아합 왕과 나봇

북이스라엘이 아람과의 전쟁에서 하나님의 도우심으로 두 번이나 승리한 후 아합 왕은 하나님의 말씀을 어기고 벤하닷을 마음대로 살려 주더니, 이번에는 나봇의 포도원을 탈취하는 사건이 일어나게 되었습니다. 아합 왕은 하나님의 뜻에 불순종하는 왕으로 악한 정치를 하여, 백성들이 고통 가운데 빠지는 것을 보게 됩니다. 그 대표적인 사건을 봅시다.

이스르엘 사람 나봇의 포도원이 아합 왕의 별궁 옆에 있었습니다. 팔레스틴 지방에 거주하는 모든 백성들은 포도원을 아주 귀한 농사로 여기고 살았습니다. 경제적인 비중도 크게 차지하는 농사였습니다.

나봇은 '열매들' 이라는 뜻으로 농부다운 이름이었습니다. 이스르엘 은 '하나님이 뿌리시다' 라는 뜻으로 풍부한 샘이나 비옥한 땅이었으며 나봇의 출신지이기도 하고, 포도원의 소재지이기도 했습니다. 그러므 로 나봇이라는 이름이나 포도원 그리고 이스르엘 등등이 정말 목가적 인 분위기를 자아내고 있습니다.

아합 왕이 나봇에게 말하기를 포도원이 별궁 가까운 데 있으니 자기 에게 포도원을 팔라고 제안했습니다. 아합 왕은 자기의 정원을 꾸미려 는 속셈이었습니다. 이런 아합 왕의 욕심이 나봇의 목가적인 분위기를 산산조각 내고 말았습니다. 아합 왕의 죄악된 생각이 다른 사람의 생애 를 망가뜨리고 말았습니다.

만약 포도원을 자기에게 판다면 그 대가로 더 좋은 포도원을 주거나 합당한 값을 치르겠다고 제안했습니다. 나봇이 조상의 기업을 아합 왕 에게 주기를 여호와께서 금하셨다고 설명하면서 아합 왕의 제안을 거 절했습니다.

이런 제안을 하고 있는 아합 왕을 '사마리아 왕' 이라고 지칭했습니 다. 아합 왕이 원하는 것이 하나님께서 정하신 영역을 넘어서는 것임을 드러내고 있는 말입니다. 나봇의 포도원과 아합 왕의 별궁이 있는 이곳 은 잇사갈 지파의 한 도시로, 사마리아로부터 38킬로미터 떨어진 곳에 있었습니다. 아합과 이세벨이 범죄를 저지른 이곳에서 예후가 혁명을 일으켰을 때 요람과 이세벨, 아합의 아들 70명이 피살되었습니다.

하나님이 기업으로 주신 땅은 자기의 것인가? 경제적인 생각으로만 처리할 수 있는 것인가? 이스라엘의 기업은 출애굽 사건과 깊은 관련을 맺고 있습니다. 가나안 땅은 아브라함과 이삭과 야곱에게 맹세한 땅,

약속의 땅입니다. 그리고 믿음의 조상들이 하나님의 구원하심과 인도하심을 따라 수십 년 동안 광야생활을 하면서 믿음으로 받은 땅입니다. 또 수많은 전쟁을 통하여 얻은 생명의 땅입니다. 마음대로 사고팔 수 있는 땅이 아니었습니다. 그러므로 가나안 땅의 진정한 주인은 하나님이십니다. 후손들이 마음대로 매매하거나 양도할 수 없는 땅이었습니다.

아합 왕은 나봇의 포도원을 빼앗아 나물밭이나 채소밭을 삼거나 정원으로 꾸미려고 했습니다. 아합 왕은 하나님을 믿는 자세나 태도가 보이지 않았습니다. 그리고 신본주의 왕이 아니라 인본주의적인 왕으로 전락한 상황이었습니다. 사무엘은 인간 왕을 세우면 땅을 빼앗을 것이라고 예견했습니다(삼상8:12-14).

왜 나봇은 거래하지 않았을까? 레위기 25장 23절에 "토지를 영구히 팔지 말 것은 토지는 다 내 것임이니라 너희는 거류민이요 동거하는 자로서 나와 함께 있느니라"라고 했습니다. 이것이 기본원칙이고 혹 땅을 사고팔게 되면 기업 무를 자가 값을 치러야 했습니다. 그것을 고엘제도라고 합니다.

2. 이세벨과 아합 왕

나봇이 열조의 유업인 포도원을, 조상으로부터 물려받아 소유하고 있는 삶의 기반인 산업을 팔기를 거절한 일로 인하여 아합 왕이 상심하여 궁으로 돌아와 자리에 눕고 식음을 전폐했습니다. 신명기 15장 4-5절에 "네가 만일 네 하나님 여호와의 말씀만 듣고 내가 오늘 네게 내리는 그 명령을 다 지켜 행하면 네 하나님 여호와께서 네게 기업으로 주신 땅에서 네가 반드시 복을 받으리니 너희 중에 가난한 자가 없으리라"라고 했습니다.

나봇은 하나님의 율법에 근거하여 정당하게 왕의 요구를 거절하게 되었습니다. 하나님의 명령입니다. 조상으로부터 이어 받은 기업입니다. 그러므로 내 마음대로 팔 수 없는 땅입니다. 나는 하나님의 백성이기 때문에 하나님의 말씀에 순종해야 됩니다.

아합 왕은 탐심을 품고 이스르엘까지 내려갔고 나봇의 설명을 듣고 돌아왔습니다. 왕의 직분이 있지만 격분하고 화가 났습니다. 기분도 나빴습니다. 근심하고 답답한 나머지 눕게 되었습니다. 나봇이 성경적이고 정당한 것을 가르쳤는데 아합은 왕으로서 당당하지 못했습니다. 어린아이처럼 침상에 눕고 밥도 먹지 않는 모습은 소인배임을 드러냅니다.

아합 왕의 아내 이세벨이 왕이 무슨 일로 근심하며 식사마저 물리치느냐고 물었습니다. 이세벨은 교활한 여자입니다. 하나님의 율법보다 자기 생각과 뜻을 관철하는 여자입니다. 남편 아합 왕의 마음을 위로하는 것처럼 말하기 시작하여 나중에는 나봇을 죽이는 데 앞장선 여인입니다.

아합 왕은 나봇이 자신의 포도원을 양도하라는 제의를 거절한 까닭이라고 대답했습니다. 이세벨이 아합 왕에게 이스라엘의 왕답게 처신하라고 말하면서 일어나 식사를 하고 기분을 돌리라고 권했습니다. 그리하면 자신이 나봇의 포도원을 왕에게 바치겠다고 장담했습니다.

아합 왕이 이세벨에게 한 말을 생각해 보면 나봇의 말과 너무나 다릅니다. 나봇은 열조의 유업을 줄 수 없는 이유를 여호와 하나님께서 금하신 것이라고 설명했는데 아합 왕은 이세벨에게 나봇이 자기의 포도원을 주지 않으려 했다고 말했습니다.

아내가 남편을 위로하는 것은 돕는 배필로서 당연한 일이지만 정당해야 하고 하나님의 계명이나 율법에 어긋남이 없어야 합니다. 그런데 이세벨은 아합 왕을 위하여 죄 없는 나봇을 신성 모독죄로 몰고 왕을 비방했다고 거짓 증인들을 세워 죽였습니다. 이 사건은 아합 왕을 일시적으로 기쁘게 할 수 있었지만 나중에 보면 그 일로 인하여 아합 왕과 가문이 멸망 받게 되는 죄악이 되었습니다.

여러분은 승리하되 하나님 앞에서까지 승리할 수 있기를 바랍니다. 일시적인 성공이 진정한 성공이 아닙니다. 세상에서의 출세로 인생 전체를 평가할 수 없습니다. 영원하신 하나님의 평가가 진정한 평가입니다.

3. 이세벨의 음모

이세벨이 아합 왕의 이름으로 편지를 쓰고 그 도장을 찍어 나봇이 사는 성의 장로와 귀족들에게 보냈습니다. 나봇의 포도원을 빼앗기 위한 음모의 시작입니다. 악한 계획이 담겨져 있는 공문서를 나봇이 살고 있는 성의 장로들과 귀인들에게 보냈습니다.

그 편지의 내용은 금식을 선포하고 나봇을 백성 가운데 높은 자리에 앉힌 후에 비류 두 사람으로 하여금 나봇이 하나님과 왕을 저주했다고 거짓 증거하게 하라는 것이었습니다. 나봇을 돌로 쳐죽이라는 사악하고 끔찍한 음모였습니다.

성읍에 살고 있는 장로와 귀인들에게 편지를 낸 것은 나봇이 중대한 범죄자이기 때문에 정상적인 업무를 중단하고 이 사건을 먼저 처결하라는 의미가 담겨져 있습니다. 이세벨의 처신을 생각해 봅시다. 자기 남편 아합 왕에게는 음식을 먹으라고 하면서 성에 살고 있는 장로와 귀인들에게는 금식을 선포하고 있습니다. 이렇게 처신하기 때문에 하나님의 심판이 선언되는데 성에서 죽으면 개들이 먹고 들에서 죽으면 새들이 먹으리라고 선언된 것입니다.

포도원을 빼앗는 장면을 보십시오. 하나님과 왕을 저주했다는 죄목을 만들었습니다. 그리고 거짓 증인 둘을 세우고 나봇을 돌로 쳐죽였습니다. 두세 사람의 증인은 율법적으로 필요한 증인의 수였습니다. 이세벨은 나봇을 합법적으로 죽이기 위하여 율법의 요구를 생각했던 것입니다. 사람이 타락하면 성경을 악용할 수 있습니다. 성경은 아홉 번째 계명에서 거짓 증거하지 말라고 가르치고 있습니다. 이세벨은 율법을 사랑해서 지키는 여인이 아니라 악용하는 여인이었습니다.

졸속 재판으로 나봇의 포도원을 주인 없는 포도원으로 만들어 아합 왕이 빼앗았습니다. 고대 사회에서 반역자나 중대한 범죄자의 재산은 몰수하여 왕의 소유가 되는 경우가 있었습니다. 그러나 신정국가에서는 찾아볼 수 없는 제도였습니다. 이방인의 관습이었습니다.

영원한 재판관은 하나님이십니다. 사람이 재판관일 수 없지요. 아합 왕은 권력을 이용하여 나봇에게 은근히 헌납하도록 했습니다. 결국 이세벨의 자극적이고 사악한 방법으로 나봇의 포도원을 빼앗았습니다.

그리고 나봇의 생명을 제거하는 방법으로 하나님의 율법과 경건의 형식이 동원되었습니다. 하나님을 믿고 사랑하며 경외하는 사람을 죽이는 데 하나님의 거룩한 이름이 사용되었습니다. 종교인이 타락하면 사람을 구원하는 기능을 상실하고 멸망하게 만드는 것입니다. 하나님의 교회는 자기 개혁을 항상 추구해야 합니다. 이 시대의 사람들에게 선지자적 사명을 충실하게 감당해야 합니다.

4. 이세벨과 나봇

나봇의 성에 사는 장로와 귀족들이 이세벨의 지시대로 하여 나봇을 죽였습니다. 그리고 이세벨에게 나봇의 죽음에 대하여 통보하였습니다. 이세벨이 아합 왕에게 나봇의 죽음을 전하며 그의 포도원을 취하라고 했습니다. 아합 왕이 일어나 이스르엘 사람 나봇의 포도원을 취하기 위해 그리로 갔습니다. 잠자리에서 일어난 것만이 아니라 나봇의 포도원을 차지하려고 이스르엘로 내려갔습니다.

오늘 말씀에서 나봇과 같이 올바른 성도는 세상에서 억울한 경우가 많습니다. 세상에서는 너희가 환난을 당하나 담대하라 내가 세상을 이기었노라. 또 하나님이 주신 직책을 가지고 권세를 부리지 맙시다. 충성하는 그리스도인들이 다 됩시다.

제70강
열왕기상 21장 17-29절

엘리야와 아합

북이스라엘의 일곱 번째 왕은 아합이었습니다. 왕비는 이세벨로 바알을 숭배하는 여인이었습니다. 하나님 대신 바알과 아세라 신을 섬겼습니다. 아합 왕은 율법을 어기면서까지 나봇의 포도원을 강탈한 왕입니다.

이때 활동한 선지자는 엘리야였습니다. 엘리야를 통하여 하나님의 심판이 선언되었을 때 아합 왕은 회개했습니다. 회개할 때 하나님의 심판이 유보되었습니다. 그러나 나봇과 같은 의인이 죽임을 당하고 포도원을 빼앗겼을 때 하나님의 공의가 어디 있는가? 믿음이 연약한 성도들은 그런 의심을 가질 수 있습니다.

심지어 아합 왕이 하나님의 율법을 지키는 의인을 죽이고 포도원을 강탈해도 북이스라엘 나라에는 아무도 왕에게 항변하거나 바른 말을 하는 사람이 없었습니다. 이런 시대적인 상황 속에서 하나님의 말씀이 임한 것이 유일한 소망이었습니다. 하나님이 침묵하는 것 같지만, 공의로운 하나님은 의로운 심판을 하십니다.

1. 아합 왕에 대한 경고

여호와의 말씀이 디셉 사람 엘리야에게 임했습니다. 하나님께서 엘리야에게 너는 일어나 내려가서 사마리아에 살고 있는 이스라엘 왕 아합을 만나라고 지시하셨습니다. 엘리야는 어려운 시대를 만났지만 아합 왕의 우상숭배와 악한 정치적인 흐름을 바꾸어 놓는 인물로 등장합니다.

아합 왕은 지금 나봇의 포도원을 차지하기 위하여 이스르엘로 내려갔다고 가르쳐 주셨습니다. 한때는 숨었던 엘리야가 다시 나타나서 하나님의 심판을 선언하려고 합니다. 엘리야가 믿음의 사람이지만 악한 아합 왕과 이세벨 앞에 나타나서 축복의 말이 아니라 심판의 말을 한다는 것은 쉽지 않은 일이었습니다.

아합 왕이 하나님의 백성의 왕이라고 하면서 하나님의 규례를 어기고 간악한 방법으로 나봇을 살해하고 나봇의 포도원을 탈취했습니다. 그러고도 회개하지 않고 나봇의 포도원을 차지하기 위하여 당당하게 내려가고 있습니다. 아합 왕을 만나라. 그냥 만나는 교제가 아닙니다. 다윗이 골리앗을 대적하기 위하여 나가는 것처럼 엘리야가 아합 왕을 대적하기 위하여 절대권력자를 향하여 나가서 만나라는 것이었습니다.

그런 아합 왕을 향하여 선지자 엘리야는 하나님의 말씀으로 심판을 선언했습니다. 책망하는 하나님이십니다. 반드시 죽을 것이라는 선언입니다. 네가 죽였지 그리고 빼앗았지. 그러니 너도 죽을 것이야. 이것입니다.

생명과 소유는 사람이 세상을 살아가는 데 있어서 매우 귀중한 것입니다. 이것이 기본권입니다. 이방 국가든 믿는 국가든 다 같이 기본권이 보장되어야 합니다. 그런데 신정국가의 왕, 하나님이 다스리시고 통치하는 나라에서 왕이 율법을 어기고 기본권인 생명과 재산을 빼앗았습니다.

사람들은 나봇이 하나님을 모독하고 왕을 모독하여 죽은 줄로 알고 있을 수 있습니다. 그러나 공의로운 하나님은 하늘에서 자세히 보셨습니다. 그리고 이렇게 말씀하셨습니다. 죽였지 그리고 빼앗았지. 아합 왕의 악독과 사악하고 간악함을 지적하셨습니다. 나봇은 아합 왕의 탐욕 때문에 소리없이 그리고 아무런 죄도 없이 죽어갔습니다.

나봇은 돌에 맞아 잔인하게 그리고 산산조각 나듯 죽었습니다. 이세벨이 백성들을 동원해서 죽였지만 아합 왕이 총체적인 책임을 져야 합니다. 아합 왕은 단순히 한 사람의 생명과 재산을 빼앗은 것이 아닙니다. 한 사람의 생명이지만 후손 대대로 하나님으로부터 받은 기업의 기쁨과 감격스러움, 그 기업에서 끊어지게 한 죄입니다.

이스라엘 백성이 언약 백성으로서 하나님의 언약에 신실할 때 영광과 축복이 임하는 법인데 그 법을 송두리째 뭉개버렸습니다. 그리고 하나님의 백성이 가나안 땅에서 끊어지게 만든 죄를 짓게 되었습니다.

의인은 소망없이 죽는 존재인가? 악인은 과연 세상에서 형통한 것인가? 이스라엘에서 어느 누구도 아합 왕이 잘못했다고 진언하는 자가 없었습니다. 죄악은 역사 속에 숨겨질 수 있는 것일까요? 하나님의 심판은 엘리야를 통하여 나타났습니다. 여호와께서 개들이 나봇의 피를 핥는 곳에서 아합의 몸의 피도 핥을 것이라고 말씀하셨습니다. 역사적으로 아합 왕의 피를 개들이 사마리아 못에서 핥았습니다. 의인이면 의인답게 삽시다.

2. 아합과 이세벨

아합과 이세벨은 왕과 왕비입니다. 축복의 대상이어야 할 왕과 왕비가 저주와 심판의 대상이 되었습니다. 왜 그랬을까요? 아합 왕이 엘리야 선지자를 보고 '네가 나를 찾았느냐'고 물었습니다. 엘리야를 만난 아합 왕의 반응입니다. 엘리야를 '나의 대적이여', '이스라엘을 괴롭히는 자'라고 지칭했습니다. 아합 왕은 바알을 숭배하면서 마비된 양심의 소유자였습니다. 엘리야 때문에 바알이 노하여 비를 내리지 않는다고 생각하거나 나봇의 포도원을 강탈하고도 마비된 양심을 가진 자가 되었습니다.

엘리야가 아합 왕에게 '그렇다'라고 대답하면서 왕이 여호와 보시기에 악을 행하였음으로 여호와께서 아합의 집에 재앙을 내려 가문을 멸할 것이라고 말해 주었습니다. 스스로 죄의 노예로 팔렸다는 의미입니다. 하나님의 심판이 반드시 이루어질 것이고 하나님의 심판은 무서울 것이라는 선언입니다. 맹렬한 불길같이 하나님의 진노가 임할 것입니다. 모두 다 태워버릴 것입니다. 자유자나 노예, 남자나 여자, 어른이나 아이나 할 것 없이 모두 심판의 대상이 될 것입니다.

'아합의 집이 여로보암과 바아사의 집과 같이 되게 할 것이라'라고 말해 주었습니다. 여로보암이 북방 이스라엘의 초대왕이 되었지만 하나님의 언약을 생각하지 않고 벧엘과 단에 우상을 만들어 섬겼습니다. 바아사도 나답을 죽이고 왕이 되지만 2대만에 멸망 당했습니다. 아합의 집도 그렇게 될 것을 예언했습니다.

왜냐하면 아합이 하나님을 진노하게 하고 이스라엘로 하여금 범죄하게 하였기 때문이었습니다. 아합 왕의 가문이 심판 받은 두 가지 이유가 있습니다. 첫째는 하나님을 분노하게 한 행위 때문입니다. 둘째는 이스라엘 백성으로 하여금 우상을 숭배하게 만들었기 때문입니다. 이두 가지 죄 때문에 하나님의 심판을 피할 수 없었습니다.

여호와께서 이세벨에 대하여도 말씀하셨습니다. '개들이 이스르엘 성 곁에서 그녀의 시체를 먹을 것이라'라고 했습니다. 아합 왕과 마찬가지로 이세벨에게도 심판이 임할 것입니다. 나봇을 죽인 죄악과 포도원을 빼앗은 죄악 그리고 우상을 숭배한 죄악 때문에 시체를 개들이 먹어버릴 것입니다. 역사를 보면 이세벨은 이스르엘 성 안에 있다가 내시들에 의해서 성 밖으로 던져져 그 피가 담과 말에 튀는 비참한 죽음을 죽었습니다. 고대 사회에서 성벽 밖은 온갖 쓰레기를 버리는 장소였습니다. 이세벨은 쓰레기 같은 취급을 당했습니다.

아합 왕에게 속한 자 중에서 성읍에서 죽은 자들은 개들이 먹고 들에서 죽은 자들은 새들이 먹을 것이라고 선언했습니다. 하나님의 심판은 엄중했습니다. 아합 왕과 이세벨의 죄악이 엄중하여 자신들만이 아니라 온 가족과 가문에 치명적인 하나님의 심판이 임하게 되었습니다.

인간이 자기의 죄악을 숨길 수 있는 것인가? 사람의 눈은 속일 수 있을지 모르지만 하나님의 눈까지 속일 수가 있는 것일까? 하나님은 은밀한 것까지 다 아시는 분이십니다.

3. 아합의 회개

하나님의 사람, 엘리야는 엄중하게 하나님의 뜻을 전하였습니다. 아합 왕과 그 가문은 어떤 반응을 보였을까요? 회개하였을까요 아니면 계속적으로 우상을 숭배하였을까요? 예로부터 아합과 같이 악을 행한 자가 없었습니다. 아합은 이세벨의 유혹에 빠졌기 때문입니다.

아합 왕은 스스로를 죄에 팔아버린 사람이었습니다. 율법적으로 금지된 나봇의 생명과 재산을 빼앗은 것도 스스로를 죄악에 판 것이고, 우상을 숭배한 것도 스스로를 죄의 노예로 삼은 것과 같습니다. 이것은 누구도 강제적으로 아합 왕에게 책임질 일을 한 것이 아니라 본인 스스로 그렇게 몰아넣은 것입니다. 아합은 스스로를 팔았고 이세벨은 아합을 유혹하였습니다.

심지어 아합은 여호와께서 이스라엘 자손 앞에서 쫓아낸 아모리 사람이 행한 것과 같이 우상을 만들어 섬겼습니다. 아모리 사람이란 저지대에 거하는 가나안 사람들과 대조되는 고지대 사람을 말하지만 가나안 사람 전체를 가리키기도 합니다. 하나님께서 주신 땅의 주인은 하나님이십니다. 또 백성들도 하나님의 백성이기 때문에 왕 마음대로 통치해서는 안 되는 것입니다. 그러므로 아모리 사람들이 가나안 땅에서 쫓겨난 것처럼 아합 왕도 가나안 땅에서 쫓겨나게 생겼습니다.

아합 왕의 아들은 요람입니다. 요람은 예후의 활에 맞아 전사했습니다. 시체는 나봇의 포도원에 던져졌습니다. 아합이나 요람은 철저한 회개를 하지 않았습니다. 그 순간만 넘어가면 그만이라는 생각이 가득찬 사람이었습니다.

아합 왕에게 엘리야 선지자를 통하여 하나님의 심판이 선언되었을 때 어떤 반응을 보였을까요? 옷을 찢고 굵은 베로 몸을 동이고 금식하며 굵은 베를 입은 채 잠을 자고 행보도 천천히 하였습니다. 회개하는 자의 모습입니다. 모든 행동들이 회개하는 모습입니다.

여호와께서 아합의 회개하는 모습을 보시고 엘리야를 통해 아합의 집에 대한 심판을 그의 시대에는 시행하지 않고 그의 아들 시대에 시행하겠다고 선포하셨습니다. 하나님은 자비하신 하나님이십니다. 긍휼과 용서가 많으신 하나님이십니다. 하나님은 상한 갈대를 꺾지 않으시며 꺼져가는 등불도 끄지 않는 하나님이십니다. 회개만 하면 용서받습니다.

아합 왕이 나봇의 포도원을 취할 때 내심 기뻐했습니다. 그러나 하나님의 사람 엘리야가 등장합니다. 하나님의 법을 지키다가 억울하게 죽은 의인의 억울함을 신원하시는 하나님이십니다. 성도의 소망이 여기 있습니다. 억울하게 죽은 자를 하나님이 알아주지 않는다면 얼마나 억울하겠습니까? 그러나 하나님이 알아 주십니다.

또 하나님은 회개하는 사람은 누구나 은혜를 베푸십니다. 아합 왕이 엘리야 선지자 앞에서 회개합니다. 죄악을 회개하면 용서하시는 하나님이십니다. 회개하면 하나님의 징계의 손길이 변하여 축복과 은혜의 손길이 임하게 될 것입니다.

제71강
열왕기상 22장 1-12절

길르앗 라못의 탈환 계획

하나님의 사람, 엘리야가 북이스라엘을 위하여 예언한 것은 다 이루어졌는가? 그리고 아합 왕의 가문에 대하여 하나님의 말씀을 전한 예언은 그대로 다 성취되었는가? 아합 왕의 최후가 얼마나 비극적인가? 기독교는 언약의 종교입니다. 하나님의 약속은 천지가 없어져도 반드시 다 이루어집니다. 그러므로 성도들은 하나님 말씀 중심적인 삶을 살 때 가장 행복합니다.

열왕기상 22장은 아합 왕의 마지막 종말, 비극적인 종말에 대하여 기록해 주고 있습니다. 아합은 어떻게 죽었을까? 하나님은 아합 왕에게 엘리야 선지자를 보내셨습니다. 또 다른 선지자들도 보내셨습니다. 하나님 앞에 겸손하게 만들기 위한 수단이었지만 아합은 일시적으로 겸손했을 뿐 오래가지 못했습니다. 겸손은 주님을 닮는 것이고 존귀의 앞잡이입니다.

1. 여호사밧 왕과 아합 왕

아람과 이스라엘 사이에 전쟁이 없이 삼 년을 지냈습니다. 아합 왕이 아람 왕 벤하닷을 살려준 것 때문에 멸망 당해야 하지만, 아직도 살려주신 것은 회개의 기회를 주시고자 하는 하나님의 은혜였습니다. 하나님은 악인이라도 죄악 속에서 죽는 것을 기뻐하지 않습니다. 회개하고 돌이키기를 원하시는 분이십니다.

길르앗 라못의 수복을 위한 남북 이스라엘의 동맹이 있었습니다. 아무리 동맹국이 있더라도 이 전쟁은 아합 왕이 스스로 자초한 전쟁이었습니다. 만약 하나님을 진심으로 믿고 하나님의 말씀을 신뢰하며 엘리야 선지자의 말을 따랐다면 아합 왕은 죽지 않았을 것입니다. 그 가문도 하나님의 은혜로 회복될 수 있었을 것입니다. 그러나 아합 왕은 자신의 악한 계획과 생각으로 전쟁을 하다가 비참한 최후를 맞이하게 되었습니다.

셋째 해에 남유다 왕 여호사밧이 북이스라엘 왕에게로 내려갔습니다. 북이스라엘 왕 아합이 그 신하들에게 길르앗 라못이 본래 이스라엘의 것인데 그것을 찾을 생각을 하지 않는다고 질타했습니다.

길르앗 라못은 본래 이스라엘의 땅이었습니다. 길르앗 라못이 어느 때부터인가 아람의 지배 아래 있게 되었습니다. 아람 왕 벤하닷과 아합 왕과의 전쟁 때에 반환해야 했는데 반환되지 않았던 것으로 보입니다. 그래서 아합 왕은 무력으로 탈환 계획을 세우고 있는 상황이었습니다. 아합 왕이 여호사밧 왕에게 자신과 함께 길르앗 라못을 치자고 제안을 했습니다.

길르앗 라못은 '높음의 무더기, 길르앗의 높은 곳'이라는 의미입니다. 요단강 동편 40킬로미터, 긴네렛 호수 남쪽 22킬로미터에 위치해 있었고 세 도피성 중의 하나였습니다. 레위인의 성읍입니다. 올리브나 포도가 잘 되었고, 군사적으로나 종교적으로 그리고 상업적으로 중요한 성읍이었습니다. 아람 왕 벤하닷이 이스라엘 왕 바아사로부터 빼앗은 땅인데 전쟁에 패한 뒤 반환하기로 약속했지만 지켜지지 않자 수복을 위하여 전쟁의 방법을 쓰게 된 것입니다.

유다 왕 여호사밧은 아합 왕과 군사 동맹을 맺기로 약속했습니다. 여호사밧의 적극적인 지원 약속과 사백여 명의 선지자들의 긍정적인 예언은 아합의 탈환 계획을 굳게 하도록 만들었습니다. 이를테면 군사 동맹입니다. 남유다와 북이스라엘의 군사 동맹은 겉으로는 좋은 것입니다. 하나님께서 남유다와 북이스라엘의 전쟁이나 다툼을 원하지 않으신 것이 사실입니다.

그런데 속사정은 많이 달랐습니다. 여호사밧의 아들 요람과 아합의 딸 아달랴가 혼인을 함으로써 맺어진 동맹은 좋지 않은 영향을 끼치게 됩니다. 왜냐하면 남유다가 북이스라엘의 죄악, 우상숭배를 좇아가는 단초가 되었기 때문입니다.

열왕기하 11장 1–3절에 "아하시야의 어머니 아달랴가 그의 아들이 죽은 것을 보고 일어나 왕의 자손을 모두 멸절하였으나 요람 왕의 딸 아하시야의 누이 여호세바가 아하시야의 아들 요아스를 왕자들이 죽임을 당하는 중에서 빼내어 그와 그의 유모를 침실에 숨겨 아달랴를 피하여 죽임을 당하지 아니하게 한지라 요아스가 그와 함께 여호와의 성전에 육 년을 숨어 있는 동안에 아달랴가 나라를 다스렸더라"라고 했습니다.

역대하 21장 6절에도 "그가 이스라엘 왕들의 길로 행하여 아합의 집과 같이 하였으니 이는 아합의 딸이 그의 아내가 되었음이라 그가 여호와 보시기에 악을 행하였으나"라고 했습니다. 결혼 제도에 있어서 중요한 점은 남녀가 하나님을 경외하는 사람이어야 합니다.

여호사밧은 남유다의 히스기야, 요시야 왕과 함께 3대 선한 왕에 꼽힙니다. 군사적으로도 뛰어났습니다. 종교적으로는 우상숭배를 거절하고 여호와의 계명을 가르쳤습니다. 행정적으로는 지역마다 재판관을 두어 억울한 문제도 해결해 주었습니다. 하나님의 은혜와 복으로 부귀영화를 누리게 되었습니다. 그러나 아합의 집안과 혼인을 한 것은 선지자로부터 책망을 받았습니다. 여호사밧도 전쟁 속에서 간신히 살아남게 되었습니다.

2. 여호사밧과 거짓 선지자들

여호사밧 왕은 아합 왕에게 길르앗 라못을 수복하기 위한 전쟁을 위하여 동맹을 맺기로 약속했습니다. 그리고 여호사밧이 아합에게 출전에 앞서 여호와의 뜻을 묻도록 청했습니다. "청하건대 먼저 여호와의 말씀이 어떠하신지 물어 보소서".

여호사밧의 믿음을 엿볼 수 있습니다. 무슨 일을 수행하기 전에 하나님의 말씀, 기도의 응답에 관심을 가진 왕이었습니다. 지금 당장, 먼저 하나님의 뜻, 말씀을 물어봅시다. 이것이 성도에게 있어서 중요한 점입니다. '당장 여호와의 뜻을 찾아보시오'. 하나님께 기도합시다. 여호사밧의 우선순위를 보십시오. 하나님을 먼저 찾습니다. 하나님 중심적입니다. 이것이 신본주의입니다. 여호사밧의 이런 믿음은 아합에게 있어서 회개의 기회였고 거짓 선지자에게 속지 말라는 교훈이었습니다.

이에 아합 왕이 선지자 사백 명 가량을 모으고 길르앗 라못 수복 전쟁에 대하여 가부를 물었습니다. 거짓 선지자들은 전쟁을 지지하며 '주께서 그 성을 왕의 손에 붙이실 것이라' 라고 예언했습니다.

과연 아합 왕은 그 모든 것들이 하나님의 섭리 속에서 이루어지고 있음을 알고 있었을까요? 하나님의 오묘하고 깊은 섭리속에 아합 왕을 심판하실 계획임을 아합 왕은 전혀 알지 못했습니다. 악인은 파멸의 길을 걸으면서 자기가 죽을 줄을 모르는 법입니다. 시험에 드는 자가 사탄의 역사를 압니까? 그래서 멸망 길을 걷는 것입니다.

아합 왕은 무덤을 스스로 파고 있습니다. 하나님의 말씀을 어긴 결과입니다. 아람 왕 벤하닷을 살려주지 않았더라면 어떻게 되었을까요? 또 하나님의 율법을 준수하고 하나님의 기업을 귀하게 여기던 나봇을 죽이고 포도원을 강탈했으니, 그 행동에 대한 심판이 무엇이겠습니까?

만약 아람 왕 벤하닷을 처형하고 길르앗 라못을 정복했다면 이런 계획도 필요없는 것이었습니다. 우리는 하나님의 말씀에 대한 불순종이 곧 자기 자신과 가문의 멸망임을 상기해야 합니다. 인간은 스스로 함정에 빠집니다. 누가 밀어넣은 것이 아닙니다.

3. 미가야와 여호사밧

여호사밧 왕은 사백 명의 선지자들 외에 또 다른 여호와의 선지자가 있는지를 아합 왕에게 물었습니다. "우리가 물을 만한 여호와의 선지자가 여기 있지 아니하니이까?" 400여 명의 어용 선지자는 올바른 예언자들이 아니었습니다. 아마도 '여호와의 말씀이'와 '여호와의 사심을 가리켜 맹세하노니'라는 말이 없기 때문일 수 있습니다.

아합 왕이 이믈라의 아들인 미가야가 있으며 그를 통해 여호와께 물을 수는 있으나 미가야는 자기에 대하여 길한 예언은 말하지 않고 흉한 일만 예언한다고 대답했습니다. 흉한 일만 말하기 때문에 내가 그를 미워한다고까지 대답했습니다. 아합 왕은 하나님의 말씀을 받아들일 준비가 되어 있지 않은 왕이었습니다. 보는 눈, 듣는 귀, 깨닫는 마음이 필요한 사람이었습니다. 이 시대의 성도들도 그렇지 않을까요?

아합 왕은 미가야를 미워했습니다. 증오하고 가증스럽게 여겼다는 말입니다. 아합 왕은 참된 선지자는 미워했습니다. 싫어했습니다. 바울은 마지막 시대가 되면 하나님의 말씀을 싫어한다고 했습니다. 자기 사욕을 좇을 스승을 많이 둔다고 했습니다. 엘리야의 심판의 경고를 듣고 겸비했던 아합 왕의 자세는 다 사라졌습니다. 이제는 교만과 완악한 마음만 있었습니다.

여호사밧 왕은 '그런 말씀을 마소서', 그런 말씀을 하지 말라고 하고 미가야 선지자를 부를 것을 간접적으로 요청했습니다. 하나님의 말씀은 내 입맛에 달기 때문에만 듣는 것이 아닙니다. 내 귀를 즐겁게 하기 때문에 듣는 것도 아닙니다. 좋든 싫든 들어야 합니다. 아합 왕의 잘못된 자세를 여호사밧 왕이 은근히 책망했습니다.

아합 왕이 내시를 시켜서 미가야를 속히 불러오게 했습니다. 아합 왕이 좋아서 부른 것은 아닙니다. 전쟁을 앞두고 자기가 싫어하는 선지자를 부르게 되었지만 아합 왕에게 있어서 죽음의 길에서 돌이킬 수 있는 마지막 기회였습니다.

아합과 여호사밧 왕이 왕복을 입고 사마리아 성문 어귀에 마련된 왕좌에 앉았습니다. 고대 사회에서 옷은 신분과 지위를 말해 주었습니다. 다윗의 딸 다말이나 요셉은 채색옷을 입었습니다. 왕의 자녀나 족장의 자녀임을 증명했던 것입니다. 광장은 타작 마당이나 광장을 말하는데 여러 사람이 모일 수 있는 광장이었습니다.

모든 선지자들이 그들 앞에서 예언할 때 그나아나의 아들 시드기야가 철로 뿔들을 만들어 여호와의 말씀에 왕이 이것들로 아람 사람을 찔러 진멸할 것이라고 거짓 예언을 했습니다. 400명의 선지자의 예언은 두 왕의 결심과 결단보다는 공식적인 결단과 결심을 의미합니다. 시드기야는 철로 뿔을 만들었습니다. 뿔은 힘과 권세를 상징합니다. 철 뿔은 당할 수 없는 권능을 말합니다. 이스라엘의 승리를 말해 주었습니다.

시드기야와 모든 선지자들, 400명은 예언하며 길르앗 라못을 되찾는 회복 전쟁에서 '승리하소서'. 아합 왕의 승리가 보장된 것처럼 말했습니다. 그래서 '여호와께서 그 성읍을 왕의 손에 넘기시리이다'. 전쟁을 지지하고 반드시 승리할 것이라고 장담했습니다. 전쟁의 결과는 승리였을까요? 아니면 실패하여 죽음이었을까요?

영적인 전쟁에서 승리하려면 하나님과 하나되는 것이 우선입니다. 그리고 하나님의 전신갑주를 입거나 취해야 합니다. 우리 모두 승리하는 그리스도의 군사가 됩시다.

제72강
열왕기상 22장 13-28절

아합 왕과 미가야 선지자

왕과 선지자는 하나님 나라에 꼭 필요한 제도였습니다. 하나님이 본래 하나님 나라의 왕이십니다. 하나님께서 성령으로 이끄시고 말씀으로 통치하십니다. 그런데 사람을 왕으로 세우는 제도를 허락하셨습니다. 다만 인간 왕은 하나님의 대리자로서 하나님의 뜻대로 하나님의 백성을 통치해야만 했습니다. 이스라엘 백성은 자기의 백성이라기보다는 하나님의 백성이기 때문입니다.

그리고 하나님은 세상 나라와는 달리 선지자를 세우셨습니다. 선지자는 주로 왕과 백성을 하나님의 뜻대로, 혹은 하나님의 말씀대로 이끌도록 가르치고 교훈했습니다. 때로는 예언을 하여 나라가 하나님의 뜻대로 운영되도록 했습니다.

물론 제사장 제도도 있었습니다. 제사장은 왕과 백성이 하나님의 뜻에 어긋나거나 범죄했을 때 죄를 사하기 위하여 제사하거나, 백성들을 가르치고 기도하는 일에 전념했던 사람이었습니다.

1. 미가야와 사신

아합 왕과 여호사밧 왕이 넓은 광장에 왕복을 입고 왕좌에 앉아 있었습니다. 400여 명의 거짓 선지자들이 전쟁에서 승리할 것이라고 긍정적인 예언을 하였습니다. 미가야 선지자를 부르러 간 사신이 미가야에게 당부한 말이 무엇입니까? 400여 명의 선지자도 좋은 예언을 했으니 미가야도 좋은 예언을 해 달라는 요구였습니다.

그러나 미가야 선지자는 하나님께서 말씀하시는 것만 말하겠다고 여호와의 사심으로 맹세했습니다. 이미 길르앗 라못을 탈환하기 위한 이스라엘 왕 아합의 굳은 결심과 유다 왕 여호사밧의 적극적인 지원을 약속받은 상황에서 400여 명의 선지자들은 승리를 장담했습니다.

그런데 미가야 선지자는 전쟁에서 승리할 수 없다는 것과 아합 왕이 죽을 것이라는 예언을 했습니다. 미가야 선지자는 영적 세계까지 내다보고 예언하고 있는 것입니다. 여기서 중요한 진리를 깨달아야 합니다. 하나님께서 아합 왕에게 어떻게 심판을 준비하셨는가의 문제입니다.

만약 아합 왕이 듣기 싫더라도 미가야 선지자의 말에 귀를 기울였다면 회개의 기회로 삼았을 것입니다. 그리고 전쟁하지 않았을 것입니다. 그렇게 되면 자신이 죽는 사건도 없었을 것입니다. 그러나 아합 왕은 미가야 선지자의 말에 귀를 기울이지 않았습니다. 끝내 범죄의 길로 걸어갔습니다. 스스로 죽으러 간 것과 마찬가지입니다.

여러분은 어떤 생각을 합니까? 자기에게 길한 예언, 좋은 예언, 기분에 맞는 설교를 듣고 싶습니까? 아니면 조금은 거스르는 설교, 양심을 찌르는 설교, 듣기에 거북한 설교를 듣고 싶습니까? 결과는 너무나 다르게 나타납니다. 한 길은 죽음의 길이요 다른 길은 생명의 길입니다. 한 길은 패전의 길이요 다른 길은 승리의 길입니다.

바울도 같은 상황에서 하나님의 복음을 전해보지만 한 사람에게는 사망에 이르는 냄새요 다른 사람에게는 생명에 이르는 냄새라고 했습니다. 미가야 선지자는 어떤 상황에서든지 하나님의 말씀을 전한 선지자입니다. 외부적인 압력에도 흔들리지 않았습니다.

'여호와께서 말씀하시는 것만' 말하겠다. 이것이 하나님의 사람의 신조입니다. 하나님의 사람은 사람을 좋게 하는 사람이라기보다는 하나님을 기쁘시게 하는 사람입니다. 하나님의 말씀에만 집중하는 사람이 하나님의 사람입니다. 현실도 중요하고 정책도 중요하지만 교회는 하나님의 말씀에 집중하는 공동체입니다. 미가야 선지자의 말은 아합 왕에게 좋지 않은 흉한 예언 같지만 실상은 아합 왕을 살리는 말씀이고, 국가를 전쟁의 위기에서 벗어나게 하는 예언이었습니다. 이것이 진정으로 좋은 예언 아닙니까?

2. 미가야와 아합

미가야 선지자는 아합 왕에게 이르자 뭐라고 예언했습니까? 아합 왕이 먼저 미가야 선지자에게 묻습니다. 길르앗 라못에서의 전쟁에서 승리를 할 수 있겠습니까? 미가야 선지는 '아합 왕에게 공격하여 승리를 얻으소서'. '여호와께서 그 성을 왕의 손에 붙이셨다' 라고 말했습니다. 이것은 이미 400여 명의 선지자가 아합 왕의 의도를 알고 상황에 따라 예언해 준 내용과 비슷합니다.

그런데 이렇게 말한 미가야를 향한 아합 왕의 반응이 무엇입니까? 아합 왕은 화를 내면서 여호와의 이름으로 진실을 말하라고 호통을 쳤습니다. 왜 그랬을까요? 아마도 미가야 선지자가 말하는 자세나 억양이나 음성을 들어볼 때 비아냥거리는 것을 느꼈을 것입니다. 평상시와는 너무나 다른 미가야의 말과 태도였습니다. 진실하게 말하고 있지 않다는 것을 알고 있었습니다. 그래서 집요하게 진실을 말할 것을 요구하고 있는 것입니다. "내가 몇 번이나 네게 맹세하게 하여야 네가 여호와의 이름으로 진실한 것으로만 내게 말하겠느냐?"

신명기 18장 19-22절을 볼 때 선지자의 말이 그대로 이루어지지 않는다면 정죄의 대상이 되었습니다. "누구든지 내 이름으로 전하는 내 말을 듣지 아니하는 자는 내게 벌을 받을 것이요 만일 어떤 선지자가 내가 전하라고 명령하지 아니한 말을 제 마음대로 내 이름으로 전하든지 다른 신들의 이름으로 말하면 그 선지자는 죽임을 당하리라 하셨느니라 … 만일 선지자가 있어 여호와의 이름으로 말한 일에 증험도 없고 성취함도 없으면 이는 여호와께서 말씀하신 것이 아니요 그 선지자가 제 마음대로 한 말이니 너는 그를 두려워하지 말지니라"라고 했습니다.

이에 미가야 선지자는 온 이스라엘 군대가 왕을 잃고 목자 없는 양 같이 산으로 흩어질 것이나 결국에는 오히려 전쟁의 억압에서 벗어나 집으로 평안히 돌아가게 될 것이라고 예언했습니다. 아합 왕은 갈멜산에서 바알과 아세라 선지자와 엘리야의 대결도 보았습니다. 비가 오는 것도 체험했습니다. 그렇다면 미가야 선지자의 말을 듣는 것이 백 번, 천 번 옳은 자세였습니다. 그러나 그렇게 하지 않았습니다. 전쟁도 하지 말아야 했고 미가야 선지자 앞에서 회개해야만 살 수 있었습니다. 아합은 그렇게 하지 않았습니다.

미가야는 이스라엘의 패전과 아합 왕의 죽음을 예언했습니다. 아합 왕의 반응이 무엇입니까? 진실된 하나님의 말씀을 들은 아합 왕의 반응입니다. 아합 왕은 여호사밧에게 말하기를 미가야는 자신에 대하여 길하고 좋은 예언은 말하지 않는다고 증거를 보여주었습니다. 미가야 선지자는 본래 하나님의 말씀을 예언하도록 부름 받은 400여 명의 선지자 중에 포함되지 않은 선지자입니다.

아합 왕의 미움을 받아 회의나 초대도 받지 못했습니다. 아마도 하나님의 말씀만 진실하게 전했기 때문에 미움의 대상이 된 것으로 보입니다. 미가야는 유다 왕 여호사밧의 요청을 따라 아합 왕에게 하나님의 신탁을 전하게 되었습니다. 아합에게는 저주로 들렸습니다. 패전과 죽음을 예언했기 때문입니다.

어떤 것도 미가야를 꺾을 수는 없었습니다. 하나님이 하시는 일을 확신했기 때문입니다. 하나님을 신뢰하는 자는 불의와 시련 앞에 강한 법입니다. 400여 명은 선지자라는 이름만 가졌지 선지자가 아니었습니다. 거짓 선지자였던 것입니다. 미가야 선지자만 참된 선지자였습니다.

오늘날에도 하나님의 이름으로 거짓을 말하며 성도들을 미혹하는 거짓 선지자들이 우리 주위에 수없이 많이 있습니다. 성도들은 늘 깨어서 거짓 선지자나 사람의 귀를 즐겁게 하는 말을 하는 이들을 경계하여 유혹에 빠지는 일이 없어야 하겠습니다. 거짓말하는 영은 사탄의 영입니다. 성령은 우리의 죄악이 생각나게 하는 영입니다. 하나님은 주권적으로 사탄을 사용하시는 분이십니다. 400여 명은 사탄의 도구로 사용된 사람들이었습니다.

3. 미가야와 여호와의 환상

미가야 선지자가 아합 왕에 대하여 여호와의 말씀을 들으라고 말합니다. 아합 왕의 반응을 본 미가야 선지자가 왕이여 하나님의 말씀을 들으소서. 오히려 매달리고 있습니다.

미가야는 여호와의 보좌와 아합을 징계하기 위한 천상에서의 회의를 환상으로 보게 되었습니다. 내가 보니 여호와께서 그의 보좌에 앉으셨고 하늘의 만군이 그의 좌우편에 모셔 섰습니다. 왕이여! 내가 보니 하나님은 보좌에 앉아 계시고 만군이 주위에 서 있습니다. 그럼에도 불구하고 아합 왕은 교만하여 하나님의 사람의 말을 듣지 않습니다. 결국 멸망 길을 스스로 선택하여 간 사람입니다.

여호와께서 '누가 아합을 꾀어 길르앗 라못에 올라가서 죽게 할꼬'라고 말씀하셨습니다. 본문은 오해하지 말아야 할 성경말씀입니다. 아합 왕의 죽음을 미리 알려주신 하나님이십니다. 회개를 원하시는 하나님. 아합의 악행으로 말미암아 하나님의 심판을 받게 되는 장면입니다. 모든 것은 하나님의 절대 주권 아래 놓여져 있습니다.

각자 자기의 의견을 말했습니다. 그때에 한 영이 나아와 여호와 앞에 서서 내가 저를 꾀겠다고 말했습니다. 여호와께서 그 영에게 어떤

방법으로 꾀겠느냐고 물었습니다. 그 영이 말하기를 거짓말하는 영이
되어 거짓 선지자들의 입에 있겠다고 했습니다. 여호와께서 그 영에게
일을 성공적으로 이룰 수 있을 것이라고 말씀하시면서 허락하셨습니
다. 거짓말하는 영에 대하여 루터는 사탄으로 이해했습니다. 성령은 거
짓말하지 않기 때문입니다. 사탄까지도 하나님의 통치 영역 아래 있다
는 것을 증거할 수 있습니다. 하나님은 창조주이시고 절대 주권자가 되
십니다.

미가야 선지자가 아합 왕을 향하여 이제 여호와께서 이처럼 왕의 선
지자들의 입에 거짓말하는 영을 넣으셨고 또 왕에 대하여 화를 말씀하
셨다고 선포했습니다. 그렇게까지 다 가르쳐 주었지만 아합 왕은 회개
하지 않았습니다. 사람은 본래 전적으로 부패한 존재입니다. 자기의 생
각과 말과 행동이 다 옳은 줄로만 생각하고 사는 존재입니다.

4. 시드기야와 아합과 미가야

그나아나의 아들 시드기야가 미가야의 뺨을 치며 여호와의 영이 언
제 자기에게서 너에게로 가서 말씀하셨느냐고 호통을 쳤습니다. 아합
왕의 죽음에 대한 예언과 천상의 어전 회의에 대하여 말하니까 시드기
야가 미가야 선지자의 뺨을 때렸습니다. 바른 말씀을 전한 미가야에게
환난과 핍박과 박해가 왔습니다. 뺨을 때리는 것은 최대의 모욕감을 주
는 행동입니다. 예수님께서도 군병들에게 뺨을 맞으셨습니다. 그러나
하나님이 높여주셨습니다.

미가야가 시드기야에게 네가 골방에 들어가 숨는 그 날에 알게 될
것이라고 대답했습니다. 아합 왕이 전쟁에서 죽었을 때 전쟁에서 승리
한다고 예언했던 시드기야가 골방에 가서 숨을 때나 깨닫게 될 것이라
는 말입니다.

아합 왕이 미가야를 잡아 그가 살던 성의 관리와 왕자에게로 끌고

가서 옥에 가두게 하고 자신이 승리하고 돌아올 때까지 고생의 떡과 물만 먹이라고 명령했습니다. 고생의 떡과 물은 고통을 당하는 모습입니다. 믿음의 선배들, 특히 선지자들 중에 하나님의 말씀을 전하다가 옥에 갇히고 고문 당하고 순교 당한 사람이 한두 사람이 아닙니다. 기독교의 역사는 피흘림의 역사, 순교의 역사입니다.

미가야가 왕을 향하여 왕이 평안히 돌아올 수 있다면 여호와께서 자기를 통해 말씀하시지 않았을 것이라고 하며, 백성들은 다 들으라고 공개적으로 회개를 촉구했습니다. 전쟁을 하지 말라는 교훈이었습니다. 광장에 수많은 사람들이 모인 가운데 미가야 선지자는 외쳤습니다. 내 말이 맞는지 맞지 않는지 보라는 것이었습니다.

제73강
열왕기상 22장 14절

성경

종교가 무엇인가? 하나님과 인간과의 관계를 종교라고 표현합니다. 그리고 하나님께서 자신을 열어 보여주거나 가르쳐 주는 것을 계시라고 말합니다. 계시는 자연계시와 초자연계시, 일반계시와 특별계시로 구분됩니다. 성경말씀은 특별계시입니다. 인간의 구원과 밀접한 관련을 맺고 있고 다른 계시를 해석할 수 있기 때문입니다.

성경은 특별계시입니다.

1. 특별계시와 성경과의 관계

하나님은 성경말씀, 특별계시를 기록하게 하여 후시대에 남겨놓으셨습니다. 성경은 교회에 주신 하나님의 최대의 선물입니다. 특별계시는 모든 세대를 향한 영원한 말씀입니다. 다만 특별계시와 성경이 똑같을 수는 없습니다. 그 이유가 무엇일까요?

1) 특별계시와 성경이 동일한 점도 있지만 다른 점이 있습니다. 특별계시라는 말은 하나님의 직접적 자기 전달을 가리키는 것이라고 말할

수 있습니다. 하지만 성경은 초자연적인 방법으로 전달된 것이 아니라, 경험에 의해 확인되고, 역사적 연구에 의해서 수집된 것들이 많습니다. 성경이 기록되기 이전에는 선지자들과 사도들이 자주 신적인 전달을 하였습니다.

2) 특별계시와 성경이 동일한 점은 무엇인가? 성경 전체가 성령으로 말미암아 무오하게 영감되었다는 사실에서, 진리의 신적 보증을 얻게 됩니다. 성경 자체가 하나님의 특별계시입니다. 성경은 옛날에 일어났던 하나의 이야기가 아니라 인간에게 향하신 하나님의 끊임없는 말씀입니다. 지금도 광명과 생명과 성결을 열매 맺도록 하는 말씀입니다.

2. 성경의 영감

성경은 신적 영감에 의해서 기록되었기에 인간의 모든 세대를 위한 하나님의 말씀이고, 하나님의 말씀으로 계속될 것입니다. 성경은 전체가 영감되었기 때문에 인류를 위한 신앙과 행위의 무오한 법칙이 됩니다.

1) 영감에 대한 성경적인 증거를 봅시다. 성경 자체가 영감되었음을 증거해 줍니다. 구약 성경의 저자들은 하나님께서 명령하신 것을 쓴 것입니다. 출애굽기 17장 14절에 "여호와께서 모세에게 이르시되 이것을 책에 기록하여 기념하게 하고 여호수아의 귀에 외워 들리라 내가 아말렉을 없이하여 천하에서 기억도 못 하게 하리라"라고 했습니다.

민수기 33장 2절에도 "모세가 여호와의 명령대로 그 노정을 따라 그들이 행진할 것을 기록하였으니 그들이 행진한 대로의 노정은 이러하니라"라고 했습니다.

이사야 8장 1절에도 "여호와께서 내게 이르시되 너는 큰 서판을 가지고 그 위에 통용 문자로 마헬살랄하스바스라 쓰라"라고 했습니다.

예레미야 30장 2절도 "이스라엘의 하나님 여호와께서 이와 같이 말

씀하여 이르시기를 내가 네게 일러 준 모든 말을 책에 기록하라"라고
했습니다.

에스겔 24장 1-2절도 "아홉째 해 열째 달 열째 날에 여호와의 말씀
이 내게 임하여 이르시되 인자야 너는 날짜 곧 오늘의 이름을 기록하라
바벨론 왕이 오늘 예루살렘에 가까이 왔느니라"라고 했습니다.

그러므로 '주께서 이와 같이 말씀하셨느니라, 주의 말씀이 나에게
임하셨느니라, 이와 같이 주 여호와가 나에게 보이셨느니라' 라고 표현
했습니다. 심지어 이사야 선지자는 자기가 쓴 책을 여호와의 책이라고
말했습니다. 이사야 34장 16절에 "너희는 여호와의 책에서 찾아 읽어
보라 이것들 가운데서 빠진 것이 하나도 없고 제 짝이 없는 것이 없으
리니 이는 여호와의 입이 이를 명령하셨고 그의 영이 이것들을 모으셨
음이라"라고 했습니다.

신약 성경의 저자들은 구약을 인용할 때 하나님의 말씀, 성령의 말
씀이라고 표현했습니다. 마태복음 15장 4절에 "하나님이 이르셨으되
네 부모를 공경하라 하시고 또 아버지나 어머니를 비방하는 자는 반드
시 죽임을 당하리라 하셨거늘"라고 했습니다.

히브리서 1장 2절에 "이 모든 날 마지막에는 아들을 통하여 우리에
게 말씀하셨으니 이 아들을 만유의 상속자로 세우시고 또 그로 말미암
아 모든 세계를 지으셨느니라"라고 했습니다.

히브리서 1장 5절에 "하나님께서 어느 때에 천사 중 누구에게 너는
내 아들이라 오늘 내가 너를 낳았다 하셨으며 또 다시 나는 그에게 아
버지가 되고 그는 내게 아들이 되리라 하셨느냐"라고 했습니다.

바울은 고린도전서 2장 13절에서 "우리가 이것을 말하거니와 사람
의 지혜가 가르친 말로 아니하고 오직 성령께서 가르치신 것으로 하니
영적인 일은 영적인 것으로 분별하느니라"라고 했습니다.

데살로니가전서 2장 13절에 "이러므로 우리가 하나님께 끊임없이
감사함은 너희가 우리에게 들은 바 하나님의 말씀을 받을 때에 사람의

말로 받지 아니하고 하나님의 말씀으로 받음이니 진실로 그러하도다 이 말씀이 또한 너희 믿는 자 가운데에서 역사하느니라"라고 했습니다.

디모데후서 3장 16절에서는 "모든 성경은 하나님의 감동으로 된 것으로 교훈과 책망과 바르게 함과 의로 교육하기에 유익하니"라고 했습니다.

2) 영감의 성질
① 기계적 영감설

어떤 사람들은 영감의 과정이 기계적인 방법이었다고 주장합니다. 하나님께서 불러 주시는 것을 그대로 받아 썼다는 주장입니다. 그러나 저자는 기계적으로 받아 쓴 것이 아니라 역사적인 사료를 가지고 쓰기도 하였습니다. 누가복음, 사무엘상하, 열왕기상하, 역대기상하 등이 그렇습니다.

또 개인적인 경험을 기록하기도 하였습니다. 개인마다 문체도 다릅니다. 이사야와 에스겔이 다르고, 바울과 요한의 문체나 경험이 다릅니다. 그러므로 기계적 영감설은 그렇게 좋은 주장이 못됩니다.

② 동력적 영감설

교리서는 더 영감되어 있고 역사서에는 덜 영감되어 있다는 주장입니다. 18-19세기 학자들은 기계적 영감설을 부정하고 동력적 영감설을 주장하였습니다. 저자의 일반영감은 인정하지만 성령의 직접적인 활동은 부정합니다. 결국 성경을 일반계시의 선까지 끌어내리며 성경의 무오성을 파괴합니다.

③ 유기적 영감설, 완전 영감설

유기적이라는 말은 하나님께서 저자를 기계적으로 사용하지 않고 저자의 성품, 기질, 은사와 재능, 교육과 교양, 용어와 어법, 문체 등을 있는 그대로 사용하셨다는 의미입니다. 하나님께서 저자의 마음을 조명해 주시고 저자를 격려해 주시며 언어의 선택이나 사상을 동원하는

나님의 심판을 피할 수 있는 것일까요? 아합 왕은 인간적인 노력으로 길르앗 라못을 차지하려고 해 보았지만 아람의 군사가 쏜 화살에 맞고 최후를 맞이하게 되었습니다. 연약한 인간이 하나님의 섭리를 인위적으로 바꾸려는 시도는 헛된 일입니다.

아합 왕이 아람 병사가 쏜 화살에 맞아 죽게 되었을 때 왕이 죽은 사실을 안 이스라엘 병사들은 목자 없는 양같이 흩어졌습니다. 아합 왕은 사마리아에 장사되지만, 그가 탔던 병거를 사마리아 못에 씻을 때에 개들이 피를 핥음으로써 나봇에게 행한 일에 대한 엘리야의 예언이 모두 성취되었습니다.

열왕기상 21장 19절에 "너는 그에게 말하여 이르기를 여호와의 말씀이 네가 죽이고 또 빼앗았느냐고 하셨다 하고 또 그에게 이르기를 여호와의 말씀이 개들이 나봇의 피를 핥은 곳에서 개들이 네 피 곧 네 몸의 피도 핥으리라"라고 했습니다. 미가야의 예언도 성취되었습니다. 하나님의 말씀은 한 치 오차도 없이 그대로 이루어지는 법입니다. 그래서 천지는 없어져도 하나님의 말씀은 일점일획이라도 변하지 않고 이루어진다고 말씀하셨습니다. 하나님의 뜻은 항상 이루어집니다.

3. 아합의 행적

아합 왕은 북이스라엘의 제7대 왕이었습니다. 북이스라엘 나라의 번영을 꾀한 왕이었습니다. 개인적인 이기심을 충족시키려고 했습니다. 영토 확장을 꾀하기도 했습니다. 하나님의 뜻을 거역하다가 결국은 비참한 최후를 맞이하게 되었습니다.

인간적인 노력이 하나님의 뜻을 역행할 수 있는 것인가? 하나님의 진노를 피할 수 있는 것인가? 여러분도 스스로 평가를 해 보세요. 아합 왕이 죽자 그 시체를 사마리아성으로 메어다가 거기에 장사지냈습니다. 아합 왕은 이미 죽었습니다. 그러나 다시 한번 더 죽음에 대하여 강조하고 있습니다. 미가야의 말을 무시한 결과를 강조하고 있습니다. 아합 왕의 교만이 자신을 죽음의 길로 몰고 간 것입니다.

아합 왕이 탔던 병거를 사마리아 못에 씻자 개들이 그 피를 핥음으로써 엘리야를 통하여 하신 여호와의 말씀이 성취되었습니다. 사마리아 못은 창기들이 목욕하는 곳이었습니다. 아합 왕은 나봇을 죽이고 포도원을 빼앗은 죄 때문에 죽었습니다. 미가야 선지자의 만류가 있었을 때 회개해야만 했습니다. 그리고 아람과의 전쟁에서 벤하닷을 자기 마음대로 살려준 것으로 인해 결국은 죽음을 맞이하게 된 것입니다. 무엇이든지 하나님께 묻고 하나님의 뜻대로 행하는 것이 중요합니다.

아합 왕의 남은 행적과 그가 건축한 상아궁과 모든 성은 이스라엘 왕 실록에 기록되었습니다. 아합 왕이 이세벨과 결혼하면서 상아가 궁에 많이 들어왔을 것입니다. 사치를 말합니다. 아합 왕이 죽자 그의 아들 아하시야가 왕위를 계승하게 되었습니다. 아합 왕이 악한 왕이고 하나님의 뜻과는 거리가 먼 왕이었지만 일순간의 회개를 통하여 겸손한 모습을 보였기 때문에 심판이 연장되고 다음 세대로 넘어간 것으로 보입니다. 하지만 여전히 아합 왕은 무능력하고 비참한 최후를 맞이한 왕이었습니다.

사랑하는 성도님들이여! 한 번 사는 인생입니다. 그래서 일생입니다. 의의 병기로 삽시다. 진리와 선을 추구하여 하나님께 영광을 돌립시다. 하나님의 경고가 있을 때는 돌아섭시다. 그렇지 않으면 심판이 기다리고 있을 뿐입니다. 하나님의 심판을 피할 수 있는 유일한 길은 회개하는 길입니다. 회개합시다. 깨끗하고 철저하게 회개합시다. 중심을 보시는 여호와 앞에 인정받는 그리스도인들이 다 됩시다.

심판날에 많은 사람들이 '주의 이름으로 선지자 노릇을 했습니다, 주의 이름으로 귀신도 쫓아냈습니다, 주의 이름으로 권능도 행했습니다' 라고 말할 때 주님은 "불법을 행하는 자들아 내게서 떠나가라"고 하실 것입니다. 우리는 하나님의 뜻대로 행하는 성도가 다 됩시다.

인 수단과 방법으로 모면해 보려는 것이었습니다. 그러나 사람의 눈은 피할 수 있을지 모르지만 불꽃과 같은 눈을 가지신 하나님의 눈을 무슨 수로 피할 수 있겠습니까?

아람 왕 벤하닷은 지방 영주들을 대신한 전투 지휘관들에게 명령을 내렸습니다. 아합 왕만 죽이라고 명령했습니다. 일종의 특수부대 요원들이었습니다. 아합 왕이 변장하여 속여보려고 했지만 한 병사가 쏜 화살이 아합 왕을 명중하여 미가야 선지자의 말이 그대로 이루어졌습니다. 인간의 꾀와 노력이 하나님의 섭리를 뛰어넘을 수 있는 것일까?

벤하닷은 왜 아합만 죽이라고 했을까? 과거에 사로잡혔을 때 당한 수모를 되갚아주려는 마음일 것입니다. 그리고 여호사밧 왕은 특수부대 요원들에게 죽게 되었을 때 비명을 질렀습니다. 하나님을 향하여 부르짖었습니다. 역대하 18장 31절에 "병거의 지휘관들이 여호사밧을 보고 이르되 이가 이스라엘 왕이라 하고 돌아서서 그와 싸우려 한즉 여호사밧이 소리를 지르매 여호와께서 그를 도우시며 하나님이 그들을 감동시키사 그를 떠나가게 하신지라"라고 했습니다. 이 장면을 보면 여호사밧이 죽게 되었고 아합 왕은 사는 것처럼 보였습니다. 마치 미가야 선지자의 예언이 틀린 것처럼 느껴집니다. 과연 그럴까요? 기독교는 예언과 성취, 약속과 성취의 공식이 있습니다.

2. 아합의 죽음

지금까지 보면 아합 왕의 예상대로 순조롭게 이루어지는 것처럼 보여집니다. 과연 끝까지 미가야 선지자의 예언은 이루어지지 않았을까요? 전혀 예상하지 못한 일이 발생했습니다. 무슨 일입니까?

한 병사가 쏜 화살이 우연히 아합의 갑옷 솔기에 맞았습니다. 죽일 목적으로 쏜 것은 아닐 것입니다. 아합 왕을 죽이려는 하나님의 섭리나 뜻이 이루어지는 순간이었습니다. 예상하지 못한 시간에 예상밖의 사건이 빚어진 것입니다.

병사가 쏜 화살은 화살 하나 겨우 통과할 정도의 틈으로 복부를 그대로 관통했습니다. 치밀한 인간의 계획이라도 하나님의 엄정한 심판을 넘어설 수는 없습니다. 사람이 바다 끝에 가서 거할지라도 하나님이 심판하시려면 뱀을 명하여 물게도 하십니다.

아합 왕이 그 병거 모는 자에게 자신이 부상당하였으므로 그곳을 빠져나가자고 명령했습니다. 부상이 깊다는 것도 있지만 자기가 중상인 것이 알려지면 전의를 상실할 것 같으니까 그렇게 말했을 수도 있습니다.

그러나 이 날의 전쟁이 치열하여 도망하지 못하고 왕이 아람 군사들과 싸우다가 저녁 즈음에 죽었으며 병거의 바닥에는 피가 흘러 고였습니다. 전쟁터에서 벗어날 수가 없었습니다. 홍수 때 강물이 불어나는 것처럼 전쟁이 점점 격해지는 상황이었습니다. 아합 왕은 비참하게 죽어가고 있었습니다. 병거에서 많은 피를 흘리면서 죽어가고 있었습니다.

아합의 피를 개들이 핥을 것이라고 예언한 엘리야 선지자의 예언이 그대로 이루어지고 있는 상황입니다. 아합 왕이 거짓 선지자들의 예언을 따라 전쟁터에 나갔고, 죽음을 면해 보려고 변장하는 등 인간적인 수단과 방법을 사용해 보았지만, 한 병사가 쏜 화살에 맞아 죽게 되었습니다. 아합 왕의 죽음은 그렇게 이루어졌습니다.

해가 질 무렵에 이스라엘 군사들 사이에서 각기 자기의 성읍과 고향으로 돌아가라는 외침이 들렸습니다. 왜 그랬을까요? 더 이상 전쟁을 해야 할 목적도 사라지고 지휘관인 아합 왕이 죽었기 때문입니다.

미가야의 예언은 성취되었는가? 과연 그대로 이루어졌습니다. 주전 853년에 성취되었습니다. 아합 왕은 미가야 선지자의 경고를 무시하고 길르앗 라못을 탈취하기 위해서 나섰습니다. 아합 왕은 내심 불안하여 군통수권을 여호사밧에게 일임하고, 일반 병사처럼 가장하고 군중으로 들어갔습니다. 왕이 아니라 일반 병사처럼 변장했습니다. 그렇다고 하

제74강
열왕기상 22장 29-40절

아합의 죽음

거짓 선지자 400명은 북이스라엘 왕 아합과 남유다 왕 여호사밧이 아람과의 전쟁에서 승리할 것을 예언했지만, 미가야 선지자는 홀로 아합 왕이 아람과의 전쟁에서 죽을 것이라고 예언하여 박해와 미움을 받았습니다. 옥에 갇히고 고생의 떡을 먹고 고생의 물을 마시게 되었습니다.

그러면 누구의 예언대로 이루어졌을까요? 듣기 좋은 말이 이루어졌을까요, 아니면 듣기 싫은 말이 이루어졌을까요? 자기 마음에 들면 하나님의 말씀이고 듣기 싫은 말은 하나님의 말씀이 아닐까요?

1. 아합과 여호사밧

북이스라엘의 왕 아합과 남유다 왕 여호사밧은 길르앗 라못을 차지하기 위하여 아람과의 3차 전쟁을 일으켰습니다. 아합 왕이 여호사밧에게 자신은 변장하고 군사들 사이에서 싸울 것이니 왕은 왕복을 입고 있으라고 말했습니다. 그래서 아합 왕은 변장하고 군사들 사이로 들어가서 싸우게 되었습니다.

인간의 계략이 하나님의 예언을 능가할 수 있는 것일까? 사람이 계획을 세운다고 하나님의 뜻이 무산될 수 있는 것일까? 하나님의 말씀은 천지가 없어져도 이루어지는 것이 아닌가? 아합 왕은 마치 이방인의 왕처럼, 하나님을 믿지 않는 사람처럼 행동하고 말했습니다. 이것이 얼마나 무서운 죄악입니까? 믿는 자는 믿는 자의 냄새가 나야 하지 않겠습니까? 아합 왕이 하나님의 보호에서 점점 멀어지고 있는 분위기였습니다.

여호사밧은 아합 왕의 권면에 따라 아람과의 전쟁에 참여하긴 했어도 다윗의 언약을 잊지 않은 왕입니다. 하나님의 참된 선지자의 말을 귀담아 듣는 왕이었습니다. 하나님의 보호 아래 있는 왕이었습니다. 이것이 아합 왕과는 전혀 다른 점이었습니다. 여호사밧은 지혜롭고 겸손하여 남유다를 바른 나라로 이끌었던 왕입니다. 그러므로 하나님의 사람들은 항상 성경 중심적인 생각과 삶을 살아야 승리가 보장되는 것입니다.

길르앗 라못을 공격하려고 할 때 하늘의 회의가 있었습니다. 누가 아합 왕을 꾀어 죽게 할까? 거짓말하는 영이 자기가 꾀겠다고 나섰습니다. 이때부터 아합 왕은 하나님의 섭리 가운데서 죽게 되어 있었습니다. 그러므로 하나님의 말씀이 아니라고 들려오면 가던 길을 멈추어야 합니다. 반대로 하나님의 말씀이 가라고 들려온다면 가야 할 것입니다.

아람 왕이 그 병거의 장관 서른두 명에게 아무하고도 싸우지 말고 오직 아합 왕만 노리라고 명령을 내렸습니다. 병거의 장관들이 왕복을 입은 여호사밧을 아합으로 오인하여 공격하려고 할 때 여호사밧이 소리를 지르니 병거의 장관들이 아합이 아닌 것을 확인하고 추격하기를 멈추었습니다.

아합 왕이 변장한 이유가 무엇입니까? 아합 왕은 미가야 선지자의 말이 마음에 걸렸을 것입니다. 전쟁에서 아합 왕이 죽을 것이라고 했기 때문입니다. 하나님의 심판에 대한 두려움이 있었을 것입니다. 인간적데 죄에 오염되지 않도록 보존하셨습니다.

3) 영감의 범위

영감의 범위에 대해서도 다양한 견해가 있습니다. 어떤 학자는 언어의 영감이 아니라 사상의 영감이라고 주장합니다. 사상은 신적으로 영감되었으나 언어는 단순히 인간 저자의 선택에 의한 것이라고 합니다.

부분 영감을 말하는 자도 있습니다. 18세기 합리주의 영향을 받아 역사적인 영감은 부정하고 교리적인 문서만 영감되었다고 주장했습니다. 그러나 성경에 의하면 성경의 영감은 성경 모든 부분과 관련되어 있습니다. 예수님도 구약 성경을 성경, 성경들이라고 말씀하셨습니다. 영감은 성경의 언어 하나 하나에까지 영향을 미쳤습니다. 축자 영감이라고 부릅니다. 완전 영감이라고도 부릅니다.

3. 성경의 완전성

1) 성경의 신적 권위입니다. 개혁주의자들은 성령의 영감으로 말미암은 성경은 자체가 신적 권위를 가진다고 보았습니다. 성경은 신적 권위를 가지기 때문에 절대적인 순종을 요구하십니다.

2) 성경의 필요성입니다. 말씀이 교회의 씨(종자)가 되게 하는 것이기에 말씀은 필요한 것입니다. 성경은 종말까지 존재할 것이고 반드시 남게 될 것입니다.

3) 성경의 명료성입니다. 구원에 대한 지식은 성경의 모든 장에 동등하게, 명백하지는 않지만 성경을 통하여 인간에게 전달됩니다. 시편 19편 7-8절에 "여호와의 율법은 완전하여 영혼을 소성시키며 여호와의 증거는 확실하여 우둔한 자를 지혜롭게 하며 여호와의 교훈은 정직하여 마음을 기쁘게 하고 여호와의 계명은 순결하여 눈을 밝게 하시도다"라고 했습니다.

시편 119편 105절에 "주의 말씀은 내 발에 등이요 내 길에 빛이니이다"라고 했습니다.

고린도전서 2장 15절에 "신령한 자는 모든 것을 판단하나 자기는 아무에게도 판단을 받지 아니하느니라"라고 했습니다.

요한일서 2장 20절에 "너희는 거룩하신 자에게서 기름 부음을 받고 모든 것을 아느니라"라고 했습니다.

4) 성경의 충족성입니다. 기록된 하나님의 말씀이 개인과 교회의 영적이고 도덕적인 욕구를 충족한다는 것을 의미합니다. 로마교회나 재세례파는 성경을 하나님의 충분한 계시로 인정하지 않습니다. 재세례파는 저급한 성경관을 가지고 있었고 내적 조명의 절대적 필요성을 주장하였습니다. 개혁교회에서는 기록되지 않은 하나님의 말씀이 성경과 동등하게 혹은 우월한 권위를 갖고 존재할 수 있다는 것을 거부합니다.

물들어 버렸습니다. 북이스라엘은 하나님의 심판을 받아 멸망 당할 수 밖에 없는 필연적인 운명임을 밝히고 있습니다. 아하시야도 마찬가지였습니다.

아하시야가 난간에서 떨어져 죽게 된 사실도 하나님께 버림받아 멸망하게 될 북이스라엘에 대한 한 예조라 할 수 있습니다. 이스라엘이 우상숭배를 하면서 약속의 땅에서 살려고 한 것은 어불성설이었습니다. 하나님과의 계약 속에서 살아야 할 하나님의 백성들이 배신하고 우상을 숭배한다면 축출밖에 더 있겠습니까?

우리가 하나님보다 더 사랑하는 것이 있다면 내쳐야 합니다. 바울은 마지막 시대가 되면 하나님보다 자기를 더 사랑하고 돈을 사랑하며 쾌락을 더 사랑하게 될 것이라고 가르쳤습니다. 우리는 마음과 뜻과 목숨을 다하여 하나님을 사랑합시다. 아멘

롭게 지내지만 두 가지 문제점이 나타나게 됩니다.

첫째로 남유다 왕 여호사밧은 북이스라엘 왕 아합과 아람과의 전쟁에 동참해야 했습니다. 또 한가지는 하나님의 말씀을 어기면서까지 아합 왕이 인간적인 계략으로 모든 일을 추진할 때 우상숭배 사상을 도입하게 되었습니다. 남유다까지 우상숭배자들이 생겨나게 되었다는 말입니다. 여러분은 항상 깨어 기도하는 백성이 되어 실패가 없는 삶을 살수 있기를 바랍니다.

3. 여호사밧의 행적

여호사밧의 남은 사적과 치적과 전쟁은 유다 왕의 실록에 기록되어 있습니다. 왕은 하나님과의 관계를 잘 맺어야 합니다. 하나님을 가까이 하면서 지도를 받고 백성을 바른 길로 인도해야 할 책임이 있습니다. 특별히 전쟁에 있어서 하나님을 의지할 때 승리하고 하나님을 멀리할 때 실패하게 됩니다.

여호사밧은 아버지 아사의 시대에 남아 있던 남색하는 자를 추방했습니다. 몰아냈습니다. 아주 강도있게 개혁을 추구했음을 뜻합니다. 에돔에는 왕이 없고 섭정왕이 있었습니다. 에돔은 가나안 땅으로 들어가던 이스라엘 백성들의 길을 가로막은 적이 있습니다. 훗날 다윗에 의해 이스라엘의 속국이 되었습니다.

여호사밧은 다시스의 선척을 제조하여 오빌로 보냈으나 그 배가 에시온게벨에서 파선하여 가지 못하게 되었습니다. 그러자 아합의 아들 아하시야가 여호사밧에게 자기의 선원들을 보내어 도와주겠다고 하였으나 여호사밧이 거절했습니다.

여호사밧은 솔로몬 왕과 닮은 점이 많이 있었습니다. 솔로몬이 배를 건조한 것처럼 여호사밧도 배를 제조하였습니다. 솔로몬이 정략적으로 이방 여인들과 결혼한 것처럼 여호사밧도 아들 여호람을 아합의 딸 아달랴와 결혼시켰습니다. 솔로몬이 오빌의 금을 취한 것처럼 여호사밧도 오빌의 금을 취하였습니다. 솔로몬이 초기에 여호와를 사랑하다가 후기에 우상숭배를 위한 산당과 신전을 지은 것처럼 여호사밧도 여호와 중심에서 후기에는 그릇된 길로 갔습니다. 배가 파선 당한 것도 여호사밧이 악한 아하시야와 교제했기 때문이라고 봅니다.

여호사밧이 죽어 다윗성에 장사되자 그의 아들 여호람이 왕위를 계승하였습니다. 세상을 살 때 하나님 앞에서 사는 것이 중요하고, 하나님의 뜻을 이루는 것이 아주 중요한 일입니다.

4. 아하시야의 악한 통치

남유다 왕 여호사밧 제십칠 년에 아합의 아들 아하시야가 사마리아 성에서 왕이 되어 북이스라엘을 이 년 동안 통치했습니다. 아하시야는 '여호와의 소유하심, 여호와의 사로잡음' 입니다. 이름과는 달리 우상을 붙잡고 산 왕이었습니다. 헛된 우상을 의지하다가 병 고침도 받지 못하고 죽은 왕입니다. 그 원인은 어머니 이세벨이 우상숭배자였기 때문입니다.

아하시야가 여호와 보시기에 악을 행하여 그 아버지와 어머니의 길과 느밧의 아들 여로보암의 길로 행하였습니다. 어머니 이세벨이 아하시야의 앞길을 막았습니다. 아달랴를 남유다의 여호람에게 시집가게 한 다음에 여호람으로 하여금 하나님을 떠나게 만들었습니다.

아하시야는 열왕들과 같이 여호와 보시기에 악을 행하였습니다. 다른 점은 어머니의 길로 행했다는 점입니다. 아하시야가 바알을 숭배하여 이스라엘 하나님 여호와를 격동하기를 그 아버지의 온갖 행위와 같이 행했습니다.

여로보암에 의해 뿌려진 우상숭배의 씨가 아합의 아내 이세벨에 의해 뿌리를 내렸습니다. 북이스라엘은 전 국가적으로 우상숭배 사상에 하였습니다. 안보가 튼튼했다는 말입니다.

세 번째로, 하나님의 말씀에 입각하여 전국적으로 재판 제도를 도입하고 조직을 재정비하였습니다. 재판관을 성읍마다 두게 되었습니다. 재판은 사람을 위하여 하는 것이 아니라 하나님을 위하여 하라고 말했습니다. 하나님께서 함께 하기를 바라면서 하나님을 두려워하는 마음으로 재판하라고 명령했습니다.

여호사밧 왕은 군비를 확장하고 재판제도를 체계화한 왕이었습니다. 정말 훌륭한 업적을 남긴 왕입니다. 여호사밧은 경건하여 하나님을 사랑하고 백성들을 사랑한 왕이었습니다. 물론 여호사밧 왕에게 약점도 있었습니다. 아합 왕과의 군사적인 동맹을 맺은 것이나 산당을 남겨둔 일은 그렇게 잘 한 일은 아니었습니다.

여호사밧 왕의 어머니는 누구입니까? 아수바입니다. 실히의 딸이었습니다. 아수바는 '버려진, 파멸'을 뜻하고 실히는 '창 던지는 자'라는 뜻입니다. 아마도 무인으로 보입니다. 북이스라엘은 모반과 반역에 의해서 나라가 전복되지만 남유다는 다윗과의 언약대로 다윗의 후손들이 왕위를 계승하고 있음을 발견하게 됩니다.

2. 여호사밧의 평가

여호사밧은 그 아버지 아사 왕의 모든 길로 행하였습니다. 돌이켜 떠나지 않고 여호와 보시기에 정직히 행했습니다. 43절에 "여호사밧이 그의 아버지 아사의 모든 길로 행하며 돌이키지 아니하고 여호와 앞에서 정직히 행하였으나"라고 했습니다.

아버지 아사 왕은 조상 다윗같이 여호와 보시기에 정직한 왕이었습니다. 마음으로 하나님을 경외하면서 하나님 앞에 온전한 왕이었습니다. 남색하는 자들을 남유다 땅에서 몰아냈습니다. 열조가 만들고 숭배했던 우상을 타파했습니다. 우상을 숭배하는 태후까지 폐할 정도로 강력한 지도자였습니다. 여호사밧 왕은 아사 왕의 길로 갔습니다. 하나님을 기쁘게 하는 왕이었습니다.

여호사밧의 뿌리는 아사 왕이지만 조상 다윗에게서 찾아야 합니다. 다윗의 선정에 뿌리를 두고 사랑과 충성과 열정을 쏟아바친 것입니다. 여호사밧 왕도 하나님의 언약을 기억하면서 자신도 살고 하나님의 백성도 인도했습니다. 여호사밧 왕은 여호와 하나님으로부터 벗어나지 않았습니다. 하나님의 언약을 신실하게 지켰습니다. 물론 하나님도 다윗과의 언약을 신실하게 지키셨습니다. 남유다 왕정 역사의 배후에서 임재하고 주장하신 분은 하나님이십니다.

여호사밧이 하나님 앞에서 행하는 것과 정직히 행하는 것이 똑같았습니다. 하나님 곁을 떠나 다른 길로 가지 않았습니다. 세상적인 것에 마음을 빼앗기지도 않았습니다. 굽은 길로 가면 사람에게 멸망이 기다리게 됩니다.

그러나 산당은 폐하지 않았습니다. 이것이 여호사밧의 결정적인 약점이었습니다. 다른 것은 결점이 없었지만 산당을 제하지 않은 것이 결정적인 약점이었는데, 아버지 아사 왕을 닮은 것입니다.

산당을 제거하지 않은 결과가 무엇입니까? 남유다 백성들이 아직도 산당에서 제사를 드리며 분향하였습니다. 고질적인 병과 같았습니다. 남유다 사회의 종교적인 범죄의 온상이었습니다. 여호사밧이 여호와 하나님을 떠나지 않았지만 우상의 온상인 산당은 제하지 않았습니다. 신정국가의 왕으로서 당연히 수행해야 할 일을 하지 못한 것과 같습니다. 단순히 약점이 아니라 큰 문제점으로 남았습니다.

여호사밧은 북이스라엘 왕과 더불어 평화롭게 지냈습니다. 역사적으로 르호보암과 여로보암, 아비얌과 여로보암, 아사와 바아사 사이에 계속적인 전쟁이 있어서 평안하지 않았습니다. 그러나 일시적이나마 아합 왕과 여호사밧 사이에는 전쟁이 없었습니다. 여호사밧의 아들 여호람과 아합 왕의 딸 아달랴가 정략 결혼을 하게 됩니다. 그 결과 평화

제75강
열왕기상 22장 41-53절

여호사밧과 아하시야

나봇의 포도원을 빼앗고 미가야 선지자의 올바른 예언을 무시하고 아람 왕 벤하닷을 마음대로 살려 준 아합 왕의 죽음은 비참했습니다. 아합 왕은 북이스라엘의 7대 왕이었지만 하나님의 언약 백성답게 살지도 않았고 백성을 그렇게 이끌지도 않았습니다.

아합 왕과 동시대 사람이면서 남유다의 제4대 왕은 여호사밧이었습니다. 여호사밧 왕에 대하여 간략하게 서술해 주고 있습니다. 열왕기상의 저자가 역사를 연대기적으로 기술하지 않고 인물 중심으로 기술하기 때문에 종종 헷갈리는 경우가 있습니다. 하지만 하나님의 대리자로 세움을 받은 왕들이 신학적인 관점에서 볼 때 무슨 일을 했는지, 어떻게 나라를 이끌었는지를 밝히고 있는 것입니다.

여러분은 역사 속에 태어나고 역사 속에서 살다가 시간의 흐름 속에서 떠나는 사람입니다. 다른 사람이 나의 삶이나 생애를 보고 어떻게 평가할 것인가? 나는 역사 속에 어떤 인물로 기억될 것인가? 하나님을 위하여 살았을까 아니면 자기만을 위하여 살았을까? 우리의 숙제 중의 가장 큰 숙제입니다.

1. 여호사밧의 통치

여호사밧은 아사 왕의 아들로 삼십오 세에 남유다의 왕이 되었습니다. 예루살렘에서 이십오 년을 통치하고 60세까지 통치했던 왕입니다. 여호사밧이란 '여호와가 심판하신다'라는 의미입니다. 여호사밧은 이름에 걸맞게 하나님의 뜻대로 살려고 노력했고, 공의를 실천한 왕이었습니다.

아버지 아사 왕도 그랬듯이 아들 여호사밧 왕도 장수한 왕입니다. 그 근본적인 원인은 백성들에게 선한 정치를 하였고 특별히 하나님 보시기에 정직하게 행하였기 때문입니다. 자신과 백성을 잘 인도한 사람은 내세에서 뿐만 아니라 이땅에서도 장수의 복을 누리게 되어 있습니다.

여호사밧의 업적은 여러 가지가 있지만 중요한 점 세 가지만 설명하려고 합니다. 첫 번째로, 남유다의 방백들로 하여금 백성들에게 여호와의 율법을 가르치게 하였습니다. 범국가적으로 신앙운동을 전개한 왕이었습니다.

역대하 17장 7-9절을 봅시다. "그가 왕위에 있은 지 삼 년에 그의 방백들 벤하일과 오바댜와 스가랴와 느다넬과 미가야를 보내어 유다 여러 성읍에 가서 가르치게 하고 … 제사장 엘리사마와 여호람을 보내었더니 그들이 여호와의 율법책을 가지고 유다에서 가르치되 그 모든 유다 성읍들로 두루 다니며 백성들을 가르쳤더라"라고 했습니다.

여호사밧 왕은 방백들, 지도자들로 하여금 하나님의 백성들에게 하나님의 율법을 가르치게 하였습니다. 말씀운동을 전개한 왕입니다. 이것이 종교개혁의 중심적인 초점입니다. 여러분과 저도 말씀으로 돌아가는 은혜와 복이 임하기를 바랍니다.

두 번째로, 나라의 국고성을 건축하고 주변의 왕들보다 월등한 대군을 소유함으로써 국방 사업의 성공을 거두었습니다. 국방력을 튼튼히